公共治理工具手册

何艳玲　主　编

刘炳胜　等　副主编

人民出版社

目　录

序　言　善治利器：公共治理工具

为何重要 …………………001

一、政府内部关系工具 …………………001

1. 政府人事 …………………003

　1.1　岗位设置 …………………003

　1.2　岗位录用与聘任 …………………007

　1.3　考核 …………………011

　1.4　晋升 …………………015

　1.5　培训与交流 …………………019

　1.6　劳资与福利 …………………024

2. 政府财政 …………………027

　2.1　税收 …………………028

　2.2　预算 …………………031

　2.3　决算 …………………035

　2.4　审计 …………………040

3. 上下级关系 …………………043

　3.1　绩效管理 …………………044

　3.2　监督与监察 …………………048

　3.3　巡视 …………………052

　3.4　问责与惩治 …………………054

4. 府际关系 …………………058

　4.1　条块关系 …………………058

　4.2　转移支付 …………………062

　4.3　部门协同 …………………066

　4.4　跨区域治理 …………………071

5. 政策过程 …………………077

　5.1　会议 …………………078

　5.2　政策方案 …………………082

　5.3　决策 …………………086

　5.4　政策执行 …………………091

　5.5　政策评估 …………………095

　5.6　项目制 …………………100

二、政府与市场关系工具 …………………107

1. 市场准入 …………………109

1.1　行政审批 ……………… 109

1.2　项目备案 ……………… 116

1.3　项目核准 ……………… 121

1.4　负面清单 ……………… 127

1.5　国际贸易协议 ………… 132

2. 市场监管 ………………… 135

2.1　法律监管 ……………… 136

2.2　市场执法与智能执法 …… 138

2.3　专项治理 ……………… 144

3. 经济发展 ………………… 149

3.1　发展规划 ……………… 150

3.2　产业政策 ……………… 156

3.3　财政补贴 ……………… 160

3.4　土地开发 ……………… 165

3.5　金融与信贷 …………… 170

3.6　国际贸易与关税 ……… 174

3.7　政府直接投资 ………… 178

4. 市场创新 ………………… 182

4.1　科技政策 ……………… 183

4.2　政府投入 ……………… 188

4.3　减税 …………………… 191

4.4　项目 …………………… 195

4.5　人才计划 ……………… 200

5. 基本建设管理 …………… 204

5.1　投资管理与PPP ……… 204

5.2　基本建设规划 ………… 209

5.3　审批 …………………… 212

5.4　过程监管 ……………… 216

5.5　基本建设运营 ………… 220

三、政府与社会关系工具 …… 225

1. 政府与人民 ……………… 227

1.1　选举 …………………… 227

1.2　宪法权益 ……………… 230

1.3　守法义务 ……………… 232

1.4　纳税遵从 ……………… 235

1.5　公共服务权利 ………… 238

2. 政府联系社会 …………… 241

2.1　民意收集 ……………… 241

2.2　宣传与动员 …………… 246

2.3　协商民主 ……………… 249

2.4　公诉与集体诉讼 ……… 253

3. 公共秩序保障 …………… 255

3.1　司法 …………………… 256

3.2　打击犯罪 ……………… 260

3.3　突发事件处置 ………… 264

3.4　网络安全 ……………… 269

4. 公共服务 ………………… 273

4.1　法律规范 ……………… 274

4.2　事业单位 ……………… 279

4.3 国有企业················284

4.4 政府购买服务···········288

5. 社会保障···············293

5.1 社会救助···············293

5.2 社会保险···············298

5.3 社会福利···············302

5.4 优抚安置···············307

6. 应急管理···············311

6.1 应急预防···············312

6.2 应急响应···············316

6.3 应急动员···············320

6.4 应急保障···············323

6.5 应急恢复···············328

7. 公民权益保障··········332

7.1 法制···················333

7.2 信访···················337

7.3 网络舆情反映···········342

7.4 社会监督···············346

7.5 议案、提案与建议·······351

8. 互联网管理············354

8.1 信息监测···············355

8.2 舆情处置···············359

8.3 政企合作···············362

9. 社区治理···············366

9.1 社区动员···············366

9.2 社区建设···············370

9.3 社会组织···············377

10. 国家荣誉··············383

10.1 劳动模范·············383

10.2 荣誉称号与奖章·······386

10.3 英烈·················389

11. 国家公平制度··········393

11.1 性别公平制度·········394

11.2 民族公平制度·········398

11.3 国籍公平制度·········402

11.4 市场公平制度·········404

12. 涉外管理··············410

12.1 对外合作·············410

12.2 涉外司法·············414

12.3 海关与出入境管理·····417

12.4 涉外劳务·············423

12.5 海外权益保障·········427

结 语 更好的工具 更好的治理
更好的未来················432

后 记····················434

序 言
善治利器：公共治理工具为何重要

夏书章

"工欲善其事，必先利其器。"新时代中国，一切都很明确，道路明确、理论明确、制度明确、文化也明确，关键是要实干。要知道为什么干、怎么干、干的效果怎么样，以及怎样改革和创新，《公共治理工具手册》就是这样一本工具书。

行政管理、公共管理和政治学这些学科，讲的就是治国理政，是学习和研究如何做好社会公仆即为人民服务的专业。一个国家的发展及其兴衰，与治理水平、能力、工具都有关系。搞明白不同的治理工具怎么用、什么时候用、在什么地方用、为什么用、要达到什么目的，这不是一个简单的小问题。正所谓善治利器，这是治国理政的大问题！

中国共产党领导的中国特色社会主义国家建设已有 70 余年，治理发展历程已经证明，高质量的公共治理工具和知识，对社会主义建设和民族振兴具有重要的推动作用。计划、决策、组织、人事、执行、监督、后勤、规章制度等，国家行政管理的方方面面都需要专业的知识，既让理论来源于实践，又让理论反哺实践，更好地服务于国家治理体系和治理能力的现代化。这就是以"良治中国"为导向的公共治理。这一学科就是要提供高质量的知识，把实践者武装起来，把实践者、研究者紧密联系在一起。

同时，也要清醒地意识到，我们很多学科是引进来的，基本理论是从国外来的，因此要立足中国，好好地总结中国社会实践中的方方面面。中国特色的公共治理，是有自己特点的。我们行的是什么政？是中国特色社会主义的政，是勤政、廉政。专的是人民之业，敬业乐业，做好人民公仆，是真正为人民服务。外国的东西可以参考借鉴，但还是要以我国为主，立足于中国，联系实际，中国的国情要吃透。比如，大家都知道的普遍原则"POSDCORB"，即"7要素"，也可以看成"7工具"。在这里，P是policy，他们有他们的政策，我们有我们的政策。O是organization，他们有行政组织，我们也有行政组织，但是他们的政策、组织和我们的政策、组织是不是一样呢？这肯定是不一样的。其他几个字母表达的原理同样如此，必须谨慎界定其内涵才可以使用。

2024年是中国共产党建党103周年，我也已满105岁。尽管岁月的痕迹在我身上留下了烙印，但我的思绪依旧清晰，内心依旧澎湃。能够见证、参与这百余年的风雨历程，我感慨良多，心潮难平。回望过去，党走过的100余年，是一部波澜壮阔、历经沧桑的史诗。从最初的几十名党员，到如今的9000多万大军；从昔日的革命烽火，到今日的建设热潮，党始终坚定信念，勇往直前，逐渐成长为一个伟大的大党。特别是过去的几年，面对突如其来的新冠疫情，这场全球性的灾难考验着每一个国家和民族。在党的领导下，全国人民团结一心，共克时艰。我们成功抗击了疫情，也恢复了生产生活秩序。这一切成果的取得，充分证明了我们的治理体系和治理能力是具有显著优势的，是能够有效应对各种风险挑战的。

然而，我们也必须清醒地认识到，当前世界正处于百年未有之大变局中，国际形势复杂多变，国内改革发展稳定任务繁重。在前进的道路上，我们仍然面临着许多难关和挑战。因此，需要更加重视公共治理知识的力量，也需要更加有效的公共治理工具。政府工作人员必须具备丰富的治理知识和高效的治理能力，才能更好地履行职责，为人民服务。而且，这种对公共治理知识和治理工具的重视和应用，应该成为一种常识和自觉行动。

《公共治理工具手册》的编纂工作，是由当前学术界多位深具学术精神、研究实力和专业情怀的学者共同承担的。他们不辞辛劳，投入大量时间和精力，致力于将这一重要课题推向深入。对于他们的付出和奉献，我深感欣慰，并由衷地表示敬意。

这本工具手册不仅注重学理层面的阐述，深入剖析了公共治理的核心原理和普遍规律，而且紧密结合中国的实际情境，提供了具有针对性的应用指导和案例参考。因此，它既具有学术价值，又具备实用性和可操作性。我相信，对于广大实践者而言，这本手册将成为他们理解和掌握公共治理工具的得力助手，通过阅读，可以快速构建起对公共治理工具的系统认知框架，并找到具体运用的方法和路径；而对于专业研究者来说，这本手册也提供了丰富的问题意识和真实问题的研究线索，能够为他们的研究工作提供有力的支持和引导。可以说，这本手册的出版，不仅是学术界的一件幸事，而且是对公共治理实践的一次重要贡献。它的问世，也将推动公共治理领域的理论创新和实践发展，为构建更加科学、高效、公正的公共治理体系提供智力支持。

2024 年 1 月

政府内部关系工具

1. 政府人事

2. 政府财政

3. 上下级关系

4. 府际关系

5. 政策过程

政府内部关系工具是指各级政府机构的管理主体，为了对政府组织内部和政府间的人、财、物等行政资源和工作流程进行管理，所采取的一系列自我约束和规范的行为与手段。政府内部关系工具以满足公共利益为目标，以实现社会公平和效率之间的平衡为其价值取向。这类工具是实现政府内部管理目标及政府间关系管理目标的路径和机制，通过规范政府行为、优化资源利用、降低行政成本、促进政府间合作，确保政府能够实现有序管理和机构的有效运行。本部分将从政府人事、政府财政等方面进行分类和阐述。

1. 政府人事

政府人事指的是特定政府组织架构下的人员配置制度，其管理对象是国家公务员，以公务员制度为主要依据。政府人事工具主要包含公务员岗位设置、录用与聘任、考核、晋升、培训与交流、劳资与福利等。政府人事制度决定政府对所拥有人力资源和其他资源的利用程度，其目标是以激励和约束的方式提升人力资源的使用效率，建立职业化的公务员队伍，强化政府对公务员行为的有效控制，进而提高政府运行的效率、效果与效能。高效有序的政府人事制度安排是政府有效履行职能、实现管理目标的基础与前提。

1.1 岗位设置

概念界定

岗位是指组织中为完成某项任务而设立的工作职位，岗位设置是指一级政府根据法定职能范围与工作量，设计与之相匹配的岗位数量，确定合理的岗位结构比例，并明确其岗位规范和权责范围的一种工具手段。岗位设置是政府人事的起点，只有在明确岗位设置的前提下，才能开始组织政府人事的录用与聘任，开展日常考核、职级晋升、交流与培训，最后落实政府公务人员的劳资与福利。

原理与逻辑

岗位设置是对政府组织内职能和任务的细化分解，是机构编制的具体化。一个单位的职能任务是明确的，需要履行职能任务的岗位也应该是确定的，岗位设置的匹配程度直接影响政府提供公共服务的效能。岗位设置的内容包括合理确定岗位总量、岗位类别、岗位名称、岗位职责、任职条件和岗位等级结构比例等。岗位设置一般应遵循以下四个原则：一是最低岗位数量原则。为了使一个组织以最小成本实现最大效益，其岗位数量应限制在有效完成任务所需岗位的最低数。二是系统原则。岗位设置应从系统论出发，把每一个岗位放置于组织系统中进行考量，岗位之间须协调有序，无交叉重叠、职责不清的现象。三是能级原则。把不同功能的岗位设在相应的能级位置上。四是最低岗位层次原则。根据工作层次、工作性质、责任大小及难易程度等因素，从低岗设起。能设低层次岗位的，决不设高层次岗位。

岗位设置应坚持分类动态管理。根据行业、单位特点，实行不同的行业、单位岗位结构比例，在不突破总量和结构限制的前提下，使岗位设置更加符合实际需要，人尽其才，才尽其用，调动工作人员的积极性。对职能、编制调整的单位，及时核准变更岗位设置方案；对任职资格条件和岗位资质要求一致，并实行竞聘上岗的人员，及时调整岗位；对流动、退休、辞职、解聘等人员，及时办理离岗手续；对空缺岗位，及时招聘、补充适岗人员；对合同期满的人员，及时订立、变更、续订合同；对符合管理、专技、工勤三类人员相互间转岗条件的，通过竞聘程序，及时转岗；等等。

法理依据

新中国成立后的一段时期，国家沿用革命时期的干部人事管理制度，对行政机关、企事业单位等公共部门人员进行集中管理，没有明确的行政机关岗位设置制度。1993 年，国务院颁布《国家公务员暂行条例》，首次明确规定"国家行政机关实行职位分类制度。各级国家行政机关依照国家有关规定，在确定职能、机构、编制的基础上，进行职位设置；制定职位说明书，确定每个职位的职责和任职资格条件，作为国家公务员的录用、考核、培训、晋升等的依据"。2005 年，《中华人民共和国公务员法》进一步对职位类型进行了划分，"按照公务员职位的性质、特点和管理需要，划分为综合管理类、专业技术类和行政执法类等类别。对于具有职位特殊性，需要单独管理的，可以增设其他职位类别，各职位类别的适用范围由国家另行规定"。2016年，中共中央办公厅、国务院办公厅联合印发《专业技术类公务员管理规定（试行）》和《行政执法类公务员管理规定（试行）》，对专业技术类和行政执法类的岗位设置提供指导，进一步完善了公务员职位分类制度。2017年、2018年，相继对《公务员法》进行修订，进一步推进公务员分类改革，改造非领导职务为职级，实行职务与职级并行制度。2020年，中共中央组织部制定了《公务员职务、职级与级别管理办法》，对公务员领导职务、职级与级别设置和管理进行了细致规定。

具体运用

由《公务员法》《专业技术类公务员管理规定（试行）》《行政执法类公务员管理规定（试行）》等构成的公务员管理法规政策体系明确规定了公务员职位分类的方法和程序。根据《公务员法》《专业技术类公务员管理规定（试行）》《行政执法类公务员管理规定（试行）》，综合管理岗位指负责综合管理及机构内部管理职责的职位，分为领导职务和职级。专业技术岗位指专门从事专业技术工作，为机关履行职责提供技术支持和保障的工作岗位。行政执法岗位指依照法律、法规对行政相对人直接履行行政许可、行政处罚、行政强制、行政征收、行政收费、行政检查等执法职责的工作岗位，设置在以行政执法工作为主要职责的机关或者内设机构中。

《国家公务员职位分类工作实施办法》指明了岗位设置的四大程序：第一，进行职位设置；第二，制定职位说明书；第三，确定职务；第四，确定级别。

表 1.1.1　《国家公务员职位分类工作实施办法》对岗位设置程序的规定

职位设置的要求	（一）确定职位职责 职位设置必须在政府批准的职能范围内，在职能分解的基础上进行。从上至下，从部门至内设各机构、直到每一个职位，层层明确其职责。 （二）确定职位的设置层次 职位设置必须与机构规格相符，不得超过其机构规格设置职位或搞变相升格。 （三）确定职位设置的数量 职位设置数量应遵循严格、高效、精干的原则，必须严格按批准的"三定"方案确定的职数、编制和《国家公务员非领导职务设置办法》执行。 （四）确定职位名称 职位名称必须简明、规范，能体现出该职位的特点和所处层次。
职位说明书的项目及说明	职位说明书包括以下七个方面的内容： （一）职位名称：例如：办公厅秘书处信息工作主任科员。 （二）职位代码：指每一个职位的代表号码。由三部分组成：第一部分是职位所在国务院各工作部门（地方是指所在省、市、区、县）的代码，采用国家标准；第二部分是职位所在各部门内设机构（地方是指所在地的各工作部门）的代码；第三部分是各内设机构（或各工作部门）中职位的顺序号。第二、三部分由各级人事部门负责编制。例如：海关总署关税司国际关税处处长职位的代码为：415-03-07，415 是国家标准中规定的海关总署代码，03 是海关总署规定的关税司代码，07 是该职位在关税司中的顺序号。 （三）工作项目：列出职位按照职责应担负的全部工作项目。 （四）工作概述：按照工作项目简要说明工作的内容、程序、职责及权限。 （五）所需知识能力：完成本职工作所需的学识、才能、技术和经验。必须以职位的工作需要为依据，不是按现有人员的情况认定。 （六）转任和升迁的方向：职位上的任职人员按照业务一般要求可以转任和升迁的方向。 （七）工作标准：每个工作项目所应达到的质量和数量的基本标准。

工具使用的注意事项

　　岗位设置是政府人事制度的起点，只有明确岗位设置、确定合理的岗位结构比例，才能使政府人事的录用、聘任、考核、晋升、培训等环节有序顺利开展。岗位设置需要按照科学合理、精简效能的原则进行：一是最低岗位数量原则。二是系统原则。三是能级原则。遵循能级原则，把不同功能的岗位设在相应的能级位置上。四是最低岗位层次原则。坚持按需设岗、竞聘上岗、按岗聘用、依法管理，避免因人设岗、岗位虚设等。

1.2　岗位录用与聘任

概念界定

岗位录用与聘任是指一级政府机构依据岗位设置要求，通过一定的组织程序，实施招聘过程，将符合特定岗位条件的人择优纳入政府职能机构公务人员范围的一套组织程序和方法。录用与聘任是两种组织安排，录用主要涉及程序性的考试录用制度，聘任指的是机关根据工作需要，经省级以上公务员主管部门批准，可以对专业性较强的职位和辅助性职位实行合同聘任制度。

原理与逻辑

公务员录用是国家机关按照有关法律和法规的规定，遵循一定的标准和法定程序，通过考试、考核或其他方法，吸收符合条件的人员担任一级主任科员以下及其他相当层次的职级序列，并与之建立相应权利义务关系的行为，具备公开性、平等性和竞争性的特点。录用是国家公务员队伍的"入口"，政府机关能否得到所需的人才，很大程度上取决于录用制度。

目前录用制度中最核心的是考试录用制度，考试录用国家公务员包含三个主要环节：笔试、面试、考核。从考试内容上看，考试录用制度是确保德才兼备干部路线得以贯彻落实的重要手段；从社会效果上看，其是促进廉政建设、抵制不正用人之风的重要途径。公务员录用考试具有两大特点：一是科学的评价标准，不分对象，一视同仁；二是面向社会，公开竞争。

公务员聘任制是国家机关面向专业性较强、有特殊需要的职位或者辅助性职位采用合同形式聘用公务员的制度，分为公开招聘和直接选聘。此类公务员以合同形式聘任、依法履行公职、纳入国家行政编制、由公共财政负担工资福利。聘任制既能够满足机关用人需求，又能够降低机关用人成本，有效健全了公务员用人机制，增强了公务员队伍的生机和活力。

法理依据

新中国成立初期，在高度集中的行政管理体制下，实行了一段时间统包统配和个别选调的人事选用方法，同时也出现了人不对岗、激励缺失、制度不健全等问题。为改善公务员选人用人情况，原劳动人事部于 1982 年颁布《吸收录用干部问题的若干规定》，首次明确考试录用的要求。1987 年，党的十三大提出建立国家公务员制度，为公务员考试录用制度的建立提供了历史契机。1989 年，人事部、中共中央组织部联合印发《关于国家行政机关补充工作人员实行考试办法的通知》，明确提出要建立考试录用制度。1993 年《国家公务员暂行条例》和 1994 年《国家公务员录用暂行规定》的颁布，标志着中国公务员考试录用开始走上规范化、制度化的轨道。此后，2005 年《公务员法》和 2007 年《公务员录用的规定》及各版修订，均对岗位的录用进行了明确说明。

公务员聘任制作为对考试录用制度的补充，最早可追溯至从 2002 年起吉林、广东、浙江、江苏等地采用协议工资面向社会招聘工作人员的政府雇员制。2005 年，《公务员法》将"职位聘任"作为独立章节，明确"机关根据工作需要，经省级以上公务员主管部门批准，可以对专业性较强的职位和辅助性职位实行聘任制"，标志着聘任制度的开始。2017 年，中共中央办公厅、国务院办公厅印发《聘任制公务员管理规定（试行）》，对聘任制度作了进一步的界定与说明。

具体运用

《公务员录用规定》（2019 年修订）系统规定了公务员录用的相关事项，指出公务员录用应遵循党管干部、公开平等竞争择优、依法依规办事等原则，采取公开考试、严格考察、平等竞争、择优录取的办法，录用政策和考试内容应当体现分类分级管理要求。同时，详细规定了公务员录用程序和各主管部门具体工作职责。

表 1.1.2　《公务员录用规定》对公务员录用相关事项的规定

第六条　录用公务员，应当按照下列程序进行： （一）发布招考公告； （二）报名与资格审查； （三）考试； （四）体检； （五）考察； （六）公示； （七）审批或者备案。 省级以上公务员主管部门可以对上述程序进行调整。
第九条　中央公务员主管部门负责全国公务员录用的综合管理工作。具体包括： （一）拟定公务员录用法规； （二）制定公务员录用的规章、政策； （三）指导和监督地方各级机关公务员的录用工作； （四）负责组织中央机关及其直属机构公务员的录用。
第十条　省级公务员主管部门负责本辖区公务员录用的综合管理工作。具体包括： （一）贯彻有关公务员录用的法律、法规、规章和政策； （二）根据公务员法和本规定，制定本辖区内公务员录用实施办法； （三）负责组织本辖区内各级机关公务员的录用； （四）指导和监督设区的市级以下各级机关公务员录用工作； （五）承办中央公务员主管部门委托的公务员录用有关工作。

**表1.1.3 《聘任制公务员管理规定（试行）》对
公务员聘任工作的规定**

第二条　本规定所称聘任制公务员，是指以合同形式聘任、依法履行公职、纳入国家行政编制、由国家财政负担工资福利的工作人员。 涉及国家秘密的职位不实行聘任制。
第五条　机关聘任公务员，主要面向专业性较强的职位，确有特殊需要的，也可以面向辅助性职位。聘任为领导职务的，应当是专业性较强的职位。 专业性较强的职位，是指具有低替代性，要求具备经过专门学习才能掌握的专业知识、专业技能的职位。 辅助性职位，是指具有较强事务性，在机关工作中处于辅助地位的职位。
第六条　机关聘任公务员，应当根据工作需要，在规定的编制限额和工资经费限额内进行。
第七条　机关聘任公务员，应当制定职位设置与招聘工作方案。职位设置与招聘工作方案包括聘任事由、编制使用情况、拟聘职位及名额、资格条件、待遇、聘期、招聘方式、程序等内容。
第九条　机关聘任公务员，一般应当面向社会公开招聘。公开招聘按照以下程序进行： （一）发布招聘公告。招聘公告应当载明聘任机关、聘任职位、职责、应聘资格条件、待遇、聘期，报名的方式方法、时间和地点，应聘需要提交的申请材料，考试测评内容、时间和地点以及其他应聘须知事项。 （二）报名与资格审查。应聘人员应当向机关提交真实、准确的申请材料。机关在规定时间内确认应聘人员是否具有应聘资格。 （三）考试测评。采取笔试、面试等方式进行，突出岗位特点，重点测查应聘人员的专业素养、业务能力和岗位匹配程度。 （四）考察与体检。机关根据考试测评成绩确定考察人选，并对其进行考察和体检。考察内容主要包括应聘人员的政治思想、道德品质、能力素质、学习和工作表现、工作业绩、遵纪守法、廉洁自律等方面的情况。 （五）公示。机关根据考试测评、考察情况和体检结果，择优提出拟聘任人员名单，并进行公示。公示期不少于五个工作日。 （六）审批或者备案。公示期满，对没有问题或者所反映问题不影响聘任的，中央和国家机关及其直属机构拟聘任人员名单报中央公务员主管部门备案，地方各级机关拟聘任人员名单报省级公务员主管部门或者经授权同意的设区的市级公务员主管部门审批。 （七）办理聘任手续。聘任机关与拟聘任人员签订聘任合同，办理相关手续。 公开招聘专业性较强的职位，经省级以上公务员主管部门批准，可以对上述程序进行调整或者适当简化。

第十条　对于工作急需、符合聘任职位条件的人选少、难以进行公开招聘的专业性较强的职位，经省级以上公务员主管部门批准，机关可以从符合条件的人员中直接选聘。直接选聘一般按照以下程序进行：

（一）提出拟聘任人选。机关根据平时掌握的情况或者通过相关单位、专业机构、同行专家等推荐，提出拟聘任人选。

（二）资格审查。根据招聘资格条件对应聘人员进行审查，重点审查政治品质、工作履历和工作业绩。

（三）考核测评。采取履历分析、面试比选、专家评审、业绩考核等方式，重点对拟聘任人选的专业素养、业务能力和岗位匹配程度进行考核、测评。

（四）考察与体检。

（五）公示。

（六）审批或者备案。

（七）办理聘任手续。

工具使用的注意事项

岗位的录用和聘任需要注重公平原则。在岗位的录用上，不仅需要制定科学的评价标准来保障，还要注重录用标准面向大众，公开透明，公平竞争。在岗位的聘任上特别需要注意直接选聘的方法。直接选聘简便易行，程序简单，但选人视野窄小，缺乏客观标准，又容易受到人为因素的影响。在具体施行过程中，需要严格依照岗位实际需要选人，加强监督管理，避免"萝卜招聘"等不良现象的出现。

1.3　考核

概念界定

考核指的是一级政府机构依据岗位设置的目标和要求，对本单位公务人员进行日常管理的工具手段。公务员考核是指公务员主管部门和各机关按照管理权限，依据一定的程序和方法，对所管理公务员的政治业务素质和履行岗位职责情况、完成工作目标任务情况等进行的了解、核实与评价。

原理与逻辑

为实现组织特定目标，提高组织效率和效能，每个组织都会采用不同的评价工具对员工表现进行考核。政府通过公务员考核评价公务员的德才表现和工作实绩，为公务员奖惩、培训、辞退以及调整职务、级别和工资等其他环节提供依据；加强对公务员的管理和监督，促进勤政廉政；激励公务员努力工作，提高工作效率和质量，以保障政府总体目标的达成。

公务员考核遵循以下四点原则：一是全面考核与重点考核相结合。《公务员法》规定，按照管理权限，全面考核公务员的德、能、勤、绩、廉，重点考核工作实绩。同时，划分平时考核、专项考核、定期考核等考核方式，兼顾考核内容的全面性与重点性。二是公正原则。要全面反映公务员的政治业务素质和履行岗位职责、完成工作目标任务情况；不先入为主、主观臆断、无中生有、一叶障目、以偏概全。三是分类考核原则。考核对象不同，考核的标准、方法、程序等自然存在一定差别；考核指标应根据不同职位类别、不同层级机关分别设置。比如，领导职务和职级序列，综合管理类、行政执法类和专业技术类，均需根据岗位工作内容和工作特点进行差异化考核。四是考用结合。公务员定期考核的结果应作为调整公务员职务、级别、工资以及公务员奖励、培训、辞退的依据。

法理依据

1949 年，《关于干部鉴定工作的规定》首次对干部考核内容、方式进行界定，要求干部考核"重点应放在立场、观点、作风、掌握政策、遵守纪律、联系群众、学习态度等方面"，考核方式应包含"个人自我检讨，群众会议讨论，领导负责审查"。1951 年，中共中央组织部提出以政治品质和业务能力作为考核标准。1954 年、1957 年和 1964 年分别提出建立年终干部鉴定制、不定期干部鉴定制和经常性干部考核制，考核制度日益完善。1979 年，中共中央组织部发布《关于实行干部考核制度的意见》，明确"德、能、勤、绩"的考核内容以及领导和群众相结合、定期考察和平时考察相结合的考察方法。1994 年，《国家公务员暂行条例》颁布，设专章对于公务员考核进行阐述。2005 年，《公务员法》进一步完善了此前各项规定和条例中对于考核的要求，在考核内容中加入"廉"，在考核等级中加入"基本称职"，对考核程序、考核结果等进行更加详细的规定。2007 年，中共中央组织部与人事部联合印发《公务员考核规定（试行)》，规范了对非领导成员公务员的考核。同年，国务院常务会议通过《行政机关公务员处分条例》，进一步对行政机关公务员的行为进行负向规范与考核。2020 年，中共中央组织部发布《公务员考核规定》。

具体运用

《公务员法》（2018 年修订）第五章提出公务员考核的整体性规定，指明考核应当按照管理权限，全面考核公务员的德、能、勤、绩、廉，重点考核政治素质和工作实绩。考核分为平时考核、专项考核和定期考核等方式，定期考核以平时考核、专项考核为基础；定期考核的结果分为优秀、称职、基本称职和不称职四个等次；以定期考核的结果为调整公务员职位、职务、职级、级别、工资以及公务员奖励、培训、辞退的依据。同时，区分非领导成员公务员考核与领导成员公务员考核，其中，有关非领导成员公务员的考核内容在《公务员考核规定》中得到了进一步明确。

表 1.1.4　《公务员考核规定》对非领导成员公务员考核的规定

第二章　考核内容和标准

第四条　对公务员的考核，以公务员的职位职责和所承担的工作任务为基本依据，全面考核德、能、勤、绩、廉，重点考核政治素质和工作实绩。

德。全面考核政治品质和道德品行，重点了解学习贯彻习近平新时代中国特色社会主义思想，坚定理想信念，坚守初心使命，忠于宪法、忠于国家、忠于人民，增强"四个意识"、坚定"四个自信"、做到"两个维护"的情况；带头践行社会主义核心价值观，恪守职业道德，遵守社会公德、家庭美德和个人品德等情况。

续表

能。全面考核适应新时代要求履职尽责的政治能力、工作能力和专业素养，重点了解政治鉴别能力、学习调研能力、依法行政能力、群众工作能力、沟通协调能力、贯彻执行能力、改革创新能力、应急处突能力等情况。

勤。全面考核精神状态和工作作风，重点了解忠于职守，遵守工作纪律，爱岗敬业、勤勉尽责，敢于担当、甘于奉献等情况。

绩。全面考核坚持以人民为中心，依法依规履行职位职责、承担急难险重任务等情况，重点了解完成工作的数量、质量、效率和所产生的效益等情况。

廉。全面考核遵守廉洁从政规定，落实中央八项规定及其实施细则精神等情况，重点了解秉公用权、廉洁自律等情况。

第五条 公务员的考核分为平时考核、专项考核和定期考核等方式。定期考核以平时考核、专项考核为基础。

平时考核是对公务员日常工作和一贯表现所进行的经常性考核，一般按照个人小结、审核评鉴、结果反馈等程序进行。

专项考核是对公务员完成重要专项工作，承担急难险重任务和关键时刻的政治表现、担当精神、作用发挥、实际成效等情况所进行的针对性考核，可以按照了解核实、综合研判、结果反馈等程序进行，或者结合推进专项工作灵活安排。

定期考核采取年度考核的方式，是对公务员一个自然年度内总体表现所进行的综合性考核，在每年年末或者翌年年初进行。

第六条 年度考核的结果分为优秀、称职、基本称职和不称职四个等次。

……

第三章 考核程序

第十三条 公务员考核由其所在机关组织实施。党委（党组）承担考核工作主体责任，组织（人事）部门承担具体工作责任。

机关在年度考核时可以设立考核委员会。考核委员会由本机关领导成员、组织（人事）部门、纪检监察机关及其他有关部门人员和公务员代表组成。

第十四条 年度考核一般按照下列程序进行：

总结述职。公务员按照职位职责、年度目标任务和有关要求进行总结，在一定范围内述职，突出重点、简明扼要填写公务员年度考核登记表。

民主测评。对担任机关内设机构领导职务的公务员，在一定范围内进行民主测评。根据需要，可以对其他公务员进行民主测评。

了解核实。采取个别谈话、实地调研、服务对象评议等方式了解核实公务员有关情况。根据需要，听取纪检监察机关意见。

审核评鉴。主管领导对公务员表现以及有关情况进行综合分析，有针对性地写出评语，提出考核等次建议和改进提高的要求。

续表

确定等次。由本机关负责人或者授权的考核委员会确定考核等次。对优秀等次公务员在本机关范围内公示，公示时间不少于 5 个工作日。考核结果以书面形式通知公务员，由公务员本人签署意见。

💡 工具使用的注意事项

考核的目的在于实现组织目标，提高组织效率和效能。考核直接影响到政府评价公务员的德才表现和工作实绩的客观公正性。公务员考核需要遵守全面考核与重点考核相结合、公正、分类考核、考用结合这四项原则。其中对于正确落实考用结合原则，需要将考核结果作为下一步工作的基础，不停于纸面、流于形式。一方面要及时将考核结果反馈给被考核人，以指导其未来的工作；另一方面要将考核结果作为后续奖惩、培训、晋升等其他环节的重要依据，真正做到激励和惩罚并行，将考核的重要性落到实处。

1.4　晋升

概念界定

晋升是指政府机构根据对公务员工作能力和绩效表现的考核，结合资历、政治素质等，在岗位设置的基础上，通过职务晋升或职级晋升的方式给予其鼓励的一种工具手段。职务晋升和职级晋升都是独立晋升阶梯，而级别晋升则在很大程度上依附于职务晋升和职级晋升，其独立晋升的性质只是表现在职务或职级不变时在相应级别范围内的独立晋升。

原理与逻辑

晋升作为公务员系统中最重要的激励手段，不仅对公务员个人职业生涯发展至关重要，同时也是政府部门人才培养和梯队建设的中心工作。要了解晋升制度，首先需要明确公务员的职务和职级设置，其中职务设置分为领导职务和非领导职务。领导职务层次分为国家级正职、国家级副职、省部级正职、省部级副职、厅局级正职、厅局级副职、县处级正职、县处级副职、乡科级正职、乡科级副职。职级序列分为一级巡视员、二级巡视员、一至四级调研员、一至四级主任科员、一级科员、二级科员。

公务员晋升即公务员的职务/职级从低级别向高级别上升。晋升的方式有考试晋升、年资晋升、功绩晋升和破格晋升。晋升的模式为领导职务晋升、职级晋升、级别晋升三阶梯并行。晋升的条件主要包括基本条件、基本资格以及排除性条件。基本条件包括政治素质、工作能力、群众公认、任职年限、作风品行等方面。基本资格是指担任前一个职级的最低年限要求，实际上就是前述基本条件中的任职年限和资历条件的具体化，规律是职级越高要求的任职年限越长。此外，还要与年度考核结果挂钩，即要求任职年限的年度考核结果均应为称职以上等次。排除性条件是指不得晋升职级的条件，主要包括受到诫勉、组织处理或者处分等影响期未满或者期满影响使用的，以及涉嫌违纪违法正在接受审查调查尚未作出结论的这两个条件。

法理依据

《公务员法》（2018年修订）第四十五条规定，"公务员晋升职务，应当具备拟任职务所要求的思想政治素质、工作能力、文化程度和任职经历等方面的条件和资格。公务员晋升职务，应当逐级晋升，特别优秀或者工作特殊需要的，可以按照规定破格或者越一级晋升职务"，从宏观层面规定了公务员晋升的基本原则。

此外，《党政领导干部选拔任用条例》（2019年修订）、《国家公务员通用能力标准框架》（2003年）、《公务员职务任免与职务升降规定（试行）》（2008

年)、《公务员职务与职级并行规定》(2019 年)、《党政机关竞争上岗工作暂行规定》等文件都对不同类别晋升的标准作出了细致说明。

具体运用

　　2008 年中共中央组织部发布的《公务员职务任免与职务升降规定(试行)》是现行公务员职务变动的法理参考,详细规定了委任制公务员职务任免、职务升降的相关工作标准。2019 年中共中央办公厅印发的《公务员职务与职级并行规定》,对公务员职务任免作了补充规定,其中第四章是关于职级升降问题。而根据《聘任制公务员管理规定(试行)》,聘任制公务员在聘期内一般不得变动职位,聘任期满后可根据考核结果续聘或转为委任制公务员,一般情况下不涉及晋升问题。选任制公务员的任免、升降则按照有关法律、法规和章程中的规定进行。

表 1.1.5　《公务员职务与职级并行规定》对公务员职级确定与升降的规定

第十五条　公务员领导职务的任免与升降,按照有关规定执行。
第十六条　公务员的职级依据其德才表现、工作实绩和资历确定。 　　非领导职务公务员首次确定职级按照有关规定套转。新录用公务员按照有关规定确定一级主任科员以下及相当层次的职级。从国有企业、事业单位、人民团体和群众团体调任的人员,按照公务员调任有关规定,综合考虑其原任职务、调任职位和工作经历确定职级。机关接收的军队转业干部,按照国家军转安置有关规定确定职级。
第十七条　公务员晋升职级,应当在职级职数内逐级晋升,并且具备下列基本条件: 　　(一)政治素质好,拥护中国共产党的领导和社会主义制度,坚决维护习近平总书记核心地位,坚决维护党中央权威和集中统一领导; 　　(二)具备职位要求的工作能力和专业知识,忠于职守,勤勉尽责,勇于担当,工作实绩较好; 　　(三)群众公认度较高; 　　(四)符合拟晋升职级所要求的任职年限和资历; 　　(五)作风品行好,遵纪守法,自觉践行社会主义核心价值观,清正廉洁。 　　第十八条　公务员晋升职级,应当具备下列基本资格: 　　(一)晋升一级巡视员,应当任厅局级副职或者二级巡视员 4 年以上; 　　(二)晋升二级巡视员,应当任一级调研员 4 年以上;

（三）晋升一级调研员，应当任县处级正职或者二级调研员 3 年以上；

（四）晋升二级调研员，应当任三级调研员 2 年以上；

（五）晋升三级调研员，应当任县处级副职或者四级调研员 2 年以上；

（六）晋升四级调研员，应当任一级主任科员 2 年以上；

（七）晋升一级主任科员，应当任乡科级正职或者二级主任科员 2 年以上；

（八）晋升二级主任科员，应当任三级主任科员 2 年以上；

（九）晋升三级主任科员，应当任乡科级副职或者四级主任科员 2 年以上；

（十）晋升四级主任科员，应当任一级科员 2 年以上；

（十一）晋升一级科员，应当任二级科员 2 年以上。

公务员晋升职级应当根据工作需要、德才表现、职责轻重、工作实绩和资历等因素综合考虑，不是达到最低任职年限就必须晋升，也不能简单按照任职年限论资排辈，体现正确的用人导向。

第十九条　公务员晋升职级所要求任职年限的年度考核结果均应为称职以上等次，其间每有 1 个年度考核结果为优秀等次的，任职年限缩短半年；每有 1 个年度考核结果为基本称职等次或者不定等次的，该年度不计算为晋升职级的任职年限。

第二十条　公务员晋升职级按照下列程序办理：

（一）党委（党组）或者组织（人事）部门研究提出工作方案。

（二）对符合晋升职级资格条件的人员进行民主推荐或者民主测评，提出初步人选。

（三）考察了解并确定拟晋升职级人选。中央机关公务员晋升一级、二级巡视员，应当进行考察；晋升其他职级可以综合考虑民主推荐、民主测评与平时考核、年度考核、一贯表现等情况确定人选。省级以下机关公务员晋升职级的考察了解方式，由省级公务员主管部门结合实际研究确定。

（四）对拟晋升职级人选进行公示，公示期不少于 5 个工作日。

（五）审批。中央机关公务员晋升职级由本机关党组（党委）及其组织（人事）部门审批，一级、二级巡视员职级职数使用等情况按年度报中央公务员主管部门备案。省级以下机关公务员晋升职级的审批权限，由省级公务员主管部门提出意见，报省、自治区、直辖市党委审定。

各级机关中未限定职数比例的职级，其晋升程序可以适当简化。

第二十一条　公务员具有下列情形之一的，不得晋升职级：

（一）不符合第十七条、第十八条规定的；

（二）受到诫勉、组织处理或者处分等影响期未满或者期满影响使用的；

（三）涉嫌违纪违法正在接受审查调查尚未作出结论的；

（四）影响晋升职级的其他情形。

续表

第二十二条　公务员职级实行能上能下，具有下列情形之一的，应当按照规定降低职级： 　　（一）不能胜任职位职责要求的； 　　（二）年度考核被确定为不称职等次的； 　　（三）受到降职处理或者撤职处分的； 　　（四）法律法规和党内法规规定的其他情形。
第二十三条　中央机关和地方各级公务员主管部门可以根据本章规定，按照落实好干部标准、从严管理干部和树立鼓励干事创业、担当作为导向的要求，结合实际细化公务员职级升降的条件和情形。

工具使用的注意事项

　　晋升是公务员系统中最重要的激励手段，不仅与公务员个人职业生涯发展息息相关，而且是政府部门人才培养和梯队建设的中心工作。合理利用晋升能够对提高公务员队伍积极性乃至提高治理效率起到重要作用，但不合理的晋升机制也会对公务员队伍建设造成极大负面影响。公务员晋升需要注意以下方面：第一，公务员的职务、职级应能上能下。依据实际工作情况对职务、职级进行灵活调整。第二，采用综合评价方式，有效利用日常培训、考核结果。第三，重视对公务员晋升的监督管理，保障晋升的公正、公开、民主与透明。

1.5　培训与交流

概念界定

　　培训与交流指的是政府机构对本单位公务人员进行人力资源开发与发展的工具手段。具体而言，培训指国家公务员主管部门根据国民经济和社会发展的需要以及职位的要求，通过种种形式，有计划、有组织地对国家公务员在政治理论、文化知识、科学技术、操作技能等方面进行的培训和训练，主要涉及在特定机构进行系统学习的能力提升。交流指国家行政机关根据工作需要或公务员的个人意愿，通过调任、转任、挂职锻炼等法定形式，变换公务员工作岗位，从而使公务员工作关系或职务关系得以产生、变更或终止的一种人事管理活动。通过在不同职能部门之间的轮换，公务人员的能力得到锻炼和全面提升。

原理与逻辑

　　公务员培训既有培训的普遍特征，也因培训对象的特殊性而具有独特之处。从类型看，与普通教育相比，公务员培训属于继续教育和成人教育，属于"第二教育过程"。从对象看，国家公务员培训具有全员性，针对全体公务人员而设，从新录用人员到高级公务员都要定期接受培训，旨在不断提高各级行政机关工作人员的政治和业务素质，实现政府部门工作成果的增质提效。从内容看，普通教育注重知识的基础性和全面性，而国家公务员培训强调针对性和实用性。从形式看，国家公务员培训具有灵活多样性，采取长期和短期相结合、离职和在职相结合、定期和临时相结合等多种方式。从方法看，国家公务员培训既有一般的课堂理论讲授，又有案例研讨、专题报告、实际考察和操作、角色扮演法等。从培训机构看，国家公务员培训的主管部门是国家人事行政机关，具体负责培训计划、组织管理、经费保障、经验交流等各项工作；参与培训的教育机构是各级行政学院、党校、管理干部学院及高等院校等。从制度看，国家公务员培训已规范化、制度化。

　　公务员培训与交流，有助于国家公务员及时更新履职知识、促进公务员潜能开发，有助于形成优质、高效、廉洁的公务员队伍，也有助于加速公共治理科学化进程。

法理依据

　　我国公务员培训制度源于干部培训制度。干部培训制度的形成与发展，经过了一个长期的历史进程。1931 年，党中央在瑞金创办了十几所培训干部的学校。红军长征到达陕北以后及整个抗日战争时期，干部培训体系初见端倪，并选派干部赴苏联学习。1943 年，《中共中央关于在职干部教育的决定》规定，干部培训的主要内容为业务、政治、文化、理论四个方面。新中国成立以后，兴办了各级各类党校、干部学校等，大规模对干部进行培训。党的十一届三中全会以后，干部培训工作开始走上法制化轨道。1993 年，《国家公务员暂行条例》颁布，其中有一章对公务员培训作出专门规定，而后发布《国家公务员培训暂行规定》。2000 年，中共中央办公厅印发《深化干部人事制度改革纲要》，明确提出"改进和完善干部培训制度"。2001 年，中共中央印发《2001 年—2005 年全国干部教育培训规划》，将建设高素质的干部队伍纳入事关全局的战略任务，阐明干部教育培训的指导思想、工作目标、工作原则和主要任务。2005 年，正式规范公务员管理的专门法律《公务员法》出台，其对《国家公务员暂行条例》中的培训章节进行了继承，要求"机关根据公务员工作职责的要求和提高公务员素质的需要，对公务员进行分类分级培训"，同时对有关培训的内容进行了细化和明确，并在随后的2017 年、2018 年修订中不断完善。2008 年，制定《公务员培训规定》（同时废止《国家公务员培训暂行规定》），并于 2019 年修订，整合各项法律法规中对公务员培训的要求，对培训进行统筹安排。2015 年，《干部教育培训工作条例》颁布实施，在对《干部教育培训工作条例（试行）》（2006 年）进行修订的基础上，吸收了干部教育培训实践中的经验成果，进一步推动教育培训工作的科学化、制度化、规范化。

　　公务员交流制度则起源于新中国成立后的干部调配工作。1962 年通过的《中央有计划有步骤地交流各级党政主要领导干部的决定》，提出"在中央与地方之间、地区之间和部门之间，有计划地进行交流，并且把定期交流干部作为我党干部管理工作的一项根本制度"，成为公务员交流制度的雏形。1991 年，人事部印发《干部调配工作规定》，为在国家机关和事业、企业单位之间调配干部的原则、条件、程序、纪律提供规范。2005 年通过的《公务员法》中单列"交流与回避"一章，对调任、转任和挂职锻炼三种交流方式进行规定，交流制度初步成型；在随后 2017、2018 年的修订版本中，有关交流制度的各项规定得到进一步细化完善。

具体运用

关于培训，《中华人民共和国公务员法》《干部教育培训工作条例》《公务员培训规定》等作了大量规定。2019 年发布的《公务员培训规定》明确提出公务员培训情况、学习成绩是公务员考核的内容和任职、晋升的依据之一，指明了公务员培训的重要意义，并规定了各类培训的对象、内容、方式与方法等。其中，公务员培训采取分类分级培训的方法，分为初任培训、任职培训、专门业务培训和在职培训四大类。

表 1.1.6 《公务员培训规定》对分类分级培训的规定

第七条　公务员培训的对象是全体公务员。公务员主管部门和公务员所在机关根据公务员工作岗位和职业发展需要安排公务员参加相应的培训。 担任县处级以上领导职务的公务员每 5 年应当参加党校（行政学院）、干部学院，以及经公务员主管部门或者公务员所在机关认可的其他培训机构累计 3 个月或者 550 学时以上的培训。提拔担任领导职务的公务员，确因特殊情况在提任前未达到培训要求的，应当在提任后 1 年内完成培训。 其他公务员参加培训的时间一般每年累计不少于 12 天或者 90 学时。 有计划地加强对优秀年轻公务员的培训。
第十四条　初任培训是对新录用公务员进行的培训，重点提高其思想政治素质和依法依规办事等适应机关工作的能力。 初任培训由公务员主管部门统一组织，主要采取公务员主管部门统一举办初任培训班和公务员所在机关结合实际开展入职培训的形式进行。专业性较强的机关按照公务员主管部门的统一要求，可自行组织初任培训。

续表

初任培训中应当组织新录用公务员公开进行宪法宣誓。 初任培训应当在试用期内完成，时间一般不少于 12 天。
第十五条　任职培训是按照新任职务的要求，对晋升领导职务的公务员进行的培训，重点提高其胜任职务的政治能力和领导能力。 任职培训应当在公务员任职前或者任职后一年内进行。 担任县处级副职以上领导职务的公务员任职培训时间一般不少于 30 天，担任乡科级领导职务的公务员任职培训时间一般不少于 15 天。 调入机关任领导职务的公务员，依照前款规定参加任职培训。
第十六条　专门业务培训是根据公务员从事专项工作的需要进行的专业知识和技能培训，重点提高公务员的业务工作能力。 专门业务培训的时间和要求由公务员所在机关根据需要确定。 中央公务员主管部门对专业技术类、行政执法类公务员专门业务培训加强宏观指导。
第十七条　在职培训是对全体公务员进行的培训，目的是及时学习领会党中央决策部署、提高政治素质和工作能力、更新知识。 在职培训重点增强公务员素质能力培养的系统性、持续性、针对性、有效性，时间和要求由各级公务员主管部门和公务员所在机关根据需要确定。

关于交流，《公务员法》是最主要的文件，规定了公务员交流制度的目的、方式、条件等。

表 1.1.7　《中华人民共和国公务员法》对公务员交流制度的规定

第六十九条　国家实行公务员交流制度。公务员可以在公务员和参照本法管理的工作人员队伍内部交流，也可以与国有企业和不参照本法管理的事业单位中从事公务的人员交流。交流的方式包括调任、转任。
第七十条　国有企业、高等院校和科研院所以及其他不参照本法管理的事业单位中从事公务的人员，可以调入机关担任领导职务或者四级调研员以上及其他相当层次的职级。调任人选应当具备本法第十三条规定的条件和拟任职位所要求的资格条件，并不得有本法第二十六条规定的情形。调任机关应当根据上述规定，对调任人选进行严格考察，并按照管理权限审批，必要时可以对调任人选进行考试。

续表

第七十一条　公务员在不同职位之间转任应当具备拟任职位所要求的资格条件，在规定的编制限额和职数内进行。对省部级正职以下的领导成员应当有计划、有重点地实行跨地区、跨部门转任。对担任机关内设机构领导职务和其他工作性质特殊的公务员，应当有计划地在本机关内转任。上级机关应当注重从基层机关公开遴选公务员。
第七十二条　根据工作需要，机关可以采取挂职方式选派公务员承担重大工程、重大项目、重点任务或者其他专项工作。公务员在挂职期间，不改变与原机关的人事关系。
第七十三条　公务员应当服从机关的交流决定。公务员本人申请交流的，按照管理权限审批。

 工具使用的注意事项

　　公务员培训是提升公务员业务能力和公共服务意识的重要手段，在现阶段除要注意业务能力的提升外，更重要的是培养公务员公共服务意识，将以人民为中心的宗旨贯彻始终。公务员交流能有效促进在部门、地域间的交换，提升干部素质和能力，但在实践中，要加强对调任、挂职人员的监督和管理，避免不合规的操作挫伤公务员队伍积极性与能动性。在对公务员个体提出培训要求时也应照顾到个体自身的需求与情绪，避免浪费培训资源的同时打击个体积极性，对个体提升起适得其反的作用。

1.6　劳资与福利

概念界定

　　劳资与福利指的是政府公务人员的基础保障，包括劳资关系、薪酬、福利与津贴等。政府机构通过制定劳资与福利标准，落实对本单位公务人员的激励与生活保障。其中，公务员的工资是国家支付给行政机关劳动者的货币形式报酬。公务员制度明确规定，公务员实行国家统一的职务与级别相结合的工资制度。公务员福利是国家在支付工资之外对公务员提供的津贴、实物和以其他形式支付给个人的利益补贴。

原理与逻辑

公务员的工资由国家法律规定，且工资水平一般比较稳定。公务员工资的功能体现在三个方面：生活保障功能、激励功能和人力资源调节功能。工资的生活保障功能是指公务员付出劳动后获得劳动报酬以满足其再生产需要。公务员参与的是国民收入的再分配，因而与其他社会部门劳动者工资的表现形式、作用形式有所不同，公务员不直接创造经济效益，在原则上不得兼职，即使特准的兼职也不得兼薪。所以，工资是公务员唯一的经济来源，其必须能够解决本人与家庭的生活需要，满足公务员的生存需要、安全需要等基本需要。同时，工资还具有保障公务员个人发展需要的作用。激励功能是指公务员工资是按照公务员劳动的质和量进行分配的，良好的工资制度能够激励公务人员尽可能地为社会劳动。在激励作用属性下的工资，是调动和鼓励公务员积极劳动的经济手段。只有建立起富有竞争力的公务员工资制度，给予公务员与其劳动相适应的工资报酬，才能更好地体现按劳分配的原则，使公务员产生内在动力，调动其积极性与创造性。人力资源调节功能在于，公务员工资与人力资源市场供求状况密切相关，但又不在市场上形成，而是国家以社会平均工资水平为参照进行宏观平衡后形成的，以此保证公务员工资的合理水平，促进公务员队伍素质水平的提高。政府部门利用工资的调节功能吸引更多的人才参与竞争公务员职位，是优化公务员队伍的可靠措施。

公务员工资发放标准遵循以下原则：一是按劳分配原则。按劳分配原则是社会主义个人消费品分配的主要原则，公务员的工资要体现工作职责、工作能力、工作实绩、资历等因素，保持不同领导职务、职级、级别之间的合理差距。二是正常增资原则。公务员的工资水平应当与国民经济发展相协调、与社会进步相适应，建立公务员工资的正常增长机制。三是平衡比较原则。国家实行工资调查制度，定期进行公务员和企业工资水平的调查比较，并将工资调查比较结果作为调整公务员工资水平的依据。四是法律保障原则。工资报酬权是公务员的基本权利，受到法律的保护。公务员工资、福利、保险、退休金以及录用、培训、奖励、辞退等所需费用，应当列入财政预算，予以保障。

法理依据

1956 年，国务院发布《关于工资改革的决定》，宣布国家机关与事业单位实行职务等级工资制，标志着新中国成立后工资制度的初步形成。1985 年，《国家机关和事业单位工作人员工资制度改革方案》提出建立"结构工资制"，将工资分为基础工资、职务工资、工龄津贴、奖励工资四部分。1993 年，国务院发布《关于机关和事业单位工作人员工资制度改革问题的通知》，规定公务员采用职务级别工资制，按照职务级别确定工资标准。2005 年颁布的《公务员法》，经 2017 年、2018 年修订，进一步完善了公务员工资制，提出"公务员实行国家统一规定的工资制度"，成为当前公务员工资制度的基础制度原则。此后，国家又相继颁布《公务员工资制度改革方案》《公务员工资制度实施办法》《国务院关于机关事业单位工作人员养老保险制度改革的决定》《机关事业单位职业年金办法》等系列文件，公务员工资与福利体系日益完善。

具体运用

我国在公务员福利制度改革方面作了很多探索：（1）福利货币化。公务员福利货币化是指政府给公务员的福利以货币形式支付的比例不断提高，使公务员的福利待遇从实物形态逐渐转变为货币形态的过程。(2) 福利社会化。公务员福利社会化就是将原属于单位福利的内容交给社会去办，提高福利的社会化程度。（3）消耗性福利改革。消耗性福利开支的范围包括交通消费、招待消费、通信消费、福利住房、公费医疗等诸多方面。其表现形式可以为货币，也可以为物品，还可以为服务、劳务等多种形式。

工具使用的注意事项

公务员工资发放标准应遵循按劳分配原则、正常增资原则、平衡比较原则、法律保障原则。随着公务员工资福利制度的健全和逐渐体系化，在实践中要注意以下问题：第一，公正公平问题，避免过高工资与不合理待遇；第二，公开透明问题，重视工资福利待遇的公开与透明；第三，提升约束，逐步实现"能增也能减，能高也能低，能上也能下"的制度调整。

2. 政府财政

政府财政是国家治理的基础和重要支柱。以政府为主导建立的公共财政体系涉及财政收入、支出以及管理。首先，政府财政收入是中央或地方各级政府，按照有关法律法规在一定时间段内的综合性收入获得，是政府提供公共产品和服务的物质保障，同时也是衡量地区经济社会发展状况的综合指标，合宪、合法、合理是政府财政收入的基调。其次，政府财政支出是保障民生与调节经济的重要杠杆，以投资方式开展的政府财政支出是进行市场调节、推动国民经济发展与社会建设的政策方式。因此，保证政府财政支出公正、公开的同时兼顾财政活动的效益与公平一直是打造服务型政府的前进方向。最后，政府财政管理是在收入与支出的基础上将财政活动规范化、有序化、责任化，以实现社会资源的优化配置。囿于政府财政的复杂性与价值方向的多元化，政府在实际收支平衡方面需要合理地运用税收、预算、决算、审计等工具，使其在合宪的基础上向民主化、法制化、服务化方向迈进。

2.1　税收

概念界定

税收是国家为了满足社会成员获得公共物品的需求，运用公共权力，履行公共职能，以法律形式与纳税人形成的国民收入分配关系，具有强制性、无偿性和固定性等特征。

原理与逻辑

税收是政府财政的重要来源，是各级政府维持日常运转的财务保障，同时也是调节宏观经济、引导企业转变经营方式以及调节纳税人收支状况的重要政策工具。税源范围、税种划分、税负额度等关乎政府财政收支平衡，而收支平衡对政府实现"为人民服务"的终极目标意义重大。对税收的原理与逻辑，可以从3个方面进行理解：第一，从法律层面的权利与义务视角出发，国家与纳税人之间是债权人和债务人关系，政府财政的民主性价值取向决定了它的公共服务作用，故而政府财政也是纳税人的公共财政，政府通过向公众征税来为其提供公共产品和服务。就此而言，税收是纳税人的债务，公共服务是纳税人的债权，政府在具有税收权利的同时应履行为人民服务的义务。第二，就税收工具的性质与功能而言，政府财政体系对税收的要求如下：首先，税收是市场经济条件下最基本的财政收入形式；其次，依法治税是调节市场经济活动与保障公民权益的基础；最后，用不同类别的税收从不同维度调控政府财政，例如营业税、增值税和个人所得税等是政府财政预算的主要收入来源。第三，从政府对税收的管理类型来看，分为干预型税收管理和服务型税收管理。干预型税收管理是通过行政权力纠正、制止、处罚、强制不遵从法律和权利滥用行为来防范市场经济活动的税收风险，维护市场主体公平、公正、合理的税收秩序，保护公民的公共财政利益。服务型税收管理以效率为行政价值取向，通过提供高质量有效果的行政服务，促使纳税人自觉遵从及时足额纳税。

法理依据

我国在税收方面的法律十分丰富。《中华人民共和国宪法》第五十六条规定，"中华人民共和国公民有依照法律纳税的义务"。《中华人民共和国立法法》第十一条规定，"下列事项只能制定法律：税种的设立、税率的确定和税收征收管理等税收基本制度"；第十二条规定，"税收基本制度尚未制定法律的，全国人民代表大会及其常务委员会有权作出决定，授权国务院可以根据实际需要，对其中的部分事项制定行政法规"。现行的增值税、消费税、营业税、烟叶税、关税等税种，都是由国务院制定的税收条例来调节的。《中华人民共和国税收征收管理法》第三条规定："税收的开征、停征以及减税、免税、退税、补税，依照法律的规定执行；法律授权国务院规定的，依照国务院制定的行政法规的规定执行。任何机关、单位和个人不得违反法律、行政法规的规定，擅自作出税收开征、停征以及减税．免税、退税、补税和其他同税收法律、行政法规相抵触的决定"。总体而言，与税收相关的法律法规较多，这也是"依法治税"的集中表现。《中华人民共和国个人所得税法》《中华人民共和国企业所得税法》《中华人民共和国车船税法》等属于由全国人民代表大会及其常务委员会制定的税收实体法律。此外，全国人民代表大会及其常务委员会作出的规范性决议、决定以及全国人民代表大会常务委员会的法律解释，同其制定的法律具有同等法律效力。1993 年，全国人民代表大会常务委员会审议通过的《关于外商投资企业和外国企业适用增值税、消费税、营业税等税收暂行条例的决定》就属此类。

近年来，税收的科学化、法制化、规范化程度不断提高。党的十八届三中全会首次明确提出了"落实税收法定原则"；2014年，《深化财税体制改革总体方案》通过，目标是"建立现代财政制度"；2015年，修订的《立法法》明确规定"税种的设立、税率的确定和税收征收管理等税收基本制度"只能由全国人大及其常委会制定；2018年，第十三届全国人大常委会第五次会议表决通过《个人所得税法》修正案。

`具体运用`

税收是国家财政收入的主要来源，同时也是进行资源配置与调解经济结构的重要手段。例如，央视网关于2020年度国家运用税收政策激发市场活力、带动经济发展的报道，展示了税收工具在国家治理中的具体应用。

 例 1.2.1

国家税务总局："一降　两增　两升"
减税降费成效明显 [①]

央视网消息：国家税务总局有关负责人介绍，今年我国推出的减税降费政策措施有力减轻了企业压力，支持了市场主体复工复产复销，逐步恢复正常生产经营。

据介绍，今年以来，我国新出台了7批28项支持疫情防控和经济社会发展的税费优惠政策，有效缓解了企业资金压力，主要体现为"一降、两增、两升"。税费负担持续下降，带来的是市场主

---

① 参见《国家税务总局："一降　两增　两升"减税降费成效明显》，央视网，2020年12月25日，见 https://news.cctv.com/2020/12/25/ARTIiVdJaLhT0RLrBKQLFfQK201225.shtml。

体活力和企业创新动能双双持续增强。数据显示，市场主体户数和规模明显扩大，今年1—11月，到税务部门办理涉税事项的新增市场主体1016万户，同比增长7.4%；11月，年销售收入500万元以上的增值税一般纳税人户数环比净增9.3万户，今年以来月均净增8.8万户，总规模已经达到1119万户。

市场主体活力增强了，自然带动了销售收入和盈利水平的上升。从20个国民经济行业门类看，前11个月，有14个行业门类累计销售收入同比转正，占比达70%。其中，科学研究和技术服务业、信息传输和技术服务业销售收入增长最快，同比分别增长22.6%和22.2%，表明我国新动能在加速成长。从企业盈利水平来看，三季度，全国重点税源企业当季实现利润同比增长4.9%，较二季度回升8.1个百分点。

工具使用的注意事项

在运用税收工具时需要注意以下方面：第一，树立税收管理人员的管理意识；第二，税收制定合理科学，不同税种间的区分需要明确化；第三，对财政税收优惠政策的落实要到位；第四，以法治税，避免为缓解财政压力征收零散税而与民争利。

2.2　预算

概念界定

预算，宏观而言，指政府依据法律法规对一定期限内（通常为一年）的自我财政收支情况进行详细规划的程序性行为；微观而言，指政府在各类活动开展前对财政花费与项目支出进行的一系列评估与分析行为。无论宏观还是微观，预算都是政府分配和调节公共资源的重要政策工具，其目的在于规范政府财政收支行为，提升政府使用财政经费的效率。

原理与逻辑

预算是政府进行财政管理的必要工具，它包括财政收支种类和数量及其反映出的收支性质和作用；此外还要体现国家机关和有关部门在处理收支问题上的权责关系。这就决定了预算在具体运行中，一方面反映了政府在财政计划和阶段性财政管理过程中出现的问题，另一方面展示了政府财政支出的透明度，为下一阶段的政府财政调适奠定了基础。

从政府部门运行程序来看，预算工具分为同级别政府财政管理的横向关系和自上而下业务部门间的纵向关系。政府财务部门与业务部门之间沟通网络的建立是预算工具横向关系的体现，上下级部门在政府财政业务方面的对接与审查则是纵向关系的呈现。

就政府财政管理的流程而言，预算可以分为预算形式、预算编制方法、预算绩效体系及预算监督四个维度。第一，就预算形式而言，完善和夯实部门预算是推动政府综合预算的着力点。第二，在预算编制方法中，"基数加增长"是传统预算编制方法，零基预算与弹性预算是新兴方法。新兴方法的引入推动着政府部门从实际需求出发，结合自身财政现状，在综合平衡的基础上更好地完善预算编制。第三，建立预算绩效体系是政府财政公开透明的核心，推动了预算职能部门间业务协作管理规范的形成。第四，预算监督在预算管理中承上启下，是完善政府财政进而建立现代化财政制度的关键点。建立预算审查监督制度，对预算管理过程中出现的问题进行改进与追踪，增强了预算的可追踪度与透明度。就此而言，科学化和规范化的预算管理流程与内容是政府财政收支管理的基础，它促进了政府财政的收支平衡。

具体而言，预算包括编制、审议通过、执行实施、决算审计、向社会公布等程序，它们是保证政府财政活动满足公共需要的必要环节，这一过程也是一种公共选择机制。首先，预算编制是公共利益的发现过程，预算的提出是专业机构基于分析、评估和预测一段时间内国内外政治、经济、社会形势，依据社会主要矛盾和人民需求作出的判断，继而政府通过政治程序提出工作任务和目标，财政部门再据此提出预算指导方针和技术要求进行重要性排序。其次，预算的审议通过其实也是立法机构讨论批准的过程，是对公共利益的再次发现和确认。立法机构对政府提交的预算草案进行辩论、听证、修改、宣读、投票批准等过程，最后预算被批准也是对公共利益的最终确认。最后，预算的实施和完成是对公共利益的实现。预算实施依据严格的程序：各支出部门领导对使用资金负责，财政部门对其进行审核后批准拨款，遵循政府采购、中期报告、绩效审计等制度，最终执行结果要经过审计部门的审计，审计结果及其详细说明材料报送立法机构确认，并向社会公布。

法理依据

1949 年，中央人民政府委员会第四次会议通过的《关于一九五零年度全国财政收支概算草案编成的报告》奠定了新中国预算里程碑。1951 年颁布的《预算决算暂行条例》标志着新中国预算管理制度开始建立。1995 年颁布、2014 年和 2018 年修订的《中华人民共和国预算法》，对预算管理职权、预算收支范围、预算编制、预算审查和批准、预算执行、预算调整等进行了详细规定。此外，在党的十八届三中全会上通过的《中共中央关于全面深化改革若干重大问题的决定》将财政定性为国家治理的基础和重要支柱，进一步明确要求建立现代财政预算制度。中共中央政治局于 2014 年审议通过了《深化财税体制改革总体方案》，强调"改进预算管理制度、强化预算约束、规范政府行为、实现有效监督，加快建立全面规范、公开透明的现代预算制度"。2019 年，新修订的《中华人民共和国政府信息公开条例》第三章第十九条规定，"对涉及公众利益调整、需要公众广泛知晓或者需要公众参与决策的政府信息，行政机关应当主动公开财政预算、决算信息"。2018年出台的《关于全面实施预算绩效管理的意见》提出，"全面实施预算绩效管理是推进国家治理体系和治理能力现代化的内在要求，是深化财税体制改革、建立现代财政制度的重要内容，是优化财政资源配置、提升公共服务质量的关键举措"。财政部于2018年出台的《关于贯彻落实〈中共中央　国务院关于全面实施预算绩效管理的意见〉的通知》进一步明确了全面实施预算绩效管理工作的重点环节和具体措施。

具体运用

　　政府预算是将公共资金计划以文件的形式进行公开，它的制定遵从灵活性、多样性以及自由裁量等原则。政府预算的编制以相关公共政策为依据，体现了政府工作的宗旨与方向。例如，2020年中央对地方重点生态功能区转移支付预算的通知，体现了预算工具对地方政府生态文明建设的引导。

表1.2.1　2020年中央对地方重点生态功能区转移支付预算的通知

关于下达深度贫困地区2020年中央对地方重点 生态功能区转移支付预算的通知 财预〔2020〕49号 有关省、自治区、直辖市财政厅（局）： 　　为推进生态文明建设，引导地方政府加强生态环境保护，提高生态功能重要地区所在地政府的基本公共服务保障能力，按照中央对地方重点生态功能区转移支付办法，现将深度贫困地区2020年重点生态功能区转移支付预算下达你省（自治区、直辖市）。此项补助列入2020年政府收支分类科目"1100226重点生态功能区转移支付收入"，项目代码Z135110079002。 　　省级财政部门要根据本地财力情况，制定省对下重点生态功能区转移支付办法，将相关资金落实到位，并将分配办法和结果上报我部。基层政府要将转移支付资金用于保护生态环境和改善民生，加大生态扶贫投入，加强资金使用管理，提高资金使用效益。 　　　　　　　　　　　　　　　　　　　　　　　　　　　　　财政部 　　　　　　　　　　　　　　　　　　　　　　　　　　2020年6月5日

工具使用的注意事项

　　在运用预算工具时需要注意以下方面：第一，预算是对政府财政状况透明度的反映，在实际运用中应注意将预算中的重要数据依法公开，避免只笼统公开一级条目而隐藏具体款项，因为预算内容的专业性、技术性与政策性较强，泛泛公开难以真正使人民的知情权与监督权得到落实。对此，可以借助电子政务服务的发展，以流程化、规范化、信息化等方式在内容和程序上对预算进行公开。第二，注重预算编制的科学化，兼顾预算增量与存量改革，将前一阶段的预算执行情况与下一阶段的预算编制合理地结合起来。第三，注重预算执行与监督手段的相互配合，降低预算管理中的风险因素。

2.3　决算

概念界定

　　决算是对预算执行结果的年度总结报告，它是政府财政预算收入与支出情况的汇总。从构成体系看，我国政府决算包括中央政府决算和地方政府决算，中央政府决算由中央各主管部门的行政事业单位决算、企业财务决算、基本建设决算和金库年报、税收年报等汇总组成，地方各级政府决算由本级政府和汇总的下一级政府决算组成，凡是进行预算的各级单位均要进行决算；从形式看，决算由报表和文字两部分组成；从内容看，政府决算与预算体系相同，一般包括概况、决算表、决算情况说明、名词解释四部分。

原理与逻辑

预算是决算的开端，决算是预算的结束。从预算程序角度看，决算是其最后一部分，二者相辅相成。决算即是对政府财务收支、资金使用效益、各个经济部门的比例关系以及预算执行情况的综合反映，同时也是下一阶段预算编制的基础，对整个周期内的政府财政运行情况起监督作用。通过政府决算可以掌握年度政府预算的实际执行情况，并对政府施政政策在财政资金流动方面的贯彻落实情况有一个全面系统的了解。政府预算与决算有其严格的法律程序，因此其运行逻辑遵从法律规定，即政府决算由各级人大及其常委会按照法定程序批准，对该年度内政府财政预算执行情况进行一一对应式汇总。由于决算构成体系是按照国家政权结构以及行政区域来划分的，因此决算可以集中反映国家政治经济活动在一定行政范围内的概况，详细呈现各个领域内公共事务的基本情况，为政府经济决策提供参考信息。此外，作为预算的最后环节，政府决算为公众提供预算落实概况，通过政府决算的编制、审核与分析过程，可以从收支两方面对政府预算进行考核，这也是公民对政府财政进行监督的重要方式，有助于建设财政透明化政府，促进公共财政和民主财政的发展。因此，决算的编制按照《预算法》对决算的编制要求进行，遵从法制、及时、准确、真实等技术原则。

政府决算的编制过程一般如下：第一，根据当年预算执行情况，提出增收节支和平衡预算的措施。第二，年终清理收支，核实各项收支数字，财政、税务和国库需紧密合作并做好对账。第三，加强组织领导，明确审查重点，提升决算质量。每年决算的重点和原则因情况而异，通常涉及收入分成、结算办法等。第四，财政机关应在政府领导下负责组织决算工作，并接受各级主管部门的监督。同时，要组织好专业和群众审查，通过决算总结预算执行和财务管理的经验。第五，各省总决算需在年度结束后 3 个月内报财政部；中央部门汇总决算在 12 月 20 日前报财政部。中央各主管部门所属单位决算的报送期限可在保证汇总决算上报的前提下自行规定。

法理依据

我国以法律的形式对政府决算内容与决算信息进行了规制。第一,《中华人民共和国预算法》第一章总则第二条规定,"预算、决算的编制、审查、批准、监督,以及预算的执行和调整,依照本法规定执行";第十四条规定,"经本级人民代表大会或者本级人民代表大会常务委员会批准的预算、预算调整、决算、预算执行情况的报告及报表,应当在批准后二十日内由本级政府财政部门向社会公开,并对本级政府财政转移支付安排、执行的情况以及举借债务的情况等重要事项作出说明。经本级政府财政部门批复的部门预算、决算及报表,应当在批复后二十日内由各部门向社会公开,并对部门预算、决算中机关运行经费的安排、使用情况等重要事项作出说明"。此外,第八章第七十四条到第八十二条对决算进行了专门说明。第二,《监督法中华人民共和国各级人民代表大会常务委员会》第三章明确规定了政府决算审查的程序:"审查和批准决算,听取和审议国民经济和社会发展计划、预算的执行情况报告,听取和审议审计工作报告"。第三,《中华人民共和国政府信息公开条例》第三章第二十条提出,"行政机关应当主动公开本行政机关的财政预算、决算信息"。

具体运用

政府决算是政府预算执行的最终报告,作为预算管理的最后环节,它既是本年度预算结束的标志,也是下一年度预算开启的基础,是对政府预算监督管理的有力环节,具有承上启下的特征。例如,102个中央部门集中公开本部门2019年度决算报道,彰显了政府致力于提升财政管理工作规范性、标准化、透明度和科学化的决心。

例 1.2.2

中央部门集中公开本部门 2019 年度
决算情况的报道（节选）①

7月17日，102个中央部门集中公开本部门2019年度决算情况。自2011年中央部门首"晒"账本以来，到今年已经连续10年向社会公开决算。今年的决算公开仍具有新看点：

一、公开范围扩大　绩效评价加力

财政部有关负责人介绍，2019年中央部门决算公开有两个新变化：一是今年中央部门决算公开范围进一步扩大，有102个中央部门公开决算，其中，国家药品监督管理局、中国地质调查局、中央广播电视总台等8个部门是党和国家机构改革后的新部门。二是预算绩效公开进一步加力，公开信息范围更广，绩效评价结果公开数量继续增加。预算支出绩效评价是全过程预算绩效管理的关键环节，也是对全年预算执行效果的检验。2019年中央各部门坚决贯彻落实《中共中央　国务院关于全面实施预算绩效管理的意见》，加快预算绩效管理改革步伐，逐步基本建成全方位、全过程、全覆盖的预算绩效管理体系。

二、严控三公经费支出　会用资金用好资金

2019年，中央部门贯彻落实中央八项规定精神，按照"过紧日子"的要求，从严控制和压缩"三公"经费支出，这一点在此次部门决算公开信息中也得到了印证。比如，国家卫生健康委"三公"

---

① 参见《中央部门连续10年向社会公开决算》，中国政府网，2020年7月19日，见 https://www.gov.cn/xinwen/2020-07/19/content_5528109.htm。

经费 2019 年度决算支出 2927.89 万元，与 2019 年度全年预算数相比，总支出减少 923.67 万元，降低 24.0%；财政部 2019 年度"三公"经费财政拨款支出预算为 5450.48 万元，支出决算为 4613.87 万元，完成预算的 84.7%，全年实际支出比预算有所节约；水利部 2019 年度"三公"经费决算数为 6900.58 万元，完成全年预算的 81.2%，相关经费支出内容、标准、预算均严格控制在规定范围之内。

三、加大政府采购透明度　让市场主体平等参与

为贯彻落实《中华人民共和国预算法》有关要求，从 2016 年，中央部门开始随决算向社会公开政府采购支出总体情况和面向中小微企业采购情况，包括政府采购支出总额及货物、工程和服务采购分项金额，政府采购合同授予中小微企业金额及授予中小微企业合同金额占政府采购支出金额的比重。今年，相关情况将继续公开，广泛接受社会监督。

财政部有关负责人解释，目前我国基本构建成一套包括支持节能环保、中小企业在内的政府采购政策体系，能够丰富财政调控方式和手段，同时可在规范政府预算支出、创造公平竞争的市场环境、规范行政履职行为、推动实现国家经济社会目标等方面发挥重要作用。他强调，为进一步提高政府采购透明度，中央预算单位从 2020 年 7 月 1 日起实施的所有采购项目，应当按规定向社会公开采购意向，保障各类市场主体平等参与政府采购活动。

工具使用的注意事项

政府决算既是本年度预算结束的标志，也是下一年度预算开启的基础。政府决算为公众提供预算落实概况，是公民监督政府财

政的重要方式，有助于建设财政透明化政府，促进公共财政和民主财政的发展。决算的编制应遵从法制、及时、准确、真实等技术原则。在决算时需要注意以下方面：第一，合理公开政府决算报告，决算表应体现"决算是预算的收支执行结果"这一基本要求，即决算公开表要与预算公开表进行对应；第二，确保决算中的数据质量，学会利用信息软件进行数据统计，提高数据录入精准度与效率；第三，对决算的过程监督予以重视，提高决算相关数据的利用率。

2.4　审计

概念界定

审计指对财政资金链从筹集、使用到结束的全过程审查。政府财政审计指对政府财政收支情况的审查统计，是国家为保障财政收支效果所作的制度设计，主要包括对政府预决算、税务、基本建设财务与信用以及国有企业等开展的财务审计。

原理与逻辑

政府财政审计是依法行使监督权利的政府治理工具，它是保障政府经济问责信息的机制，用来验证政府治理主体所提供经济问责信息的真实性、完整性和可靠性。一方面，审计在推动国民社会经济发展方面对预决算以及重大战略决策的部署落实情况起监督作用，以确保政府的各项财政权依法行使；另一方面，审计也是政府推进内部廉洁的驱动工具，在反腐倡廉行动中对八项规定等进行的专项审计，推动了廉洁政府政策的落实。审计方法与逻辑随着政府财政目标的变化与时俱进。具体而言，审计依据财政运行方式、特点、阈值等进行调整，例如"绿色财政"的审计重点是生态文明效益的实现度；"阳光财政"的审计重点在于透明、廉洁、高效财政资金链的运行；"民生财政"的审计方向以提高民众的幸福指数为核心；"绩效财政"则是将财政管理机制、模式、体系、效益等作为审计重点；"规范财政"是稽查财政建设是否依法、依规、依程序。总体而言，审计权既是通过对以财政权为核心的政府财政进行监督以推动国民经济有序运转的助推器，也是通过审查公共财政对公民权益与财产进行保护的公权力屏障。正是由于其诊断与监督功能，审计被称为国家"免疫系统"。党的十九届四中全会提出了"发挥审计监督职能作用"，这是对"免疫系统"作用的再次认可与强调。

国家审计机关对下属审计机关及审计人员应当具备的资格条件和执业要求设置了审计规范。这既是衡量和评价审计工作质量的依据，也是判别审计责任的依据。政府审计规范体系主要包括准则类规范、业务类规范及管理类规范。其中，准则类规范又可分为基本准则与具体准则。基本准则是对审计主体及其行为的综合性规定，具体准则是对审计业务工作基本环节制定的行为规范。审计业务类规范主要规定审计对象、审计内容和特殊审计程序。管理类规范是对审计机关行使审计监督权及行使行政管理权所作的有关规定。

法理依据

在国际范围内，最高审计机关国际组织在 1977 年召开的第九届国际大会上通过了具有"国家最高审计机构对政府财政审计总指导原则"的《利马宣言》。围绕审计权力与审计工作，我国也形成了相应的政策法规与制度规范体系。《中华人民共和国宪法》第三章第九十一条规定，"国务院设立审计机关，对国务院各部门和地方各级政府的财政收支，对国家的财政金融机构和企业事业组织的财务收支，进行审计监督。审计机关在国务院总理领导下，依照法律规定独立行使审计监督权，不受其他行政机关、社会团体和个人的干涉"；第一百零九条规定，"县级以上的地方各级人民政府设立审计机关。地方各级审计机关依照法律规定独立行使审计监督权，对本级人民政府和上一级审计机关负责"。1994 年通过、2006 年和 2021 年修订的《中华人民共和国审计法》是依据宪法制定的专门法，标志着国家审计正式步入法制化轨道，该法从审计机关和审计人员、审计机关职责、审计程序及法律责任等方面对审计进行了全面论述。此外，2014年，国务院印发的《国务院关于加强审计工作的意见》对审计工作的指导思想和基本原则给予了明确要求和清晰表述。

具体运用

　　审计是政府财政的"免疫系统"，也是经济发展的监督手段。审计工具可以将政府工作行动中存在的资金链风险化解于未然。例如，多地探索"研究＋财政审计"模式，将研究型审计理念贯彻财政审计工作始终，持续深化财政审计，拓宽审计监督的广度和深度。

例 1.2.3

各地审计部门创新思路方法提升财政审计质效 [①]

　　浙江省审计厅在财政同级审中深入开展研究型审计，从政治角度思考分析和系统研究财政领域重点问题，围绕党中央、国务院最新重大决策部署，聚焦地方党委、政府关心关注的财政领域热点难点问题，重点加大对财政资源统筹，扩大有效投资、科技创新、助企纾困等重点资金，专项转移支付政策绩效、财政运行风险防控等内容审计力度。

　　青岛市审计局在今年的本级财政审计、16个部门预算执行审计中，创新数据分析模式，组建预算执行审计数据分析团队，明确

---

① 参见《创新思路方法　提升财政审计质效》，中华人民共和国审计署，2023年3月20日，见 https://www.audit.gov.cn/n4/n20/n524/c10321522/content.html。

分析任务，梳理分发政策法规，形成《政策法规清单》《数据清单》。各小组内打破处室、项目界限，及时将审计思路转化为技术方法模型，开展数据分析阶段性成果汇报交流，最终形成《落实清单》《整改清单》《成果清单》。

重庆市渝中区审计局强化研究型思维，做细做实财政审计工作。坚持数据先行，积极运用"数据分析＋现场核查""业务＋数据"的方式，研判问题疑点，实现"全景扫描"与"定点探查"相结合的审计模式。

工具使用的注意事项

在运用审计工具时需要注意以下方面：第一，学会利用现代信息技术工具，提高政府财政审计效率；第二，建立常态化的审计工作者业务交流网络平台，从专业化视角提升审计效益；第三，重视政府财政审计结果的运用，从整体上进行审计问题反馈，以审计的结果推动审计的过程优化；第四，注重对与国民社会经济发展相关的重大项目专项资金进行追踪审计，从项目管理规范程度、投资及民生效益等方面严格落实审计监督。

3. 上下级关系

政府是一个多层级的复杂系统。从静态来看，庞大的科层体系是其表现形式。这种等级明确、职责分明的科层体系就决定了政府和行政管理者要时刻面临着上下级关系的问题。因此，在政府所有活动中上下级关系成为一个必须考虑的核心因素。从上级的决策和命令，到下级的执行和反馈，在实施过程中也必须时刻留意上下级这种纵向层级关系。从动态而言，政府的上下级关系并非简单的命令和执行模式，而是一个动态的、双向的交互体系。下级不仅执行上级的命令和决策，而且也能够通过多种途径对上级提出建议或纠正。因此，政府的上下级关系是极为复杂的，这既有其积极作用，有助于构建一个更为完整的政府体系，促进有效的政府运作；也有其消极影响，可能会模糊上下级的职能分工与削弱法定权威，从而阻碍来自上级的合理决策向有效执行的转化，甚至可能出现下级曲解或故意对抗上级的情况。鉴于此，行政管理者必须有效地运用政策工具，来确保上下级关系处于合理状态，并确保上级的决策能够在行政体系的末梢得到准确执行。这些工具主要包括绩效管理、监督与监察、巡视、问责与惩治等。

3.1　绩效管理

概念界定

绩效管理是指上级通过设定下级在一定时期内应完成的任务目标，在阶段末对目标完成情况进行评价并根据完成结果对下级给予相应奖励或惩罚的机制。上级对下级的绩效管理包括两个层面：一是上级组织对下级组织的绩效管理，二是各级组织对自身公务员的绩效管理。二者在逻辑上高度相似，在运作上各有表现。

原理与逻辑

绩效管理是最常见的上下级管理工具。其基本出发点在于将上下级始终置于一种任务性的关系之中，最终通过评价任务完成效果来督促和鼓励下级积极完成上级作出的决策部署和任务安排，从而确保整个政府组织的完整有效。

　　绩效管理的基本原理包括两个层面：一是行政组织的整体运作机制；二是行政组织中个体的行为动机。从行政组织的整体运作机制来看，任何行政组织均具有其特定的目标和功能，而政府的基本功能则是保障公共秩序和提供公共服务，同时兼具发展经济、保护环境等其他职能。为了达成整体任务，就需要政府通过协调自身的庞大构架共同完成。只有政府内部的全部亚组织，也即各个子系统，均能够高效完成自身任务时，公共服务等整体性任务才能够完成。这也是政府作为整体对公民的宏观绩效承诺。因此，须通过任务分解和奖惩激励的方式来确保下级组织能够完成各自的任务。

　　就行政组织中个体的行为动机而言，可以归纳为以下 3 种：首先是敬业动机，即个体出于对公共事业的热爱与奉献，积极高效地完成自身任务，进而推动整个组织目标的实现；其次是自利动机，表现为个体希望通过特定行为为自己谋求利益、规避损害，这是人类行为的基本逻辑；最后是晋升动机，即个体渴望在组织内部获得更高的职位。这些动机共同驱使个体在组织内寻求自身利益的最大化，同时也为组织目标的实现提供动力。鉴于这些动机，上级组织需要构建一套基于任务完成和工作表现的评价与奖惩体系，以激励成员积极履行分配的任务。这种激励机制不仅有助于保障任务的顺利完成，还能帮助组织发掘并培养优秀成员。通过晋升等奖励措施，将这些优秀成员安排至更关键的岗位，这样的管理策略能够优化个体的工作表现，提升组织整体效能，实现政府机构功能的持续更新与优化，从而确保机构不断进步并适应社会的变化需求。

法理依据

　　我国于20世纪90年代开始探索政府绩效管理，并出台相应的法律法规。就组织内行政人员的绩效管理而言，《中华人民共和国宪法》第一章总纲第二十七条指出："一切国家机关实行精简的原则，实行工作责任制，实行工作人员的培训和考核制度，不断提高工作质量和工作效率，反对官僚主义。"

第三章国家机构第八十九条第十七款指出国务院行使"审定行政机构的编制，依照法律规定任免、培训、考核和奖惩行政人员"的职权。1993 年实施的《国家公务员暂行条例》规定了国家对政府公务员实施考核制度，"国家行政机关按照管理权限，对国家公务员的德、能、勤、绩进行全面考核，重点考核工作实绩"。后又在 2006 年正式出台的《公务员法》以及后续各修订版本中进一步完善。针对机构的绩效评估而言，自 2007 年起，各地政府陆续出台了一大批支持文件。2008 年，政府工作报告中提出"推行政府绩效管理制度"。2018 年，中共中央、国务院出台了《关于全面实施预算绩效管理的意见》，在全国范围内建立全面预算绩效管理制度。此外，多个职能部门也积极发布关于本部门职能的绩效管理办法、规程。如：2018 年，财政部、国务院扶贫办、国家发展改革委联合颁布《扶贫项目资金绩效管理办法》；2011 年，中共国土资源部党组印发《国土资源部绩效管理试点办法》；2014 年，农业部（现农业农村部）出台《农业部绩效管理办法》；等等，都为专项职能工作明确了绩效管理方案。

具体运用

当代政府管理大量借鉴了企业绩效管理的思想和工具。自工业革命以来，近现代企业发展出一系列绩效管理工具，例如关键绩效指标工具（KPI）、平衡计分卡（BSC）、360 度管理法等。各种绩效考核方法的差异在于其背后关注重点的不同，而在绩效考核的实际操作中，其基本逻辑和运用形式依然是根据组织机构的总目标制定具体考核指标并确定相应权重。

政府绩效考核主要分为对公务员的考核和对下级机构的考核。对公务员的考核根据公务员法主要以"德、能、勤、绩、廉"5 个方面为主。考核方式包括平时考核、定期考核（一般是年度考核）和专项考核等。平时考核主要是以记台账和工作日志为主，专项考核则适用于某项工作完成后。年度考核则更为常见。

表1.3.1　A市公务员年度考核内容

（一）政治素质和思想品质。具体指贯彻执行党的路线、方针、政策和国家法律、法规、上级决定的执行力情况，及其个人品质、职业道德、社会公德、家庭道德等方面的表现。(10分)
（二）责任心和敬业精神。具体指工作责任心，敬业奉献意识，担当意识，大局意识，团结协作和相互配合意识及其工作努力程度，劳动纪律等方面的表现。（10分）
（三）业务素质和工作能力。具体指个人政策理论和水平、业务知识的学习力，处理解决实际问题的能力、语言文字、组织协调、创新意识及其他适应岗位职责工作要求的能力。（10分）
（四）遵纪守法和廉洁自律。具体指依法行政，遵守国家各项法律法规以及廉洁自律各项规定和落实党风廉政建设责任制的情况。（10分）
（五）履行职位职责主要包括年度岗位职责工作目标任务和承担单位整体工作完成的数量质量和效果。（60分）

对机构的考核则主要在省级以下机关开展，考核的内容丰富多样，包括一个行政区或者一个机构的各项工作。

表1.3.2　A市下属机构年度考核内容

考核的内容对应省政府对市政府的考核，同时结合A市实际相应设定，并随之作年度的相应调整。
对区县政府考核的内容。 （一）目标任务。包括经济发展、创新驱动、民生福祉、资源环境、社会建设、深化改革、项目工作等。 （二）工作评价。包括推进工作落实、政风建设、群众满意度、法治政府建设、应急管理、电子政务、12345热线办理等。 （三）创先争优。区县政府受国家级、省部级、市厅级单位表彰奖励的情况。
对市直目标单位考核的内容。 （一）目标任务。依据市人代会审议通过的《市政府工作报告》确定的年度经济社会发展主要指标、重点工作等，分别由市直各目标单位细化，经市政府办公厅和市统计局审核，报市政府审定后下达。 （二）工作评价。包括推进工作落实、效能建设、法治政府建设、应急管理、电子政务、人大建议政协提案办理、12345热线办理等，参照省政府对市政府考核设定相应的权重。 参照省政府对市政府的考核内容，设定对风景区、经济开发区和现代服务业产业园的考核指标及权重。 （三）创先争优。市直目标单位受国家级、省部级、市厅级单位表彰奖励的情况。
依据省政府对市政府的考核对应设定"一票否决"项目和倒扣分项目。

工具使用的注意事项

绩效管理是一个高效易行的上下级管理工具，其根本目的在于起激励作用，从而更好促进政府治理目标的实现。在使用过程中有诸多需要注意之处，可将其归结为避免两大方面的失误：第一，避免考核本身流于形式。流于形式的考核起不到激励的作用，自然也失去了其本身存在的意义。第二，避免无效考核对下级正常工作的干扰。不合理的考核形式或是标准将会打乱下级正常的工作秩序，反而会偏离政府原本正确的目标实现道路。

3.2　监督与监察

概念界定

监督与监察是指上级政府或权力机关为了确保下级政府或权力机关能够忠实履行自身职责和义务、合法合规完成上级布置工作而建立的系统性、制度化监督与监察体制。监督与监察机制的作用方向主要为自上而下，同时也存在着同级监督和下级监督的制度安排。

原理与逻辑

尽管政府组织在其规则设定和运行逻辑中都要求下级对上级服从，并且应忠实履行法定义务、无违反法律行为（如徇私舞弊、贪污、欺凌人民等）。但各级政府（权力机关）及其组成人员，同时也是追求自身利益的独立组织和个体，存在以下风险。第一，可能并不具有与中央或上级政府相一致的行动视野和决策考量；第二，具有独立的信息渠道和价值判断，进而导致差异化的行为选择；第三，具有独立的自我个体利益，有可能作出违法或者渎职的行为。因此，从这一角度出发，上级政府或权力机构始终面临着如何让下级政府或权力机关保持对上级的组织忠诚和行动一致的问题。政府的监督与监察工具正是为此而生，是保障政府组织整体性与一致性、确保政府组织目标实现的重要工具。此外，监督与监察机制也是较大型组织的必备制度形式。

法理依据

新中国成立之后开始政府监察制度建设。1949 年，中央人民政府委员会第三次会议决定成立人民监察委员会。改革开放后，进一步恢复和完善了相关体制。1982 年宪法明确指出："全国人民代表大会和地方各级人民代表大会都由民主选举产生，对人民负责，受人民监督。国家行政机关、审判机关、检察机关都由人民代表大会产生，对它负责，受它监督。"1997年通过的《中华人民共和国行政监察法》（2018 年废止）明确指出："监察机关是人民政府行使监察职能的机关，依照本法对国家行政机关及其公务员和国家行政机关任命的其他人员实施监察。"2005 年通过、2017 年和2018 年相继修订的《中华人民共和国公务员法》又明确了监察机关应当对公务员的思想政治、履行职责、作风表现、遵纪守法等情况进行监督，开展勤政廉政教育，建立日常管理监督制度。2018 年，《宪法修正案》提出建立监察委员会制度，同时，为深化监察体制改革，在《中华人民共和国行政监察法》的基础上，进一步系统规定监察制度的各个方面（包括机关职责、监察范围、监察权限、监察程序等），形成《中华人民共和国监察法》。2020 年，《中华人民共和国公职人员政务处分法》将所有公职人员的处分问题以更明确的立法形式确认，保障对公职人员公权力行使的监督落实到位。

具体运用

新中国成立以后，特别是改革开放后，形成了党内监督、民主党派监督、人大监督、司法监督、公众监督等多种监督体系。其中，党内监督主要是由党建立的对所有党员领导干部的监督体系，确保党员领导干部能够始终恪守党的为人民服务的宗旨。此外，作为协商民主参政议政的重要组成部分，其他民主党派也被赋予对各级政府的监督职能。机构监督是通过系统的建立自上而下的专门监督机构——国家监察委员会体制来确保有效监督。人大监督是由各级人大对政府的监督。司法监督是司法系统依法对公共权力的行使主体进行监督（例如法院监督政府依法行政）。公众监督充分发挥公共媒体、网络参政议政等渠道的积极作用实现有效监督。

在具体运行中，公权机构的上下级监督则主要根据《监察法》，体现为各级监察委员会及其机构对法定职能的履行。就目前而言，纪委与监察委员会合署办公是一种常态，有利于优化监察力量，提高监察效率。

表 1.3.3 《中华人民共和国监察法》对公权机构上下级监督的规定

监察机关及其职责	第七条　中华人民共和国国家监察委员会是最高监察机关。省、自治区、直辖市、自治州、县、自治县、市、市辖区设立监察委员会。
	第八条　国家监察委员会由全国人民代表大会产生，负责全国监察工作。国家监察委员会由主任、副主任若干人、委员若干人组成，主任由全国人民代表大会选举，副主任、委员由国家监察委员会主任提请全国人民代表大会常务委员会任免。国家监察委员会主任每届任期同全国人民代表大会每届任期相同，连续任职不得超过两届。国家监察委员会对全国人民代表大会及其常务委员会负责，并接受其监督。
	第九条　地方各级监察委员会由本级人民代表大会产生，负责本行政区域内的监察工作。 地方各级监察委员会由主任、副主任若干人、委员若干人组成，主任由本级人民代表大会选举，副主任、委员由监察委员会主任提请本级人民代表大会常务委员会任免。 地方各级监察委员会主任每届任期同本级人民代表大会每届任期相同。 地方各级监察委员会对本级人民代表大会及其常务委员会和上一级监察委员会负责，并接受其监督。
	第十条　国家监察委员会领导地方各级监察委员会的工作，上级监察委员会领导下级监察委员会的工作。

监察机关及其职责	第十一条　监察委员会依照本法和有关法律规定履行监督、调查、处置职责： （一）对公职人员开展廉政教育，对其依法履职、秉公用权、廉洁从政从业以及道德操守情况进行监督检查； （二）对涉嫌贪污贿赂、滥用职权、玩忽职守、权力寻租、利益输送、徇私舞弊以及浪费国家资财等职务违法和职务犯罪进行调查； （三）对违法的公职人员依法作出政务处分决定；对履行职责不力、失职失责的领导人员进行问责；对涉嫌职务犯罪的，将调查结果移送人民检察院依法审查、提起公诉；向监察对象所在单位提出监察建议。
	第十二条　各级监察委员会可以向本级中国共产党机关、国家机关、法律法规授权或者委托管理公共事务的组织和单位以及所管辖的行政区域、国有企业等派驻或者派出监察机构、监察专员。
	第十三条　派驻或者派出的监察机构、监察专员根据授权，按照管理权限依法对公职人员进行监督，提出监察建议，依法对公职人员进行调查、处置。
	第十四条　国家实行监察官制度，依法确定监察官的等级设置、任免、考评和晋升等制度。
监察范围和管辖	第十五条　监察机关对下列公职人员和有关人员进行监察：（一）中国共产党机关、人民代表大会及其常务委员会机关、人民政府、监察委员会、人民法院、人民检察院、中国人民政治协商会议各级委员会机关、民主党派机关和工商业联合会机关的公务员，以及参照《中华人民共和国公务员法》管理的人员；（二）法律、法规授权或者受国家机关依法委托管理公共事务的组织中从事公务的人员；（三）国有企业管理人员；（四）公办的教育、科研、文化、医疗卫生、体育等单位中从事管理的人员；（五）基层群众性自治组织中从事管理的人员；（六）其他依法履行公职的人员。
	第十六条　各级监察机关按照管理权限管辖本辖区内本法第十五条规定的人员所涉监察事项。上级监察机关可以办理下一级监察机关管辖范围内的监察事项，必要时也可以办理所辖各级监察机关管辖范围内的监察事项。监察机关之间对监察事项的管辖有争议的，由其共同的上级监察机关确定。 第十七条　上级监察机关可以将其所管辖的监察事项指定下级监察机关管辖，也可以将下级监察机关有管辖权的监察事项指定给其他监察机关管辖。监察机关认为所管辖的监察事项重大、复杂，需要由上级监察机关管辖的，可以报请上级监察机关管辖。

工具使用的注意事项

　　监察与监督是一项有效的制度工具，在具体实施过程中应当注意以下方面：第一，防止过度的监督干扰机关正常工作。监督应科学合理，在不干扰正常工作的情况下达到监督的正向目的，促进政府效能的提高。第二，要解决好同级监督困难的问题。同级监督可能存在监督力度不够、包庇问题，或存在受私心影响的不公正监督行为。第三，解决好监督机构由谁来监督的问题。应科学合理设定监督方，明确各级监督职责，划分责任。

3.3　巡视

概念界定

　　巡视是指在常态化的监督机制以外，在特定时间、特定区域针对特定问题，由上级纪律检查与监察机构派出专门队伍，对下级政府与组织进行巡察和监督的机制。严格说来，巡视属于中国共产党党内的制度安排，在对政府的监督管控上发挥了十分重要的作用。

原理与逻辑

　　从监督机制看，常态化的监督机制虽然能够发挥覆盖面广和制度化的特点，但也容易产生一些问题：一是常态监督机制在长期运作后容易陷入工作误区和工作盲点，例如对一些新出现的违法违纪问题感知不强；二是常态化监督机制在持续运作的过程中容易与被监督者产生交集，从而干扰正常的监督机制，这种干扰往往并不一定是腐败，而是产生了共情、倾向于从被监督者的立场看问题，进而影响工作原则的坚持并作出错误判断；三是易产生腐败问题。针对上述问题，就需要不定期由上级机关派出巡视组对下级机关进行巡视，以弥补监督漏洞。

除此之外，巡视还有加强重点工作的意味，而常态化的监督机制则不承担此项任务。巡视组或检查组往往出现在中央或上级机关重点部署工作的相关场景中，督促各项重点工作的稳步推进。因此，巡视不仅是一种监督机制，也可被视作一种组织战略和绩效管理机制。

法理依据

为完善巡视制度、规范巡视工作，中共中央于 2009 年制定《中国共产党巡视工作条例（试行）》，并在 2015 年经中共中央政治局会议审议批准颁布了正式的《中国共产党巡视工作条例》；2024 年，为进一步发挥巡视监督全面从严治党利剑作用，对此条例进行第二次修订。关于巡视制度的层次和范围，《中国共产党巡视工作条例》规定："党的中央和省、自治区、直辖市委员会实行巡视制度，设立巡视机构，在一届任期内，对所管理的地方、部门、企事业单位党组织实现巡视全覆盖。中央有关部委、中央国家机关部门党组（党委）和中管金融企业、中管企业、中管高校等党委（党组）根据工作需要，开展巡视工作，设立巡视机构，原则上按照党组织隶属关系和干部管理权限，对下一级单位党组织进行巡视监督。"参照巡视工作条例，行政、司法领域亦开始探索制定相关制度规范或工作章程。例如，2019 年，中央办公厅印发《关于中央部委、中央国家机关部门党组（党委）开展巡视工作的指导意见（试行）》；2020 年，最高法制定了《中共最高人民法院党组贯彻〈关于中央部委、中央国家机关部门党组（党委）开展巡视工作的指导意见（试行）〉的实施意见》。围绕巡视这一治理工具的制度规范及政策支持体系日渐丰富、完善。

具体运用

随着党和国家事业的发展，巡视工作也面临着新形势、新任务。二十届中央纪委三次全会指出，要建立覆盖巡视整改全周期的责任体系和制度流程。对此，一些地方探索通过运用数字手段，设计一体化大数据巡视系统，从巡前预警、巡中管控、巡后问效3个方面进行系统构建，将巡视各业务集中于"同一系统"，在巡视系统中完成全流程作业，确保信息线索有源头、信息归去有方向、信息轨迹随时查、浮动变化全程看，促进巡视动态化管理和规范化操作，确保综合治理、源头治理。通过大数据技术实现用数据管理、用数据问责的巡视工作机制，为巡视监督提供科学分析及管理方法，极大减轻各级巡视组和被巡视党组织的工作量，确保巡视内容更全面、发现更及时、定位更精准、重点更聚焦，服务于党的建设全局。

💡➡ 工具使用的注意事项

　　巡视制度是一种有效的监督机制，在实践过程中需要注意以下方面：第一，巡视工作要避免走过场，只有真正落实，才能发挥应有效能；第二，巡视工作要避免对正常工作产生冲击，应在不干扰正常工作的前提下开展；第三，巡视监督要与常态监督相结合，二者是互补关系而非替代关系，特别要重视巡视工作的灵活性和针对性。

3.4　问责与惩治

概念界定

　　问责与惩治是指通过制度化的手段，对违反法律法规和组织制度的行为主体进行惩罚从而减少违法违规情形的发生，以确保组织能够有效地保持正常运转、减少腐败行为和实现职责目标。其中问责的对象是下级组织和领导干部，而惩治的对象则包括所有组织成员。

原理与逻辑

　　一个组织，特别是以政府为代表的公权组织，其有效运行需要借助3

种核心机制来实现对组织内个体行为的有效约束。一是信仰机制，即确立组织目标和价值观，并使组织成员能够在内心忠于该种价值体系，进而将其反映到具体行动之中。二是奖励机制，当组织成员做出优秀成绩后给予相应奖励，从而激励整个组织。三是惩罚机制，通过对组织成员错误行为的惩罚，纠正组织行为的整体走向。惩罚机制是使用最为频繁的问责与惩治机制。

组织通过问责和惩治等措施，可以带来三种积极效用：一是惩罚并纠正错误行为，以对下级组织或个体行为人错误行为的处分来规范其未来行为，也即所谓的"惩前毖后，治病救人"。二是教育和警示其他组织成员，纠正组织行为和方向。三是对组织外社会成员的交代，当公权组织成员侵害了其他公民的合法利益时，更加需要通过惩罚还社会以公义，从而维护其作为公权组织的权威性和公信力。

法理依据

2003 年通过的《长沙市人民政府行政问责制度暂行办法》是我国最早制定的地方政府问责制专门性规章，标志着行政问责制开始从非常措施转向制度化轨道。此外，各地也积极出台有关行政问责的地方政府规章与地方性法规文件，如《北京市行政问责办法》《湖北省行政问责办法》等。2009 年，中共中央办公厅、国务院办公厅印发了《关于实行党政领导干部问责的暂行规定》；而后，又于 2016 年通过、2019 年修订《中国共产党问责条例》，其中明确了问责工作的原则、情形、方式等，问责制度逐渐走向正式化。

具体运用

新中国成立以来，一直强调对失职贪腐官员的问责与惩治。改革开放后，恢复中纪委，设立监察部，新世纪又设立国家监察委员会，并在国家法律和执政党法规两个角度予以制度性完善。例如，关于问责，《中国共产党问责条例》规定了问责的基本对象、范围、程序等。

表1.3.4 《中国共产党问责条例》对问责的相关规定

第五条 问责对象是党组织、党的领导干部，重点是党委（党组）、党的工作机关及其领导成员，纪委、纪委派驻（派出）机构及其领导成员。
第六条 问责应当分清责任。党组织领导班子在职责范围内负有全面领导责任，领导班子主要负责人和直接主管的班子成员在职责范围内承担主要领导责任，参与决策和工作的班子成员在职责范围内承担重要领导责任。对党组织问责的，应当同时对该党组织中负有责任的领导班子成员进行问责。
第七条 党组织、党的领导干部违反党章和其他党内法规，不履行或者不正确履行职责，有下列情形之一，应当予以问责：（一）党的领导弱化，"四个意识"不强，"两个维护"不力，党的基本理论、基本路线、基本方略没有得到有效贯彻执行，在贯彻新发展理念，推进经济建设、政治建设、文化建设、社会建设、生态文明建设中，出现重大偏差和失误，给党的事业和人民利益造成严重损失，产生恶劣影响的；（二）党的政治建设抓得不实，在重大原则问题上未能同党中央保持一致，贯彻落实党的路线方针政策和执行党中央重大决策部署不力，不遵守重大事项请示报告制度，有令不行、有禁不止，阳奉阴违、欺上瞒下，团团伙伙、拉帮结派问题突出，党内政治生活不严肃不健康，党的政治建设工作责任制落实不到位，造成严重后果或者恶劣影响的；（三）党的思想建设缺失，党性教育特别是理想信念宗旨教育流于形式，意识形态工作责任制落实不到位，造成严重后果或者恶劣影响的；（四）党的组织建设薄弱，党建工作责任制不落实，严重违反民主集中制原则，不执行领导班子议事决策规则，民主生活会、"三会一课"等党的组织生活制度不执行，领导干部报告个人有关事项制度执行不力，党组织软弱涣散，违规选拔任用干部等问题突出，造成恶劣影响的；（五）党的作风建设松懈，落实中央八项规定及其实施细则精神不力，"四风"问题得不到有效整治，形式主义、官僚主义问题突出，执行党中央决策部署表态多调门高、行动少落实差，脱离实际、脱离群众，拖沓敷衍、推诿扯皮，造成严重后果的；（六）党的纪律建设抓得不严，维护党的政治纪律、组织纪律、廉洁纪律、群众纪律、工作纪律、生活纪律不力，导致违规违纪行为多发，造成恶劣影响的；（七）推进党风廉政建设和反腐败斗争不坚决、不扎实，削减存量、遏制增量不力，特别是对不收敛、不收手，问题线索反映集中、群众反映强烈，政治问题和经济问题交织的腐败案件放任不管，造成恶劣影响的；（八）全面从严治党主体责任、监督责任落实不到位，对公权力的监督制约不力，好人主义盛行，不负责不担当，党内监督乏力，该发现的问题没有发现，发现问题不报告不处置，领导巡视巡察工作不力，落实巡视巡察整改要求走过场、不到位，该问责不问责，造成严重后果的；（九）履行管理、监督职责不力，职责范围内发生重特大生产安全事故、群体性事件、公共安全事件，或者发生其他严重事故、事件，造成重大损失或者恶劣影响的；（十）在教育医疗、生态环境保护、食品药品安全、扶贫脱贫、社会保障等涉及人民群众最关心最直接最现实的利益问题上不作为、乱作为、慢作为、假作为，损害和侵占群众利益问题得不到整治，以言代法、以权压法、徇私枉法问题突出，群众身边腐败和作风问题严重，造成恶劣影响的；（十一）其他应当问责的失职失责情形。

续表

第八条　对党组织的问责，根据危害程度以及具体情况，可以采取以下方式： （一）检查。责令作出书面检查并切实整改。 （二）通报。责令整改，并在一定范围内通报。 （三）改组。对失职失责、严重违犯党的纪律、本身又不能纠正的，应当予以改组。
对党的领导干部的问责，根据危害程度以及具体情况，可以采取以下方式： （一）通报。进行严肃批评，责令作出书面检查、切实整改，并在一定范围内通报。 （二）诫勉。以谈话或者书面方式进行诫勉。 （三）组织调整或者组织处理。对失职失责、危害较重，不适宜担任现职的，应当根据情况采取停职检查、调整职务、责令辞职、免职、降职等措施。 （四）纪律处分。对失职失责、危害严重，应当给予纪律处分的，依照《中国共产党纪律处分条例》追究纪律责任。 　　上述问责方式，可以单独使用，也可以依据规定合并使用。问责方式有影响期的，按照有关规定执行。

关于惩治和处分，《中国共产党纪律处分条例》《中华人民共和国公职人员政务处分法》等均作出大量规定。

工具使用的注意事项

问责与惩治通过对违反法律法规和组织制度的行为主体进行惩罚，以期达到减少违法违规情形的发生、确保组织能够有效地保持正常运转等目的。在使用过程中需要注意以下两点：第一，以事实为根据，保护被惩治对象的基本权利，避免转移责任，盲目扩大。第二，防止流于形式。一方面，"真"问责，找出政府治理实践中的痛点、问题点；另一方面，问"真"责，将问责结果落于实处。

4. 府际关系

政府要在推进市场经济发展和社会建设中发挥有效作用，不仅要合理有效地调整政府职能，而且要调整和重构政府体系内部的府际关系。府际关系是指政府之间的关系，它不仅包括中央与地方关系，而且包括地方政府间的纵向、横向、斜向关系，以及政府内部各部门间的权力分工关系。它所关注的是管理幅度、管理权力、管理收益等问题。因此，府际关系实际上是政府之间的权力配置和利益分配的关系。正因如此，府际关系对各级政府而言，都是至关重要的。随着中国的改革、开放和发展，各地区政府之间的府际关系发生了由单一性向多样性变迁、由垂直联系为主向横向联系为主的转变。府际关系的调整与重构已超越府际关系本身，关系到政府职能转变以及国家治理现代化。府际关系所涵盖的政策工具主要有条块关系、转移支付、部门协同、跨区域治理等。

4.1　条块关系

概念界定

"条块"是行政管理实践中一种形象的说法。它表示了一种特殊的政府组织结构，反映特定政府组织之间的关系。"条条"指的是从中央到地方各级政府业务内容性质相同的职能部门；"块块"指的是由不同职能部门组合而成的各层级政府。目前，条块关系已成为我国行政组织体系中基本的结构性关系。

原理与逻辑

在纷繁复杂的组织现象中，条块是一种特殊的结构形式。条块关系存在于条块结构之中，而条块结构的形成又受到了国家行政管理体系、层级制与职能制的结合状况、国家结构的不同形式以及集权与分权的不同模式等因素的影响。

首先，条块结构的形成是由国家行政管理的特性决定的。国家管理从总体来说，包括国家的立法活动、司法活动和行政活动，不同的管理活动有着不同的特点，其中一个基本的区别是各自有着不同的权力运行方向。立法活动主要采用少数服从多数的民主表决的方式来实现，它的权力运行方向是自下而上的。司法权的使用和运行，既不是自上而下的，也不是自下而上的，它具有相对的独立性。然而，国家行政权的运行方向则是自上而下的。面对纷繁复杂、千变万化的行政事务，靠层层少数服从多数的民主表决，是无法管理好的。只有下级层层对上级负责，形成一个反应灵敏的指挥—服从体系，才能对行政事务实行有效的管理。所以，整个行政体系应当是一个以下级服从上级为基础的权威层次结构，这是形成条块结构的重要条件。条块结构主要存在于政府行政体系之中。

其次，条块结构受政府机构中层级制和职能制的结合状况的影响。层级制和职能制是人类社会组织的两种基本结构形式。层级制的优点是权力自下而上地集中，有利于指挥的统一。但是，这种结构不适宜于专业繁杂的大型组织。职能制的优点是专业化程度高，分工明确。但职能制往往会出现政出多门、目标分散的弊端，各个职能部门各自为政，并引发碎片化问题。因此，一些大型的社会组织往往把这两种结构结合起来。条块结构就是层级制和职能制结合的一种典型。纵向按照层级制分为中央、省、地、县、镇等不同层级，每一层级又按不同的业务内容横向分设工业、农业、财贸、文教等不同的职能部门系统，即"条条"；不同职能部门组合而成的省、地、县、镇等各层级政府，即"块块"。

再次，条块结构的形成还受国家结构形式的影响。国家结构形式与政府组织的结构形式是两个不同的概念。前者指的是国家整体的构成形式，指国家调整整体与部分、中央机关与地方机关之间的相互关系所采取的形式。它主要有单一制和复合制（联邦制）两种基本形式。它影响到行使国家权力的所有机关，涉及国家主权的构成和分配。而政府结构形式则不同，它表示的只是政府机构采取何种方式来组织，影响的主要是政府行政管理。国家结构形式对政府结构形式起着直接的制约作用。一般来说，单一制国家的政府结构形式的共性为政府体系自上而下的系统性、层级制和职能制的不可分离性等；而联邦制国家的政府结构形式的共性为组成联邦的各成员单位政府机构的相对独立性等。就一般情况而言，条块结构存在于单一制国家。

最后，条块结构的形成还受政府行政管理过程中集权和分权的不同模式的影响。当政府采取集权的管理方式时，即使是联邦制国家，也必然要求政府组织建立起自上而下的完整体系。而当政府采取分权的管理方式时，即使是单一制国家，也必然会使各个不同层级的政府建立相对独立的结构。一般来说，条块结构较多地存在于集权制或相对集权以及相对分权的管理模式之中。在绝对分权的管理模式中，条块结构是无法形成的。

法理依据

现代政治的基本逻辑之一是"职权法定"，规范条块关系也必须遵循这一逻辑。条块关系需要分别从纵向的垂直部门管理和横向的政府间关系来理解。纵向来看，《中华人民共和国地方各级人民代表大会和地方各级人民政府组织法》第八十三条规定："省、自治区、直辖市的人民政府的各工作部门受人民政府统一领导，并且依照法律或者行政法规的规定受国务院主管部门的业务指导或者领导。自治州、县、自治县、市、市辖区的人民政府的各工作部门受人民政府统一领导，并且依照法律或者行政法规的规定受上级人民政府主管部门的业务指导或者领导。"这意味着，在行政法规的约束下，有着明确清晰分工的专业部门需要接受中央主管部门和上级专业部门的业务指导。横向来看，《中华人民共和国地方各级人民代表大会和地方各级人民政府组织法》第八十四条规定："省、自治区、直辖市、自治州、县、自治县、市、市辖区的人民政府应当协助设立在本行政区域内不属于自己管理的国家机关、企业、事业单位进行工作，并且监督它们遵守和执行法律和政策。"横向的政府间关系涉及不同部门间的协调和合作。

具体运用

垂直管理部门和地方政府之间的关系又被称为"条块关系"，它历来是中央与地方关系中的重要内容。在单一制的"双重从属制"下，地方政府的职能部门必须同时对两个甚至多个上级部门负责并报告工作。其一，作为地方政府的组成机构，要对同级块块负责。其二，又要受上级条条的严格控制，对上级条条负责。比如，就县民政局而言，民政部是其业务最高主管部门，省民政厅是第二层次的业务主管部门，地级市民政局是第三层次，3个层次业务主管部门的指示、规定、命令和条例都要执行，它们是民政局行政事务的重要合法性来源和行动策略的重要依据。同时，其还要接受县委、县政府的领导。上级对口职能部门和同级政府都有权力向民政局发布命令、指示和建议。以华北地区 A 县民政局为例，其在 2018 年共收到文件 142 份，其中上级职能部门 95 件，占 66.9%；县委、县政府 47 件，占 33.1%。

表 1.4.1　A 县民政局收到上级机关来文

来文机关	件数	所占比例
国务院民政部	16	16.84%
自治区民政厅	18	18.95%
市民政局	61	64.21%
合计	95	100.00%

表 1.4.2　A 县民政局收到县委、县政府来文

来文机关	件数	所占比例
县委	27	57.45%
县政府	20	42.55%
合计	47	100.00%

上述状况形成了一个矩阵结构。在矩阵结构中，有两条权力线：一条是来自上级职能部门的垂直权力线，另一条是来自同级块块的水平权力线。这种制度安排的意义在于：中央除了对地方政府进行人事任免等直接领导和控制外，还通过各级各类条条这只长长的"手臂"对地方政府及整个社会进行间接的调控和制约，将中央政府的权威与影响付诸实施。但同时也具有影响行政效率、引发条块矛盾等不足。

💡 工具使用的注意事项

"条块关系"的本质是中央与地方之间的权力划分问题。在条块关系上，上面千条线，下面一根针，千条线运作起来，针的压力的确非常大。未来，要进一步理顺条块关系，进一步提升各级政府，尤其是各个部门政策制定、政策执行和政策评估能力，实现有效且有限的政府，让各级政府都能够在职责范围内勇于创新，在保障社会和市场基本秩序的同时为其注入更多活力。

4.2　转移支付

概念界定

财政转移支付制度由于中央与地方财政之间的纵向不平衡及各地区财政的横向不平衡而产生，是国家为了实现区域间各项事业的均衡发展而采取的一项财政支出制度。转移支付有广义和狭义之分。狭义的转移支付是指中央政府将资金划拨给地方，列作地方政府的财政收入。而广义的转移支付不仅包括资金由中央流向地方，还包括资金由地方向中央的流动，即资金的"双向转移"。公共治理中常说的转移支付一般指狭义的转移支付。

原理与逻辑

转移支付是管理府际关系的重要工具，其出发点在于缓解分税制实施带来的政府间纵向与横向财政失衡现象，更好地促进财政均衡。具体原理主要有以下几个方面：首先，基于分权制衡理论，中央政府通过转移支付可以在很大程度上控制地方政府。广义上的分权与制衡理论包括纵向的分权与制衡，即中央政府与地方政府之间的权力划分与制衡。在上下级政府之间的分权制衡过程中，财政是一个重要的手段。通过有效使用转移支付工具实现财权上收，中央掌握着地方政府的财政资源，其不仅能够强化中央动员资源和再分配的能力，还能够增强中央对地方的宏观调控能力。其次，转移支付工具的使用有助于缩小区域间的差异，促进区域均衡发展。通过建立规范化、法治化的转移支付，实现中央与地方政府事权、财权配置的平衡以及各地区横向财政能力的相对平衡，为各地区经济的均衡协调发展创造条件，缩小各地区经济发展差距，促进经济全面发展和社会整体进步。此外，横向转移支付作为纵向财政转移支付的重要补充，也有助于促进地区间资源的有效配置，增进地区间的合作关系，促进经济发展和政治稳定。

法理依据

围绕财政转移支付工作，我国出台了相关法律法规。自 1994 年实行分税制开始，有关转移支付方面的地方性法规陆续出台。鉴于中央财政可用于转移支付的财力有限，尚不足以建立十分规范的转移支付制度，财政部在 1999 年制定和发布了《过渡期财政转移支付办法》。该办法明确表明，"中央财政根据财力状况，选择一些客观性及政策性因素，采用相对规范的方法，进行有限的转移支付，逐步向规范化的转移支付制度靠拢。"2000 年，财政部出台了《中央对地方专项拨款管理办法》，初步明确了中央对地方专项转移支付管理的原则和要求。2015 年，该办法被废止，被更为规范的《中央对地方专项转移支付管理办法》所替代，进一步加强中央对地方专项转移支付规范性、安全性和有效性的管理。2014 年，国务院发布《关于改革和完善中央对地方转移支付制度的意见》，明确以一般性转移支付为主体，完善一般性转移支付增长机制，清理、整合、规范专项转移支付，严肃财经纪律，加强转移支付管理，充分发挥中央和地方两个积极性，促进经济社会持续健康发展。

具体运用

　　中国财政转移支付制度是在 1994 年分税制改革的基础上建立起来的，目前的转移支付主要为纵向转移支付，其中又以中央对地方的转移支付为主。目前虽未出台转移支付法，但已有转移支付的丰富实践。政府间转移支付的形式包括以下几类：一般转移支付，或称体制转移支付，是在现行财政体制之下所实施的转移支付；专项转移支付，即为实现某种特定的政策经济目标或专项任务，由上级财政提供的专项补助；特殊转移支付，是在发生不可抗力或国家进行重大政策调整时，由上级政府支付的特殊补助；税收返还，即中央基于宏观调控的需要，将集中的部分税收收入返还给地方。上述政府间转移支付类型又可以归结为两类，即一般性转移支付和专项转移支付。

　　其中，一般转移支付主要是对地方的财力补助，不指定用途，由接受拨款的地方政府自主安排使用。一般性转移支付是政府间财政关系的重要组成部分，目的是弥补财政实力薄弱地区的财力缺口，均衡地区间财力差距，实现地区间基本公共服务能力均等化。一般性转移支付资金遵循公平、公正，循序渐进和适当照顾老少边穷地区的原则，主要参照各地标准财政收入和标准财政支出的差额及可用于转移支付的资金数量等客观因素，按统一公式计算确定。中央财政从 2000 年起对少数民族地区实行专门的民族地区财政转移支付制度，目的在于推动少数民族地区经济和社会全面发展，推动共同富裕、共同繁荣。

　　专项转移支付，主要服务于中央的特定政策目标，地方政府应当按照中央政府规定的用途使用资金。专项财政转移支付具有均等化效应。在实现区域间均等化方面，农村税费改革转移支付、增加工资转移支付、取消农业特产税降低农业税率转移支付都对地区间财力具有均等化效果。专项财政转移支付涉及领域广泛，且近年来范围不断扩大，几乎覆盖了所有的预算支出科目，包括基础设施、扶贫脱贫、义务教育、医疗保障、生态保护等内容。同时，专项转移支付主要用于农林水支出、交通运输支出及社会保障和就业支出等项目，对于促进我国生态文明、扶贫脱贫和基础设施建设提供了保障。对于专项转移支付的分配和使用，《国务院关于改革和完善中央对地方转移支付制度的意见》作了明确规定。

表1.4.3 《国务院关于改革和完善中央对地方转移支付制度的意见》关于专项转移支付分配和使用的表述

六、规范专项转移支付分配和使用	（一）规范资金分配。专项转移支付应当分地区、分项目编制。严格资金分配主体，明确部门职责，社会团体、行业协会、企事业单位等非行政机关不得负责资金分配。专项转移支付可以采取项目法或因素法进行分配。对用于国家重大工程、跨地区跨流域的投资项目以及外部性强的重点项目，主要采取项目法分配，实施项目库管理，明确项目申报主体、申报范围和申报条件，规范项目申报流程，发挥专业组织和专家的作用，完善监督制衡机制。对具有地域管理信息优势的项目，主要采取因素法分配，选取客观因素，确定合理权重，按照科学规范的分配公式切块下达省级财政，并指导其制定资金管理办法实施细则，按规定层层分解下达到补助对象，做到既要调动地方积极性，又要保证项目顺利实施。对关系群众切身利益的专项，可改变行政性分配方式，逐步推动建立政府引导、社会组织评价、群众参与的分配机制。
	（二）取消地方资金配套要求。除按照国务院规定应当由中央和地方共同承担的事项外，中央在安排专项转移支付时，不得要求地方政府承担配套资金。由中央和地方共同承担的事项，要依据公益性、外部性等因素明确分担标准或比例。在此基础上，根据各地财政状况，同一专项对不同地区可采取有区别的分担比例，但不同专项对同一地区的分担比例应逐步统一规范。
	（三）严格资金使用。除中央委托事项外，专项转移支付一律不得用于财政补助单位人员经费和运转经费，以及楼堂馆所等国务院明令禁止的相关项目建设。加强对专项资金分配使用的全过程监控和检查力度，建立健全信息反馈、责任追究和奖惩机制，重点解决资金管理"最后一公里"问题。

工具使用的注意事项

　　转移支付工具的使用能有效管理府际关系，增强中央的宏观调控能力，协调区域发展，在使用过程中需要注意以下方面：第一，要健全监督机制，防止专项转移支付资金被滥用。因基础设施建设、脱贫扶贫工程、义务教育工程、森林耕地保护建设、公共卫生体系建设等经济、社会、生态项目具有周期性长、涉及范围广、成果显效慢等特点，相关专项财政转移支付资金容易被下级政府侵吞或挪用。第二，要优化转移支付结构。财权与事权界定不清晰和责任与权力匹配不充分，均会导致财政转移支付的随意性和盲目性增大，影响财政转移支付的效果。

4.3　部门协同

概念界定

　　部门协同是在整体政府的框架下，为解决政府管理碎片化、单一主体能力不足等问题，打破政府部门间既有的行政壁垒，用新的工作方式、责任机制实现信息共享，对人力、物力、财政等资源进行优化配置、协调互通，最终实现既定政策目标的治理方式。

原理与逻辑

　　部门协同作为一种公共管理的模式，兴起于新公共管理运动中后期。在新公共管理运动中，管理的效率和质量得到了大幅的提升，政府运行的成本也大大降低，但也带来了管理的空心化和碎片化、部门之间协调和合作的忽视等问题。部门协同主要有以下两方面原理。

　　首先，从个体性的角度来看，部门协同有助于组织获取必要的资源。获取资源是推动部门参与协作的一个重要因素。根据资源依赖理论，任何组织都存在于一个开放的系统中，没有任何一个组织是自给自足的，大量攸关组织生存的稀缺和珍贵的资源都包含在组织的外部环境中。而随着组织发展目标的不断升级，任何组织都不可能完全拥有所需要的一切资源，在资源与组织目标之间总会存在某种战略差距。为了获得这些资源，组织就会同其运行环境内拥有这些资源的其他组织进行互动，而部门协同则是其中最主要的互动方式。

其次，从公共性的角度来看，部门协同有助于解决公共问题，实现公共价值。随着社会事务的日益复杂化以及不确定性的增加，越来越多的公共事务表现出一果多因、相互关联的情况。这种不确定性的存在使得政府部门在处理公共问题时常面临各种各样的外部压力。此外，公众对政府服务质量的期望不断提高，要求支付部门用更少的资源提供更多、更便捷的服务，而部门协同则是对这些压力的回应。因此，为有效回应多元化的公共议题，强调政府不同部门间协调互动的府际合作治理理念应运而生。部门协同能够有效减少摩擦和政策冲突，增加政策的有效性，改善政策质量，提高治理的有效性，实现公共性的再生产。同时部门协同也能够增进民主价值，保证更广泛的利益得以实现。

法理依据

我国在一些法律法规、政策文件中对部门协同作了相关规定，主要体现在各类工作部署中，包括反恐、发展新型消费、社会救助、优化营商环境、长江流域禁捕、渔业监管、乡村振兴、养老服务等工作。2020 年，《国务院办公厅关于以新业态新模式引领新型消费加快发展的意见》发布，提出在发展新型消费中需要部门协同并作出明确分工。如：在优化新型消费发展环境中，要完善跨部门协同监管机制，实现线上线下协调互补、市场监管与行业监管联接互动，加大对销售假冒伪劣商品、侵犯知识产权、虚假宣传、价格欺诈、泄露隐私等行为的打击力度，着力营造安全放心诚信消费环境，促进新型消费健康发展。2015 年颁布、2018 年修正的《中华人民共和国反恐怖主义法》中第八条明确规定，各部门要根据分工，做好反恐怖主义工作。2020 年，中共中央办公厅、国务院办公厅印发《关于改革完善社会救助制度的意见》，明确表明要强化党委领导、政府负责、民政牵头、部门协同、社会参与的工作机制。于 1987 年发布、2020 年两次修订的《中华人民共和国渔业法实施细则》第二十七条规定，因污染造成渔业损失的，应当由渔政渔港监督管理部门协同环保部门调查处理。诸多在各个专项领域中明确政府部门间协同合作的法律法规、政策文件构成了部门协同的法理依据。

具体运用

我国政府部门协同可分为纵向部门协同与横向部门协同。纵向部门协同主要以权威为依托，具体包括职务权威和组织权威。其中，以职务权威为依托的纵向协同主要依赖领导的职务权威，其结构性载体则是各级各部门的领导和大量副职岗位，以及副职间的分工和分口管理。高位领导机制是促进部门协同的首要条件。在大规模的集中整治行动中，党政一把手的高度重视更是整合多个政府部门、形成合力的前提。如《中华人民共和国反恐怖主义法》第七条规定，国家设立反恐怖主义工作领导机构，统一领导和指挥全国反恐怖主义工作。设区的市级以上地方人民政府设立反恐怖主义工作领导机构，县级人民政府根据需要设立反恐怖主义工作领导机构，在上级反恐怖主义工作领导机构的领导和指挥下，负责本地区反恐怖主义工作。以组织权威为依托的纵向协同的主要载体是常设或临时议事协调机构，即为完成某项特殊或临时性任务而设立的专门协调机构。常设性议事协调机构如"国家国防动员委员会""国家食品安全委员会""国家能源委员会""国家安全生产委员会"等；临时性议事协调机构如"国务院三峡工程建设委员会""国务院南水北调工程建设委员会"等。

　　横向部门协同的组织载体是专门的协调机构，在实践中应用比较普遍的是"部际联席会议"。部际联席会议是为了协商办理涉及多个部门职责的事项而建立的一种工作机制，各成员单位按照共同商定的工作制度，及时沟通情况，协调不同意见，以推动各项工作任务的落实。为保障任务的有序推进，各相关部门可以联合发文，即在意见一致的基础上联合发表文件，对某个问题的处理办法或者要求作出统一规定，从而避免因职责交叉而导致在同一事件或问题处理上的政令不一。近年来，部际联席会议在"重特大安全事故""全国古籍保护""整治非法证券""全国地面沉降防治""政府绩效管理""道路交通安全"等多个领域得到了积极的推行和尝试。多部门联合发文、联合整治等呈现稳定增长的态势，例如：2005 年，住房和城乡建设部等九部委联合发布《关于调整住房供应结构稳定住房价格的意见》；2008 年，国家发展和改革委员会等十部门联合发布《招标投标违法行为记录公告暂行办法》；2009 年，国家发改委等九部委联合发布《贯彻落实扩大内需促进经济增长决策部署、进一步加强工程建设招标投标监管工作意见》，国土资源部等十二部门联合发布《关于进一步推进矿产资源整合工作的通知》等。

 例 1.4.1

跨部门大数据协同办案跑出"加速度"①

　　政法跨部门大数据协同办案平台工作启动以来，兰州市从严对标省委政法委部署要求，坚持信息化引领、智能化支撑，以协同

① 参见《兰州市从严对标省委政法委部署要求——跨部门大数据协同办案跑出"加速度"》，兰州新闻网，2021 年 8 月 26 日，https://baijiahao.baidu.com/s?id=1709083139250974285&wfr=spider&for=pc。

办案和数据共享为主线，扎实推进平台建设高质量发展。截至 8 月 13 日，兰州市通过协同办案平台共推送案件 2921 件，占全省总数的 29%。

抓统筹　在深入部署上重发力

兰州市将协同办案平台建设作为"一把手工程"，成立由市委常委、政法委书记任组长的领导小组，全面安排部署。制定实施方案，定期召开会议，举办专题培训，组织开展督导检查，通过"日分析、周研判、月通报"等方式，对工作推动不力的区县和单位及时进行工作提醒、约谈，纵深推进平台建设。

抓保障　在夯实基础上做文章

党委政法委总揽全局、居中协调，政法各单位强化联动、左右联通，建立了"纵到底、横到边"的平台运维体系。政法单位在资金投入、网络升级、设备配置、人员配备等方面加大配给，为平台建设应用提供全方位保障。政法干警在应用中及时梳理案件流转存在问题，并提出合理化建议，推动平台功能不断优化改进。

抓创新　在应用范围上求突破

政法单位加大案件推送力度，"六类案件"共上线运行 2404 件，实现应上尽上目标。创设"6+N"工作思路，扩展案件类型和数量，推送其他类型案件 517 件，占全省的 40%。市级政法单位在"六类案件"基础上，另确定诈骗类、毒品类等六类常见罪名，全面启动市级案件流转，实现上下两级协同发力。

抓规范　在深远规划上谋长效

全面构建"1+1+N"制度体系，以省委政法委《案件流转指引》为引领，制定其他类型《案件流转指引》，进一步规范案件证据标准和流转规范；印发《兰州政法跨部门大数据协同办案平台试点工作案件流转办法》，推动案件线上线下同步流转。政法单位结合各自工作特点，全面规范协同办案平台应用操作。

通过一年多全面建设，协同办案平台"网络联通、业务贯通、数据畅通"优势全面显现，案件信息一次录入、全程共享，案件移送、网上换押、委托调查、刑罚交付从传统"人工摆渡"到现在"一键移送"，案件办理效率明显提升，推进案件办理程序进一步规范、执法监督渠道进一步拓展。

工具使用的注意事项

部门协同是管理府际关系的一个重要政策工具，能够有效提高政府工作效率和质量，降低运行成本，在使用中需要注意以下方面：第一，要明确各协同部门的职责，避免出现职能交叉的状况。一旦政府职能定位不清、部门间职责关系界定不明确，就易引发"九龙治水、天下大旱"的困境。第二，要确定牵头部门，避免出现双头指挥的尴尬，并赋予牵头部门一定权力，保证其在推动工作落实的过程中能够进行有效协调。第三，要注意部分政府部门人治色彩浓厚的情况，其会影响跨部门协同的规范化和标准化。第四，要健全完善考评机制和问责机制，促进工作目标的有效实现。

4.4 跨区域治理

概念界定

跨区域治理是基于不同行政区基础上的一种协同或共同治理，或者是基于不同自然经济区域的共同治理。跨区域治理强调多元主体联合治理，突破行政区划和层级界限，综合运用多元治理方式实现跨域公共问题的有效解决。相对于行政区治理的纵向性而言，跨区域治理是一种横向合作式治理，是与行政区治理相对的另一种治理形式。

原理与逻辑

跨区域治理的基本出发点是突破行政区划界限，通过有效的跨界合作与协同治理以完成任务、增进公共价值。跨区域治理的基本原理主要有两方面：其一，跨区域治理是基于区域协调的需要，推动区域良性竞争和有效合作的新型机制。随着全球化、城市化、区域一体化的不断推进，区域之间的联系日益紧密，地方政府与国家之间的关系牵一发而动全身，这就使得区域间关系的协调成为必要。"一脉不和，周身不安"。相邻区域存在共同利益的同时，也具有竞争关系。良性竞争和有效合作可以促进共同提高，反之则阻碍整体发展。因而跨区域治理的合作关系作用凸显。其二，跨区域治理是解决跨区域公共问题和实现区域协同发展的重要策略。随着信息通信技术的进步和公共交通的发展，区域之间的联系日益密切，跨区域的公共问题和公共议题日趋增多，如地区间恶性竞争、重复建设、环境破坏、流域治理失灵、区域发展等。传统治理模式在应对这些复杂的公共问题上日渐低效甚至失效，仅靠某区域自身的资源和能力难以及时有效地解决。因此，跨区域治理成为探寻政府改革与治理创新的新思路，其打破了狭隘的行政区划界限，超越了简单的政府单一主体，成为解决区域问题和实现区域协同发展的有效治理模式。

法理依据

近年来，我国出台了跨域治理的相关法律及重要政策文件。首先，在推动跨区域发展上，北京市于1996年制定《北京市经济发展战略研究报告》，首次提出"首都经济圈"的概念。在京津冀协同发展上，河北省提出了两环带动战略，即外环渤海、内环京津。2009 年和 2010 年相继出台了《珠江三角洲地区改革发展规划纲要（2008—2020 年)》和《长江三角洲地区区域规划》，跨区域协同发展的探索实践逐渐铺开。其次，在跨区域公共事务治理上，《河北省综合交通运输体系发展"十三五"规划》提出要建立区域协调管理机制，推进京津冀交通运输管理信息、政策、执法、标准四统一，实现跨区域治理联防联治，有效破除行政分割和市场壁垒，建立统一开放的运输市场，提高交通一体化管理效率。1987 年颁布，1995 年、2000 年、2015 年、2018 年四次修订的《中华人民共和国大气污染防治法》第九十二条规定，"国务院生态环境主管部门和国家大气污染防治重点区域内有关省、自治区、直辖市人民政府可以组织有关部门开展联合执法、跨区域执法、交叉执法。"《第十三届全国人民代表大会第一次会议关于 2017 年国民经济和社会发展计划执行情况与 2018 年国民经济和社会发展计划的决议》表明，要加快推进重要产品追溯体系建设，加强重点行业和领域消费侵权查处，加强市场监管，开展跨领域跨区域联合打假，开展放心消费创建活动。2021 年，第十三届全国人民代表大会第四次全体会议审议通过《中华人民共和国国民经济和社会发展第十四个五年规划和 2035 年远景目标纲要》，京津冀协同发展、长江经济带发展、粤港澳大湾区建设、长三角一体化发展被明确为区域重大战略，强调深化区域间融合互动、融通补充。

具体运用

我国跨区域治理在具体运用上最常见的手段是建立政府联席会议等议事协调机构，将此作为相互交流意见和促进合作的平台。这种形式较灵活，不涉及机构合并，因而不会产生人事或者组织法上的障碍，参与合作的政府也不必担心失去政治权力或者控制力。改革开放以来，各地政府为了加强合作，促进经济一体化，自发成立了各种议事协调机制，如环渤海地区经济联合市长（专员、盟长）联席会（1986年）、长江三角洲城市经济协调会、泛珠三角区域合作行政首长联席会议（2005年）等。此外，在污染治理上，由于存在跨区域污染问题，需要联合治理，如山东省和江苏省六县（市）环保局共同建立了鲁苏边界环境保护联席会议制度，现已发展成为包括19个成员单位的鲁苏边界环境保护联合会。珠江三角洲地区采取"联防联治"的思路应对区域污染，分别于2002年和2010年成立了珠江综合整治联席会议制度和珠三角大气污染防治联席会议制度。上述政府联席会议只承担咨询职能，由成员单位派代表向选派单位报告会议内容，共同制定跨区域性问题解决政策。同时，这些协调机制仅为应对跨区域性政策问题提供讨论平台，属于任务小组型组织；其作为一种非正式组织形态，设置灵活，没有独立预算，亦不受人事和编制管理的约束。正因如此，议事协调机构的功能往往比较有限，常停留在意见交换层面，无法建立共同规划、分摊业务经费、合办事业、业务和管辖权转移等更为实质性的合作关系。

此外，地方政府为了协调跨区域的行政管理事务，还就双方达成一致意见的事项签订行政协议，其内容涉及交通、能源、贸易、农业、环保及公共卫生等众多领域。如浙江省和黑龙江省为促进两省在粮食购销上的合作，于2000年签署《关于促进两省粮食购销及经营合作的协议》。自2007年起，根据中央综治办、民政部等十部门《关于开展平安边界建设的意见》的要求，边界毗邻地方人民政府签订了省、县两级界线平安边界创建协议书，毗邻基层乡镇、村组也签订了睦邻友好公约，其同样可被视为边界协议的一种新发展。

🔍➡ **例 1.4.2**

云贵川推动省际跨区域生态环境保护共同治理（节选）①

赤水河发源于云南省昭通市镇雄县赤水源镇，总长约 436.5 千米，流域面积 2.04 万平方千米，覆盖 3 省 4 市 14 个县级行政区域，是长江上游众多珍稀特有鱼类的重要栖息地和繁殖场所，对构建长江上游重要生态安全屏障具有重大意义。

为贯彻落实长江保护法，保护跨区域生态环境，云南、贵州、四川三省人大常委会会议同步审议通过关于加强赤水河流域共同保护的决定（以下简称"共同决定"）和三地赤水河流域保护条例（以下简称"条例"），"共同决定＋条例"于 7 月 1 日起正式施行。

从"要我保护"向"我要保护"转变

为突出水资源、水环境、水生态协同治理，更好贯彻落实长江保护法，细化衔接长江保护法有关规定，云南、贵州、四川三省共同审议通过了"共同决定＋条例"。共同立法为保护赤水河流域独特的自然、生态和人文环境，加强赤水河流域综合治理、系统治理、源头治理提供了法治保障。共同立法站在人与自然和谐共生的高度来谋划经济社会发展，建立健全保护生态环境就是保护生产力、改善生态环境就是发展生产力的利益导向机制，引导和倒逼形成绿色发展方式、生产方式和生活方式，推动实现从"要我保护"到"我要保护"的转变。

---

① 参见《云贵川三省人大常委会针对赤水河流域保护制定相关决定和条例 推动省际跨区域生态环境保护共同治理（坚持和完善人民代表大会制度·地方立法新实践）》，《人民日报》2021 年 7 月 29 日。

从"联动"到"共立",推动地方治理协同合作

为共同保护美丽的赤水河,2013 年 6 月,云贵川三省签订跨界流域联合执法协议,在赤水河流域实行联合执法、联合监测、联合应急。2018 年,三省又建立了跨流域生态补偿机制,并商定每年按照一定比例,拿出一定资金进行生态补偿。

围绕赤水河流域保护的重大问题,三地人大在分歧和矛盾上做文章,在共识与合作上下功夫,使流域层面的整体治理效能最大化。其中,共同决定主要围绕赤水河流域保护中的共性问题,由三省作出承诺;条例侧重细化和落实,体现地方立法特色和可操作性。这种立法组合将有效破解"上游保护下游污染""按下葫芦浮起瓢"问题,达到"1+1+1>3"的效果。三省在立法工作中聚焦上下游、左右岸、干支流之间产业布局、发展需求、环境准入、污水排放标准、环境监管执法等不一致带来的难点焦点问题,着力于跨行政区域的协调配合,以系统性思维和法治观念完善三省协同保护机制,形成上下游联动、干支流统筹、左右岸合力,推动省际跨区域生态环境保护共同治理,构建赤水河流域共抓大保护新格局。

一张蓝图绘到底,一江清水绵延后世

"共同立法 + 决定"的立法原则、程序、实现路径和相关机制,为地方区域和流域共同立法作出了示范。赤水河流域共同保护立法解决了国家层面难以为每个流域专门立法的问题,有效推动地方治理协同合作,依法协调利益冲突,促进共同保护水环境,强化共同的法律责任,共同破解流域生态保护和区域经济社会发展中的共性难题,为地方流域共同立法探索了新路子、新模式,提供了新经验。

🔄 **工具使用的注意事项**

　　跨区域治理作为解决区域问题和实现区域协同发展的重要策略，在实施过程中需要注意以下方面：第一，正视跨区域各行政区之间经济、政治等资源禀赋存在的各种差距，提高跨区域治理的府际合作意愿与能力。第二，提高法律依据的可操作性。以跨区域大气污染治理为例，对具体要怎么执法，执法具体的责任是什么，各区域政府部门在跨区域联合执法时应注意哪些问题等要有更加细化的规定。第三，进一步健全跨区域治理机制，建立有效的区域利益平衡机制，提高跨区域治理的绩效。

5. 政策过程

　　政策是政府治理的核心内容，它包含了法律法规、行政规定、命令、领导人指示、政府规划等多种形式，政府通过各项政策对整个社会的价值作权威性的分配。政策本质上是一个连续的政策过程，它是政策问题提上议程、形成政策选择、作出政策决定、实施政策内容、评估和反馈政策效果、政策修正等一系列政策循环周期的总和。政策过程不仅是对政策方案进行优胜劣汰的最优选择，而且也是不同行为主体之间的利益妥协、意见融合直至形成一定程度共识的过程。在现有公共政策体制下，公共决策的核心不是所有方案和意见的公开竞争、择优，而更多依赖于政策参与者之间的共识构建，依赖于折中、协商和渐进，这也使得妥协、笼统、模糊、变动和滞缓在政策过程中不可避免，自上而下的稀缺资源分配、激励、控制与自下而上的自主、选择性、创新互为依托。这些工具包括会议、政策方案提出、决策、政策执行、政策评估和项目制等。

5.1　会议

概念界定

会议贯穿政策过程始终，是发现、分析、解决政策问题的集体决策机制。其遵从事先确定的议题形成、主持、发言讨论、质询建议、表决等议事规则，基于"议题确定—会议准备—议题讨论—方案决策—形成会议纪要"的制度化流程安排，与会者围绕会议事项进行信息共享、研究协商并作出决策。

原理与逻辑

会议是政策议程设置的起点，也是政策过程的载体，更是政策方案决策的最后环节。会议的基本出发点在于：

一是信息知会与发布。一方面，政府内部通过召开会议的方式进行自上而下的信息传递或自下而上的汇报，以统一共识。"条块结合"的管理体制增加了政府内部信息传递的环节，并引发信息不对称问题。在这种情况下，政府召开会议以传递上级政府要求，或整合分散在不同部门的有效信息。另一方面，政府通过召开有官员、媒体、学者、群众代表等参加的会议，或针对某一事项发布权威的信息，回应舆情、避免"以讹传讹"，或通报本部门的日常工作情况，如政府经常召开的"通气会""吹风会"等。

二是沟通、协商和研究相关问题，群策群力，就如何解决问题达成共识并安排下一步工作，例如"碰头会"。不是所有的政策问题都可以上会讨论并进入政策议程。开会讨论和研究的问题，可以由上级政府下达，可以由本级领导直接提出，也可以自下而上从职能部门征集。列入会议的政策问题正式进入政策议程，并需要对应职能部门提供相关议题材料供会上讨论。

三是作出决策，与会者通过投票、现场举手等方式进行表决，使得相关政策方案或决定得以合法化。例如全国人大会议表决制度，会议代表审议并决定是否通过政策方案，最终形成基于集体决策的共识。

法理依据

《中华人民共和国宪法》规定，"法律和其他议案由全国人民代表大会以全体代表的过半数通过"。2017 年，中共中央印发《中国共产党工作机关条例（试行）》，在"决策与执行"部分明确规定，"党的工作机关必须坚持民主集中制，领导班子实行集体领导和个人分工负责相结合的制度。凡属本机关重大事项，应当按照集体领导、民主集中、个别酝酿、会议决定的原则，由领导班子集体研究决定"。2019 年，中共中央在《中国共产党党组工作条例（试行）》的基础上进一步修订完善，正式印发《中国共产党党组工作条例》，并在"决策与执行"部分指出，"党组决策一般采用党组会议形式。党组会议一般每月召开 1 次，遇有重要情况可以随时召开……党组会议议题提交表决前，应当进行充分讨论"。2018 年，《国务院工作规则》指出，"提请国务院全体会议和国务院常务会议讨论的议题，由国务院分管领导同志协调或审核后提出，由国务院办公厅汇总报总理确定；会议文件由总理批印。国务院全体会议和国务院常务会议的组织工作由国务院办公厅负责，议题和文件于会前送达与会人员。国务院全体会议和国务院常务会议文件由议题汇报部门牵头会同有关部门起草。会议文件应全面准确客观反映议题情况和各方面意见，注重解决实际问题，突出针对性、指导性、前瞻性和可操作性。涉及法律法规和规范性文件的，应备而不繁，逻辑严密，条文明确具体，用语准确简洁。国务院办公厅要加强审核把关……国务院全体会议和国务院常务会议的纪要，由国务院办公厅起草，按程序报总理签发……国务院及各部门召开的工作会议，要减少数量，控制规模和时间，严格审批"。

具体运用

按照会议是否涉及决策进行划分，我国党和政府的会议包括：一是决策性会议，如党代会、人代会等代表性会议以及常委会、常务会等领导办公会议，其中，政府常务会是决策的重要环节，商议地方改革、经济社会发展和规划等宏观政策；二是非决策性会议或业务性会议，会议的召开不需要形成正式执行的政策法规，多商议政策执行中遇到的问题，如工程进度、资金安排等，以办公会、小型研讨会、座谈会、评审会等为常见形式。此外，针对某一特定专题，政府还可能召开专题会议。

2019 年，中共中央办公厅印发《关于解决形式主义突出问题为基层减负的通知》，将 2019 年定为"基层减负年"，要求"少开会、开短会、开管用的会"，"上级会议原则上只开到下一级，经批准直接开到县级的会议，不再层层开会"。2020 年，印发《关于持续解决困扰基层的形式主义问题为决胜全面建成小康社会提供坚强作风保证的通知》，针对困扰基层的"文山会海"问题，要求切实防止文山会海反弹回潮，避免层层开会，着力提高会议质量，不开应景造势、不解决问题的会议。在中央政策要求下，地方对于"如何开会"也出台具体政策。以山东省"减会"的相关举措为例。

表 1.5.1　山东省《关于精文减会工作的十五条措施》（节选）①

原则	具体内容
提高会议质量	坚持问题导向，每一个会议都要聚焦鲜明主题；
	会议讲话、发言等文稿要言之有物，直击问题要害，力戒冗长拖沓，不搞照本宣科，不搞泛泛表态，不刻意搞传达不过夜；
	能开视频会的，不集中开会；
	能小范围解决问题的，不大范围开会；
	能现场调查研究解决问题的，不召集人员开会；
	能一个会议解决问题的，不分别开会、不议而不决、反复开会；能接续召开的，不分开会。

---

① 参见《省委办公厅印发〈关于精文简会工作的十五条措施〉》，山东省人民政府网，2019 年 4 月 12 日，见 http://m.sd.gov.cn/art/2019/4/12/art_97564_287175.html。

原则	具体内容
多让"会议"下沉到基层	对一些征求意见、了解情况的会议，不请参会同志到上级机关开会，多采用调研指导方式，深入实际、深入基层、深入群众，通过解剖"麻雀"现场解决问题。
运用信息化手段开会	全省性会议尽量以电视电话、网络视频等形式召开，原则上只开到市级；经批准直接开到基层的，各级不再层层重复开会；
	对一些调度了解情况、研究专题工作的小型非涉密性会议，直接采用网络视频、手机多方通话等形式召开。
加强会议优化整合	对需要召开的有关会议，建立会议储备库，根据会议的计划召开时间、会议议题、参会范围等因素，视轻重缓急程度，合并时间或整合议题召开，确定最优开会方案；
	省委省政府重点工作推进落实情况视频会议每 2 个月召开 1 次；
	对省委议事协调机构会议和专题座谈会，要精准估算会议时长，争取半天时间召开两个以上会议，最大限度提高会议时效。
减少"陪会"现象	经省委批准，省委常委不出席各部门各单位召开的会议，省领导同志召集的会议不得要求各市党委书记参加，省直各部门各单位召开的会议，不得要求省直其他部门党员主要负责人参加；
	省委召开的全省性会议，请省委常委集体出席，其他会议根据工作需要只请相关常委出席。根据会议内容合理确定参会范围，只安排与会议内容密切相关的部门参加，不直接承担落实任务的部门一般不安排参会；涉及专项业务工作的会议，可由部门熟悉情况的负责同志参加，不硬性要求主要负责同志参加。
健全完善联席会议制度	健全完善省委、省人大常委会、省政府、省政协、省纪委秘书长、办公厅主任联席会议制度。每月月底，由省委秘书长或省委办公厅主任召集，对下个月拟召开的会议进行调度统筹安排。
实行会议预告制度	对一段时间内确定召开的重要会议进行预告，提前发出预通知，使各级各部门及早周知有关会议活动，合理安排各自工作。
加强协调沟通	召开重要会议，要提前搞好调研论证，准确掌握上级相关要求和重大活动安排，加强与有关方面协调沟通，避免工作冲突。

⚙️➤ 工具使用的注意事项

会议冗长空洞、照本宣科、泛泛表态、议而不决、反复开会，会降低行政效率、增加行政成本，甚至使公共部门深陷"会海"；然而，会议是集体决策的重要机制，刻意减少开会也是一种形式主义。开好会的关键是：开短会，开管用的会；不再层层开会；严禁随意拔高会议规格、扩大会议规模，未经批准不得要求党委和政府主要负责同志以及部门一把手参会，减少陪会；提倡合并开会、套开会议，多采用电视电话、网络视频会议等形式。

5.2 政策方案

【概念界定】

政策方案是政策的预备形态，其功能在于针对性地解决政策问题，即那些需要通过公共政策解决的、影响某类群体或大多数人的公共问题。政策方案的提出是政策制定的第一步，是基于对社会问题的系统认识，进一步清晰界定政策问题、确定政策目标，科学考虑各类限制性条件和可行性，设计政策的具体内容、程序、方法，并预测可能产生的后果和效应的过程。

【原理与逻辑】

政策方案的提出既是一个政治过程又是一个研究过程，它既反映不同政治主体对现实公共问题的客观把握，也是不同政治主体基于不同利益对价值的理解和解读；它既是对政策问题解决方案的科学分析，也是不同限制性条件和利益相关主体间的协调、博弈和平衡。政策方案提出的基本逻辑如下：

第一，政策问题的认定。政策方案的提出在于解决影响某类群体生产和生活的公共问题。政策问题的认定不仅涉及政府或单一的政策部门，更多涉及广泛的政治参与。它可能是直接利益相关的社会团体和个人为解决问题、满足需求，主动要求政策制定者采取相应措施，也可能是政治领导主动发现和解决问题，亦或是实务部门主动发现和解决问题。

第二，政策问题的原因。要解决一个问题就必须找到它产生的原因。而造成一个社会问题的原因通常是多个而非单个，并且不同原因的主次程度和影响权重是难以精确测量的。原因与结果之间具有多层次性而非单一层次，这个因果链条也难以得到准确测定和描述。即便找到了问题的原因或原因的原因，但究竟应该在哪个层次上控制或改变这些原因才能获得预期的政策效果通常也是不太清晰的。这些共同导致了对问题原因解释上的巨大分歧，进而会形成大相径庭的政策方案。

第三，政策方案的设计。一个公共问题被提上政策议程并进入政策方案设计阶段，是问题、政策和政治多因素共同作用的结果。因此，政策方案的设计要综合考虑现实问题、政策主张、公众舆论等多个因素。单方的政策制定者囿于自身价值、利益、专业知识和注意力，难以避免政策方案的设计偏差。政策方案的设计不仅要进行科学的分析论证，也要求充分征求民意代表、专家、媒体、相关部门的意见建议。

第四，政策方案的合法化。由某一主体提出的政策方案必须通过一定的政治和法律过程上升为法律或者获得合法地位，才能真正成为政策被执行。政策方案的合法化过程与一国的政治制度规定密切相关，它可能由行政机关通过行政程序加以合法化，例如经行政首长签批同意，须通过法制部门对政策方案的审查，重大政策经过会议讨论、公民听证、专家论证等；也可能由立法机关通过决议、议案、法律加以合法化。

法理依据

《中华人民共和国宪法》规定，人民依照法律规定，通过各种途径和形式，管理国家事务、管理经济和文化事业、管理社会事务。2000 年实施的《中华人民共和国立法法》明确提出，"行政法规在起草过程中，应当广泛听取有关机关、组织和公民的意见。听取意见可以采取座谈会、论证会、听证会等多种形式"。人民的政策诉求可以通过人大代表、政协委员进一步提出。根据《全国人民代表大会和地方各级人民代表大会代表法》，人大代表享有"出席本级人民代表大会会议，参加审议各项议案、报告和其他议题，发表意见；依法联名提出议案、质询案、罢免案等"的权利；在本级人民代表大会会议期间，人大代表"有权依照法律规定的程序向本级人民代表大会提出属于本级人民代表大会职权范围内的议案。议案应当有案由、案据和方案"。根据《中国人民政治协商会议章程》，"中国人民政治协商会议全国委员会和地方委员会的主要职能是政治协商、民主监督、参政议政……参政议政是对政治、经济、文化和社会生活中的重要问题以及人民群众普遍关心的问题，开展调查研究，反映社情民意，进行协商讨论。通过调研报告、提案、建议案或其他形式，向中国共产党和国家机关提出意见和建议"。提案是政协委员和参加政协的各党派、各人民团体以及政协各专门委员会，向政协全体会议或者常务委员会提出的、经提案审查委员会或提案委员会审查立案后，交承办单位办理的书面意见和建议。提案的提出一般有四种形式：一是政协委员可以个人名义或者联名方式提出提案；二是政协全体会议期间，可以界别、小组或者联组名义提出提案；三是参加政协的各党派、人民团体可以本党派、团体名义提出提案；四是政协各专门委员会可以本专门委员会名义提出提案。

具体运用

政策方案的提出是公共管理的核心内容，其具体运用与各国对政策活动者的权利赋予息息相关。我国在长期政策实践中形成了特殊的政策方案提出模式，例如以集中座谈、实地调研、函调意见等方式进行全面调研、摸清情况，并在政策方案起草期间进行面向社会或其他部门的意见征集，最终提出待决策的政策方案。

从具体运用来看，政策方案提出的第一步是明确政策目标，即该方案旨在解决什么问题；第二步是设计政策方案，要呈现政策实施的未来效果以及具体实施过程，可以基于"5W1H"法设计政策方案，包括 what（做什么，即政策方案要达成什么目的）、why（为什么，即政策方案提出的背景和意义）、who（谁来做，即政策方案的实施主体）、when（何时做，即政策方案的实施期限及节点）、where（何地做，即政策方案的实施范围）和 how（怎么做，包括如何组织实施主体、如何分解政策目标、如何细化政策任务等）；第三步是提出政策方案，通过制度化或非正式途径将政策方案提交给决策者。

工具使用的注意事项

政策方案的设计要综合考虑现实问题、政策主张、公众舆论等多个因素。不仅要进行科学的分析论证，也要求充分征求民意代表、专家、媒体、相关部门的意见建议。在政策方案提出过程中，公众参与可能沦为"走过场"，专家参与也容易演变为"为政府/官员背书"。要确保政策方案提出的公共性和专业性，就必须广开言路、线上线下并行，并完善信息公开、签字背书等监督制度。此外，由某一主体提出的政策方案必须通过一定的政治和法律过程上升为法律或者获得合法地位，才能真正成为政策被执行。

5.3 决策

决策有广义和狭义之分。广义的决策包括问题提出、目标确定、方案设计和选择的全过程，狭义的决策指向政策方案的选择过程。公共决策需要有明确的政策目标和多种备选方案，并结合政策在后续实施过程中的可行性进行考量。在公共治理领域，决策是围绕明确的公共政策问题与目标，判断是否通过部门提交的政策方案的过程，或者在多个备选的政策方案中，就最终选择达成一致的过程。

原理与逻辑

从政策过程的整体链条来看，决策只是其中的一个环节。公平、高效和有效的公共政策更依赖于广泛的参与和科学的政策分析，但在自上而下的公共政策体制中，大量政策需要上级的最终决定，例如"一把手"决策。因此，决策往往处于政策过程最核心的位置。

第一，公共决策涉及内容繁杂，需要严格决策程序，以保证决策质量。一般而言，决策程序包括：启动决策，确定决策事项的牵头决策承办单位；鼓励公众参与，采取座谈会、听证会、实地走访、书面征求意见、向社会公开征求意见、问卷调查、民意调查等多种方式；对专业性、技术性较强的决策事项，决策承办单位应当组织专家、专业机构论证其必要性、可行性、科学性；对社会稳定、公共安全等方面可能造成不利影响的决策事项，需要评估决策草案的风险可控性，审查决策事项是否符合法定权限，是否履行相关法定程序，是否符合有关法律、法规、规章和国家政策的规定。

第二，决策方法选择的关键是判断决策的条件和状态。如果决策的目标、方法和未来状态都是恒定的，可以采用追求最优目标的确定性决策。

如果可供选择的方案中，存在两种或两种以上的自然状态，但每种自然状态所发生概率的大小是可以估计的，需要采取风险型决策，根据各可行方案在各自然状态下收益值的概率平均值大小进行选择，或者尽量明确各种可以更换的方案、可能出现的状态、可能性大小及产生的后果等。如果可供选择的方案中存在两种或两种以上的自然状态且所发生的概率是无法估计的，这就是不确定型决策，需要按照可能性、保守、冒险、乐观等不同原则进行决策。

第三，影响决策的限制性因素主要包括：决策者知识和信息的不完备、经验欠缺；决策时间限制，社会事务具有即时性和不可逆性，不可能在各种备选方案付诸试验之后再来比较其优劣利弊。这些因素都会导致政策方案决策上的争议和分歧。

法理依据

《中华人民共和国全国人民代表大会常务委员会议事规则》规定："全国人民代表大会常务委员会审议议案、决定问题，实行民主集中制的原则，充分发扬民主，集体行使职权。"我国重视对重大行政决策的约束。首先，坚持党对一切工作的领导。2019 年起施行的《中国共产党重大事项请示报告条例》规定，对超出党组织和党员、领导干部自身职权范围，或者虽在自身职权范围内但关乎全局、影响广泛的重要事情和重要情况，包括党组织贯彻执行党中央决策部署和上级党组织决定、领导经济社会发展事务、落实全面从严治党责任，党员履行义务、行使权利，领导干部行使权力、担负责任的重要事情和重要情况，下级党组织向上级党组织请示报告，党员、领导干部向党组织请示报告。其次，坚持民主集中制原则，实行集体领导与个人分工负责相结合的制度。按照集体领导、民主集中、个别酝酿、会议决定的原则，讨论决定重大问题。凡属党委职责范围内的重大问题，都必须按照少数服从多数的原则，由党委集体讨论决定，任何党委领导成员都不能个人决定重大问题。此外，2019 年国务院发布的《重大行政决策程序暂行条例》指出，在制定"有关公共服务、市场监管、社会管理、环境保护等方面的重大公共政策和措施；经济和社会发展等方面的重要规划；开发利用、保护重要自然资源和文化资源的重大公共政策和措施"时，在决定"在本行政区域实施的重大公共建设项目；对经济社会发展有重大影响、涉及重大公共利益或者社会公众切身利益的其他重大事项"时，决策承办单位应当在广泛深入开展调查研究、全面准确掌握有关信息、充分协商协调的基础上，拟订决策草案。决策承办单位应当全面梳理与决策事项有关的法律、法规、规章和政策，使决策草案合法合规、与有关政策相衔接。决策承办单位根据需要对决策事项涉及的人财物投入、资源消耗、环境影响等成本和经济、社会、环境效益进行分析预测。此外，各级人民政府都形成本级政府常务会议议事规则，旨在通过市政府常务会议研究决定市政府工作中的重大问题、重要事项。

具体运用

如何在决策环节求解公共利益最大化是其中的核心难题。公共政策出台并执行的初衷在于解决公共问题、维护公共利益。不同政策主体提出的备选方案中，如何求解最优的公共利益，这需要民主和集中的有效结合。参与、透明和问责是决策民主的实现路径，尽管它们增加了事前讨价还价的成本，耗费了决策者大量时间、精力，但可以极大降低政策方案设计的偏差，避免政策目标群体的公共利益受损。尤其是让政策方案的利益相关者在决策阶段就参与进来，可以使民意得到及时表达和吸纳，能够有效降低事后政策执行的阻力。

案例 1.5.1

《北京市 2019 年政务公开工作要点》征求意见 ①

政务公开事关公共利益，有助于更好地发挥社会监督的作用。围绕"2019 年政务公开工作要点"这一决策，北京市政府首先向公众提供了两份文件：一是《北京市 2019 年政务公开工作要点》起草情况说明，介绍了起草背景、主要内容。为贯彻落实国务院办公厅印发《2019 年政务公开工作要点》相关要求，北京市结合工作实际，参照 2019 年市政府工作报告明确的重点任务，起草形成了《北京市 2019 年政务公开工作要点（征求意见稿）》，就此多次召开专题座谈会，听取部分区政府、市政府部门、企业市民代表和专家学者的意见建议。

二是基于第一份文件，北京市政府进一步公布了待决策的、更加详细的政策方案，即《北京市 2019 年政务公开工作要点（公开征求意见稿）》，从目标、具体举措、落实部门等方面进行呈现。选取一部分予以呈现：

一是深化重点领域信息公开范围、以公开推进政策落实。围绕京津冀协同发展、"放管服"改革、高质量发展、"三大攻坚战"、民生保障及财政预决算等进一步细化工作要求，明确公开职责。

二是加强政策公开发布解读、以公开优化营商环境。重点推进重大决策公开、政策执行公开、执法信息公开，明确政策解读、回应社会关切、公众参与互动各项要求。将列入 2019 年市政府重要民生实事的"政策公开导航服务"作为推进政策精准公开的重要举

---

① 2019 年 5 月 10 日发布征求意见稿，在完成征求意见后，该意见稿目前已被撤回，随即公布市政府同意的《北京市 2019 年政务公开工作要点》。参见北京市人民政府网，2019 年 7 月 18 日，见 https://www.beijing.gov.cn/zhengce/zhengcefagui/201907/t20190718_101730.html。

措，提高政务公开的服务实效。

三是拓展基层政务公开服务、以公开促进惠民便民。为深化全国基层政务公开标准化规范化试点成果，提出政务公开全清单管理、推进市区街道（乡镇）三级政务开放日、优化政务公开惠民便民地图、实施基层政务公开"贴心服务"等系列措施。

四是强化制度机制和平台建设、提升政务公开发展质量。严格落实新修订《政府信息公开条例》各项法定义务，进一步优化政务公开咨询服务，推动建立全市统一的"政务知识库"，推进"一体化"网上政府建设，继续办好"掌上政府公报"。

同时，结合北京市机构改革情况，提出进一步理顺管理机制、加强政务公开队伍建设、开展业务培训交流、强化监督考核等组织保障要求。

在提供以上两份文件基础上，北京市政府提供了网上留言板——"您有什么想说的，欢迎留言给我们！"，以便公众参与决策，并设定了公众参与决策的期限。

工具使用的注意事项

在运用决策工具时需要注意以下方面：第一，决策的民主性。保障公众的知情权、参与权，充分发挥公众、媒体的监督作用，让决策过程真正透明公开。第二，决策的科学性。单方的决策受限于自身价值、利益、专业知识和注意力等，难以避免政策方案的设计偏差。政策决策不仅要进行科学的分析论证，也要充分征求民意代表、专家、媒体、相关部门的意见建议，多方参与、群策群力，有利于保障决策的科学性和合理性。

5.4　政策执行

概念界定

政策执行是政策执行者借助行政手段、法律手段、经济手段、动员手段等，通过政策宣传、细化政策任务、执行准备、政策试验、政策推广和执行监督等方式，以期达成政策目标的过程。其中，行政手段包括行政命令、规章制度等，法律手段包括法律法规等，经济手段包括价格、利息、税收等各种经济杠杆，动员手段包括舆论宣传、说服教育等。

原理与逻辑

政策执行是政策过程的中间环节，连接政策制定与政策评估。受政策本身的理想化、环境因素、目标群体、执行主体等要素的影响，既定政策方案一般难以完美执行，因此使得政策评估尤其重要。

其一，政策方案制定往往基于理想化的目标，并试图解决某一类普遍存在、各地共通的政策问题，而政策执行的原则在于能够切切实实解决地方问题。由此，兼顾共性、缺乏地方性的理想化政策方案，面对充满差异性、复杂性的地方或基层场域，难以避免存在执行偏差。而且，从政策制定到政策执行之间存在一定时滞，相比于政策制定时期，政策执行所处的外部环境、可利用的资源条件等都可能发生变化，为政策执行带来困难。

其二，政策执行过程中不同主体之间的利益诉求存在差异，进而引发政策执行问题。一是上级政府与下级政府对社会稳定、经济发展、环境保护等目标的重要性排序可能存在不一致，政策可能被扭曲执行；二是本级政府中的不同部门出于对本部门的权力和资源考量，可能选择不配合其他部门或将本部门利益嵌入政策执行中；三是政策执行者与执行对象之间也可能存在矛盾冲突，政策对象的多元性、诉求的差异性等，也会使得政策执行存在困难。

其三，政策执行问题在中国公共政策场域中更突出。目前我国实际的政府层级为五级，包括中央—省—地级市—县（区）—乡。由此，试点、动员是政策执行的典型经验，但也存在自由裁量权、成本、风险过大等问题，政策执行结果可能偏离既定政策方案目标，甚至带来新的问题。

法理依据

政府机构作为政策执行的主体，负责执行一系列的政策和方案，其中的部门和人员根据各自职能行动，并受到相关法律法规的约束。2018 年的《国务院工作规则》规定："国务院各部门必须坚决贯彻落实党中央、国务院的决定，部门主要负责同志是第一责任人。要细化任务措施，层层压实责任，加强政策配套，加强协同攻坚，及时跟踪和反馈执行情况。涉及多部门参与的工作，牵头部门要发挥主导作用，协办部门要积极配合，形成工作合力。"具体到部门的"三定"（定职能、定机构、定编制）方案中也有涉及。例如，2018 年组建的科学技术部，根据《科学技术部职能配置、内设机构和人员编制规定》，其职责之一为"拟订国家创新驱动发展战略方针以及科技发展、引进国外智力规划和政策并组织实施"。对于执行过程，2019 年的《重大行政决策程序暂行条例》指出，"决策执行单位应当依法全面、及时、正确执行重大行政决策，并向决策机关报告决策执行情况……决策执行单位拒不执行、推诿执行、拖延执行重大行政决策，或者对执行中发现的重大问题瞒报、谎报或者漏报的，由决策机关责令改正，对负有责任的领导人员和直接责任人员依法追究责任"。

政策执行试点普遍出现在中国法律法规、部门规章中，例如《关于在全国各地推开国家监察体制改革试点方案》《国务院关于做好自由贸易试验区新一批改革试点经验复制推广工作的通知》《政府网站集约化试点工作方案》《国务院关于做好全面推开营改增试点工作的通知》《国务院办公厅关于支持贫困县开展统筹整合使用财政涉农资金试点的意见》等，规范各类以试点为主要形式的政策执行。

具体运用

　　政策制定是各方互动的开始，政策执行才是真正的难点与关键点所在。首先，政策执行要做好政策宣传，以获得政策对象的理解和配合。例如，在推进民族政策过程中，《关于争取少数民族工作的指示》要求"必须向全体战士解释争取少数民族的重要性"。其次，政策目标要被分解为可执行的具体任务，并据此编制政策执行规划和方案。再次，为执行政策做好准备。一方面匹配对应的物力、人力和财力，另一方面设计合理的奖惩机制，避免政策执行中的激励扭曲。最后，在实际执行政策中，可采取"先试点后推广"的方式，通过局部实验发现政策偏差并及时调整，而后再全面推开。试点兼具原则性与灵活性，成为多国政策落地的典型经验。

 例 1.5.2

"竞争申请制"与可持续发展政策的试点执行 ①

　　中国可持续发展模式和经验也对世界其他国家的可持续发展具有示范意义。其中，政策试点是中国改革开放 40 多年来宝贵的发展经验，同时也是推动地方可持续发展的重要形式。可持续发展政策的试点执行具体表现为：地方政府主动上报试点申请，中央政府基于地方政府竞争表现组织筛选并推进实施。

　　首先，政策试点要求以地方政府名义主动上报，具体表现为地方政府委托所在省政府申请。在试点通知文件中，常会出现"试点

---

①　参见朱旭峰、张超：《"竞争申请制"：可持续发展政策试点与央地关系重构》，《中国人口·资源与环境》2020 年第 30 期。

由 A 部委组织管理并下设试点办公室""申报试点地区应'以人民政府名义进行申报并加盖人民政府公章'"等表述。另外，示范区的申报过程及实施过程中要求地方政府的高度重视和积极参与。其中，试点申请条件中明确指出"地方政府需为此建立由主政官员牵头、联合各相关部门的'领导小组'"以便推动试点在地方的执行。在示范区申报答辩环节，地方主政领导通常以"脱稿宣讲"的形式竞争试点机会，而这一形式也同时检验了地方官员的重视程度及熟悉了解程度。其次，试点实施方案的拟写是地方政府试点竞争的重要依据。为了提交尽可能周全完善且具有创新性的实施方案，地方政府往往会组织中央政府部门及相关研究机构多轮调研、座谈及专项研究。最后，基于上述等多项试点申请环节，由中央政府依据地方政府的竞争表现作出试点选择，具体表现为由科技部联合相关部委组织筛选、确定试点城市并指导后续试点执行。在"竞争申请"这一过程中，先后共有 15 个省（区）政府提出申请，最终于 2018 年 2 月，国务院正式批复同意太原市、桂林市、深圳市建设国家可持续发展议程创新示范区。2019 年 5 月，国务院又进一步批复临沧市、承德市及郴州市 3 个城市作为第二批国家可持续发展议程创新示范区。

以深圳为例。2018 年 3 月 22 日，在国家确定深圳为试点城市之一后，为加强深圳市国家可持续发展议程创新示范区建设工作的统筹协调领导，广东省政府决定成立推进深圳市国家可持续发展议程创新示范区建设工作领导小组；其中，组长为时任省长，常务副组长为时任省委常委、深圳市委书记，副组长 2 名，成员主要为省厅各职能部门领导。随后，印发了《深圳市可持续发展规划（2017—2030 年）》《深圳市国家可持续发展议程创新示范区建设方案（2017—2020 年）》和《2018 年深圳市国家可持续发展议程创新示范区建设实施方案（任务分工表)》。在执行可持续发展政策过程中，深圳市以创新引领超大型城市可持续发展为主题，重点针对资源环境承载力和社会治理支撑力相对不足等问题，集成应用高新技术发展，实施社会治理现代化工程，为超大型城市的可持续发展提供示范效应。

工具使用的注意事项

制定政策、出台政策方案的落脚点在于政策执行，基层是政策执行的主要阵地。由于基层情况千差万别，因此在执行某一政策时，既要兼顾地方多样性，避免"一刀切"；又要维护政策统一性，避免"走样"。基于此，政策执行需要健全信息传输及反馈机制，使政策制定者与执行者保持有效沟通，避免各部门的政策出现冲突，方便政策相关内容准确传达，减少误会，若执行出现偏差也可以及时反馈调整。此外，还可以引入第三方监督体系，避免政策执行的随意性问题。

5.5　政策评估

概念界定

政策评估贯穿政策全过程，涉及对政策方案、政策执行和政策影响的"事前—事中—事后"全过程评估。具体而言，政策评估是公共部门内部或委托第三方，确定评估对象，设计评估方案，收集政策信息，形成评估报告，并据此调整政策方案、优化政策执行和检验政策效果，以提高政策方案的科学性和政策执行的有效性。

原理与逻辑

政策评估是优化政策过程的关键一环和重要的政策工具。其基本出发点在于以评估倒逼政策从决策到执行的每一环节，提高决策质量，降低政策方案及政策执行的不完美程度。

政策评估具有必要性，原因在于：第一，政策方案基于决策者的有限理性而作出，需要借助政策评估进行渐进调试。宏观环境的变化性、信息搜集的不完备性以及组织自身结构—功能的变动，都使得决策者的理性是有限度的，而且决策过程是渐进的，只能在给定的条件和限度之内，设定适合实现的目标。同时，在具体政策执行过程中所面临的约束条件也可能会发生改变。由此，就需要通过政策评估及时更新信息，并调整政策方案。

第二，政策评估旨在降低决策者与执行者之间的信息不对称，及时发现并纠正政策执行偏差，以实现政策目标。作为决策者的代理人，政策执行者并不总是以最大化决策者的利益为行动原则，而是拥有某种程度的自利考虑。由此，政策执行可能会"走样"，例如"选择性执行""象征性执行"等。一旦决策者无法获得上述信息，政策执行就会愈发偏离初始设置的目标。对此，决策者通过政策评估，旨在获得关于政策执行情况的真实信息，降低自己与执行者之间的信息不对称，进而规范政策执行。

法理依据

2018 年，《国务院工作规则》指出，"要跟踪决策的实施情况，了解利益相关方和社会公众对决策实施的意见和建议，全面评估决策执行效果，及时调整完善……坚持全面督查与专项督查相结合，健全限期报告、核查复核、督促整改、情况通报及第三方评估等制度"。2019 年，国务院发布第 713 号令即《重大行政决策程序暂行条例》，在"风险评估"部分

第二十二条指出，"重大行政决策的实施可能对社会稳定、公共安全等方面造成不利影响的，决策承办单位或者负责风险评估工作的其他单位应当组织评估决策草案的风险可控性"；在"决策执行与调整"部分第三十六条指出，"有下列情形之一的，决策机关可以组织决策后评估，并确定承担评估具体工作的单位：（一）重大行政决策实施后明显未达到预期效果；（二）公民、法人或者其他组织提出较多意见；（三）决策机关认为有必要。开展决策后评估，可以委托专业机构、社会组织等第三方进行，决策作出前承担主要论证评估工作的单位除外。开展决策后评估，应当注重听取社会公众的意见，吸收人大代表、政协委员、人民团体、基层组织、社会组织参与评估。决策后评估结果应当作为调整重大行政决策的重要依据"。

具体运用

政策评估具有全过程属性，事前政策评估旨在预测政策对象的发展趋势、政策的可行性及预期效果，事中政策评估旨在评估政策执行的实际情况，事后政策评估旨在判断政策实施的效果。

政策评估的关键在于设计评估方案，包括：第一，评估对象，即"评估什么"，与政策本身及政策目标有关；第二，评估主体，即"谁来评估"，可能是公共部门自身，也可能是受委托的、独立的第三方；第三，评估标准，即"基于什么评估"。用于政策评估的标准是多样的。例如，政策评估七项标准，包括效能、效率、充分性、适当性、公平性、反映度和执行能力；"3Ps"标准，包括公众参与度（participation）、可预见性（predictive）、程序公正性（procedural fairness）；可行性四标准，包括技术可行性、政治可行性、经济和财政可能性，以及行政可操作性；第四，评估方法，即"如何评估"，包括成本—收益分析、对比分析、模糊综合分析等。

案例 1.5.3

南京市重大政策措施实施第三方评估 ①

2016 年 3 月，南京市政府办公厅下发《南京市重大政策措施第三方评估实施办法（试行）》，要求南京市经济社会发展的战略举措、发展规划计划、配套政策及其产生的实际效果和影响，将由接受政府委托的第三方组织机构负责跟踪、研究政策措施生命周期各个阶段和环节，并对政策措施本身及其效果、效能、价值进行检测、评价和判断。

表 1.5.2　南京市重大政策措施第三方评估

评估主体	第三方为独立于政策措施制定、执行部门以及政策对象之外的组织或机构；按照公开公平公正的原则，引入竞争性遴选机制，通过政府购买服务的方式确定评估机构。
评估范围	包括全市国民经济和社会发展规划、重要的区域规划和专项规划的编制实施情况，全市行政管理体制改革的重大政策措施，重要的行政事业性收费及政府定价的重要商品和服务价格实施情况，全市公共服务、市场监管、社会管理、环境保护等方面的重大政策措施，政府重大投资项目和重大国有资产处置等其他由政府决策的重大事项执行情况，以及南京区域其他社会影响面大、群众关注度高的政策措施实施情况。
评估内容	（一）政策措施制定环节重点对制定背景、目标、路径设计、资金设置等基础情况进行收集和整理，对政策措施目标设置是否合理、内容是否可行，与其他相关政策措施是否冲突、与宏观政策目标是否一致等情况进行评价。 （二）政策措施执行环节重点对资源投入、工作机制、工作举措、工作创新以及工作量、执行度等数据和信息进行收集和分析，围绕人财物投入是否足以保障政策措施执行，执行机构设置、人员配备、工作机制是否满足执行需要，目标群体对政策措施是否作出及时反映和反馈，政策措施是否得到了有力执行，政策措施的社会公众认知度及其社会影响等方面进行评价。

---

① 参见《市政府办公厅关于印发〈南京市重大政策措施第三方评估实施办法（试行）〉的通知》，《南京市人民政府公报》2016 年第 4 期。

续表

评估 内容	（三）政策措施效果环节重点通过比较政策执行前后的情况变化，对政策措施的社会效果及价值进行分析，围绕政策措施目标实现程度、目标群体的满意度、产生的其他效果以及投入与产出情况等进行比较分析后进行评价。
评估 期限	政策措施执行和效果评估一般安排在实施满 1 年后开展。对有实施期限的政策措施，在执行期限届满后 6 个月内开展评估；对实施时间跨度较长的政策措施，可以分阶段开展评估；对短期应急性政策措施，可以根据需要及时开展评估。
评估 方法	评估机构应根据实际评估需要，制定科学合理的评估标准、评价指标，采取问卷调查、实地调研、察访核验、舆情跟踪、座谈交流和专家咨询等方式进行信息采集，以翔实数据和充分论据为基础，定性和定量分析相结合，对重大政策措施进行系统分析。
评估 过程	（一）准备阶段主要任务是根据委托协议确定的评估内容制定评估方案，明确评估对象、目标和技术手段，并进一步细化工作方案。 （二）实施阶段主要任务包括选择合适的评估方法和调查手段收集政策措施的各类数据与信息，利用专业技术加以梳理、分析，在此基础上得出结论、作出评价，撰写评估报告。 （三）评估总结阶段主要任务是审议修订评估报告，向市政府常务会议或专题会议汇报评估情况及结论，并对评估工作进行总结。

　　这一规定被运用在公共政策执行中。例如，2018 年，南京拟对一批重要领域、重点改革任务实施情况进行第三方评估，并发布公开招标公告。具体评估的项目包括南京市江宁区集成改革试点实施情况评估、南京市建设国家信用体系示范城市情况评估，以及南京市"河长制"改革落实情况评估。要求评估主体根据评估项目的特点和要求，采取问卷调查、实地调研、察访核验、舆情跟踪、座谈交流和专家咨询等方式进行信息采集，运用对比分析、绩效评价、案例研究等评估方法，以翔实数据和充分论据为基础，定性分析与定量分析相结合，对重大改革举措实施情况进行全面、客观、系统、深入分析。具体包括：（1）改革举措本身可行性、完善性、风险点等方面分析；（2）改革推进过程中的协同性评估，改革举措是否得到全面深入实施，各地各部门结合实际，创造性地落实改革举措的情况；（3）改

革举措实施后取得的经济效益、社会效益、生态效益分析，以及是否达到改革举措的预期目标；（4）改革举措实施中存在的主要问题及其原因分析；（5）改革举措实施后相关法规政策的变动情况及其对该改革举措实施的影响；（6）改革举措利益相关方的评价和意见建议，社会公众和新闻媒体的评价分析；（7）改革举措继续实施的潜在风险和可能影响，提出改革举措修改完善的建议。

💡▶ 工具使用的注意事项

　　政策评估具有全过程性，关键在于设计评估方案。事前政策评估旨在预测政策对象的发展趋势、政策的可行性及预期效果，事中政策评估旨在评估政策执行的实际情况，事后政策评估旨在判断政策实施的效果。然而，很多政策目标难以被量化，进而难以被评估。因此，如果政策评估设计过于强调可观察、可测量的客观目标，反而会造成政策执行者的激励扭曲，使得他们更多关注可被测量的指标，而忽视了其他指标。因此，在政策评估过程中，不仅要评估客观指标，更要注重对象的主观满意度。

5.6　项目制

概念界定

　　项目制是指上级政府为推进某一特定领域的工作，专门针对该领域下拨专项资金，包括财政专项拨款、中央各部门下拨资金和其他有预算权的部门下拨资金，并依托项目或项目发包的形式将专项资金下沉至地方；地方政府通过自下而上申报和竞争获得项目，并开展项目建设、管理和绩效评估。

原理与逻辑

　　项目制是政府内部自上而下部署工作、实施任务的最为常见的上下级管理工具。其基本的运作过程是上级部门作为项目发包方将实施项目的任务委托给下级政府或部门执行，下级政府或部门通过竞争获得项目及专项资金。作为一种体制内资源在科层体系内自上而下分配的工具，项目制使得上级部门对公共治理的目标设置、资源分配、过程监督等环节具有更强的掌控力。

　　项目制的基本原理包括三个层面。一是分税制诱发的央地间"财权上移、事权下放"的财政关系，使得项目制得以产生。分税制改革迅速提高了中央财政的汲取能力和汲取效率，中央财政能力得以根本强化；随着分税制向上聚集财政资源的趋势，项目制成为自上而下资金配置的一个重要渠道和机制，各种财政资金开始以"专项"和"项目"的方式向下分配，重新塑造中央与地方的关系。上级政府开始变成下级政府的项目发包人，下级政府成为项目的竞争者。二是以条块结合与职责同构为核心的科层结构，使得项目制得以运作。一方面，条块体制是我国政府组织的重要特征，即横向（块）与纵向（条）交织错落。20 世纪 80 年代，由于财政分成、"放开搞活"等体制，"块"的权力很大。但自 1994 年分税制改革以来，"条"的权力明显增强，大量中央项目的出台正是以此为背景，在一定程度上缓解了地区外部性较强的公共产品提供不足的局面。另一方面，对口设置、职责同构体现了我国政府组织的独特性，即每个上级部门基本都有下级相应对口部门，并且上下级部门间的职责大致相同。因此，条线的等级权威有了组织支撑，相当多的公共产品项目往往要沿着对口部门传递。三是政府间、部门间竞争使得项目制不是完全自上而下单向推行的组织形式，而是在运作中被不断重塑，甚至"层层加码"。上级政府或部门是下级政府或部门的项目发包人，通过设置"专项"激发下级竞争；下级政府或部门是项目的竞争者，通过一系列手段"跑部钱进"，争取项目。当项目在科层间逐级传递时，中层政府或部门可以对项目进行"再打包",以嵌入自身利益诉求。

法理依据

　　项目制的法理依据具体包括法律、国务院规定、地方和部门规范性文件3个层面。1994年颁布,2014年、2018年两次修订的《中华人民共和国预算法》中对财政转移支付的目标、分类、程序等作了一般性的规定。其中,新《预算法》第十六条规定:"财政转移支付应当规范、公平、公开,以推进地区间基本公共服务均等化为主要目标。"第三十八条规定:"专项转移支付应当分地区、分项目编制。县级以上各级政府应当将对下级政府的转移支付预计数提前下达下级政府。地方各级政府应当将上级政府提前下达的转移支付预计数编入本级预算。"对此,2023年《国务院关于财政转移支付情况的报告》指出,"落实预算法要求,自2015年起,中央财政单独编制对地方转移支付分地区预算草案,反映转移支付预算分项目、分地区情况。为提高地方预算编制的完整性和准确性,每年10月底前按照本年度转移支付预计执行数的一定比例将下一年度转移支付预计数提前下达至地方。在全国人民代表大会批准中央预算后,采取因素法、项目法等方式及时将转移支付分配下达地方。其中,因素法主要采用与支出相关的因素并赋予相应的权重或标准,通过公式计算得出分配结果;项目法主要根据相关规划、竞争性评审结果等将资金分配到待定项目"。在关于转移支付制度的专门法律、法规缺位的情况下,对转移支付制度的规范更多的是通过部门和地方的规章和规范性文件来实现。对于专项转移支付,由于其作为"特定领域政策的资金配套措施"的主要定位,一般由财政部或者行业政策的执行部门、地方政府单独发布,或者由部门联合发布专项资金管理办法,对资金管理原则、资金分配、资金申报和审核、资金下达、使用管理、绩效评价等作出具体规定。例如,《中央财政城镇保障性安居工程专项资金管理办法》(2019)规定:专项资金支持范围包括公租房保障和城市棚户区改造、老旧小区改造和住房租赁市场发展；其中，住房租赁市场发展资金采取竞争性评审方式分配，由财政部、住房城乡建设部组织评审并确定示范城市。此类管理办法还有《中央财政衔接推进乡村振兴补助资金管理办法》《水污染防治资金管理办法》等。

具体运用

近年来，项目制在公共治理中发挥着重要的作用。广泛应用于财政、教育、社会治理、基础设施建设等各个领域，具体涵盖农地整治项目、公共文化服务项目、小额贷款项目、产业发展项目、扶贫项目、社会福利项目、粮食增产项目等。在具体操作中，项目制作为专项资金项目，基于"项目设置与申报—项目管理—项目绩效评估"进行运作。

 例 1.5.4

广东省 2018 年污染防治攻坚战项目 ①

党的十九大报告提出要坚决打好防范化解重大风险、精准脱贫、污染防治的三大攻坚战。针对水污染防治，国务院出台《关于印发水污染防治行动计划的通知》并进行部署。在地方层面，中共广东省委办公厅、广东省人民政府办公厅推出《广东省打好污染防治攻坚战三年行动计划（2018—2020 年）》（粤办发〔2018〕29 号），广东省住房和城乡建设厅（以下简称"省住建厅"）具体制定了《广东省城镇生活污水垃圾处理设施建设"三年攻坚"行动方案（2018—

---

① 参见《广东省坚决打好打赢污染防治攻坚战——解读〈广东省打好污染防治攻坚战三年行动计划（2018—2020 年）〉》，广东省生态环境厅网站，2018 年 9 月 17 日，https://gdee.gd.gov.cn/bm6258/content/post_2352313.html；《城市生态环境建设》，广东省住房和城乡建设厅网站，2021 年 2 月 1 日，http://zfcxjst.gd.gov.cn/zwzt/jslj/ndgz/content/post_3217476.html。

2020 年)》（粤建城〔2018〕167 号）并要求：为打好广东省水污染防治攻坚战，以提高水环境质量为核心，紧紧抓住主要污染物排放总量削减，进一步提高治水的工程化、系统化、精细化水平，确保按期完成国家下达广东省的年度目标任务。结合广东省工作情况，由广东省住建厅作为 2018 年污染防治攻坚战—污水处理厂提标改造专项资金的主管部门，向广东省财政厅申报资金总体计划 30000 万元，扶持对象系粤东西北（含江门、惠州、肇庆三区县）的污水处理厂提标改造项目。

（1）专项资金项目设置

根据省住建厅报送的《生态环境保护专项资金—污染防治及安排及垃圾处理—污水处理厂提标改造资金分配方案的函》，省财政将该专项资金 30000 万元分配到 11 个地市，用于 54 座污水处理厂提标改造项目，日处理能力达 244.5 万吨，具体实施单位涉及 11 个地市及县区的住建、城综、水务等部门。后来，由于部分地市根据实际情况对资金分配进行了调整，实际专项资金用于 40 座污水处理厂提标改造项目。

（2）专项资金项目的具体操作

一是编制预算。广东省财政厅规划财务处按照《预算法》等法规制度和省财政厅的有关要求编制省级财政资金项目预算，按程序报批后执行，为便于细化任务，业务处室按照"大专项＋任务清单"的要求，于 2018 年 12 月 5 日下达《关于 2018 年省级污染防治攻坚战—污水处理厂提标改造资金任务清单的通知》（粤建城函〔2018〕2832 号）。

二是项目立项及建设。项目实施单位按省统一规划组织实施项目，在立项、方案、环保、用地、预算、施工招标、施工验收、营运监管等方面严格执行国家相关规定进行呈批。

三是项目监督。厅机关组织项目的检查落实或者现场督导，协调相关部门和单位，保证项目按期完成。

四是专项资金项目绩效评价，涉及投入、过程、产出和效益四个维度。财政厅出台绩效自评工作方案，组织有关处室和省级单位认真梳理与绩效评价项目相关的业务数据，同时下文要求开展市级自评工作，省级各单位对地市提交的绩效自评资料进行收集、分析整理、汇总形成自评报告。具体评估指标包括项目立项、资金落实、资金管理、事项管理、经济性、效率性、效果性、公平性等。

工具使用的注意事项

项目制是一种有效的政府内部管理工具，在实际运用中要特别关注以下问题：第一，防范地方债务风险，确保地方政府不会因承担过多债务而将其转嫁给中央政府、社会或市场；第二，防止上级政府设租寻租，避免形成基于部门的项目垄断集团；第三，对各级政府在项目资金分配中可能出现的层层加码现象应保持警惕，特别是要防范中层政府和部门在其中夹杂自身利益诉求；第四，防止政府间通过项目竞争可能带来的发展和福利不均衡问题，力求在项目制的竞争性与公平性之间找到平衡点。

政府与市场关系工具

1. 市场准入

2. 市场监管

3. 经济发展

4. 市场创新

5. 基本建设管理

　　政府管理市场是指政府运用法律、政策和经济措施对市场交易活动进行管理，凭借其法定的权力对社会经济主体的经济活动所施加的某种限制和约束。政府与市场关系工具则是对生产者和经营者在市场上从事的商品交换活动进行行政监督管理的一系列行政、法律手段和经济措施等，旨在维护市场经济秩序，以行政力量对市场进行强制性干预，保护合法经营和正当竞争，稳定物价，保障消费者合法权益。为了弥补市场失灵，确保经济有序运行，实现社会福利最大化，应正确认识政府与市场关系工具，对市场参与行为进行正确适当的引导和约束。本部分从市场准入、市场监管等方面对政府与市场关系工具进行分类和阐述。

1. 市场准入

市场准入既是政府管理市场的起点，也是现代市场经济中的一项基础性经济法律制度。该制度是国家和政府为公民和法人进入市场、从事商品生产经营活动所规定的条件和程序的总和，涵盖了各种相关制度和规范。市场准入是一个渐进的过程，考虑到各国经济发展水平的差异，不可能要求各国在同一时间、同一项目下作同样的开放程度，而由各国政府根据本国的国情确定市场准入的规模、程度和时间。随着全球化的不断深入、国际自由贸易的兴起以及市场经济的发展，各国都形成了自己的国际市场和国内市场准入制度。国际贸易市场准入制度是指一国允许外国的货物、劳务与资本参与国内市场活动的制度。国内市场准入是国家对市场基本的、初始的干预，是政府管理市场、干预经济的制度安排，是国家意志干预市场的表现，是国家经济管理职能的重要组成部分。当前，市场准入工具主要包括行政审批、项目备案、项目核准、负面清单、国际贸易协议等。

1.1　行政审批

概念界定

行政审批是指国家有关部门对社会成员直接设立的企业和其他类型经济组织所开展特定的生产经营活动进行审查和许可，在符合法律规定的条件下，准许其进入某种市场，从事生产经营活动的市场准入制度的总和。它是保障市场秩序、维护公平竞争、促进经济发展的重要手段之一。

原理与逻辑

由于市场机制的外部性、不对称信息以及自然垄断等天然缺陷的存在，使得历史和现实中的各国政府都要对一些行业和市场经营活动进行管制。这些行业和领域往往对一国的市场秩序、国计民生甚至国家经济安全有重大影响。尽管管理的范围和程度不同，但是各国都有关于市场准入和进行经营活动的审批制度。在我国，从审批的适用范围、负责机构到许可机构，均有统一的规范与说明。

（1）审批制度的适用范围

审批制度主要适用于从事特定类型的生产经营活动。从现行立法的规定来看，需要经有关部门审查才能设立的企业主要包括：①药品生产企业和药品经营企业；②金融组织；③外商投资企业；④文物经营企业；⑤计量器具的生产、修理企业；⑥食品生产经营企业和食品摊贩；⑦烟草经营企业；⑧化学危险品经营企业；⑨麻醉药品经营企业；⑩广告经营企业；⑪通信服务经营企业；⑫锅炉压力容器生产企业；等等。

（2）审批许可机构

审批许可机构根据市场主体经营的商品服务类别的不同而有差别。从事药品食品生产经营的，由卫生行政部门负责审批；金融业经营机构的设立，由中国人民银行负责审批；从事证券业务的，由证监会审批；设立外商投资企业的，由对外经济贸易行政部门审批；从事文物经营的，由文物管理部门审批；从事计量器具生产、修理的，由技术监督行政管理部门审批；从事烟草业经营的，由烟草专卖行政管理部门审批。

（3）审批许可的效力

无论是立法特许、专项审批还是许可证的颁发，都说明国家承认拟设立或已经存在的企业或其他经济组织符合从事特定市场经营活动的条件，从而允许其从事此方面的活动。审批许可后，设立相关企业的行为以及从事特定范围内的生产经营活动的行为，便成为一种合法的行为。获得批准许可设立或经营的市场主体便有权从事该许可范围内的各类生产经营活动。为进一步繁荣市场经济，降低市场准入门槛，吸引外商投资和搞活国内市场，自2004 年起国家对原有的投资体制进行了一系列改革，规定对不使用政府投资建设的项目，一律不再实行审批制，政府仅对重大项目和限制类项目进行核准，其他项目无论大小均改为备案制。

法理依据

《中华人民共和国行政许可法》（2019 年）第二条规定，"本法所称行政许可，是指行政机关根据公民、法人或者其他组织的申请，经依法审查，准予其从事特定活动的行为。"从法定的行政许可的定义来看，行政许可属于行政审批范畴。因此，《中华人民共和国行政许可法》也就成了政府审批管理工具的重要法理支撑。此外，行政审批制度也走向了以"精简"为核心的改革道路。2004 年，《国务院关于投资体制改革的决定》发布，该规定要求彻底改革现行不分投资主体、不分资金来源、不分项目性质，一律按投资规模大小分别由各级政府及有关部门审批的企业投资管理办法。对企业不使用政府投资建设的项目，一律不再实行审批制，区别不同情况实行核准制和备案制，进而实现审批数量的缩减与审批权限的下放。自此之后，制定了一系列政策法规以规范审批工具的运用（见表 2.1.1）。2018 年，中共中央办公厅、国务院办公厅印发《关于深入推进审批服务便民化的指导意见》，旨在有效降低制度化交易成本，便捷企业办事，激发市场活力。

表 2.1.1　2004—2020 年有关行政审批的政策文件与会议内容梳理

时间	政策文件 / 会议	内容
2004.5.19	《国务院关于第三批取消和调整行政审批项目的决定》	2002 年和 2003 年国务院决定取消和调整 1300 项行政审批项目后，再次取消和调整 495 项行政审批项目。

续表

时间	政策文件/会议	内容
2007.4.15	《国务院办公厅关于进一步清理取消和调整行政审批项目的通知》	总的要求是，按照合法、合理、效能、责任和监督的原则，对现有的行政许可项目和非行政许可审批项目进行全面清理，该取消的一律取消，该调整的必须调整。
2007.10.9	《国务院关于第四批取消和调整行政审批项目的决定》	国务院决定第四批取消和调整186项行政审批项目。其中，取消的行政审批项目128项，调整的行政审批项目58项。
2010.7.4	《国务院关于第五批取消和下放管理层级行政审批项目的决定》	国务院决定第五批取消和下放管理层级行政审批项目184项。其中，取消的行政审批项目113项，下放管理层级的行政审批项目71项。
2012.9.23	《国务院关于第六批取消和调整行政审批项目的决定》	进一步健全行政审批服务体系。继续推进政务中心建设，健全省市县乡四级联动的政务服务体系，并逐步向村和社区延伸。把行政审批制度改革与投资体制、财税金融体制、社会体制和行政管理体制改革紧密结合起来。
2012.11.8	党的十八大报告	深化行政审批制度改革，继续简政放权，推动政府职能向创造良好发展环境、提供优质公共服务、维护社会公平正义转变。
2017.10.18	党的十九大报告	转变政府职能，深化简政放权，创新监管方式，增强政府公信力和执行力，建设人民满意的服务型政府。赋予省级及以下政府更多自主权。
2019.3.5	2019年政府工作报告	9次出现"审批改革"。以简审批优服务便利投资兴业。市场配置资源是最有效率的形式。要进一步缩减市场准入负面清单，推动"非禁即入"普遍落实。政府要坚决把不该管的事项交给市场，最大限度减少对资源的直接配置，审批事项应减尽减，确需审批的要简化流程和环节，让企业多用时间跑市场、少费功夫跑审批。
2020.5.22	2020年政府工作报告	深化"放管服"改革。在常态化疫情防控下，要调整措施、简化手续，促进全面复工复产、复市复业。推动更多服务事项一网通办，做到企业开办全程网上办理。

具体运用

市场准入审批通常有一套标准的流程与规范，一般会包括以下几个环节：申请与受理、审查与核准、批准与发证、监管与评估。这些环节构成了市场准入审批的全流程，旨在确保市场主体的合法准入、规范运营和有效监管。党的十八大以来，政府持续推进简政放权、"放管服"改革，深入推进行政审批制度改革、商事制度改革、工程建设项目审批制度改革等，大力削减审批事项，逐步实现了"最多跑一次""秒批""不见面审批"，方便了群众办事、提高了政府治理效能。

2016 年 4 月 1 日，上海开始"证照分离"改革试点，对 116 项审批事项按照取消、改备案、告知承诺、提高透明度和可预期性、强化准入监管 5 种方式进行改革。通过改革审批方式和加强事中事后监管，政府部门进一步完善市场准入，企业办证更加便捷高效，这是推进"放管服"改革的重要举措。37 项事项的改革举措已扩展至全上海市实施，有些改革举措已被国家有关部委直接采纳并在全国推行。

 例 2.1.1

只要五分钟①

走进浦东市民中心，几十个企业准入统一办事窗口格外醒目，从事酒店管理企业的王先生正在大厅的自贸区布告栏前仔细翻阅公共场所卫生许可证的延续告知单，他告诉记者称自己企业的许可证将要到期，来窗口办理续期发现少了一份检测材料。

① 参见《案例│如何用"证照分离"打开市场准入的门？上海自贸区用四点经验"解锁"》，每日经济新闻，2017 年 7 月 31 日，见 http://www.nbd.com.cn/articles/2017-07-31/1134060.html。

"按照以往的规定我必须等上两个星期才能再来办理，但是证照分离以后只需要符合条件便可以签一个告知承诺书，当天就顺利地把证照办下来了。"不到五分钟，工作人员就帮王先生办好续期，"之后只需要两个月之内将材料交上去，这是政府对企业的信任。"

两道门

企业市场准入需要面临两道门，第一道门是多证合一解决企业获取营业执照问题，第二道门证照分离即企业如何获得经营许可证。管理方式改变后，将可以为企业降低时间成本。

据统计，截至 2017 年 3 月 31 日，"证照分离"改革试点事项共受理申请 50796 件，发放许可证 50202 件。37 项事项的改革举措已扩展至全上海市实施，有些改革举措已被国家有关部委直接采纳并在全国推行。

四重挑战

按照证照改革的 5 种情况，浦东新区对 461 项审批事项进行了全覆盖、全方位的改革。在取消审批的 93 项中有 38 项完全取消审批，如户外广告登记等；另外 55 项取消审批改为备案，如 50 平米以下小型餐饮许可和经营性棋牌室等。

在 368 项保留审批中有 93 项实行告知承诺制，如医疗行业、旅馆业游艺娱乐场所；194 项提高审批的透明度和可预期性；其余 81 项涉及公共安全的强化准入管理，如化妆品生产企业卫生许可、危险品运输等。

证照改革对政府提出了很多新的挑战：一是简政放权的力度，二是加强政府监管的责任，三是跨部门壁垒，四是地方政府和中央政府的事权分离。

而在监管层面，原先的先照后证改革方案中没有明确划分前置性行政许可审批和后置性行政许可审批，如何防止企业在先照后证的情况下"裸奔"经营，目前正在制定新的方案。

五合一改革

三年前，浦东新区在上海率先试点市场监管体制改革，完成了工商、质量监督、食药监管、价格监督四合一综合执法体制。如今三年的时间过去了，浦东在原先四合一的基础之上正在酝酿五合一改革。

全市层面的市场监管体系改革也正在拉开序幕，坚持监管先行，以更好的"管"来促进更大力度的"放"，积极探索创新加强事中事后监管方式的上海经验也初具雏形。每日经济新闻记者在浦东市民中心大厅的电子屏幕上看到，市场监管局的网上审批综合效率的平均法定时间是10天，但平均实时办理的时间已缩短为2天。

在谁来监管的问题上，形成了市场主体自律、业界自制、社会监督和政府监管的综合监管体系。记者向浦东市民中心工作人员了解到，"证照改革"有一项"双告知"的许可办理机制，企业办理登记注册时，会告知其尽快到相应审批部门办理哪些审批手续，在办理登记注册后，工商部门将在内部业务系统将信息告知相关审批部门采取监督措施。

四点经验

从全国范围来说，上海自贸区证照分离改革试点有四点经验值得借鉴：一是分类推进行政许可事项改革，二是着力加强事中事后监管，三是提高政府服务水平，四是加强制度保障。

下一步上海将统一执法标准、程序和文书，并在基层形成一份统一的执法清单，进一步推进放管服和事中事后监管。

💡▶ **工具使用的注意事项**

　　国家开展审批制度改革的目的在于规范市场准入管理，优化审批制度结构，合理放宽市场准入限制，进一步降低制度性交易成本。但需要注意，使用政府投资建设的项目，仍然要实行审批制，从审批的适用范围、负责机构到许可机构，均需遵守统一的规范与说明。根据审批项目建议书、可行性研究报告、开工报告等进行严格审核，以确保国家财政资金的合理使用。

1.2　项目备案

概念界定

　　项目备案是指有关单位或者个人依法向主管机关报告事由存案，以备查考。具体而言，当企业投资建设项目不使用政府性资金，也不属于应当核准的重大项目和限制类项目时，投资企业需向投资主管部门申请备案，投资主管部门对除不符合法律法规的规定、产业政策禁止发展、需报政府核准或审批的项目外的项目予以备案。

原理与逻辑

　　在深化"放管服"改革、优化营商环境的背景下，作为行政许可的替代性方案，项目备案凭借其放松准入控制、强化事后监管与合作治理等优势成为重要的公共治理工具。项目备案具有信息规制和行为规制的工具属性，借助回应性规制设计，能够形成信息收集、信息流动、监管执法、信用规制等政府工具间的联动，有效督促相对人自愿遵从备案要求。

　　（1）从事前控制到事中事后监管

　　项目备案具有如下优势：一是弱化准入控制。备案事项大多为事后告知型事项，不仅弱化了准入控制，也降低了规制成本。二是降低错位信任。备案制度默认规制对象通过自我合规而具备从事特定活动的资格，但备案行为本身并不对相关主体能力与资质提供担保。三是强化事后监管。除了备案信息的收集、公开与共享，行政备案还强调通过后续的监管执法、行政约谈、法律责任等组合装置的联动，最终实现备案义务主体的规制遵从。

（2）从传统规制到新型规制

就规制理念而言，备案主张放松对市场准入的控制。就实现工具而言，备案通过信息规制与事后的监管执法、失信惩戒、法律责任等机制嵌套，督促其遵从备案要求。就规制强度而言，备案的政府干预程度较弱，从而能够有效激活市场主体的活力。最后，与信用规制的紧密嵌套是备案最为明显的规制特征，即将放松准入规制所形成的市场风险与监管义务交由以信用规制为代表的事中事后措施来承担，让后者发挥替代性的监管作用。

（3）从高权规制到合作治理

这主要体现在：一是能够让备案义务主体以更加平等的身份参与政府监管活动。项目备案是对传统高权规制模式的有益补充，权力色彩淡化、沟通属性增强，尤其是"事后告知属性"明显，且符合备案条件的行政机关必须予以备案，因而行政裁量权的滥用空间狭小，双方的法律地位更加平等。二是实现行政规制与自我规制的结合。监管机构对特定备案事项要求的"告知"和申请人通过自我合规整改、承诺自身符合备案要求并提交备案材料的过程，实际上形成了规制交流互动机制。

法理依据

《国务院关于投资体制改革的决定》（2004年）提出："健全备案制，对于《目录》以外的企业投资项目，实行备案制，除国家另有规定外，由企业按照属地原则向地方政府投资主管部门备案"。在《中共中央　国务院关于深化投融资体制改革的意见》（2016年）中，同样提出"实行企业投资项目管理负面清单制度，除目录范围内的项目外，一律实行备案制，由企业按照有关规定向备案机关备案"的要求。2016 年，《企业投资项目核准和备案管理条例》颁布，进一步明确"除国务院另有规定的，实行备案管理的项目按照属地原则备案，备案机关及其权限由省、自治区、直辖市和计划单列市人民政府规定"。2017 年，国家发展和改革委员会主任办公会讨论通过《企业投资项目核准和备案管理办法》，在前述《条例》的基础上，进一步细化了实行备案管理的项目类别、备案办理平台以及监督管理等内容。如《办法》第四条规定，"除涉及国家秘密的项目外，项目核准、备案通过国家建立的项目在线监管平台办理。核准机关、备案机关以及其他有关部门统一使用在线平台生成的项目代码办理相关手续"。

关于境外投资备案，根据 2017 年发布的《企业境外投资管理办法》第十四条，"实行备案管理的范围是投资主体直接开展的非敏感类项目，也即涉及投资主体直接投入资产、权益或提供融资、担保的非敏感类项目。实行备案管理的项目中，投资主体是地方企业，且中方投资额 3 亿美元以下的，备案机关是投资主体注册地的省级政府发展改革部门。非敏感类项目，是指不涉及敏感国家和地区且不涉及敏感行业的项目。中方投资额，是指投资主体直接以及通过其控制的境外企业为项目投入的货币、证券、实物、技术、知识产权、股权、债权等资产、权益以及提供融资、担保的总额"。

具体运用

为了防止项目备案成为变相行政许可，《法规规章备案条例》规定，实行备案管理的项目，企业应当在开工建设前将企业基本情况，以及项目名称、建设地点、建设规模、建设内容，项目总投资额和项目符合产业政策的声明 4 个方面的信息告知备案机关，并对信息的真实性负责。备案机关收到全部信息即为备案完成。备案机关发现已备案项目属于产业政策禁止投资建设或者实行核准管理的，应当及时告知企业予以纠正或者依法办理核准手续，并通知有关部门。除国家法律法规和国务院专门规定禁止投资项目的特殊情况外，不在《政府核准的投资项目目录（2016 年本)》之列的非政府性投资建设项目均采用备案制。对实行备案制的项目，企业仅需按属地原则向地方主管部门备案。

深圳市作为优化营商环境改革的排头兵，长期以来较好平衡了政府与市场之间的关系。秉持有限政府、有为政府的治理理念，深圳于 2018 年推出"秒批"服务改革，并将其应用在企业投资项目备案之中，为全国贡献又一"深圳经验"。

 例 2.1.2

深圳企业投资项目备案"秒批"服务 ①

在全国各地积极优化营商环境的背景下，深圳市发展和改革委员会作为全市"秒批"改革第一批试点单位，依靠"智慧发改"平台现有基础及技术，率先推出企业投资项目备案"秒批"服务（无人工干预自动办理），并于 2018 年 11 月 21 日上线试行，将原本以"天"为办结时限的企业投资项目备案进一步压缩至"秒"。"秒批"服务上线首日，一个 600 万元人民币的投资项目申报仅需 6 秒即可完成备案并顺利出证。统计数据显示，从 2015 年到 2017 年，已有 3208 家项目单位申报了 6631 个备案项目，申报资金达 2.75 万亿元，惠及企业 300 余家。

企业投资项目备案"秒批"服务，实现了从人工审批到后台自

---

① 参见《深圳市在全国首创"企业投资备案秒报秒批一体化"智慧服务——广东营商环境改革经验系列之二》，广东省发展和改革委员会网站，2022 年 2 月 25 日，见 http://drc. gd.gov.cn/gzyw5618/content/post_3829315.html。

动智能审批的转变。从事项申报到业务系统智能比对再到备案证自动生成，全程无人工干预，大大压缩办理时间。项目单位仅需登录广东政务服务网深圳市发展和改革委员会窗口或"i深圳""粤商通"等移动客户端，填写企业投资项目备案申报信息，即可完成在线填报。深圳市核准备案管理系统自动将项目单位所填信息与国家信用联合激励红名单进行比对，符合"秒批"条件，较短时间内即可完成自动审批出证；基于基本信息比对反馈不满足"秒批"条件者，转为人工办理（2个工作日内办结）。"秒批"出证后，备案证信息将同步共享至深圳市政务电子证照系统，项目单位可立即（正常情况下不超过30分钟）申报涉及备案证照相关的其他事项。

同时，为确保社会基本公共利益不被损害，深圳市"秒批"服务在最大限度放宽审批条件的同时，也存在着一定限制。目前，深圳市企业投资项目备案"秒批"服务的适用范围为本市，主要利用非政府性资金进行建设的固定资产投资项目（按规定需报国家、省核准或备案的除外），且同时满足以下条件：

1. 拟申报备案的固定资产投资项目不属于禁止准入和核准准入类项目；

2. 申报项目单位列入信用联合奖惩红黑名单（此名单由国家推送至地方）中的红名单；

3. 项目单位法定代表人或合伙企业合伙人、个人独资企业投资人未列入信用联合奖惩红黑名单的黑名单；

4. 备案投资低于5亿元人民币（不含5亿元）；

5. 未占用深圳市基本生态控制线内土地；

6. 不属于竞争性配置资源项目；

7. 符合法律、法规、规章以及国家、省、市的有关规定。

深圳市企业投资项目备案"秒批"服务模式以智能化自动审批代替主观性人为审核的改革创新，既提高了政府工作效率、降低行政成本，又进一步激发了市场活力，同时也塑造出积极守信的良好社会氛围，提高社会整体信用水平。随着"秒批"模式的日渐成熟，未来会有更多政务服务实现"秒批"，为企业等市场主体提供更优良的政务体验。

工具使用的注意事项

不使用政府投资建设的项目，区分不同情况实行核准制和备案制。其主要依据为《政府核准的投资项目目录》，在目录范围内的项目实行核准制，不在目录范围内的项目实行备案制。具体而言，工业项目除外商投资外其他基本都需备案，但一些行业有特殊规定的除外。需要注意，备案机关应确保备案制度的公开透明，严格遵循相关规章制度，确保备案申请者的信息安全与隐私；同时要根据市场的实际情况，及时调整备案制度，适应市场变化和需求，确保备案制度的有效性和适用性。

1.3　项目核准

概念界定

项目核准是指政府机关或授权单位，根据法律、法规、行政规章及有关文件，对相对人从事某种行为、申请某种权利或资格等依法进行确认的行为。项目核准通常适用于直接关系公共安全、环境保护、公共健康或使用大量公共资源等重要领域的项目，核准的条件通常较为明确具体，只要符合条件，一般都予以准许。

原理与逻辑

项目核准作为公共治理的重要工具，旨在保障公共利益和市场秩序的正常运作，推动经济社会的发展。通过对申请者进行严格的审核，确保其经营活动合法合规，从而建立健康的市场环境，保护市场参与者的合法权益，促进经济发展的可持续性。同时也为政府提供了有效的手段来监督和管理市场活动。

一般而言，项目需要核准的，企业在完成可行性研究后，根据结论委托有资质的工程咨询机构编制项目申请报告，分别向城乡规划、国土资源和环境保护部门申请办理规划选址、用地预审和环评手续。履行手续后，企业向发改部门报送项目申请报告，并附规划选址、用地预审和环评审批文件。核准后，依据核准文件向城乡规划部门办理规划许可证、向国土部门办理正式用地(用海) 手续(国土资源主管部门明确可以不进行用地预审的情形除外)、港口行政管理部门出具的岸线使用审批意见（使用岸线项目）等。最后依据上述手续向建设主管部门办理开工手续。

对关系国家安全、涉及全国重大生产力布局、战略性资源开发和重大公共利益等企业投资项目实行核准管理，其他项目一律实行备案管理。企业投资建设实行核准制的项目，仅需向政府提交申请报告，不再经过批准项目建议书、可行性研究报告和开工报告的程序。核准机关从是否危害国家安全，是否符合相关发展建设规划、技术标准和产业政策，是否合理开发并有效利用资源以及是否对重大公共利益产生不利影响四个方面进行审查。对于外商投资项目，政府还要从市场准入、资本项目管理等方面进行核准。为保障核准工作的有序开展，政府有关部门要制定严格规范的核准制度，明确核准的范围、内容、申报程序和办理时限，并向社会公布，提高办事效率，增强透明度。

法理依据

不使用政府投资建设的项目，涉及重大和限制类固定资产投资的，均适用核准制。其主要依据来源于《国务院关于投资体制改革的决定》（2004年）："对于企业不使用政府投资建设的项目，一律不再实行审批制。其中，政府仅对重大项目和限制类项目从维护社会公共利益角度进行核准。"采用核准制的项目，依据《企业投资项目核准和备案管理办法》（2017年）由国家发改委定期颁布的《政府核准的投资项目目录》所确定；同时，《企业投资项目核准和备案管理办法》中第四条规定，"除涉及国家秘密的项目外，项目核准、备案通过国家建立的项目在线监管平台办理（政府投资项目是投资项目在线审批监管平台）。核准机关、备案机关以及其他有关部门统一使用在线平台生成的项目代码办理相关手续"，进一步为项目核准工作明确了实施方式和组织载体。

《政府核准的投资项目目录》于2004年初次发布，2013年、2014年、2016年相继修订。该目录的最新版本是2016年颁布的《国务院关于发布政府核准的投资项目目录（2016年本）的通知》。该通知对不同行业的项目、投资金额等规定了不同的核准部门或层级。其中，在第十一条"外商投资"中明确规定："《外商投资产业指导目录》中总投资（含增资）3亿美元及以上限制类项目，由国务院投资主管部门核准，其中总投资（含增资）20亿美元及以上项目报国务院备案。《外商投资产业指导目录》中总投资（含增资）3亿美元以下限制类项目，由省级政府核准。前款规定之外的属于本目录第一至十条所列项目，按照本目录第一至十条的规定执行"。在第十二条"境外投资"中进一步明确，"涉及敏感国家和地区、敏感行业的项目，由国务院投资主管部门核准。前款规定之外的中央管理企业投资项目和地方企业投资3亿美元及以上项目报国务院投资主管部门备案"。根据《境外投资项目核准和备案管理办法》（2014年），敏感国家和地区包括：未建交和受国际制裁的国家，发生战争、内乱等国家和地区；敏感行业包括基础电信运营，跨境水资源开发利用，大规模土地开发，输电干线、电网，新闻传媒等行业。

此外，根据《关于发布境外投资敏感行业目录（2018年版）的通知》，国家发改委制定了《境外投资敏感行业目录（2018年版）》。在境外投资板块，发布了《关于修改〈境外投资项目核准和备案管理办法〉和〈外商投资项目核准和备案管理办法〉有关条款的决定》。

具体运用

《政府核准的投资项目目录》对核准适用范围作了说明，核准适用于不使用政府性资金投资建设的重大和限制类固定资产投资项目。其中，由地方政府投资主管部门核准的项目，地方政府投资主管部门会同同级行业主管部门核准，省级政府可根据当地情况和项目性质，具体划分各级地方政府投资主管部门的核准权限。例如，天津市发展和改革委员会对某发电技术公司负责项目的核准。

 例 2.1.3

光伏发电项目核准、备案案例 ①

行政机关：天津市发展和改革委员会（以下简称"市发展改革委"）

当事人：某发电技术公司

一、案例名称

案件名称：某发电技术公司光伏发电项目立项中的核准、备案

---

① 参见《发展改革系统2022年度行政执法指导案例》，天津市发展和改革委员会网站，2023年1月31日，见 https://fzgg.tj.gov.cn/ztzl/fzzfjs/fzzfjsgz/202301/t20230131_6091393.html。

基本案由：企业申请项目立项

案件分类：行政许可

二、简要案情

某发电技术公司在滨海新区开发建设光伏发电项目，项目建成后通过 500 千伏交流线路从津南区并入电网。2021 年 4 月，项目主体工程完成备案；2022 年 11 月，项目送出线路工程完成核准。

三、法律适用

（一）《企业投资项目核准和备案管理办法》（国家发展改革委令 2017 年第 2 号）

第四条 根据项目不同情况，分别实行核准管理或备案管理。

对关系国家安全、涉及全国重大生产力布局、战略性资源开发和重大公共利益等项目，实行核准管理。其他项目实行备案管理。

第五条 实行核准管理的具体项目范围以及核准机关、核准权限，由国务院颁布的《政府核准的投资项目目录》（以下简称《核准目录》）确定。法律、行政法规和国务院对项目核准的范围、权限有专门规定的，从其规定。

《核准目录》由国务院投资主管部门会同有关部门研究提出，报国务院批准后实施，并根据情况适时调整。

未经国务院批准，各部门、各地区不得擅自调整《核准目录》确定的核准范围和权限。

第六条第一款 除国务院另有规定外，实行备案管理的项目按照属地原则备案。

第七条第一款 依据本办法第五条第一款规定具有项目核准权限的行政机关统称项目核准机关。《核准目录》所称国务院投资主管部门是指国家发展和改革委员会；《核准目录》规定由省级政府、地方政府核准的项目，其具体项目核准机关由省级政府确定。

（二）《国务院关于发布政府核准的投资项目目录（2016年本）的通知》（国发〔2016〕72号）

八、由地方政府核准的项目，各省级政府可以根据本地实际情况，按照下放层级与承接能力相匹配的原则，具体划分地方各级政府管理权限，制定本行政区域内统一的政府核准投资项目目录。

（三）《政府核准的投资项目目录（天津市2017年本）》（津政发〔2017〕31号）

二、市级核准项目（二）能源。电网工程：不涉及跨境、跨省（自治区、直辖市）输电的±500千伏及以上直流项目和500千伏、750千伏、1000千伏交流项目和跨区项目由市投资主管部门按照国家制定的相关规划核准。

四、决定结果

（一）经审核，滨海新区行政审批局对某发电技术公司光伏发电项目主体工程完成备案。

（二）经审核，市发展改革委对某发电技术公司光伏发电项目500千伏送出线路工程完成核准。

五、说明理由

依据《政府核准的投资项目目录（天津市2017年本）》，某发电技术公司1000MW光伏发电项目500千伏送出线路工程跨越滨海新区和津南区，属于500千伏的交流跨区项目，应由市发展改革委按照国家电力发展相关规划核准。

光伏发电项目主体工程不在《政府核准的投资项目目录（天津市2017年本）》中，且项目拟建设范围仅涉及滨海新区，依据《企业投资项目核准和备案管理办法》第四条和第六条，应由滨海新区行政审批局备案。

六、典型意义

本案例分析了光伏发电项目的立项程序，将对光伏发电项目的开发利用产生指导作用。光伏发电项目包含主体工程和送出线路工程，主体工程主要涉及光伏发电设施的铺设，按照备案制管理；送出线路工程作为配套电力设施，属于电网工程，按照核准制管理。

🔆 工具使用的注意事项

为保障核准工作的有序开展，政府有关部门要制定严格规范的核准制度，明确核准的范围、内容、申报程序和办理时限，并向社会公布，提高办事效率，增强透明度。此外，企业需要将该项目的具体情况资料报给相应的政府行政管理机关审核批准，否则不予立项。审批制只适用于政府投资项目；核准制则适用于企业不使用政府资金投资建设的重大项目和限制类项目。

1.4 负面清单

概念界定

负面清单是政府以清单的方式明确列出禁止和限制企业投资经营的行业、领域、项目等，除此之外，按照"非禁即入"和"内外投资"一致原则，将主动权交予市场，最大限度激发市场活力，进一步优化产业投资环境，提升行政效率和资本效率。在行政审批管理系统中，负面清单是核心工具，是行政审批行为实施的基础和参照。负面清单管理模式，即投资领域的"黑名单"，列明了企业不能投资的领域和产业，除此之外，其他行业、领域和经济活动均被许可。一般而言，负面清单多指负面清单管理模式，指的是一个国家在引进外资的过程中，对某些与国民待遇、最惠国待遇不符等的管理措施，以清单形式公开列明。

原理与逻辑

负面清单是政府以清单的方式明确列出禁止和限制企业投资经营的行业、领域、项目等，除此之外，按照"非禁即入"和"内外投资"一致原则，将主动权交予市场，最大限度激发市场活力，进一步优化产业投资环境，提升行政效率和资本效率。在行政审批管理系统中，负面清单是核心工具，是行政审批行为实施的基础和参照。负面清单管理模式是相对于"正面清单"的投资管理办法，遵循"法无禁止即可为"的原则，在明确界定不可为的限制条件后最大化"非禁止"领域的市场准入自由程度。在国际语境下，负面清单是重要的外商投资准入制度。凡是针对外资的与国民待遇、最惠国待遇不符的管理措施，或业绩要求、高管要求等方面的管理限制措施，均以清单方式列明。目前，世界范围内已有 70 多个国家采用"准入前国民待遇和负面清单"管理模式。

负面清单被引入内资市场准入领域，即"市场准入负面清单制度"，是指国务院以清单方式明确列出在中华人民共和国境内禁止和限制投资经营的行业、领域、业务等，各级政府依法采取相应管理措施的一系列制度安排。市场准入负面清单以外的行业、领域、业务等，各类市场主体皆可依法平等进入。目前世界大多数国家均针对外商投资实行负面清单管理模式，少有在国内市场推行市场准入负面清单的尝试。中国将负面清单管理模式从外资市场准入领域引入内资市场准入领域，是市场准入制度的重大突破。

负面清单制度体现了经济开放与经济安全并重、市场导向与有序开发兼顾的运行逻辑。在政治上，负面清单是市场经济体制下政府进一步简政放权的表现，给予市场主体更宽广的权利空间。这一举措有助于提升市场主体的积极性和创造性，促进经济增长和就业。从经济意义上看，负面清单制度给予了市场主体平等竞争的机会，不偏袒特定行业或企业，保护市场的公平竞争环境。同时，负面清单规定了不允许进入的领域，从而防止市场过度竞争或出现恶性竞争的情况，有利于市场经济的有序发展。

法理依据

2013 年，上海出台《中国（上海）自由贸易试验区外商投资准入特别管理措施（负面清单）（2013 年）》；广东顺德公布了全国首份《企业经营审批事项目录汇编》，成为全国首份市场准入的负面清单。2014 年，浙江省决定率先试点负面清单制；陕西省将"负面清单"管理列入省政府工作报告，并将其作为 2014 年重点工作任务。近年来，为进一步推进营商环境的改善，国家发改委推动了一批改革事项出台落地。其中，《市场准入负面清单》的印发与修订引发市场关注。2018 年，国家发改委、商务部会同各地区各有关部门首次制定了全国统一的《市场准入负面清单（2018 年版）》。通过三年落地实施，在全国范围已建立起市场准入环节的负面清单管理模式，市场主体均可依法平等进入清单之外的行业、领域、业务等，有序实现了"非禁即入"。经过两轮修订（分别形成了《市场准入负面清单（2019 年版）》《市场准入负面清单（2020 年版）》），2020 年版清单与 2018 年版清单相比，事项数量由 151 项缩减至 123 项，缩减比例达 18%，与 2016 年试行的《市场准入负面清单草案（试点版）》328 个事项相比，缩减比例高达 62%。相比 2019 年版，2020 年版清单减少 8 项，放开"森林资源资产评估项目核准""矿业权评估机构资质认定""碳排放权交易核查机构资格认定"3 条措施；根据"放管服"改革进展，删除"进出口商品检验鉴定业务的检验许可""报关企业注册登记许可""资产评估机构从事证券服务业务资格审批""证券公司董事、监事、高级管理人员任职资格核准"等 14 条管理措施。同时调整规范部分措施表述，审慎增列少数事项措施，完善清单制度设计。2020 年 11 月

15 日，《区域全面经济伙伴关系协定》（RCEP）成功签署。据商务部介绍，在投资方面，各方均采用负面清单方式对制造业、农业、林业、渔业、采矿业 5 个非服务业领域投资作出较高水平开放的承诺，大大提高了各方政策透明度。

具体运用

负面清单修订并不是只减不增，而是有增有减。全国统一的市场准入负面清单，重点在于突出"全国一张清单"的整体性管理。近年来，国家发改委、商务部会同各级、各类政府部门持续清理和规范违规制定的准入类负面清单，市场准入负面清单制度的统一性、严肃性、权威性不断增强。

从国家宏观层面看，制定市场准入负面清单，是我国全面深化改革，构建高水平社会主义市场经济体制的重要举措，也是实行高水平对外开放，开拓合作共赢新局面的必然选择。通过实施统一的市场准入负面清单制度，有利于形成高效规范、公平竞争的国内统一市场，有助于提高对外开放水平，推动贸易和投资自由化便利化。

 例 2.1.4

天津市负面清单试点改革 ①

天津市被确定为全国首批试点省市后，全面实施市场准入负面清单制度改革，成立了由市长任组长的试点工作领导小组，按照"试清单、试制度、试落地机制"的工作思路，稳步推进各项改革试点工作。截至 2019 年 2 月，天津市试点方案确定的 17 项任务已

---

① 参见《天津市加快推进市场准入负面清单制度改革》，中华人民共和国中央人民政府网站，2019 年 2 月 7 日，https://www.gov.cn/xinwen/2019-02/07/content_5364173.htm。

经全部完成；"一制三化"审批制度改革全面实施，行政审批规范化和效率显著提升，整体平均审批效率提升近50%；营商环境明显改善，民营经济加快发展，民营市场主体快速增长，近三年同比分别增长18.95%、19.11%和13.71%；基于信用风险分类的市场监管体制日益完善，建立"天津市市场主体信用信息公示系统"，构建了信息公示、信用分类、随机联查、结果告知、联合惩戒的链条式监管体系，事中事后监管效能显著提升；市场准入负面清单管理的法律法规体系逐步完善，规范化、法治化的市场环境正在形成。

随后天津市在试点工作基础上，进一步加强2018年版负面清单全面落地的顶层设计，完善配套制度和工作机制；进一步依照法定程序破除法律障碍，重新对比梳理现行地方法律法规与2018年版负面清单不一致的事项，充分做好行政许可事项与新版负面清单事项的衔接工作；探索市场准入负面清单事项编码制改革，推进行政许可承诺制管理；进一步加强社会宣传和对相关工作人员的培训，做好政策解读等服务工作，确保天津市市场准入负面清单制度走在全国前列。

工具使用的注意事项

负面清单管理模式的推出，将政府职能重点从事前审批转移至事中、事后监管，进而对我国综合监管体系提出了更高要求。在具体使用过程中，必须按照相关法律法规和政策要求制订与实施，确保不偏袒特定利益群体，确保所有相关方在同等条件下受到评估和处理。此外，负面清单需要具有一定的灵活性和更新性，及时调整和更新清单内容，以适应经济、社会和科技的发展变化。

1.5 国际贸易协议

概念界定

国际贸易协议是指国家间或国家对外活动的组织间，用于解决专门事项或临时性问题而缔结的短期契约性文件，包括军事方面的停战协定、文化方面的合作协定等。在此尤指经济方面的贸易协定。例如，WTO 一系列协定或协议都要求成员分阶段逐步实行贸易自由化，以扩大市场准入范围，促进市场的合理竞争和适度保护。

原理与逻辑

国际贸易协定能够以规则化的方式将各国准则确定下来，有利于进一步扩大市场准入的其他基本规则。各相关国成员还可以利用争端解决机制，化解在开放市场方面的纠纷和摩擦，积极保护自身利益。同时，明确的协定能够增强贸易体制的透明度，从而有利于扩大市场准入。通过增强各国对外贸易体制的透明度，减少或取消关税、数量限制和其他各类强制性限制市场进入的非关税壁垒，以及通过各国在对外开放本国市场方面所作出的具体承诺，能够切实改善各缔约方的市场准入条件，在一定期限内逐步放宽各国的市场开放领域。

市场准入原则的终极目标是整个国际服务贸易的自由公平竞争，其意味着世界市场的日趋融合和统一。但这一目标并不能一蹴而就。根据《服务贸易总协定》第十六条规定，市场准入是一个渐进的过程，考虑到各国经济发展水平有差异，不可能要求各国在同一时间、同一项目下作同样程度的开放，而需由各国政府根据本国国情确定市场准入的规模、程度和时间。

由于市场准入是承诺义务，一般是对等互惠的。因此对任何成员方，市场准入原则都是一把双刃剑，其为了换取外国市场，必须开放国内市场，谈判各方在互惠基础上进行减让，促进所有参加方利益和权利义务的总体平衡。但根据《服务贸易总协定》第四条，要求发达国家采取一些具体措施以增强发展中国家国内服务部门的实力和竞争力，并对发展中国家的服务出口提供有效的市场准入，在对发展中国家有切身利益的服务出口部门和服务提供方式中放宽市场准入条件。通过该条规定，发展中国家获得了对其服务业发展现状不平衡的承认，可在对具有优势服务部门的发达国家作出开放承诺时，寻求对自身有利的市场准入条件。对发展中国家在开放部门数量、放宽交易类型、扩大市场准入程度等方面应给予适当的灵活性，并可在向外国服务提供者作出市场准入时附加一些条件。

上述规定对发展中国家而言至关重要，使其旨在加强自身服务能力的各类措施得以维持。有些发展中国家在初步承诺表中对市场准入附加了商业存在类型的限制或要求，如仅能通过合资企业形式提供服务，主管人员应为本国国民，有的要求外国服务提供者向本国企业和人员转让技术或传授经验等。

法理依据

在国际范围内，有关国际贸易协议的法理依据主要来源于《服务贸易总协定》以及其他类似贸易协定。《服务贸易总协定》是关贸总协定乌拉圭回合谈判达成的第一套有关国际服务贸易的具有法律效力的多边协定。其宗旨是在透明度和逐步自由化的条件下，扩大全球服务贸易，并促进各成员的经济增长和发展中国家成员服务业的发展。协定考虑到各成员服务贸易发展的不平衡，允许各成员对服务贸易进行必要的管理，鼓励发展中国家成员通过提高其国内服务能力、效率和竞争力，更多地参与世界服务贸易。其核心是最惠国待遇、国民待遇、市场准入、透明度及支付的款项和转拨的资金的自由流动。《服务贸易总协定》适用于各成员采取的影响服务贸易的各项政策措施，包括中央政府、地区或地方政府和当局及其授权行使权力的非政府机构所采取的政策措施。《服务贸易总协定》要求各成员逐步开放市场，在非歧视原则上，通过分阶段谈判，逐步开放本国服务市场，促进服务及服务提供者之间的竞争，减少服务贸易及投资扭曲。其他货物贸易协定也要求各成员逐步开放市场，如《农业协议》要求各成员将现行农产品贸易数量限制进行关税化，并承诺不再使用非关税措施管理农产品贸易和逐渐降低关税水平。类似协议还包括《海关估价协议》《贸易的技术性壁垒协议》《动植物检疫协议》等。

我国有关国际协议的法理依据主要来源于《中华人民共和国对外贸易法》和《对外贸易壁垒调查规则》。2016 年，十届全国人大常委会第八次会议在 1994 年、2004 年两版基础上，通过了《中华人民共和国对外贸易法》修正案。总体而言，修订后的《对外贸易法》扩大了适用范围，减少了行政审批事项，完善了外贸促进措施，增设了与贸易有关的知识产权保护条款，健全了对外贸易调查与对外贸易救济制度，自然人获得对外贸易经营权，外贸违法行为的处罚力度加大。由于国际协定所带有的问题解决属性，在国际市场上较为常见的贸易壁垒问题就为贸易协定提供了运作空间。2005 年，商务部根据《中华人民共和国对外贸易法》，制定《对外贸易壁垒调查规则》，以规范对外贸易壁垒调查工作，消除国外贸易壁垒对对外贸易的影响，促进对外贸易的正常发展。

具体运用

《对外贸易壁垒调查规则》规定外国（地区）政府采取或者支持的措施或者做法，存在下列情形之一的，视为贸易壁垒。

表 2.1.2　《对外贸易壁垒调查规则》中被视为贸易壁垒的情形

（一）违反该国（地区）与我国共同缔结或者共同参加的经济贸易条约或者协定，或者未能履行与我国共同缔结或者共同参加的经济贸易条约或者协定规定的义务；   （二）造成下列负面贸易影响之一：   对我国产品或者服务进入该国（地区）市场或者第三国（地区）市场造成或者可能造成阻碍或者限制；对我国产品或者服务在该国（地区）市场或者第三国（地区）市场的竞争力造成或者可能造成损害；对该国（地区）或者第三国（地区）的产品或者服务向我国出口造成或者可能造成阻碍或者限制。

💡➡ 工具使用的注意事项

　　一国政府在采用国际贸易协议时需要注意以下几个事项：一是确保协议符合国内法律法规，避免与国内法相冲突，或需要修改国内法以实施协议；二是确保协议符合国家利益和政策，不损害国家主权、安全和发展利益；三是确保协议具有可操作性，各方有能力和意愿履行协议义务，并建立有效的执行机制；等等。

2. 市场监管

　　市场监管是政府为激发市场活力、克服市场失灵、保障公共利益而设置的约束微观经济主体行为的制度。我国实行的是社会主义市场经济，市场在资源配置中发挥决定性作用，但仍存在侵权假冒、地方保护、行业垄断、食品药品不安全、消费者维权困难、失信行为多发等问题。因此，政府须制定系统性的法律法规，设置管理机构，结合日常执法和专项治理，平衡各类市场主体利益，既要维护消费者合法权益，又要确保企业依法自由经营。

　　市场监管工作的总体指导思想是营造市场化法治化国际化营商环境、激发市场活力，强化公平竞争政策基础地位、维护市场秩序，坚守安全底线、增强人民群众获得感幸福感安全感，完善质量政策和技术体系、全面提升质量水平，维护和优化高效、有序、统一、安全的超大规模市场，切实推动高质量发展。

2.1　法律监管

概念界定

　　法律监管是指以法律法规的形式，规范市场微观经济主体以及监管机构的行为。按照全面依法治国、建设法治政府的要求，相关政府部门应根据特定监管内容制定法律法规，并设置专门机构执行法律；市场主体应遵行"法无禁止即可为"的行为准则；监管部门履行"法无授权不可为、法定职责必须为"的行为规范。

原理与逻辑

　　市场是资源配置的有效手段，但毫无限制的市场不仅会使资源配置效果大打折扣，同时也会损害消费者利益。典型的市场失灵包括垄断、信息不对称等。垄断性失灵将导致市场资源配置无法实现帕累托最优。给定一个自由竞争的初始市场，经过一定时间后，资源会相对集中在少数企业，这些企业利用垄断地位向市场提供质次价高的产品或服务，消费者缺少选择而被迫支付高价购买低质量的产品或服务，资源被配置在低效的企业上。由信息不对称而引发的市场失灵则会使消费者利益受损。关于产品或服务的信息，企业掌握较多，消费者掌握较少，前者可以利用这种优势获利。例如内容繁多且复杂的保险合同，消费者并不真正了解什么条件下可以获赔或不能获赔，消费者依据自己对保险合同的理解支付了一定价格，当遭遇风险时却不能获赔或赔偿较少，消费者实际支付的价格高于其对保险产品的实际估值。此时，制定法律法规以规范市场主体行为是一种理性选择。

法理依据

　　2014年，党的十八届四中全会通过了《中共中央关于全面推进依法治国若干重大问题的决定》，明确指出社会主义市场经济本质上是法治经济，要以有效监管为基本导向使市场在资源配置中起决定性作用，并将"完善社会主义市场经济法律制度"明确为重点立法领域，市场监管工作须在依法治国的框架下开展。2017 年，国务院印发《"十三五"市场监管规划》，提出了市场监管的主要原则，其中包括："坚持依法依规监管。对各类市场主体一视同仁，依法依规实施公平公正监管，平等保护各类市场主体合法权益。要运用法治思维和法治方式履行市场监管职责，全面实施清单管理制度，通过权力清单明确法无授权不可为，通过责任清单明确法定职责必须为，通过负面清单明确法无禁止即可为，没有法律依据不能随意检查，规范政府部门自由裁量权，推进市场监管的制度化、规范化、法治化"。2021 年，国务院印发《"十四五"市场监管现代化规划》，强调围绕"大市场、大质量、大监管"一体推进市场监管体系完善和效能提升，推进市场监管现代化；提出坚持以人民为中心、坚持改革创新提升效能、坚持有效市场有为政府、坚持依法行政公正监管、坚持系统观念统筹施策等基本原则；设定持续优化营商环境、充分激发市场主体活力，加强市场秩序综合治理、营造公平竞争市场环境，维护和完善国内统一市场、促进市场循环充分畅通，完善质量政策和技术体系、服务高质量发展，坚守安全底线、强化消费者权益保护，构建现代化市场监管体系、全面提高市场综合监管效能等重点任务。

具体运用

反垄断法是许多国家和地区都采取的市场监管手段。反垄断法通常界定什么是垄断行为、如何调查、如何处罚，不仅反垄断机构可以实施反垄断调查和处罚，组织和个人还可以提起反垄断民事诉讼。我国《反垄断法》于 2008 年 8 月 1 日起正式实施，成效显著。反垄断行政执法机构查处了一批大案要案，反垄断民事诉讼不断增多，原告方克服举证困难，胜诉案例也不断增加。此外，市场监管部门作为主要的监督机构，根据相关法律查处各类违法行为，以维护市场竞争环境，保护消费者利益。例如，广东省市场监管部门 2019 年查处的 10 宗反不正当竞争典型案例，涉及混淆、商业贿赂、虚假宣传、侵犯商业秘密、不正当有奖销售、商业诋毁等不正当竞争行为。

工具使用的注意事项

　　随着社会主义市场经济的发展，我国先后制定和修订了《反垄断法》《反不正当竞争法》《消费者权益保护法》《特种设备安全法》《商标法》《广告法》等，基本形成比较完备的市场监管法律法规体系。但是，完善的法律法规离开强有力的执法就会变成空中楼阁。因此，在不断完善市场监管法律法规的同时，必须科学设置执法机构，配置执法资源，平衡执法权力与责任，才能确保市场监管落到实处。

2.2　市场执法与智能执法

概念界定

　　市场执法是指法定的市场监管机构执行市场监管法律法规的具体行为，包括许可、检查、处罚、强制等形式，以实现激发市场活力、规范市场秩序、维护消费者合法权益等目标。智能执法则是指依托互联网、大数据技术，改变传统的"人盯人""广撒网"等监管方式，提高市场监管智能化水平。

原理与逻辑

　　执法工作是市场监管过程中的重要一环。其一，市场执法是推动经济、社会高速发展的基本需要。首先，经济发展需要良好的市场秩序以及充满活力与创造力的市场主体的广泛参与，而市场执法则有助于打破各种障碍，营造大众创业、万众创新的良好市场环境。市场执法有助于各类市场主体公平竞争、优胜劣汰，推动企业高质量发展与产业结构升级。其次，社会发展需要满足广大人民群众对美好生活的需求，市场执法有助于改善消费环境、保护消费者合法权益，进而提高人民群众幸福感和获得感。同时，社会发展还要求在多元利益主体之间取得平衡，市场执法虽然在一定程度上限制了被监管对象的自由，但有助于其他相关利益主体免受垄断、信息不对称等问题的侵害。最后，市场执法工作也需要依法规范。编制实施市场监管部门权责清单，按照清单事项的不同类型制订办事指南和行政权力运行流程图，确保权责一致、履职到位。优化和完善行政执法程序，全面落实行政执法公示、执法全过程记录和重大执法决定法制审核制度，落实市场监管行政执法自由裁量权基准制度，促进公平公正执法。强化市场监管执法监督机制和能力建设，加强普法工作和法治教育，健全执法考核评议和执法案卷评查机制。

其二，智能执法则是顺应新技术条件、降低监管成本、提高监管效率的必然要求。随着信息技术的发展进步，新业态、新模式不断涌现，原有的监管执法模式已无法有效识别各类新型违法行为，因而必须作出相应调整。同时，市场监管也面临着成本约束，一旦监管成本超过收益，监管行为就失去了应有的效用与意义，使市场陷入另一种"无效"。传统监管方式耗费大量人力、财力且精准性不足，亟须利用新技术提高监管智能化水平，进而化解成本高效率低的监管难题。

法理依据

《中共中央关于全面推进依法治国若干重大问题的决定》不仅指出了立法工作的重要性，也要求严格执法，在党的领导下做到有法必依、执法必严、违法必究。《"十三五"市场监管规划》则将提高监管效果作为指导思想之一，明确指出"提高市场运行效率，必须提高市场监管效率"。《规划》还将坚持智慧监管列为市场监管的主要原则之一，要求"适应新一轮科技革命和产业变革趋势，适应市场主体活跃发展的客观要求，充分发挥新科技在市场监管中的作用。运用大数据等推动监管创新，依托互联网、大数据技术，打造市场监管大数据平台，推动'互联网＋监管'，提高市场监管智能化水平"。同时，《规划》进一步提出要加强大数据监管，要"以市场监管信息化推动市场监管现代化，充分运用大数据等新一代信息技术，增强大数据运用能力，实现'互联网＋'背景下的监管创新，降低监管成本，提高监管效率，增强市场监管的智慧化、精准化水平"。《"十四五"市场监管现代化规划》提出"坚持依法行政、公正监管"的原则，要求加快推动市场监管领域法律法规制度完善和统一，营造稳定公平透明可预期的制度环境，依法规范政府监管行为，一视同仁对待各类市场主体，为激发市场活力和维护市场主体合法权益提供法治保障。同时提出加快推进智慧监管，要求充分运用互联网、云计算、大数据、人工智能等现代技术手段，加快提升市场监管效能；建立市场监管与服务信息资源目录和标准规范体系，全面整合市场监管领域信息资源和业务数据，深入推进市场监管信息资源共享开放和系统协同应用。

具体运用

近年来，各地政府均在监管执法环节发力。其中，"条块结合，以块为主"的市场监管综合执法是市场监管执法改革的重要经验和典型代表，有效推动了高效统一的市场监管体系和竞争有序的现代市场体系的形成。市场监管综合执法改革既是市场执法的深化，同时也蕴含着智能执法以技术赋能的运行逻辑。例如，江西省鹰潭市深入推进市场监管综合执法改革的实践，以执法专业化、司法化和公正化有效回应市场执法需求，并基于大数据等技术手段为市场监管智慧化赋能。

例 2.2.1

江西省鹰潭市"四个一"纵深推进
市场监管综合执法改革（节选）①

近年来，江西省鹰潭市创新思路、主动作为，扎实推进市场监管领域综合执法改革，在将工商、质监、食药监、价监等多支执法队伍整合组建市场监管综合执法支队的基础上，破解市场监管执法体系松散问题，聚焦"化学融合"，积极探索构建专业规范、智慧高效的综合行政执法队伍，打造一支队伍执法、一套程序办案、一个标准执行、一个平台共享的"四个一"鹰潭行政执法新模式。

一、融合一支队伍，铸就综合执法"专业化"。一是注重顶层设计，优化职能配置。作为改革牵头部门，鹰潭市委编办聚焦问题，瞄准靶心，整合执法职能，聚合执法力量，理顺执法关系，强化组织机构，整合原多部门近 20 个科（室、局）和原多支执法队伍的案件查处权，组建市场监管综合行政执法支队，在鹰潭市城区范围内实现同城一支队伍管执法，从顶层设计上避免同一区域多支队伍可能带来的重复执法、多层次执法等问题，让"一事多罚""七八个大盖帽管不住一顶草帽"等案件成为历史。二是厘清职能分工，聚焦主责主业。执法支队主要负责综合行政执法工作，

---

① 参见《江西省鹰潭市"四个一"纵深推进市场监管综合执法改革》，中国机构编制网，2020 年 10 月 12 日，见 http://www.scopsr.gov.cn/shgg/xzzf/202010/t20201012_377207.html。

机关科室负责指导、协调、监督与案件合议、计划、反馈等，各区市场监管局负责查处辖区内适用简易程序的市场监管行政处罚案件与日常的监督检查。三是打造专业队伍，清理遗留案件。全市招募了十名抽检专员，将支队从各大检查、抽样、抽查等日常监督中剥离出来，打造专业高效的执法队伍。支队自 2015 年成立以来，立案 900 起，年办结案件数是执法体制改革前原三局总和的 5 倍，清理多起历史遗留的疑难案件。

二、搭建一套程序，推动行政执法"司法化"。一方面健全权力制约机制。鹰潭市按照行政执法的职能分工，将行政执法的执行权、执法全程的审核权、行政处理决定权相分离，建立制衡控权、独立运行、规范高效的运行机制，使公权力在阳光下运行，杜绝"人情案""关系案"，防止权力滥用。另一方面明晰权责分工。对行政执法人员进行分工，明确划分权责。支队负责行政处罚案件的调查取证，处罚初步建议，执行处理（处罚）决定；法规科负责案件审理，对执法办案全程监督；合议会对适用一般程序的行政处罚案件的违法事实认定提出处理建议；案件审理委员会负责重大行政案件的集体讨论，作出处理决定；建立互相衔接、密切配合的工作链条，案件办理力争事实清楚、证据确凿、程序合法、适用法律正确。

三、明确一个标准，促进执法办案"公正化"。一是建立案例基准，实现"同案同罚"。出台了《食品小作坊小餐饮小食杂店小摊贩常见违法行为行政处罚基准（试行)》等文件，建立全市统一的案例基准，实现同案同罚，"一把尺子对外"。统一标准严查假牛肉系列案件、无证向老年人售卖保健品会销专案等典型"窝"案，新闻媒体公开曝光，提高商家对违法成本的认识。经过清理整顿，达到"打击一个、震慑一片、净化一方"的效果。二是实行首查从轻，兼顾"法理温情"。出台《鹰潭市市场监督管理局关于适用〈中华人民共和国反不正当竞争法〉第八条、第二十条实施行政处罚的指导意见》等相关文件。市场监管支队办理案件时，对新业态、新业主审慎包容，对非违法故意或者轻微违法行为，一般责令整改使其免于处罚，为大众创业、万众创新提供优质的营商环境，执法变得更有"温度"。

四、打造一个平台，实现执法队伍"智慧化"。一是"智能化"分析，执法更精准。鹰潭市创新智慧市场监管网格化管理平台，汇集全市市场主体、监督检查、抽样检验等信息数据，进行归类分析，打造市场动态"晴雨表"，为行政执法提供精准"导航"。全面统计营业主被投诉情况，分析历史违规数据，对投诉较多的进行重点监管，有效解决人员严重不足、执法力度不够等问题。二是"可视化"调度，执法更高效。平台开发"可视化"指挥调度系统，用于执法检查、事故应急处置等集中高效的在线指挥调度。执法任务可及时、精准地分派至执法人员处置，减少中间环节，提高工作效率，避免延误办案最佳时机导致事后"翻供"，现场物证流失、转移等情况发生。执法全程可传输至云端储存，为执法者固定证据提供保障，避免"粗暴执法"，促进了综合执法队伍进一步提升综合执法能力、补全专业知识"短板"。三是"程序化"操作，执法更专业。针对通过执法终端（智能手机）执法导致的执法标准不统一、行为不规范等问题，鹰潭市规范执法程序，固化检查操作规程，将执法事项表格化、模块化，让执法人员多做"选择题"、少做"填空题"，提升执法检查的专业性和统一性。执法人员只需扫描证照上的"二维码"，执法终端可自动导入市场主体全部信息。执法现场检查，原来需携带大量公文材料工作 3 小时，现在只需一部执法终端和便携式打印设备，时长缩短至半小时左右。

💡➤ 工具使用的注意事项

市场监管执法涉及多部门协同，智能执法则需要在效率与安全方面权衡。例如，上海市市场监管局会同中国人民银行上海分行，在政银数据共享方面达成共识，实现市场主体登记信息和银行账户管理信息的交互共享，是多部门协同与智慧化执法的结合。同时，电子印章则是依据《电子签名法》形成的数字签名，绑定实物印章印模图形，不仅具备极高的法律效力，还具备极高的安全性，体现了效率与安全的平衡。

2.3　专项治理

概念界定

专项治理是指监管机构在特定阶段针对特定问题集中资源而开展的精准整治。专项治理目标明确，一般针对当下社会焦点问题，例如食品安全、环境污染等。专项治理通常整合多个部门人力物力资源，执行力度、运作效率强于日常工作。同时，专项治理也呈现临时性和不确定性，由某一热点事件触发后，在一段时间内持续治理，任务完成即回归常态化监管；下一轮专项治理的开启则需要下一个关键事件的触发，具体时间和内容无法确定。

原理与逻辑

　　专项治理是我国长期使用的一项政策工具。首先，专项治理回应了群众对公共治理的现实需求。由于我国尚处在社会主义初级阶段，高速发展过程中新问题不断出现，而常规监管手段又难以事前准确预测或事后有效处理，此时以专项治理为工具，可以在短时间内收到较为显著的监管效果。例如针对生产安全、食药品安全、假冒伪劣等与群众密切相关的问题开展专项整治，在短时间内集中打击一批违法行为，并辅以密集的宣传，在一定程度上解决了实际问题，有效回应了群众的实际需求。其次，专项治理有助于克服部门协同难题。随着国家治理能力提高和治理体系完善，市场监管逐步由分散走向综合，但是政府部门的分工合作依然存在，无法将监管事项全部交由某一个部门全权负责。即便在一个部门内部，分工合作也是常态。例如校园食品安全问题，至少涉及市场监管总局、公安部、教育部、农业农村部4个部门，常规监管工作消耗大量的时间精力用于协调各部门，影响监管效率。采用专项治理可以打破常规分工，把分散的部门临时性集中在一起，为了共同的目标工作。除横向整合外，专项治理还可以打破纵向间层级限制，实现贯穿中央到地方的资源动员，由各级领导干部和工作人员共同解决问题。最后，专项治理有助于降低监管成本。随着人民对美好生活的要求越来越高，市场监管工作也越来越多，无形之中提高了政府的行政成本。而转变政府职能、实现国家治理体系和治理能力现代化的内在需要就要求监管部门把有限的行政经费应用于治理效果最大的事项上。专项治理针对群众最关心的问题，最大限度降低部门林立、层级分割带来的不利影响，短时间内集中有限的人、财、物等基础性资源，有助于节约行政成本，提高监管工作效率。

法理依据

　　2017年，国务院印发《"十三五"市场监管规划》，其中指出："虽然市场监管取得突出成效，但市场秩序、市场环境还存在一些矛盾和问题。……这些问题，影响着市场机制作用的发挥，影响着资源的优化配置，影响着我国经济的健康发展。""加强和改善市场监管，是政府职能转变的重要方向，是维护市场公平竞争、充分激发市场活力和创造力的重要保障，是国家治理体系和治理能力现代化的重要任务。"2019年，党的十九届四中全会通过《关于坚持和完善中国特色社会主义制度　推进国家治理体系和治理能力现代化若干重大问题的决定》，同样要求"完善政府市场监管职能"，"严格市场监管、质量监管、安全监管，加强违法惩戒"。而专项治理作为常态化监管的有益补充，能够短时间内集中资源解决与人民群众利益密切相关的重大问题、困难问题，有助于克服政府体系内层级与分工的限制，是一种有效的市场监管工具。2021年，国务院印发《"十四五"市场监管现代化规划》，设置的重点任务包括多项专项治理工作：逐步研究制订重点领域和行业性专项公平竞争审查规则；开展对标达标专项行动，推动团体标准培优计划和企业标准领跑者制度实施；开展无菌植入性医疗器械监督检查、化妆品"线上净网、线下清源"等专项整治行动；推进特种设备安全专项整治三年行动，深入开展危化品相关特种设备、油气长输管道、起重机械、电梯、电站锅炉、大型游乐设施等安全隐患专项治理和"回头看"。

具体运用

按照党中央在"不忘初心、牢记使命"主题教育中开展专项整治的要求，2019年，中央纪委国家监委牵头，会同15个中央国家机关制定了《在"不忘初心、牢记使命"主题教育中专项整治漠视侵害群众利益问题的实施方案》，聚焦群众的操心事、烦心事、揪心事，专项整治直接关系群众利益的14个问题。其中，由市场监管总局、公安部牵头，会同教育部、农业农村部等14个部门，负责开展为期3个月的整治食品安全问题联合行动。

例 2.2.2

整治食品安全联合行动（节选）①

（一）重点任务

（1）严厉打击食品生产经营环节违法违规行为，坚决取缔"黑工厂""黑作坊""黑窝点"。重点解决超范围超限量使用食品添加剂、食品中非法添加，收购、加工、经营病死畜禽，生产经营"山寨食品"、假冒伪劣食品等问题。

（2）实施保健食品行业专项清理整治。重点解决虚假宣传、虚假违法广告、违规直销和非法传销、非法添加西药等问题。

（3）推动解决学校及幼儿园食品安全主体责任不落实和食品安全问题。重点解决校长（园长）食品安全负责制落实不到位，学校食堂食物中毒事故时有发生、处置不当，校园周边经营"三无食品""五毛食品"和假冒伪劣食品，供餐单位存在食品安全问题等问题。

（4）整治农产品质量安全问题。重点解决蔬菜、禽蛋、猪肉、水产品种养殖生产过程中违法使用禁限用农药、兽药以及违法添加、销售、私屠滥宰及注水注药等问题。

（二）狠抓落实

联合工作组下设 6 个项目组，将 4 项重点任务细化为 19 类突出问题，实行项目化管理和推进。围绕"可检验、可评判、可感知"的目标，制定 17 项量化指标的"任务书"、15 项推进工作的

---

① 参见《市场监管总局主要负责人就整治食品安全问题联合行动接受中央纪委国家监委网站专访》，中央纪委国家监委网站，2019 年 12 月 6 日，见 https://www.ccdi.gov.cn/toutiao/201912/t20191206_205663.html。

"路线图"，研究提出拟出台的长效制度机制，逐一明确牵头部门和责任人，逐项制定整治措施，探索形成了建立台账、专人盯办、倒排工期、挂图作战、调研督导、现场核查的工作机制。5个督导组先后赴上海、广东、江苏、河北、安徽实地督导，全程邀请全国人大代表、纪检监察部门同志和记者参加，督促各地落实各项任务。

（三）完善制度

（1）联合行动开展以来，针对保健食品虚假宣传、误导消费者问题，市场监管总局出台了《保健食品标注警示用语指南》，用"小"标签做"大"文章，规范标签标识，让企业郑重声明，让消费者买得安心，让保健食品不是药品深入人心。督促企业落实食品安全首要责任，完善企业自我承诺制度，举办"提升乳品质量　企业公开承诺"活动，12家大型乳企负责人分别向全国消费者作出郑重承诺，增进消费者信任，推动食品安全共治共享，社会各界给予积极评价。督促落实学校、幼儿园负责人陪餐制，提升校园食堂"明厨亮灶"覆盖率。利用"互联网＋明厨亮灶"技术，开展"慧眼观后厨　共治促食安"活动，倡导社会监督、智能监管。

（2）在完善治理体系和提升治理能力上下功夫。按照《中共中央　国务院关于深化改革加强食品安全工作的意见》的部署，推动各地区各有关部门按照任务分工抓好落实，实施风险评估和标准制定、农药兽药使用减量和产地环境净化、国产婴幼儿配方乳粉提升、校园食品安全守护、农村假冒伪劣食品治理、餐饮质量安全提升、保健食品行业专项清理整治等10项行动，力争取得明显成效。贯彻落实新修订的《食品安全法实施条例》，重点是加强和改进食品安全监管制度，比如，实施"处罚到人"制度，健全食品安全行刑衔接机制，提高违法成本；建立严重违法食品生产经营者"黑名单"制度，完善守信联合激励和失信联合惩戒机制；实行食品安全违法行为举报奖励制度，对企业内部举报人加大奖惩力度。

💡➤ 工具使用的注意事项

在理论层面，专项治理也即运动式治理，其虽然能够在短期内取得显著成效，但是随着政府注意力转移、专项治理组织机构停止工作、资源停止投入，旧有问题往往卷土重来。因此，在运用专项治理工具调整政府与市场之间关系时，应注意：第一，建立专项治理的制度框架。通过搭建制度框架，理顺专项治理与常规治理之间的关系，充分发挥专项治理的补充作用；以法治化建设推动专项治理流程法治化，保障专项治理工作的合法性。第二，规范运动式治理常规化的适用范围，避免"治标不治本"的低效治理。第三，严格过程监管，充分利用专项治理工具在短时间内集中起来的大量资源，聚焦于人民群众反映强烈的突出问题，将监管落到实处。

3. 经济发展

改革开放后，中国以举世瞩目的经济发展成就创造出"中国奇迹"。其中，政府在经济发展过程中扮演的角色及举措是解释中国经济发展的关键线索，具体包括进行宏观调控并制定发展规划、产业政策、退税和补贴、土地开发、金融与信贷、国际贸易和关税，以及政府直接投资等。

3.1　发展规划

概念界定

　　作为政府与市场关系工具的发展规划，主要指国家发展规划，是国家有关部门在规划期内对各项重要国家活动所作出的阶段性部署或安排。其作为引领国民经济和社会发展的纲领性文件，是政府履行职责的重要依据，是引导资源配置的有效工具，也是宏观调控的重要方式。概言之，发展规划不仅是执政党和政府的核心决策机制，还是确定政策优先顺序的关键。新中国成立之后，我国编制"一五计划"（1953—1957年），用政府力量推动工业化建设和各领域的社会主义改造。社会主义改造的顺利完成助推了政府干预政治、经济、文化、社会的信心和决心，推动了计划经济体制和全能型政府的形成。随着市场经济体制的确立，发展计划的功能、内容和制定方式已与此前有较大转变，为市场发展和政府放权提供了更为广阔的空间，但彼时计划仍带有浓厚的政府微观干预色彩。自2005年起，"计划"更名为"规划"，政府的经济调节职能和宏观调控职能愈加凸显。

原理与逻辑

　　发展规划不仅是国家发展战略的重要载体，更是推动经济社会持续健康发展的有力引擎。通过洞察当前经济社会发展现状和存在问题，深入分析国内外环境的变化趋势，准确把握国家发展的战略方向和长远目标，为全社会提供清晰的发展路径和行动指南，以及搭建与国家发展目标相契合的体制机制，从而推动经济社会持续健康发展。具体而言：（1）发展规划具有政策前后衔接的作用。这种衔接作用体现在多个方面。首先，在发展规划的编制过程中，政府能够全面地审视和评估过去阶段的发展成果和存在的问题，为未来发展制订合理的目标和政策措施提供参考。其次，发展规划的存在能够保证各阶段发展目标的延续性。政府在制订发展规划时，不仅能够及时纠正发展中的不足，还能够提前谋划，以实现总体发展目标。最后，发展规划也有助于保证各阶段不同行为主体在行动方向上的一致性。由于发展规划能够在国家机构主要领导人交替中保持延续性，因此政策执行能够保持环环相扣、前后衔接，从而保证宏观政策的延续性和有效性。（2）发展规划能够发挥部门协同作用。发展规划的制订往往涉及多个部门和主体，其产生过程一般是政府由行政首长主持，发改委牵头，多部门和多主体协同完成。在规划出台之前，政府会吸纳多个部门的意见，并在反复磨合、上来下去的基础上达成一致，减少了部门间的摩擦和上下级政策冲突，有利于政策的执行，保障了经济社会运行的协调畅通。（3）发展规划为绩效考评和官员奖惩提供了依据。政府可以将发展规划的目标完成情况与下级政府领导人的考核晋升机制结合起来，使下级政府与上级政府保持一致。这样做有助于提高政府各级部门的执行效率和责任意识，推动国家经济社会的持续健康发展。总的来说，发展规划在国家治理和经济社会发展中发挥着重要的作用，具有不可替代的价值。通过不断完善发展规划制度和机制，政府能够更好地引导资源配置、促进经济社会发展，实现国家治理的科学化、法治化和民主化。

法理依据

发展规划作为经济社会发展的重要工具，其制订和实施过程具有明确的法律依据和政策指引。首先，根据《中华人民共和国宪法》，政府部门在国民经济和社会发展规划方面有着明确的职责和权限。根据宪法第八十九条规定，国务院有权制订和执行国民经济、社会发展计划和国家预算，这为中央政府在制订发展规划时提供了法律基础。同时，宪法第九十九条规定，地方各级人民代表大会在本行政区域内依照法律规定的权限，审查和决定地方的经济建设、文化建设和公共事业建设的计划，为地方政府编制和执行发展规划提供了法律支持。其次，通过相关法律文件进一步规范了发展规划的制订和实施。例如，2007 年通过的《中华人民共和国城乡规划法》和其后的修订完善，明确了城乡规划的管理机构、编制程序、基本原则等内容，为政府制订和实施发展规划提供了法律依据和操作指南。这些法律文件为发展规划的编制提供了制度保障，确保规划工作符合法律规定，具有合法性和可操作性。最后，通过党的决议等文件为发展规划提供了权威定位和政策指导。例如，党的十九大报告明确指出了发展规划的战略导向作用，并提出了完善宏观调控、健全经济政策协调机制等重要任务。除已经提到的宪法、法律文件和党的决议外，关于发展规划的主要法理还包括国家发展改革委员会等相关部门发布的规划文件和指导意见。这些文件具有具体的操作性和指导性，为地方政府和各行业制订发展规划提供了具体的政策支持和指导方针。例如，《国民经济和社会发展规划纲要》等文件，对发展的战略目标、重点任务和政策措施进行了明确规定，为各级政府和有关部门制订和实施发展规划提供了重要依据和指导。

具体运用

一是分类设置三大规划。发展规划在不同层级政府都有运用，且一般都是以五年为一个周期，体现其全局性、长期性和战略性。一般而言，发展规划分为总体规划、区域性规划和行业性规划。总体性规划也称规划纲要，包含了经济社会运行的各个方面，如各级政府设立的五年规划。其不仅确立三大产业发展目标和措施，还涉及科技创新、基础设施建设、市场开放、民生保障、政府治理等多方面内容。区域性规划是总体规划中重要的子规划，其目的是协调经济发展，促进地区之间对接合作，带动地区之间基础设施建设和城镇化发展。为了促进西部大开发、东北振兴、中部崛起等，以及为促进区域一体化进程，中央政府编制了《京津冀协同发展规划纲要》《长江三角洲区域一体化发展规划纲要》《粤港澳大湾区发展规划纲要》等区域性规划。专项规划是中央和地方各级政府围绕经济社会发展的特定领域、重点领域，组织编制的系统性规划。专项规划是总体规划在特定领域的细化，是针对重点领域的深化与具体化。其中，国家级专项规划主要涉及需要国务院审批和核准的重大项目及投资数额较大领域，这些领域包括基础设施建设，如农业、水利、能源、交通、通信；重要资源的开发保护，如土地、水、海洋、煤炭、石油、天然气；公共事业，如生态建设、环境保护、防灾减灾、科技、教育、文化、卫生、社会保障、国防建设；以及需要政府扶持或者调控的产业。总而言之，发展规划的内容体现了政府在未来数年对于经济社会发展的投资重点和调控方面，并为政府能够在变动环境中采取较为稳定、连续的政策措施提供保证。

二是根据经济社会发展需要设置预期性指标和约束性指标。自"十一五"规划以来，规划纲要的指标设立分为预期性指标和约束性指标。预期性指标是国家期望的发展目标，主要依靠市场主体的自主行为实现，如"十二五"时期的预期性指标包括 GDP 每年增长 7%、服务业增加值比重占比 47% 等；约束性指标则是政府履行职责的需要，是中央政府在涉及公共利益的重点领域对各级政府部门所提出的必须实现的指标。如《中华人民共和国国民经济和社会发展第十四个五年规划和 2035 年远景目标纲要》为"十四五"时期经济社会发展设置了 8 个约束性指标，主要集中在"绿色生态"和"安全保障"方面。其中，"绿色生态"版块涵盖 5 个约束性指标，包括"单位国内生产总值能源消耗和二氧化碳排放分别降低 13.5%、18%，森林覆盖率提高到 24.1%，地级及以上城市空气质量优良天数比率提高到 87.5%，地表水达到或好于 III 类水体比例提高到 85%"等。预期性指标主要集中在经济发展领域，约束性指标主要集中在公共服务和资源环境领域。

例如，中共中央、国务院于 2018 年发布并实施的《乡村振兴战略规划（2018—2022 年）》目录，展示了国家针对这一重点领域的专项部署。

表 2.3.1　《乡村振兴战略规划（2018—2022 年)》目录

第一篇　规划背景
第一章　重大意义
第二章　振兴基础
第三章　发展态势
第二篇　总体要求
第四章　指导思想和基本原则
第五章　发展目标
第六章　远景谋划
第三篇　构建乡村振兴新格局
第七章　统筹城乡发展空间
第八章　优化乡村发展布局
第九章　分类推进乡村发展
第十章　坚决打好精准脱贫攻坚战
第四篇　加快农业现代化步伐
第十一章　夯实农业生产能力基础
第十二章　加快农业转型升级
第十三章　建立现代农业经营体系
第十四章　强化农业科技支撑
第十五章　完善农业支持保护制度
第五篇　发展壮大乡村产业
第十六章　推动农村产业深度融合
第十七章　完善紧密型利益联结机制
第十八章　激发农村创新创业活力
第六篇　建设生态宜居的美丽乡村
第十九章　推进农业绿色发展
第二十章　持续改善农村人居环境
第二十一章　加强乡村生态保护与修复
第七篇　繁荣发展乡村文化

续表

第二十二章　加强农村思想道德建设
第二十三章　弘扬中华优秀传统文化
第二十四章　丰富乡村文化生活
第八篇　健全现代乡村治理体系
第二十五章　加强农村基层党组织对乡村振兴的全面领导
第二十六章　促进自治法治德治有机结合
第二十七章　夯实基层政权
第九篇　保障和改善农村民生
第二十九章　提升农村劳动力就业质量
第三十章　增加农村公共服务供给
第十篇　完善城乡融合发展政策体系
第三十一章　加快农业转移人口市民化
第三十二章　强化乡村振兴人才支撑
第三十三章　加强乡村振兴用地保障
第三十四章　健全多元投入保障机制
第三十五章　加大金融支农力度
第十一篇　规划实施
第三十六章　加强组织领导
第三十七章　有序实现乡村振兴

工具使用的注意事项

发展规划需要尊重市场规律。市场在资源配置中发挥决定性作用，政府规划不能替代市场的地位，而是引导资源配置的方向。换言之，宏观经济运行中的生产、分配、交换、消费四大环节主要依靠经济社会自发完成，而政府则是通过规划来引导资源向国家急需的重大项目配置。具体应注意：第一，减少规划数量，推进多规合一。目前发展规划存在交叉重叠的现象，表现为地方政府分别设立区域规划、国土规划、城市规划、城乡发展规划。这些规划性质和内容交叉，无形中浪费了公共资源并导致规划冲突现象产生。此外，将部门工作内容当作规划来编制，也不符合规划的宏观性和战略性要求。为此，可以从县级试点推进多规合一，根据主体功能区分类，明确城镇空间、农业空间、生态空间。一个市县布局一个空间规划，通过一张蓝图干到底。第二，规划编制要体现专业性和民主性的统一。国民经济和社会发展规划需要发挥专家和智库机构的咨询作用，如通过设立调研课题、讲座报告、资政建议等形式来调动专家们的知识和技能参与。此外，涉及民生领域的规划，要畅通参与渠道，注重吸纳基层政府、社区、社会组织、企业和社会大众的意见。

3.2 产业政策

概念界定

产业政策是指政府为了实现一定的经济和社会目标而对产业的形成和发展进行干预的各种政策的总和。产业政策的功能具体体现在：弥补市场缺陷，有效配置资源；扶持国计民生产业的成长；修复经济危机造成的损失；发挥后发优势，增强产业适应能力和竞争力。产业政策具体表现为：关税和贸易保护政策、税收优惠政策、工业园和出口加工区建设、研发工作中的科研补贴、垄断、特许经营、政府采购及强制规定等。

原理与逻辑

产业政策是政府用来处理与市场关系，促进经济发展的政策工具。政府通过对市场供需状况、产业发展趋势、技术创新动态等方面的调研和分析，准确地把握产业发展的现状和趋势，为制定有效的产业政策提供科学依据。在现代市场经济中，虽然市场对资源配置具有决定性作用，但也存在信息不对称、外部性和市场失灵等问题，需要政府通过产业政策进行干预和疏导。通过鼓励、限制或者淘汰的方式，引导企业进行融资、投资、生产和兼并重组。

产业政策促进经济社会发展的逻辑主要体现在以下方面：（1）为市场主体提供基础性资源保障。市场经济中产业和服务的生产与创新主要依靠企业来完成，但是基础科研、关键技术和公共物品的供给需要政府的前期投入和攻关来完成，以此提振市场投资和创新信心。（2）提高产业集群聚合度。产业政策能够促进前项和后项工序的整合，为客户提供全套产品和服务。同时，通过培训与技术扩散，产业政策能够促进相关产业的研发者、生产者和服务者构成相互依赖和信任的联盟，减少产业集群内部交流沟通和运输配送的成本，构建上中下游全产业链，达成规模经济。（3）引导资源赋能重点产业。产业政策的编制一般以五年规划为基础，而后由各级政府和职能部门进行细化并出台相应的产业政策。为了促进产业发展，政府也会进一步出台配套措施，以指导目录、市场准入、项目审批、技术管制、安全生产管制等直接干预手段，和税收优惠、财政补贴、利率减免、土地出让等间接手段引导资金、技术和人员向相关产业聚集。（4）制定差异化政策措施。对处于初创阶段的产业，可以采取税收优惠、财政补贴和创新基金等方式提供支持，鼓励企业进行技术创新和市场拓展；对成熟阶段的产业，可以通过市场准入、技术标准和知识产权保护等手段促进竞争和提升品质，推动产业向高端、智能化方向发展。

法理依据

产业政策的实施需要依据法律法规和政策文件进行，其中既包括宪法和地方政府组织法等基本法律文件，也包括以专项产业促进法为主要形式的专项促进法，以及具体的产业发展纲领、目录、通知等政策文件。首先，宪法和地方政府组织法为政府制定产业政策提供了合法性依据。《中华人民共和国宪法》第八十九条规定了国务院拥有编制和执行国民经济和社会发展计划的权力，而《地方政府组织法》第十九条则规定了县级以上地方各级人民政府行使执行国民经济和社会发展计划、预算的权力，这为政府制定产业政策提供了明确的法律授权。其次，政府通过制定专项产业促进法，以法律的形式明确了各个产业的发展方向和政策措施。这些专项促进法包括《基本医疗卫生与健康促进法》《民办教育促进法》《循环经济促进法》《农业机械化促进法》《中小企业促进法》《电影产业促进法》等，通过法律的形式明确了各个产业的政策框架和支持措施，为产业发展提供了法律依据和保障。最后，产业政策在具体实施过程中表现为产业发展纲领、目录、通知等政策文件。例如，在汽车产业领域，政府发布了一系列的政策文件，包括《新能源汽车行业标准目录》《新能源汽车推广应用推荐车型目录》《关于实施电动汽车强制性国家标准的通知》《关于完善新能源汽车推广应用财政补贴政策的通知》《报废机动车回收拆解企业技术规范》等。通过这些政策文件，规定了汽车产业发展的相关要求和政策支持，为产业发展提供了具体的指导和保障。

具体运用

1949 年新中国成立后，开始实行的五年计划和重工业优先发展战略是产业政策发展的实例，有效促进了国家工业体系建立和工业布局完善。当前五年规划仍然是产业政策的引导，并由各级政府的发展改革委员会与工业和信息化部门在产业政策的制定和实施中发挥主要作用。国家发展和改革委员会负责在五年规划基础上制定产业结构调整目录，以最新的《产业结构调整指导目录（2019 年本)》为例，其将产业结构调整分为鼓励类、限制类和淘汰类产业。

（1）鼓励类产业包括：农林业、水利、煤炭、电力、新能源、核能、石油天然气、钢铁、有色金属、黄金、石化化工、建材、医药、机械、城市轨道交通装备、汽车、船舶、航空航天、轻工、纺织、建筑、城镇基础设施、铁路、公路及道路运输、水运、航空运输、综合交通运输、信息产业、现代物流业、金融服务业、科技服务业、商务服务业、商贸服务业、旅游业、邮政业、教育、卫生健康、文化、体育、养老与托育服务、家政、其他服务业、环境保护及资源综合利用、公共安全及应急产品、民爆产品、人力资源和人力资源服务业、人工智能等。

（2）限制类产业包括：部分落后的烟草、部分农业、煤炭、电力、钢铁、石化化工、信息产业（如 DVD）、民爆产品等。

（3）淘汰类产业包括：规模和容量较小的发电机组，土法炼焦（含改良焦炉）；单炉产能 7.5 万吨 / 年以下或无煤气、焦油回收利用和污水处理达不到焦化行业准入条件的半焦（兰炭）生产装置；环保不达标的冶金炉窑。此外，黄金、建材、有色金属以及不合时宜的机械产业和纺织业也位于淘汰的范畴。

目前以大数据、超级计算、脑科学等为代表的人工智能产业发展进入新阶段。为抢抓人工智能发展的重大战略机遇，构筑人工智能发展的先发优势，2017 年国务院印发《新一代人工智能发展规划》，成为人工智能产业发展的纲领性文件。在此基础上，各省、市政府结合本地发展实际，陆续出台了更为具体的实施意见，推动产业政策落地。

工具使用的注意事项

产业政策是政府为了实现一定的经济和社会发展目标而对产业的形成和发展进行干预的各种政策的总和。产业政策的出台不能变成多部门利益博弈的结果，而应该在科学调研和充分论证的基础上制定。若产业政策制定不科学不合理，没有受到监督与约束，则容易导致权力寻租、市场套利和产能过剩等问题，扭曲产业政策的初衷，阻碍经济社会的发展，这种情况下则需退出或终止不合理的产业政策。

3.3　财政补贴

概念界定

财政补贴是指政府为了实现特定的政治、经济、社会目标，按照法律法规的标准，将一部分财政资金无偿地拨付给企业和个人的一种政府再分配行为。财政补贴形式包括财政拨款、财政贴息、税收返还、以奖代补等方式。财政拨款是政府无偿拨付给企业的资金，通常在拨款时明确规定了资金用途。财政贴息是政府为支持特定领域或区域发展，对承贷企业银行贷款利息给予的补贴。税收返还是政府按照国家有关规定采取先征后返（退）、即征即退等办法向企业返还税款，属于以税收优惠形式给予的一种政府补助。以奖代补是指企业的生产设备已经按照国家节能标准进行了节能技术改造并投入使用2年以上，取得了明显的节能环保效果，为当地财政增加了税收后，再依一定程序以报告的形式向上级（省、国家）申请节能资金奖励或补助。

原理与逻辑

财政补贴作为一种重要的宏观经济政策工具，在促进经济社会发展中发挥着关键作用。其对象通常是受外部因素影响而无法获取平均利润的企业，旨在通过财政资金的无偿性给付来帮助企业进行资金回笼和扩充，减轻其负担，从而加速生产和流通环节，扩大国际贸易。

财政补贴促进经济社会发展的内在逻辑主要体现在以下方面：（1）满足了外部效益内部化的需求。外部效益是指某些经济活动对社会产生的积极影响，但这些影响并不会直接反映在市场价格中，从而导致市场资源配置出现偏差。通过向受益者提供补贴，可以降低产品成本或者扩大消费者需求，消除因生产或消费不足而带来的市场效率损失。（2）满足了生产者亏损补贴的需要。在某些自然垄断行业，由于产品的边际成本定价和市场售价之间存在差距，导致企业无法获得正常利润。政府可以通过向这些企业提供补贴来弥补其亏损，保障其正常经营和生产。如公交车、水电气运营等采用边际成本定价，市场售价较低，需政府补贴。（3）服务于推动创新驱动发展。通过财政补贴鼓励企业增加研发投入、加强技术创新，提升企业竞争力和市场影响力，推动经济持续增长和结构优化升级。（4）服务于稳定社会的需要。在改革开放过程中，企业亏损和通货膨胀可能会带来社会不稳定因素，政府通过给予企业补贴，可以减轻社会压力，维护社会稳定。此外，在经济发展不均衡背景下，一些地区和行业发展相对滞后，面临发展动力不足、竞争力不强的问题。政府通过向这些地区和行业提供财政补贴，促进其产业发展，缩小地区间和行业间的发展差距，实现全面协调可持续发展。概而言之，财政补贴是用来实现宏观经济稳定的一种无偿性给付，能够在资源配置、收入分配等方面进行合理调节，有效贯彻国家经济政策，以财政资金带动社会资金，加大技术改造力量，消除社会排挤效应，稳定经济社会预期。

法理依据

《中华人民共和国宪法》为财政补贴政策的实施提供了重要依据。宪法明确规定，实行社会主义市场经济体制，国家制订和执行财政预算、国民经济和社会发展计划的职权属于国务院。根据宪法规定，国务院有权制定和执行财政补贴政策，为相关领域提供财政支持和资金补贴，促进经济社会发展。同时，根据《地方政府组织法》的规定，地方各级人民政府有权行使执行国民经济和社会发展计划、预算的职权，管理本行政区域内的经济权力。

地方政府可以根据具体情况，制定和执行相关的财政补贴政策，支持本地区经济产业的发展。

财政补贴主要涉及能源、农业、科技、文化和绿色环保等关键或新兴领域。（1）新能源汽车补贴政策。财政部发布了多个通知，规定了新能源汽车的补贴标准、对象和管理办法。例如，《关于完善新能源汽车推广应用财政补贴政策的通知》，明确了对纯电动汽车、插电式混合动力汽车和燃料电池汽车的补贴标准和管理办法，为新能源汽车产业的发展提供了财政支持。（2）农业生产补贴政策。例如，财政部发布了《关于加大生猪生产保障性补贴力度的通知》，对生猪生产提供了财政补贴支持，以促进农业生产的稳定和发展。（3）科技创新补贴政策。例如，财政部发布了《关于加强和改进中央财政支持企业创新发展政策的通知》，明确了对科技创新企业的财政补贴政策，支持企业加大研发投入，推动科技创新和产业升级。（4）文化产业补贴政策。文化产业是国家重点扶持的领域之一，财政部发布多个文件规定了对文化产业企业的财政补贴政策。例如，《关于加强文化产业和旅游产业融合发展支持政策的通知》，明确了对文化产业企业的财政扶持政策，鼓励文化产业创新发展。（5）绿色环保补贴政策。为了推动环保产业发展，财政部发布多个文件规定了对环保产业企业的财政补贴政策。例如，《关于鼓励和规范废旧电池回收利用的指导意见》，明确了对废旧电池回收利用企业的财政补贴政策，鼓励企业积极参与废旧电池的回收和利用。

具体运用

财政补贴是政府鼓励和推进相关产业发展的常用政策工具。在具体运用中，需要做到：（1）认清财政补贴目的。如价格补贴以稳定人民生活为目的，由财政向企业或居民支付的、与人民生活必需品和农业生产资料的市场价格政策有关的补贴，如粮油价格补贴、平抑物价补贴等。企业亏损补贴是为使国有企业能按政府政策或计划生产经营一些社会需要的，但因客观原因导致产品亏损而拨付给企业的财政补贴。财政贴息则是因企业使用了某些规定用途的银行贷款而为其贷款利息支付提供的补贴。（2）明确补贴的对象和范围。一般而言，国家财政只能对正外部性产品、从事生产准公共品的企事业单位（如从事民办养老和民办教育机构）、基础产业、研发机构、农业领域(如种粮大户和农业生产合作社）等进行补贴。（3）划分财政补贴的环节。财政补贴以再生产环节为标准，可分为生产环节补贴、流通环节补贴、消费环节补贴。（4）形成明补和暗补两种形式。明补是直接给予企业一笔资金收入，此时企业所面对的市场价格没有变化；暗补是使企业能够以低于市场标准的价格获得某种商品，此时价格是相对价格，企业会因此增加对补贴商品的消费。在此基础上，国家财政、发展改革、税务、海关等部门会出台具体的退税和财政补贴方案。

新能源汽车产业是当前我国重点关注的经济发展领域。下表选取由财政部等多部门联合发布的《关于完善新能源汽车推广应用财政补贴政策的通知》中的核心内容，较为清晰地呈现出财政补贴在创造稳定政策环境、推动产业高质量发展上的重要作用。

表 2.3.2　《关于完善新能源汽车推广应用财政补贴政策的通知》（节选）

一、延长补贴期限，平缓补贴退坡力度和节奏 综合技术进步、规模效应等因素，将新能源汽车推广应用财政补贴政策实施期限延长至2022 年底。平缓补贴退坡力度和节奏，原则上 2020—2022 年补贴标准分别在上一年基础上退坡 10%、20%、30%。为加快公共交通等领域汽车电动化，城市公交、道路客运、出租（含网约车）、环卫、城市物流配送、邮政快递、民航机场以及党政机关公务领域符合要求的车辆，2020 年补贴标准不退坡，2021—2022 年补贴标准分别在上一年基础上退坡 10%、20%。原则上每年补贴规模上限约 200 万辆。
二、适当优化技术指标，促进产业做优做强 2020 年，保持动力电池系统能量密度等技术指标不作调整，适度提高新能源汽车整车能耗、纯电动乘用车纯电续驶里程门槛。2021—2022 年，原则上保持技术指标总体稳定。支持"车电分离"等新型商业模式发展，鼓励企业进一步提升整车安全性、可靠性，研发生产具有先进底层操作系统、电子电气系统架构和智能化网联化特征的新能源汽车产品。

续表

三、完善资金清算制度，提高补贴精度 从 2020 年起，新能源乘用车、商用车企业单次申报清算车辆数量应分别达到 10000 辆、1000 辆；补贴政策结束后，对未达到清算车辆数量要求的企业，将安排最终清算。新能源乘用车补贴前售价须在 30 万元以下（含 30 万元），为鼓励"换电"新型商业模式发展，加快新能源汽车推广，"换电模式"车辆不受此规定。
四、调整补贴方式，开展燃料电池汽车示范应用 将当前对燃料电池汽车的购置补贴，调整为选择有基础、有积极性、有特色的城市或区域，重点围绕关键零部件的技术攻关和产业化应用开展示范，中央财政将采取"以奖代补"方式对示范城市给予奖励。争取通过 4 年左右时间，建立氢能和燃料电池汽车产业链，关键核心技术取得突破，形成布局合理、协同发展的良好局面。
五、强化资金监管，确保资金安全 地方新能源汽车推广牵头部门应会同其他相关部门强化管理，要把补贴核查结果同步公示，接受社会监督，对未按要求审核公示的上报资料不予受理。切实发挥信息化监管作用，对于数据弄虚作假的，经查实一律取消补贴。对监管不严、造成骗补等问题的地方和企业按规定严肃处理。
六、完善配套政策措施，营造良好发展环境 根据资源优势、产业基础等条件合理制定新能源汽车产业发展规划，强化规划的严肃性，确保规划落实。加大新能源汽车政府采购力度，机要通信等公务用车除特殊地理环境等因素外原则上采购新能源汽车，优先采购提供新能源汽车的租赁服务。推动落实新能源汽车免限购、免限行、路权等支持政策，加大柴油货车治理力度，提高新能源汽车使用优势。

 工具使用的注意事项

　　财政补贴数额和项目不能过多过大，否则会加剧财政收支的矛盾，成为政府财政包袱，还可能引发一系列负面影响，导致资源配置不平衡衡，造成资源浪费和低效使用，进而影响经济的长期发展。同时，过度依赖财政补贴的企业可能丧失自主创新的动力，从而降低整体经济的创新能力和竞争力。此外，财政补贴的分配不公和不透明也可能导致市场扭曲，加剧社会的不公平现象，影响市场的公平竞争环境。

3.4　土地开发

概念界定

　　土地开发是指政府通过一定手段来挖掘未利用土地的潜力，提高土地利用率，扩大土地利用空间与利用深度，以满足对土地需求的公共治理工具。换言之，土地开发是一个由开发、利用、再开发、再利用构成的循环往复、不断前进的过程。它是促进土地资源集约与持续利用的主要手段，是实施土地利用总体规划的重要方式。其不仅带来生态环境的变化，也会引致社会、经济结构的变化。

原理与逻辑

　　土地资源具有稀缺性、限制性和增值性。它既是环境的组成部分，又是其他自然环境资源和社会经济资源的载体。从系统论观点看，土地的本质是土地生态系统和土地经济系统在时空上混合而成的生态经济系统，是实现可持续发展战略的重要物质基础。因此，对土地资源的开发必须做到可持续。土地开发是人类在土地利用实践活动中不断建设土地和重新配置土地的过程。待开发的土地包括生地和拆迁地块两个方面，而开发用地的功能性质包括工业、公共服务、商品房、旅游用地等。然而，无论是城市的商品房建设还是公共服务用地需要，乃至促进科技园和工业园区建设，都需要对既有土地资源进行整理、开发或复垦。为兼顾土地资源开发的经济效益和社会效益，土地开发工作需要以系统、清晰的规划为指导。具体包括：土地勘测与调查、确定土地开发目标、进行土地开发可行性研究、廓清土地资源开发的结构和布局、设定土地开发者、明确开发次序、速度和资金。土地开发分为一级开发和二级开发。一级开发主要指土地的勘测、复垦、整理和招拍挂等一系列环节，而二级开发是在土地上进行生产、建设和运营等活动。

表 2.3.3　土地开发模式

土地一级开发模式	土地二级开发模式		
	公建配套开发模式	商品房开发模式	工业园开发模式
政府独立开发模式	PPP（公私合营）模式	常规项目开发模式	政府主导的传统开发模式
城市运营开发模式	BOT（运营—移交）模式	复合型地产开发模式	工业开发商主导的工业地产模式
主题型项目带土地开发模式	TOT（移交—经营—移交）模式	捆绑项目开发模式	—
一级开发招投标模式	PFT（私营机构融资）模式	—	—

　　就土地开发的一级模式而言，政府独立开发模式的特点是：政府委托下属企业进行一级开发，要求政府有相对雄厚的资金实力，政府承担前期大量资金投入的风险，同时存在开发程序不透明、土地一级开发利润率难以计算等问题；主要适用于高额利润项目。城市运营开发模式的特点是：政府和企业合作进行一级土地开发，并分享一级开发后的土地增值收益；企业和政府签订合作协议，明确双方的责任、权利和义务，可加快区域开发的速度；要求企业具备丰富的一级开发经验和实力，协助政府进行整体规划、土地推介等；一般适合大规模、高起点规划或非成熟区域的整体开发，需要大量的资金投入但当地政府希望减少财政投入的项目。主题型项目带土地开发模式的特点是：常见于主题型地产开发，如旅游主题地产、文化主题地产等；常以招标或挂牌形式出让生地，引进具备一级开发和二级开发能力的专业开发商；适用于旅游主题区域或社区。一级开发招标模式的特点是：政府指定土地一级开发的时间、流程；通过招投标方式由一级开发公司具体实施；降低一二级联动可能性，使二级市场竞争环境更加公平。

法理依据

　　土地资源是人类生存和发展的重要基础，其开发利用必须符合可持续发展的原则。合理利用土地、切实保护耕地、促进社会经济可持续发展是土地资源开发的一贯要求。有关土地开发的基本法理依据主要如下：1986 年首次颁布，1988 年（修正）、1998 年（修订）、2004 年（修正）、2019 年（修正），经三次修正和一次修订的《中华人民共和国土地管理法》，明确了土地开发利用的主管部门和监督部门，土地开发的程序和原则，土地使用权的获取、流转、收回等方面的法律制度，为规范土地管理行为、保障土地资源的可持续利用、保护土地资源、维护农民土地权益等提供了明确的法律依据。2004 年，财政部、国土资源部联合印发《用于农业土地开发的土地出让金收入管理办法》，进一步规范了土地出让金的使用和管理，保障了土地资源的可持续利用。该办法对土地出让金的使用范围、管理程序和监督考核等方面作出了具体规定，为农业土地的开发利用提供了制度保障。2008 年，国土资源部编制《全国土地利用总体规划纲要（2006—2020 年)》，明确了土地利用的总体目标和任务，强调了提高建设用地保障能力、协调土地利用与生态建设、统筹区域土地利用等重点任务。该规划纲要为土地开发提供了指导，促进了土地利用的科学规划和合理布局。2017 年，国务院印发《全国国土规划纲要（2016—2030 年)》，进一步完善了土地利用总体规划，为各级政府和相关部门提供了统一的规划依据和指导。该纲要指出了未来国土空间利用的总体目标和发展方向；提出了相应的政策措施和保障措施，包括加强国土空间规划和管理、推进国土空间整合和集约利用、优化国土空间结构、加强生态保护和修复、完善土地利用政策和制度、推动城乡一体化发展、促进国土资源节约集约利用等方面的具体措施；明确了对国土规划实施效果的评估和监督机制，强调要建立健全国土资源和生态环境监测评估体系，加强规划实施过程的监督和评估，确保国土空间开发利用和生态环境保护取得实效。

具体运用

在土地资源开发前要进行可行性分析，主要包括：（1）分析的内容：社会经济条件的综合评估，工程、地质条件评述，开发的工程技术选择，开发后的社会、环境评估，开发过程的时间与投资估算，开发后可能产生的效益测算，实现开发的措施等。（2）经济可行性分析：根据土地资源开发方案，以预测所投入全部成本与其能够产生的全部收入的比值来分析区域开发的合理程度。用 B 来表示收益净额，用 C 来表示成本付出。收益成本方法即 BC(i)=B/C，BC(i)>1，可以接受，比值越大，方案被采纳的可能性也就越大；BC(i) ≤ 1，不能接受。

 **例 2.3.1**

重庆地票制度 [1]

2020 年 4 月 23 日，自然资源部办公厅发布《生态产品价值实现典型案例》的通知，重庆市拓展地票生态功能作为典型案例成功入选。重庆市土地地票交易制度改革与实践是一项在现行法律制度的框架内既不触动国家的耕地保护红线又能有效地满足城市建设用地需求，同时还能使农民享受到土地增值收益的三方兼容的制度创新。

根据《重庆农村土地交易所管理暂行办法》（以下简称《暂行办法》）《重庆农村土地交易所交易流程》《重庆市国土房管局关于规范地票价款使用促进农村集体建设用地复垦的指导意见(试行)》，

---

[1]　参见《自然资源部办公厅关于印发〈生态产品价值实现典型案例〉（第一批）的通知》，中华人民共和国自然资源部网站，2020 年 4 月 23 日，https://gi.mnr.gov.cn/202004/t20200427_2510189.html。

重庆市地票制度预设有一套完整的运行程式：

（1）定制规划。在重庆市政府统一规划指导下，区县政府按照符合土地利用总体规划和土地整理复垦开发规划要求并与新农村建设规划、村镇规划、城镇规划相衔接的原则，每年定制区县农村集体建设用地复垦规划。

（2）立项申请。各乡镇政府首先对辖区内适宜复垦的地块进行全面摸底调查，然后进行复垦项目实施的宣传发动，对农民自愿申请复垦的宅基地进行权属调查和资料收集，最终对符合复垦申报条件的集体建设用地统一向区县国土局申请复垦计划。

（3）土地复垦。复垦项目经区县国土局审查批准后即展开实施，区县政府成立土地整理中心或具有土地整理功能的公司作为农村建设用地复垦项目的实施者与农民或农村集体组织签订复垦协议，再通过公开招标实施复垦。

（4）复垦验收。复垦项目完成后，由土地整理中心初验、区县国土局和农委组织验收，最后由重庆市国土局和市农委组织专家进行验收，验收合格即发给"建设用地指标凭证"。

（5）地票交易。区县土地整理中心将本区县复垦项目产生的地票打包后，向重庆农村土地交易所申请交易，交易所发布地票拍卖公告并组织竞拍。地票交易须在重庆市政府指导下进行，其基准交易价格由市政府统一确定。

（6）地票落地。土地使用权指标落实到具体地块上。竞购方购得地票只是获得了地票所载明的等量国有建设用地指标，其可以在符合城乡规划和土地利用规划的相应土地上选定建设项目用地并向政府申请征地，耕地经征用为国有土地后按"招拍挂"（招标、拍卖、挂牌）程序进行出让，地票持有者若在该国有土地出让中竞拍失败，则其地票按原价转给竞拍获得者。

（7）地票价款分配。地票价款由农村集体建设用地复垦成本和地票增值收益两部分构成，前者又包括复垦工程费用和复垦项目补偿费用。复垦工程费用中，工程项目成本支付给复垦施工方，项目融资成本支付给复垦承担单位即土地整理中心。复垦项目补偿费的一部分支付给原土地使用权人即农户，用作农户购房补助、土地使用权补偿、房屋和地上构（附）着物补偿，另一部分支付给土地所有者即农村集体经济组织。地票价款的剩余部分留存于区县政府的地票专门账户上，用于复垦项目所在地的新农村建设。

💡➤ 工具使用的注意事项

土地资源的稀缺性、限制性和增值性决定了土地开发工作需落实以下原则：第一，农用地（耕地）优先开发原则，严格控制耕地转为非耕地；第二，土地资源开发的生态平衡原则，避免因不合理的土地资源开发和利用而造成对生态系统的破坏；第三，土地开发增减挂钩原则，通过建新拆旧、土地复垦等措施，保证各类土地面积的基本平衡。

3.5　金融与信贷

概念界定

金融政策是指中央银行为实现经济发展目标而采用各种方式调节货币、利率和汇率水平，进而影响宏观经济的各种方针和措施的总称。信贷政策是政府在信贷资金供应方面的政策，由货币供应政策和货币利率政策两部分组成。信贷政策是金融政策的一种重要类型。

原理与逻辑

在金融政策思想中，凯恩斯主义和弗里德曼的现代货币主义是代表性流派。凯恩斯主义认为如果货币政策能够影响总需求，就能影响产出。当经济出现萧条，失业率上升时，中央银行采取扩张性货币政策，增加货币供给量，能够起到增加就业和产量的积极作用；反之，经济过热，通胀率较高时，中央银行可削减货币供给量，给经济降温，但同时也不可避免地带来失业率上升的负面后果。总之，货币政策能够影响总需求，进而影响价格水平和均衡产出，使得货币政策对国民收入产生影响。以扩张性货币政策为例，其影响社会总体需求和国民收入的作用链条为"货币供应量增加—利率下降—投资增加—总需求与国民收入增加"。现代货币主义则认为，货币政策只在短期影响产出，长期内只会加剧经济波动。货币政策的传导机制主要不是通过利率间接地影响投资和收入，而是通过货币实际余额的变动直接影响支出和收入。由于存在适应性预期，从长期看，货币政策并不影响产出。二者关于金融和信贷影响经济发展的原理解释存在差异（见图2.3.1）。

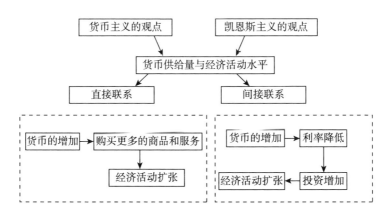

图 2.3.1　货币主义与凯恩斯主义比较

在实践中，信用紧缩是各国常用的金融货币政策，具有遏制通货膨胀、实现现金收支平衡的重要作用。紧缩银行信用对国民经济的影响表现为：流通中货币量减少、物价降低、房地产热降温、个人贷款放慢、股市价格下跌、热钱减少。其操作方法主要有 3 种：其一，准备金政策，央行将其集中的商业银行存款准备金提高；其二，再贴现率政策，提升商业银行向中央银行再贴现的贴现率；其三，公开市场操作，央行通过证券市场卖出债券以回笼货币。

此外，加息或降息政策也能够在就业和经济方面带来不同程度的影响效应。以加息政策为例，对加息的强烈呼声源于通胀预期。加息是"宽松政策开始收紧"的信号，会导致消费意愿减低、储蓄意愿增强。加息政策能够有效调整市场负利率状态，抑制资产价格的过快上涨，但同时也会带来上市公司的运营成本加大、与维护汇率稳定之间存在矛盾等问题。

法理依据

金融政策是调节储蓄与投资之间的桥梁，稳定而健全的金融政策体系能够为一国经济的健康发展提供有效支撑。受国家性质、政府运作模式等因素的影响，各国金融政策体系可划分为政府介入型和市场主导型两类。

相较而言，我国金融与信贷政策则带有明显的政府介入特征。关于金融与信贷工具的法理依据主要来源于国务院规范性文件、行政法规和部门规章。2013 年，国务院办公厅发布《关于金融支持经济结构调整和转型升级的指导意见》，以"发挥金融政策、财政政策和产业政策的协同作用"为目标，提出"继续执行稳健的货币政策，合理保持货币信贷总量""引导、推动重点领域与行业转型和调整""严密防范金融风险"等 10 项指导意见。2016 年，国务院发布《推进普惠金融发展规划（2016—2020 年）》，提出"建立与全面建成小康社会相适应的普惠金融服务和保障体系"，通过"完善货币信贷政策""健全金融监管差异化激励机制"等措施发挥金融政策的引导和激励作用。1999 年发布且现行有效的《金融违法行为处罚办法》也为惩处金融违法行为、维护金融秩序、防范金融风险提供了法理依据。2006 年，中国银行业监督管理委员会印发《支持国家重大科技项目政策性金融政策实施细则》，以加强政策性金融对自主创新和产业化的支持力度。此外，还有《防范和处置非法集资条例》（2021 年）、《中华人民共和国外资银行管理条例》（2019 年修订）《金融资产管理公司条例》（2000 年）《国有重点金融机构监事会暂行条例》（2000 年）等多项法律法规，并与上述行政法规、部门规章等一道构成了金融与信贷工具的法理依据。

具体运用

国家为实现宏观经济调控目标，往往需要采取一定的金融方针和政策。从宏观层面看，中央银行主要采取"相机抉择"的调控方式，当经济处于周期低谷，需要积极性的金融政策，以使市场获得更多信贷资金，恢复公民的投资和消费信心；相反，当经济处于过热状态时，政府的金融政策会非常严格，限制商业银行过多贷款，减少社会流动资金。同时金融政策也是国家在一定时期，根据经济社会健康平衡发展的需要所制定的经济政策在信贷和资金供应方面的具体体现。从中观和微观层面看，金融政策在一定程度上可以促进企业合理筹资、调节社会资本的流量和流向，从而提高资本的使用效益，实现产品结构、产业结构和整个经济结构的优化。在具体操作中，对国家重点发展战略项目、符合市场需要、效益好、信誉高的企业，金融部门应集中资金，积极放贷，加大投资力度，促使其尽快形成规模经济效益。对暂时困难，但前景看好、扭亏有望的企业，比如高新技术、科技创新等公司，金融部门也应适当放贷，帮助企业尽快摆脱困境。对严重资不抵债、高能耗高污染等企业，金融部门应谨慎或停止放新贷款，并想方设法收回老贷款。总而言之，对优先支持的产业、行业、区域、产品和企业等，要积极安排贷款，保证经济增长的合理贷款需求，对严格限制或禁止的产品、企业等，要严格控制或停止贷款，以推动国家经济高质量、可持续发展。

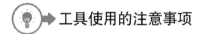 **工具使用的注意事项**

在制定和实施金融政策的过程中需要进一步增强金融服务实体经济的能力和意愿，促进金融服务实体经济和防范化解金融风险有效结合。在复杂的环境中，需要进一步增强金融政策工具的精准性和实效性，助力经济稳定增长。在运用金融与信贷工具时，要把握短期困难与长期向好趋势的辩证关系；把握经济短期下行压力和长期增长潜力的辩证关系，进一步挖掘推动长期增长的积极因素；把握短期稳定政策与长期经济增长新动能培育的关系，从而把握好创造未来的增长机遇。

3.6   国际贸易与关税

概念界定

国际贸易是指不同国家（和／或地区）之间的商品、服务和生产要素交换的活动，即商品、服务和生产要素的国际转移。国际贸易由进口贸易和出口贸易两部分组成，故有时也称为进出口贸易。国际贸易政策则是指各国在一定时期内对进出口贸易所制定和实行的各种政策和措施，它是对外贸易的规模构成和贸易方向的全部行动的总和。关税是指一国政府从自身经济利益出发，依据本国海关法和海关税则，对通过其关境的进出口商品向进出口商征收的税赋。

原理与逻辑

国家制定国际贸易政策的目的是为了维护国家经济安全，以促进经济发展与稳定，以及获取良好的国际政治与经济环境，而关税政策是国际贸易政策的重要手段和措施。关税由各国海关凭借国家权力依法强制征收，具有强制性、无偿性、固定性、预定性（税收的种类、项目、对象、税率及征收方法和内容都明确规定）的特征。其主要目的是维护国家主权和经济利益、有效保护国内的产业和市场、提高本国商品的竞争力、增加国家财政收入和调节进出口贸易结构、促进经济发展。根据征收目的的不同，关税可分为 3 类：（1）财政关税，是指以增加国家的财政收入为目的而征收的关税。征收关税最初的目的多为增加国家财政收入，但随着各国经济的发展和国际经济竞争的加剧，各国征收关税的主要目的慢慢演变为限制外国商品的进口，保护国内产业和市场。（2）保护关税，是指以保护国内产业为目的而征收的关税。主要对征收进口税而言，通过对外国商品进口征税，提高其成本，削弱其在国内市场上的竞争能力，从而保护国内市场，促进国内产业的发展。（3）调节关税，是指以调整国际收支或产业结构为主要目的而征收的关税。

国际贸易政策与关税措施对一国经济社会发展至关重要。在发展中国家的工业化、现代化进程中，要根据不同的发展阶段和国际环境来采取不同的贸易政策。在国家工业、制造业的发展初期，生产效率与技术相对落后，生产成本高、生产率较低，一旦没有关税保护措施，一些幼稚产业将丧失竞争力而难以取得发展，这时就需要规定较高的进口关税，以削弱进口商品的竞争能力，保护国内同类产品的生产和发展。对于本国不能生产或生产不足的原料、半制成品、生活必需品或生产急需品，则制定较低税率或免税，以鼓励进口，满足国内的生产和生活需要。此外，当一国贸易逆差过大时，要提高关税或征收进口附加税以限制商品进口，缩小贸易逆差；当一国贸易顺差过大时，则通过减免关税、扩大进口，缩小贸易顺差。

法理依据

贸易活动是各国经济发展的重要组成部分。在国际层面，《关税和贸易总协定》（GATT）是国际贸易规则的核心，为各国贸易政策的制定提供框架。与此同时，各个国家也出台了本国的贸易法规政策。在我国，国际贸易和关税涉及的主要相关行政法规和部门规章有《中华人民共和国海关法》《中华人民共和国对外贸易法》《进出口商品检验法》《中华人民共和国进出口关税条例》《中华人民共和国知识产权海关保护条例》《中华人民共和国反倾销条例》《中华人民共和国反补贴条例》《进出口货物原产地条例》《货物进出口管理条例》《技术进口管理条例》《海关进出口税则》《关于进出口货物实行海关估计的规定》《对外贸易壁垒调查规则》等。其中：1994 年颁布，2004 年、2016 年相继修改完善的《中华人民共和国对外贸易法》是我国在发展对外贸易、维护对外贸易秩序活动上的专门法律。1987 年初次颁布、2021 年最新修正（其间共修订 6 次）的《中华人民共和国海关法》将"进出境货物""进出境物品""关税"分别作为 3 个章节进行详细阐述。2017 年修订的《中华人民共和国进出口关税条例》则对进出口关税的税率设置、审批程序等进行了明确规定。此外，上述政策法规也为国际贸易中的各个环节提供了较为充分的法理依据。目前我国国际贸易和关税法律法规已具有较为完整的法律框架和全面的管辖范围，为各类经营主体从事外贸经营活动、展开公平竞争提供了法律保障，有利于我国对外贸易合法权益的维护并有效推动经济社会的健康发展。

具体应用

在具体运用中需要注意：（1）服从于国家整体经济发展的需要。在国际贸易政策、关税措施方面要与国家整体经济政策目标和经济政策手段相协调。（2）国际贸易政策与贸易理论紧密相连联。国际贸易理论产生于一定的经济实践基础之一，它阐明了国际贸易是如何产生的，国际贸易原理是什么，各国在贸易中获得多少利润以及如何获利，当一国崇尚某一贸易理论时，这一理论就会制约国家选择什么样的外贸政策。（3）国际贸易政策与外交政策紧密相关。两者是相互促进、相互服务的，但从整体上说，主要是外交政策服务于国际贸易政策，外交为外贸打通道路，建立联系。（4）国际贸易政策具有不同层次的目标。根据本国国民经济的总体情况、本国在世界舞台上所处的经济和政治地位、本国的经济发展战略和本国产品在世界市场上的竞争能力以及本国的资源、产业结构等情况而制订的在较长时期内实行的最高层次的国际贸易政策。根据国内外的供求、物价和就业情况，有意识限制某种商品输入，扶植某些出口部门，所制订的较低层次的国际贸易政策。根据有关的经济格局以及政治社会关系等，对不同地区或国家制订的不同国际贸易政策，它是一种更低层次的国际贸易政策。（5）国际贸易政策具有很强的实践性。国际贸易政策的制订要根据世界贸易活动的大环境，针对本国经济发展的实践，及时对国际贸易政策进行选择和修订。

表 2.3.4 《中国（江苏）自由贸易试验区总体方案》（节选）

提高境外投资合作水平。创新境外投资管理，将自贸试验区建设成为企业"走出去"的窗口和综合服务平台。支持建设国家级境外投资服务中心。投资境外非贸易类实体项目的自贸试验区内企业因外保内贷履约形成对外债务时，应办理外债登记，并纳入全口径跨境融资宏观审慎管理。支持依法依规开展人民币海外基金业务。
大力发展总部经济。进一步完善总部经济促进政策，打造总部经济群。推进企业跨境财务结算中心集聚发展，开展跨国公司总部外汇资金集中运营管理。跨境财务结算中心经批准可以进入境内银行间外汇市场交易。支持符合条件的跨国企业集团设立跨境人民币资金池，集中管理集团内人民币资金。
提升贸易便利化水平。加快建设具有国际先进水平的国际贸易"单一窗口"。推动数据协同、简化和标准化，实现铁路、海关、口岸等相关部门的信息互换、监管互认和执法互助。探索食品、农产品检验检疫和追溯标准国际互认机制。扩大第三方检验结果采信商品和机构范围。优化口岸通关流程，推进货物平均放行和结关时间体系化建设。创新出口货物专利纠纷担保放行方式。支持银行为真实合法的贸易结算提供优质服务。

工具使用的注意事项

国际贸易政策的功能在于平衡国内产业保护与国际贸易自由化之间的关系，以促进经济发展和维护国际贸易秩序。高额的进口关税会使国内企业对保护政策形成依赖，导致其缺乏竞争力和创新能力。这种保护主义措施可能使本国企业缺乏动力去提高生产效率和产品质量，从而阻碍经济的长期发展。此外，高关税和过度保护主义也可能引发贸易争端和国际关系紧张，影响国际贸易合作和经济全球化进程。

3.7　政府直接投资

概念界定

政府直接投资是指政府为满足社会公共需要，实现经济和社会发展目标，投入资金用以转化为实物资产或公共产品的行为和过程。政府直接投资包括社会基础设施投资，以及农业、能源、通信、交通等关系到国计民生的领域的投资。

原理与逻辑

政府直接投资主要依靠投资拨款、资本注入和投资补助3种方式。财政"篮子"里各种直接投资方式的设置并非任意而为，而是以实现特定的服务功能为导向。政府各直接投资方式具有不同的功能和逻辑，政府需要根据不同情况有针对性使用某种直接投资方式。

（1）投资拨款。这是政府为实现预期宏观经济效益和社会效益，以国家或政府为主体，将一部分公共资金（税收）不断转化为政府公共部门的资产以满足社会公共需要的一种经济行为。尽管该种投资方式较为古老，但其却是政府实现公益性投资目标的首选手段。需要特别指出的是，对公益性领域来说，能否获得政府的投资拨款至关重要。因此政府在安排财政投资盘子时，应当以公益性领域的投资拨款优先安排与充分保障作为重点，而不将资本金注入、产业补助或财政贴息作为支出的重点。

（2）资本注入。资本金投资方式属于股权投入。其必要性主要取决于3个方面因素。一是有必要控制产权。在某些关系国计民生的基础设施领域，政府有必要通过资本金注入的方式控制产权即控股权，以防止私人资本威胁到国家安全与民众生计。此时，资本金注入可以起到控制关键领域的重要作用，而非单纯地解决公共工程资本金不足的问题。二是改善财务结构。对一些资本密集型、外部性较强的公共工程来说，由政府注入适量的资本金可以优化建设项目的财务结构，降低投资运营的成本与风险。三是引导社会投资。在很多情况下，完全靠政府资本金投入远无法满足庞大的投资需求，而采取政府资本金注入的方式有助于吸引民间资本加入，放大公共投资。

（3）投资补贴。这是政府直接或通过其他公共机构、机制使企业获益的财政资助或收入、价格支持。其包括直接和潜在转移资金或债务的行为、税收减免、供给和购买商品和服务，或通过向基金机构付款、委托私人机构等方式提供上述支持，以及对出口提供收入、价格支持或其他优惠。从实践来看，政府使用投资补贴有特定范围、特定对象与特定要求。一般来说，政府补助更多应用于准公共产品领域，是对外部性投资效益内部消化的一种补偿，弥补因市场失灵或低效而带来的损失。

法理依据

我国制定了一系列关于政府投资的法律法规。如：2019年，国务院颁布《政府投资条例》（国令第712号），该条例具有"充分发挥政府投资作用，提高政府投资效益，规范政府投资行为，激发社会投资活力"的重要作用。2015 年，财政部印发《政府投资基金暂行管理办法》，为政府投资明确了"政府引导、市场运作，科学决策、防范风险"的运作原则，阐明了政府投资资金的预算管理、资产管理和监督管理规定，进一步促进了政府投资的持续健康运行。2010 年，审计署印发《政府投资项目审计规定》，从审计与监管的角度为政府投资搭建"免疫系统"。此外，国家发展改革委关于《中央政府投资项目后评价管理办法》（2008 年）、国家安全监管总局关于《政府投资建设项目管理暂行办法的通知》（2007 年）等从项目管理的视角对政府投资行为进行规范和约束。依据上述相关法律规定，政府投资应当遵循科学决策、规范管理、注重绩效、公开透明的原则，并与经济社会发展水平、财政收支状况相适应。应进一步完善政府投资法治化建设，规范政府投资行为，提高政府投资效益，激发社会投资活力，充分发挥政府投资的积极作用和应有优势。

具体运用

政府直接投资是国家宏观经济调控的必要手段，在社会投资和资源配置中起重要导向作用。政府直接投资可以弥补市场失灵，协调全社会的重大投资比例关系，进而推动经济发展和结构优化。政府直接投资作用表现在四个方面：（1）均衡社会投资，政府发挥宏观调控作用。在市场经济条件下，尽管政府投资量不占据主要地位，但对社会投资总量的均衡能起到调节作用。当社会投资量呈扩张势头、通货膨胀趋势严重时，政府投资主体通过减少投资量，缓解投资膨胀。当经济不景气、社会投资低迷时，政府投资主体采取增加投资量的途径，扩大社会需求，推动经济发展。（2）政府投资对调节投资结构、引导社会投资方向起着重要作用。国家在经济发展的不同时期需要制定不同的产业政策，确定产业发展次序，投资的基本方向是国家产业政策规定优先发展的产业，特别是国民经济薄弱环节，对社会效益大而经济效益并不显著的产业予以重点扶持，这有利于优化投资结构，协调投资比例关系。在市场经济条件下，政府已不是唯一的投资主体，即使是国家需要重点扶持的基础设施及其他重要产业也需要鼓励社会投资，但政府投资起到了一种先导和示范作用，它通过运用直接投资和间接投资手段，引导全社会将资本更多地投入国家鼓励发展的产业和领域。（3）为社会民间投资创造良好的投资环境。投资的环境好坏，很重要的一个方面是公用设施和社会基础设施完善与否。公用设施、社会基础设施和软环境建设，有相当一部分是无法实现商品化经营或商品化程度很低，即不能实现投资经济活动投入产出的良性循环，因此这方面的投资是政府投资主体的义务和责任，是政府投资的一个重点。（4）支持国家重点项目建设。政府投资从资金、移民搬迁、劳动力供给等方面为重点项目的建设提供保障，承担区域内公益性项目投资，集中力量投资于基础型和支柱型产业项目，同时通过各项政策和经济手段，推动资产的重组，进行存量调整。推进现代企业制度建设，使企业成为投资的基本主体。

由国务院审议通过的《政府投资条例》是有关政府直接投资的法律政策且具有较高的法律效力。下表节选了《政府投资条例》中部分重点内容，进一步展示政府直接投资工具在公共治理实践中的实际运用。

表2.3.5　《政府投资条例》（节选）

政府投资资金应当投向市场不能有效配置资源的社会公益服务、公共基础设施、农业农村、生态环境保护、重大科技进步、社会管理、国家安全等公共领域的项目，以非经营性项目为主。 　　国家完善有关政策措施，发挥政府投资资金的引导和带动作用，鼓励社会资金投向前款规定的领域。国家建立政府投资范围定期评估调整机制，不断优化政府投资方向和结构。
政府投资资金按项目安排，以直接投资方式为主；对确需支持的经营性项目，主要采取资本金注入方式，也可以适当采取投资补助、贷款贴息等方式。 　　安排政府投资资金，应当符合推进中央与地方财政事权和支出责任划分改革的有关要求，并平等对待各类投资主体，不得设置歧视性条件。国家通过建立项目库等方式，加强对使用政府投资资金项目的储备。

国务院投资主管部门依照本条例和国务院的规定，履行政府投资综合管理职责。国务院其他有关部门依照本条例和国务院规定的职责分工，履行相应的政府投资管理职责。 　县级以上地方人民政府投资主管部门和其他有关部门依照本条例和本级人民政府规定的职责分工，履行相应的政府投资管理职责。
县级以上人民政府应当根据国民经济和社会发展规划、中期财政规划和国家宏观调控政策，结合财政收支状况，统筹安排使用政府投资资金的项目，规范使用各类政府投资资金。
政府采取直接投资方式、资本金注入方式投资的项目，项目单位应当编制项目建议书、可行性研究报告、初步设计，按照政府投资管理权限和规定的程序，报投资主管部门或者其他有关部门审批。 　项目单位应当加强政府投资项目的前期工作，保证前期工作的深度达到规定的要求，并对项目建议书、可行性研究报告、初步设计以及依法应当附具的其他文件的真实性负责。
除涉及国家秘密的项目外，投资主管部门和其他有关部门应当通过投资项目在线审批监管平台，使用在线平台生成的项目代码办理政府投资项目审批手续。 　投资主管部门和其他有关部门应当通过在线平台列明与政府投资有关的规划、产业政策等，公开政府投资项目审批的办理流程、办理时限等，并为项目单位提供相关咨询服务。

工具使用的注意事项

　　政府的支出直接影响市场，因此需要注意其可能带来的"挤出效应"，即政府直接投资导致私人部门投资减少的情况。此外，不合理的政府直接投资可能扭曲市场资源配置，影响竞争公平性，导致市场出现歧视性竞争和优惠待遇，从而阻碍市场的有效运行；也可能造成资源的浪费和低效使用，导致资源配置不平衡和经济效率低下。

4.市场创新

　　党的十八大提出实施创新驱动发展战略。党的二十大强调"科技是第一生产力、人才是第一资源、创新是第一动力"。通过创新驱动的高质量发展实现质量变革、效率变革和动力变革，有助于加快形成新质生产力，不断塑造发展的新动能新优势。其中，市场创新在创新驱动链条中占据重要地位，是知识创新、技术创新、产品创新与产业创新成功衔接的保障。市场创新是指在市场经济条件下，作为市场主体的企业创新者，通过引入并实现各种新市场要素的商品化和市场化，以开辟新的市场，扩大市场份额，促进企业生存与发展的新市场研究、开发、组织与管理等活动。市场创新通常是随着技术创新和组织管理创新进行的。由于外部环境的不确定性、技术本身的难度与复杂性等因素，需要逾越各种技术和市场的障碍。政府对市场创新的支持尤为重要，包括制定科技政策、政府投入、减税、设置项目、发展人才计划等。

4.1　科技政策

概念界定

科技政策是指国家为实现一定历史时期内的科技任务而规定的基本行动准则，是确定科技事业发展方向、指导科技事业整体发展的战略和策略原则。科技政策的研究和制定涉猎广泛，涵盖从国家的科技发展战略、科技管理的基本原则到具体的地方性科技政策等多项内容。制定科技政策的基本原则有：科技政策与国家发展战略相一致，符合科技自身发展规律，以及科技与社会、经济协调发展等。

原理与逻辑

科技政策的作用方式是：政府通过战略指导和政策手段作用于大学、公共研究机构、工业部门和企业，促进科学发现、技术发展和创新，从而实现经济增长、社会发展和环境保护。其前提假设是：为了实现所期望的科技、社会、经济和政治目标，政府对科学技术和创新活动采取的直接或间接的干预是必须的。按照经济学家的观点，基础研究属于公共物品，市场机制无法有效配置资源，需要政府干预支持。

科技政策体系由科技政策的目标及实施机制和政策工具构成。科技政策的目标是根据国家发展的需求和面临的挑战以及科学技术的前沿和机会而确定的。实现科技政策目标，要依靠现有的或改进的机制，如资源分配机制、法律授权、知识产权规则等。其中，资源分配机制是实现科技政策目标的重要机制，从较为粗略的角度来看，科技政策就是对不同领域和不同种类研究活动的资源分配，包括如何根据国家的社会经济目标（经济、社会、环境、国防等）分配科技资源，如何在不同的部门（工业、农业、社会服务业等）分配科技资源，如何在不同的科技领域（物质科学、工程学、生命科学等）分配科技资源，如何在不同类型的研发活动（基础研究、应用研究、试验发展）之间合理分配资源，等等。

科技政策的制定，如同其他领域的公共政策制定一样，是一个过程。可以简要地把科技政策过程划分为政策制定、政策执行和政策评估三个阶段。在这一过程中，不同的参与主体在不同的阶段发挥各自的作用。

科技政策在各类科学活动中表明支持什么、反对什么、发展什么、限制什么，发挥着重要的协调控制作用，保证科学技术沿着正确路线朝向既有目标有序发展。第二次世界大战以来，由于科学技术的迅猛发展，科学日益社会化，社会日益科学化，科技政策研究和制定的重要性也随之日益凸显。国家的科技事业要取得良好发展，既要处理好科技领域内部的各种关系，又要处理好科技与社会、经济的相互关系，促进其协调发展。因此，国家必须制定统一的基本行动准则，发挥政府的宏观调控作用，实施有效的政策管理。

法理依据

1993 年，《中华人民共和国科学技术进步法》颁布，这是中国科学技术领域一部具有基本法地位的专项法律，并在 2007 年得到修订完善。《科技进步法》（2007 年修订）明确规定了科学技术在中国现代化建设中优先发展的战略地位，确立了中国发展科学技术事业的基本方针和基本政策，并确定了推进科技进步的主要制度。同时，它还比较全面地规定了中国科技发展的目标、作用、资金来源、科技奖励制度等，从而成为指导中国科学技术发展的基本大法。1996 年 10 月 1 日起实施、2015 年修正的《中华人民共和国促进科技成果转化法》，是一部与《科学技术进步法》相配套的重要法律，其确定了我国科技成果转化应遵循的基本原则，规定了促进科技成果转化的保障措施及技术权益的归属和分享。该法规定，在不损害国家和社会公共利益的条件下，科技成果转化活动可以自愿或依照合约进行，并享受利益，承担风险；科技成果转化中的知识产权受法律保护。1999 年，国务院办公厅转发科技部等 7 部门《关于促进科技成果转化的若干规定》，在鼓励高新技术研究开发和成果转化、保障高新技术企业经营自主权、为高新技术成果转化创造环境条件 3 个方面作出具体规定；在对该项规定进行继承的基础上，国务院于 2016 年印发《实施〈中华人民共和国促进科技成果转化法〉若干规定》，从促进研究开发机构与高等院校技术转移、激励科技人员创新创业、营造科技成果转移转化良好环境 3 个方面对落实《促进科技成果转化法》进行细化。2002 年，《中华人民共和国科学技术普及法》颁布施行，这是我国也是世界上第一部科普法。其要求"国家机关、武装力量、社会团体、企业事业单位、农村基层组织及其他组织应当开展科普工作"；"国家扶持少数民族地区、边远贫困地区的科普工作"；"国家保护科普组织和科普工作者的合法权益，鼓励科普组织和科普工作者自主开展科普活动，依法兴办科普事业"；等等。

具体运用

党的十八大提出实施创新驱动发展战略，强调科技创新是提高社会生产力和综合国力的战略支撑，必须摆在国家发展全局的核心位置。这是中央在新的发展阶段确立的立足全局、面向全球、聚焦关键、带动整体的国家重大发展战略。2016 年，中共中央、国务院印发《国家创新驱动发展战略纲要》，提出到 2020 年进入创新型国家行列、到 2030 年跻身创新型国家前列、到 2050 年建成世界科技创新强国"三步走"目标。

（1）《纲要》提出，创新驱动就是创新成为引领发展的第一动力，科技创新与制度创新、管理创新、商业模式创新、业态创新和文化创新相结合，推动发展方式向依靠持续的知识积累、技术进步和劳动力素质提升转变，促进经济向形态更高级、分工更精细、结构更合理的阶段演进。

（2）《纲要》提出，实施创新驱动发展战略要以科技创新为核心推动全面创新，坚持把科技创新摆在国家发展全局的核心位置，以科技创新带动和促进管理创新、组织创新和商业模式创新等全面创新，打造创新驱动发展新引擎，大幅度提高科技对经济社会发展的支撑引领能力，使创新成为引领发展的第一动力。

（3）《纲要》提出了实施创新驱动发展战略 3 个阶段的目标，与我国现代化建设"三步走"战略目标相互呼应。第一步，到 2020 年进入创新型国家行列，有力支撑全面建成小康社会目标的实现；第二步，到 2030 年跻身创新型国家前列，为建成经济强国和共同富裕社会奠定坚实基础；第三步，到 2050 年建成世界科技创新强国，为我国建成富强民主文明和谐的社会主义现代化国家、实现中华民族伟大复兴中国梦提供强大支撑。

（4）《纲要》明确了实施创新驱动发展战略的总体部署，强调要"坚持双轮驱动、构建一个体系、推动六大转变"：双轮驱动就是科技创新和体制机制创新两个轮子相互协调、持续发力。抓创新首先要抓科技创新，补短板首先要补科技创新的短板，要明确支撑发展的方向和重点，加强科学探索和技术攻关，形成持续创新的系统能力。体制机制创新要调整一切不适应创新驱动发展的生产关系，统筹推进科技、经济和政府治理三方面体制机制改革，最大限度释放创新活力。一个体系就是建设国家创新体系。要建设各类创新主体协同互动、创新要素顺畅流动高效配置的生态系统，形成创新驱动发展的实践载体、制度安排和环境保障。明确企业、院所、高校、社会组织等各类创新主体功能定位，构建开放高效的创新网络；改进创新治理，进一步明确政府和市场分工，构建统筹配置创新资源的机制；完善激励创新的政策体系、保护创新的法律制度，构建鼓励创新的社会环境，激发全社会创新活力。六个转变就是发展方式从以规模扩张为主导的粗放式增长向以质量效益为主导的可持续发展转变；发展要素从传统要素主导发展向创新要素主导发展转变；产业分工从价值链中低端向价值链中高端转变；创新能力从"跟踪、并行、领跑"并存、"跟踪"为主向"并行""领跑"为主转变；资源配置从以研发环节为主向产业链、创新链、资金链统筹配置转变；创新群体从以科技人员的"小众"为主向"小众"与大众创新创业互动转变。

工具使用的注意事项

要注意区分科技政策与产业政策的差别和联系。科技政策更强调运用科技进步推动社会发展；而产业政策则强调从产业形成与发展的角度推动经济发展。科技政策更加关注科学技术的内容与进展，产业政策更加关注从产业向生产成果的经济性转换。但是两者之间联系紧密，科技政策为产业政策提供基础，为产业政策服务，而产业政策也会对科技政策起到一定的引导作用，两者协同发展，共同支撑国家创新发展战略。

4.2 政府投入

概念界定

政府投入，狭义上是指政府公共产品的直接财政投入；广义上则是指政府为了维持公共产品生产或公共服务提供的各种投入的总和，包括狭义的政府投入（即财政投入）、免税以及其他政策性投入。从投入方式看：财政投入是直接投入，免税和其他政策性投入属于间接投入。纯公共产品完全由政府直接投入、准公共产品主要由政府直接投入，已经成为各国保障公共产品供给的政府投入模式。财政投入始终是公共投入的主渠道。

原理与逻辑

市场经济是主要由市场来配置社会资源的经济运作方式。一般而言，在市场能较好发挥作用的经济领域尤其是私人物品的生产和供应上，政府应放手让市场机制起作用，不必参与社会资源的配置，而在一些领域尤其是公共物品的生产和供应上，市场机制难以起到有效的资源配置，必须由政府参与社会资源的分配。公共物品是指那种能够同时提供给许多人享用的物品，并且供给它的成本与享用它的效果并不随着享受它的人数规模的变化而变化，其最显著的特征是消费的非排他性，即一个人对一件公共物品的消费并不排斥他人对它的同时消费，例如国防、治安、公共教育等。由于公共物品的这种消费的非排他性，以价格机制为核心的市场不能使生产和供给达到最优；靠个人之间的直接交易去解决公共物品的供给，由于成本太高而得不偿失。私人部门或者由于投入多、效益低而不愿意或无力生产或提供；或者容易造成垄断，导致成本上升，效率下降，损害消费者利益。因此，政府通过国家预算开支、免税和其他政策性投入等方式，直接或间接进行公共物品的生产和供给。政府必须在某些经济领域发挥资源配置的作用，充当公共物品的提供者和外在效应的消除者，进行基础设施的建设，提供资源开发所必需的物品与服务，支持基础研究、新型产业开发、落后地区的开发以及从事保护环境、维护治安、加强国防等工作。在现代市场国家，政府对交通运输、邮电通信、供水供电、环境保护、基础研究以及公共教育等公共设施和公共服务及市政设施进行大量直接投资，在基础设施和公共服务中发挥重要作用。

法理依据

政府投入涉及方方面面，特别是在重要公共服务供给和当前中心工作方面，通常会重点加大投入。各级政府通过制定相关的法律规范，对在不同领域投什么、怎么投以及所投财政资金的管理监督等提供法理依据和制度体系。例如：在教育投入方面，2011 年印发的《国务院关于进一步加大财政教育投入的意见》，指出加大财政教育投入的重要性和紧迫性，要求各地方政府根据本地区教育事业发展需要，统筹规划，落实责任，大幅度增加教育投入。在农业发展方面，2016 年国务院印发的《全国农业现代化规划（2016—2020 年）》，要求加大强农惠农富农政策力度、整合优化国家农业投入的要求，坚持将农业农村作为国家固定资产投资的重点保障领域，突出薄弱环节和重点工程，为推进农业现代化奠定坚实基础。在生态治理方面，2024 年国务院印发的《生态保护补偿条例》，从立法层面进一步明确了中央与地方政府的投入责任，提出了引导社会主体参与的方式。同时，要求县级以上人民政府应当加强对生态保护补偿工作的组织领导，将生态保护补偿工作纳入国民经济和社会发展规划，构建稳定的生态保护补偿资金投入机制。在医疗卫生方面，2023 年国家发展改革委等部门联合印发的《关于全面巩固疫情防控重大成果 推动城乡医疗卫生和环境保护工作补短板强弱项的通知》，提到在政策保障方面，要充分发挥中央预算内投资引导带动作用，各地按照尽力而为、量力而行的原则，加大资金投入，鼓励引导社会资本投入，参与各地公共卫生设施、环境基础设施建设。

具体运用

　　以国家教育经费投入为例。2012 年，我国财政性教育经费占 GDP 的比例历史性地达到了 4%，现已进入"后 4% 时代"。从国际比较的角度来看，很多处于中上收入水平的国家财政性教育经费支出都高于 4%。自"4%"作为国家目标提出以来，我国为实现这一目标进行了持续不断的艰苦努力，从一个相对较低的水平实现了"跃迁"。需要强调的是，保持财政性教育经费持续、稳定增长首先是个严肃的法律问题："提高两个比例"和"三个增长"是我国《教育法》所规定的。依法提高"两个比例"、保证"三个增长"，是各级政府的法定义务。在投入机制部分，2018 年，国务院办公厅印发《关于进一步调整优化结构提高教育经费使用效益的意见》，也要求"确保一般公共预算教育支出逐年只增不减，确保按在校学生人数平均的一般公共预算教育支出逐年只增不减"。结合十年以来生均公用经费"基准定额"的确立和"定额基准"的一再提高，依法稳定增加教育财政性经费投入是明确和切实的。

工具使用的注意事项

　　政府投入在市场运行中扮演着引导性角色。政府投入工具的使用，既要避免过度投入造成市场扭曲，也要避免政府因此背负债务风险。对此，政府投入的有效运用应遵循以下几点：第一，量入为出。政府根据所属行政层级或行政区域的财政实力进行理性投资，切实把握政府投资资金额度，统筹安排政府投资资金的使用，避免盲目性投资、恶意竞争性投资等无效财政支出。第二，精准投放。政府在将投资控制在合理水平之上以后，还需提高投资的针对性。第三，多元融资。注重发挥政府投资的权威性和号召力，撬动更多社会资金在公共领域共同投入。

4.3　减税

概念界定

减税是指按照税收法律、法规减除纳税义务人一部分应纳税款。减税是对某些纳税人、征税对象进行扶持、鼓励或照顾，以减轻其税收负担的一种特殊规定。与免税一样，它也是税收的严肃性与灵活性结合制定的政策措施，是普遍采取的税收优惠方式。由于减税与免税在税法中经常结合使用，人们习惯上统称为减免税。减税一般分为法定减税、特定减税和临时减税。

原理与逻辑

在我国，减税是实行供给侧结构性改革的必然选择，减税与实现"三去一降一补"存在严密的逻辑契合：（1）减税促进去产能。重工业产能过剩已成关键挑战。减少间接税，增加直接税比重可减轻企业负担，促进产业结构优化和去产能。（2）减税促进去杠杆。金融债务快速增长，高杠杆率带来风险。通过减税降费、简政放权、创造公平营商环境，降低企业债务率。（3）减税促进降成本。税收负担重是制约企业发展的关键因素之一。通过税收优惠、清理政府性收费，降低企业成本，促进产业升级。（4）减税促进补短板。通过减税、税收优惠和改革财税体制，解决中低端产品过剩和公共服务供给不足问题，提高企业竞争力，满足高端产品需求和公共服务供给。

法理依据

首先是全国人民代表大会及其常务委员会制定的法律和有关规范性文件。《中华人民共和国宪法》（2018 年修正）第五十六条规定："中华人民共和国公民有依照法律纳税的义务。"《中华人民共和国立法法》（2015 年修正）第八条规定，税收基本制度，只能由全国人民代表大会及其常务委员会制定法律。税收法律在中华人民共和国主权范围内普遍适用，具有仅次于宪法的法律效力。目前，由全国人民代表大会及其常务委员会制定的税收实体法律有：《中华人民共和国个人所得税法》（2018 年修正），《中华人民共和国企业所得税法》（2018 年修正），《中华人民共和国车船税法》（2019 年修正）；税收程序法律有：《中华人民共和国税收征收管理法》（2015 年修正）。全国人民代表大会及其常务委员会作出的规范性决议、决定以及全国人民代表大会常务委员会的法律解释，同其制定的法律具有同等法律效力。

其次是国务院制定的行政法规和有关规范性文件。现行税法绝大部分是由国务院制定的行政法规和规范性文件。主要类型归纳如下：一是税收的基本制度。根据《中华人民共和国立法法》第九条规定，税收基本制度尚未制定法律的，全国人民代表大会及其常务委员会有权授权国务院制定行政法规。比如，现行增值税、消费税、营业税、车辆购置税、土地增值税、房产税、城镇土地使用税、耕地占用税、契税、资源税、船舶吨税、印花税、城市维护建设税、烟叶税、关税等诸多税种，都是国务院制定的税收条例。二是法律实施条例或实施细则。全国人民代表大会及其常务委员会制定的《个人所得税法》《企业所得税法》《车船税法》《税收征管法》，由国务院制定相应的实施条例或实施细则。三是税收的非基本制度。国务院根据实际工作需要制定的规范性文件，包括国务院或者国务院办公厅发布的通知、决定等。四是对税收行政法规具体规定所作的解释。如 2004 年，国务院办公厅对《〈中华人民共和国城市维护建设税暂行条例〉第五条解释的复函》等。五是国务院所属部门发布的、经国务院批准的规范性文件，视同国务院文件。如 2006 年财政部、国家税务总局经国务院批准发布的《关于调整和完善消费税政策的通知》等。

具体运用

税负的轻重会直接影响利润率、直接或间接影响企业可支配利润的多少，进而影响社会投资的积极性，而减税则具有扩张效应。具体而言：

一是减税能够缓解中小企业资金难题，降低中小企业财务成本。银行是货币的"批发商",其在进行"是否向中小企业提供货币"的理性选择时,首先考虑的是还款能力的真实可靠性。然而,由于中小企业对原材料价格上升缺少预期、工资浮动成本难以控制、预期收益评估风险较大,使得银行对其还款能力产生怀疑,融资难度加大。而减税则能够增加中小企业的收益预期,保证金融机构第一还款来源的稳定性和资金安全性,促进民间资本的有效投入,有效促进中小企业的技术升级和转型,更加高效地投入竞争,维护市场的均衡状态。

二是减税可以促进就业,扩大消费,增加内需,增强服务产业。随着经济的进一步发展,服务业相对于工业比重的增加,将起到增加劳动报酬占比的作用,因为服务业中的劳动报酬占比高于工业中的劳动报酬占比。所以努力促进服务业发展,减税应是寻找增加劳动报酬对策的重要方向。

2018 年《国务院办公厅关于聚焦企业关切进一步推动优化营商环境政策落实的通知》中"减轻企业税费负担"的相关内容,是以减税激发市场活力、促进市场创新的生动实践。

**表 2.4.1 《国务院办公厅关于聚焦企业关切进一步推动
优化营商环境政策落实的通知》(节选)**

> 进一步减轻企业税费负担,降低企业生产经营成本
>
> (十三)清理物流、认证、检验检测、公用事业等领域经营服务性收费。发展改革委、交通运输部、公安部、市场监管总局、生态环境部要组织落实货车年审、年检和尾气排放检验"三检合一"等政策,2018 年底前公布货车"三检合一"检验检测机构名单,全面实现"一次上线、一次检测、一次收费"。公安部、市场监管总局要查处整治公章刻制领域行政垄断案件,严禁各地公安机关指定公章刻制企业,纠正和制止垄断经营、强制换章、不合理收费等现象。市场监管总局要在 2018 年底前再取消 10% 以上实行强制性认证的产品种类或改为以自我声明方式实施,科学合理简化认证管理单元,减少认证证书种类,提升认证、检测"一站式""一体化"服务能力;增加认证机构数量,引导和督促认证机构降低收费标准。对教育、医疗、电信、金融、公证、供水供电等公共服务领域收费,各行业主管部门要加强监督检查,重点检查是否存在收费项目取消后继续收取或变相收取、越权违规设立收费项目、擅自扩大收费范围和提高收费标准等行为,发现问题要严肃整改问责。

续表

（十四）整治政府部门下属单位、行业协会商会、中介机构等乱收费行为。发展改革委、市场监管总局要牵头会同有关行业主管部门，依法整治"红顶中介"，督促有关部门和单位取消违法违规收费、降低收费标准，坚决纠正行政审批取消后由中介机构和部门下属单位变相审批及违法违规收费、加重企业负担等现象。发展改革委、市场监管总局要督促指导各有关部门在 2019 年 3 月底前，对本部门下属单位涉企收费情况进行一次全面清理，整顿政府部门下属单位利用行政权力违规收费行为。人民银行、银保监会、证监会要推动中国银行间市场交易商协会、中国支付清算协会、中国证券投资基金业协会、中国互联网金融协会等金融类协会规范合理收取会费、服务费，减轻企业负担。民政部、市场监管总局、发展改革委、财政部、国资委要在 2018 年底前部署检查行业协会商会收费情况，纠正不合理收费和强制培训等行为，并建立健全行业协会商会乱收费投诉举报和查处机制。

（十五）规范降低涉企保证金和社保费率，减轻企业负担。工业和信息化部、财政部要牵头组织有关部门，清理没有法律、行政法规依据或未经国务院批准的涉企保证金，严格执行已公布的涉企保证金目录清单，进一步降低涉企保证金缴纳标准，推广以银行保函替代现金缴纳保证金。市场监管总局要牵头会同有关部门，加强对厂房租金的监督检查和指导工作，各地区要落实管控责任，切实做好管控工作，严厉打击囤积厂房、哄抬租金等违规行为，对问题严重的地方要严肃追究责任。财政部要抓紧研究提出进一步降低企业税负的具体方案。人力资源社会保障部、财政部、税务总局、医保局等部门要根据国务院有关部署，抓紧制定出台降低社保费率的具体实施办法，做好相关准备工作，与征收体制改革同步实施，确保总体上不增加企业负担。

 工具使用的注意事项

当政府考虑采用减税政策时，需要注意以下重要事项：一是财政状况。要评估减税措施对财政预算的影响，确保其不会导致财政赤字过大或者对国家债务造成过度压力。二是经济效应。要评估减税措施对经济的激励效果，确保其能够有效提振经济活动和就业。三是社会公平。要确保减税措施不会加剧财富和收入的不平等，而是有利于广大人民群众。三是长期发展。要考虑减税措施对长期经济发展、社会福利和财政可持续性的影响，避免短期行为对未来造成负面影响。

4.4　项目

概念界定

项目是指为创造独特的产品、服务或成果而进行的临时性工作。一般而言，项目是在一定的约束条件下（主要是限定时间、限定资源）具有明确目标的一次性任务，也可以理解为在一定时间和一定预算内要达到的预期目的。

原理与逻辑

一般来说，人类有组织的活动通常细分为两类：一类是持续不断、周而复始的活动，称为运作或作业；另一类是临时性的、一次性的、独特的活动，称为项目。与一般的日常运作相比，项目具有一定的特殊性。项目与日常运作有着本质的区别。从工作内容看，项目一般是不会重复的特殊任务，而日常运作是周而复始的常规工作。从时间长度看，项目一般会规定时间期限，而日常工作则一般没有严格规定。从结果角度看，项目一般存在风险性和意外性，而日常工作具有确定性。从领导者角度看，项目一般会形成专门的项目小组，而日常工作由固定的职能部门负责。

项目的基本特征如下：（1）一次性。这是项目与日常运作的最大区别。项目有明确的开始时间和结束时间，在此之前从来没有发生过，而日常运作是无休止或重复的活动。（2）独特性。项目所产生的产品、服务或完成的任务与已有的相似产品、服务或任务在某些方面存在明显的差别；项目在时间期限、费用和性能质量等方面有针对自身的特定要求。（3）目标的明确性。每个项目都有自己明确的目标，为了在一定的约束条件下达到目标，在项目实施以前必须进行周密的计划。项目实施过程都是围绕预定目标而进行的。（4）组织的临时性和开放性。项目开始时需要建立项目组织，其中的成员及其职能也会随项目执行情况不断调整变化，项目结束时项目组织将会解散。

项目组织没有严格的边界，一个项目往往需要多个甚至成百上千个单位共同协作，它们通过合同、协议以及其他的社会联系组合在一起。（5）后果的不可挽回性。项目具有较大的不确定性，其过程是渐进且具有风险性的，潜伏着各种风险。它不像有些事情可以试做，或失败了可以重来，即项目具有不可逆转性。

项目又可进一步划分为：（1）大型项目。它通常是由若干个相互联系的或相似的项目组成，是以协调的方式管理以获得单个项目不可能得到的利益的一组项目，也称为项目群。（2）项目。它是大型项目的组成部分。（3）子项目。它是一个项目中的更小的和更易于管理的部分。子项目与项目的特性相同，一般被视为项目，通常是指外包给外部组织（比如企业）的一个单元，并按项目进行管理。

法理依据

建设项目立项，是指有权的行政机关根据投资者的立项申请，经依法审批或核准，准予进行特定项目投资的行为。从性质上看，项目立项属于行政许可行为。

（1）投资项目立项的分类。根据以项目投资者的主体不同，投资项目立项可分为两大类：①审批立项：政府投资建设的项目应该进行审批立项。②核准立项：企业不使用政府资金投资建设的项目，如果法律明确规定需要进行核准的，应该进行核准立项。法律没有明文规定需要进行核准的，企业只需将投资项目向有关机关备案即可。

（2）审批立项。政府投资主要用于关系国家安全、国计民生和市场不能有效配置资源的经济和社会领域，包括加强公益性和公共基础设施建设，保护和改善生态环境，促进欠发达地区的经济和社会发展，推进科技进步和高新技术产业化等。政府投资项目一般都要经过符合资质要求的咨询中介机构的评估论证，咨询评估要引入竞争机制，并制定合理的竞争规则；特别重大的项目还应实行专家评议制度；逐步实行政府投资项目公示制度，广泛听取各方面的意见和建议。

（3）核准立项。核准立项主要适用于企业投资建设的项目。根据投资者身份和投资项目地域的不同，可以将企业投资项目分为三类：内资企业投资项目、外商投资项目、境外投资项目。

内资企业投资建设《政府核准的投资项目目录》中的项目的，需要向政府有关机关申请项目立项，经合法程序核准后，方可进行投资建设。企业仅需向政府提交项目申请报告，不再经过批准项目建议书、可行性研究报告和开工报告的程序。政府对企业提交的项目申请报告，主要从维护经济安全、合理开发利用资源、保护生态环境、优化重大布局、保障公共利益、防止出现垄断等方面进行核准。

内资企业申请项目立项核准的机关为国务院投资主管部门和各级政府投资主管部门。核准权限按照《政府核准的投资项目目录》的规定划分。但是，国家法律法规和国务院有专门规定的项目的审批或核准，按有关规定执行。

内资企业投资建设《政府核准的投资项目目录》以外的项目，仅需按照属地原则向地方政府投资主管部门备案。备案制的具体实施办法由省级人民政府自行制定。国务院投资主管部门要对备案工作加强指导和监督，防止以备案的名义变相审批。

以《政府核准的投资项目目录》（2016年本）为核心，《国务院关于投资体制改革的决定》（2004年）《企业投资项目核准和备案管理办法》（2017年）、《国务院办公厅关于加强和规范新开工项目管理的通知》（2007年）等与政府项目管理、项目审批密切相关的政策法规共同构成了项目管理工具的法律和法理依据。

具体运用

为贯彻落实《中共中央　国务院关于深化投融资体制改革的意见》，进一步加大简政放权、放管结合、优化服务改革力度，使市场在资源配置中起决定性作用，更好发挥政府作用，切实转变政府投资管理职能，加强和改进宏观调控，确立企业投资主体地位，激发市场主体扩大合理有效投资和创新创业的活力，国务院发布《政府核准的投资项目目录（2016 年本)》。

表 2.4.2　《国务院关于发布政府核准的投资项目目录（2016 年本）的通知》（节选）

一、企业投资建设本目录内的固定资产投资项目，须按照规定报送有关项目核准机关核准。企业投资建设本目录外的项目，实行备案管理。事业单位、社会团体等投资建设的项目，按照本目录执行。

原油、天然气（含煤层气）开发项目由具有开采权的企业自行决定，并报国务院行业管理部门备案。具有开采权的相关企业应依据相关法律法规，坚持统筹规划，合理开发利用资源，避免资源无序开采。

二、法律、行政法规和国家制定的发展规划、产业政策、总量控制目标、技术政策、准入标准、用地政策、环保政策、用海用岛政策、信贷政策等是企业开展项目前期工作的重要依据，是项目核准机关和国土资源、环境保护、城乡规划、海洋管理、行业管理等部门以及金融机构对项目进行审查的依据。

发展改革部门要会同有关部门抓紧编制完善相关领域专项规划，为各地区做好项目核准工作提供依据。

环境保护部门应根据项目对环境的影响程度实行分级分类管理，对环境影响大、环境风险高的项目严格环评审批，并强化事中事后监管。

三、要充分发挥发展规划、产业政策和准入标准对投资活动的规范引导作用。把发展规划作为引导投资方向，稳定投资运行，规范项目准入，优化项目布局，合理配置资金、土地、能源、人力等资源的重要手段。完善产业结构调整指导目录、外商投资产业指导目录等，为企业投资活动提供依据和指导。构建更加科学、更加完善、更具可操作性的行业准入标准体系，强化节地节能节水、环境、技术、安全等市场准入标准。完善行业宏观调控政策措施和部门间协调机制，形成工作合力，促进相关行业有序发展。

四、对于钢铁、电解铝、水泥、平板玻璃、船舶等产能严重过剩行业的项目，要严格执行《国务院关于化解产能严重过剩矛盾的指导意见》（国发〔2013〕41 号），各地方、各部门不得以其他任何名义、任何方式备案新增产能项目，各相关部门和机构不得办理土地（海域、无居民海岛）供应、能评、环评审批和新增授信支持等相关业务，并合力推进化解产能严重过剩矛盾各项工作。

续表

对于煤矿项目，要严格执行《国务院关于煤炭行业化解过剩产能实现脱困发展的意见》（国发〔2016〕7号）要求，从2016年起3年内原则上停止审批新建煤矿项目、新增产能的技术改造项目和产能核增项目；确需新建煤矿的，一律实行减量置换。

严格控制新增传统燃油汽车产能，原则上不再核准新建传统燃油汽车生产企业。积极引导新能源汽车健康有序发展，新建新能源汽车生产企业须具有动力系统等关键技术和整车研发能力，符合《新建纯电动乘用车企业管理规定》等相关要求。

五、项目核准机关要改进完善管理办法，切实提高行政效能，认真履行核准职责，严格按照规定权限、程序和时限等要求进行审查。有关部门要密切配合，按照职责分工，相应改进管理办法，依法加强对投资活动的管理。

六、按照谁审批谁监管、谁主管谁监管的原则，落实监管责任，注重发挥地方政府就近就便监管作用，行业管理部门和环境保护、质量监督、安全监管等部门专业优势，以及投资主管部门综合监管职能，实现协同监管。投资项目核准、备案权限下放后，监管责任要同步下移。地方各级政府及其有关部门要积极探索创新监管方式方法，强化事中事后监管，切实承担起监管职责。

七、按照规定由国务院核准的项目，由国家发展改革委审核后报国务院核准。核报国务院及国务院投资主管部门核准的项目，事前须征求国务院行业管理部门的意见。

八、由地方政府核准的项目，各省级政府可以根据本地实际情况，按照下放层级与承接能力相匹配的原则，具体划分地方各级政府管理权限，制定本行政区域内统一的政府核准投资项目目录。基层政府承接能力要作为政府管理权限划分的重要因素，不宜简单地"一放到底"。对于涉及本地区重大规划布局、重要资源开发配置的项目，应充分发挥省级部门在政策把握、技术力量等方面的优势，由省级政府核准，原则上不下放到地市级政府、一律不得下放到县级及以下政府。

九、对取消核准改为备案管理的项目，项目备案机关要加强发展规划、产业政策和准入标准把关，行业管理部门与城乡规划、土地管理、环境保护、安全监管等部门要按职责分工加强对项目的指导和约束。

十、法律、行政法规和国家有专门规定的，按照有关规定执行。商务主管部门按国家有关规定对外商投资企业的设立和变更、国内企业在境外投资开办企业（金融企业除外）进行审核或备案管理。

十一、本目录自发布之日起执行，《政府核准的投资项目目录（2014年本）》即行废止。

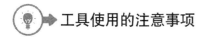 **工具使用的注意事项**

在投资过程中，一些地方不顾群众意愿，不考虑客观条件，违

背科学发展规律，唯地区或者部门生产总值或增长率论，脱离实际、脱离群众等，通过项目搞"形象工程""政绩工程"。因此，要避免不顾民生盲目铺摊子、举债上项目导致政府债务风险不断激增等情况的发生。确保项目管理的透明度和公开性，尽可能使公众了解项目的执行情况与进展，同时严格控制项目预算，合理分配资源，确保项目的经费使用合规、高效，确保项目的设立与政府制定的政策目标相一致，以保证项目的有效性和可持续性。

4.5 人才计划

概念界定

人才计划是指因工作需要、经济发展、社会进步需求，有条件地录用掌握一定专业技术、拥有一定知识技能、具备一定学历或就业至少达到一定年限的人员，吸引人才就业的人力资源储备计划。人才计划包括人才引进政策、培养计划、评价机制等内容，通过多种手段和措施，如奖励政策、培训项目、科研基地建设等，来促进人才流动、培养和利用，从而推动经济社会的发展。

原理与逻辑

人才计划的运用体现了人力资源管理的内容。一是预测与规划。人才计划的制订通常基于组织的长期战略目标和未来发展方向。这意味着人才计划不仅仅是满足当前的劳动力需求，而是要提前规划，确保在经济社会发展过程中拥有合适的人才储备。二是教育与培训。人才计划还包括对人才进行有计划、有组织的训练活动和提高过程。三是选拔与使用。要能够将符合要求的人选拔出来，并加以合理使用。四是配置与管理。要把人才配置到适当的岗位，实现人与事的最佳配合，即适才适所，并加以科学化、法律化的管理。

在当代，国家之间的竞争以及地方之间的竞争本质上都是人才的竞争。因此，人才是具有战略统领性的竞争要素。同时，我国对创新型国家、创新型政府和创新型社会建设的关注以及从人才大国迈向人才强国，都需要通过制定科学的人才发展政策，对人才发展进行战略性部署，充分发挥人才优势与竞争力。在这种新形势下，国家以及地方在人才计划发展方面必须站得高、看得远，从人才战略以及政策的层面来考量和推动人才的发展。

首先，人才具有专业能力和人力资源价值。人才的培养和引进可以有效促进国家发展，在激烈的市场竞争中，必须发现、吸引和保留创造性人才。高技能的人才储备对国家发展会起一定的决定性作用。新型人才往往具有高素质且专业技能过硬，面对不断变化的新形势，有必要引进专业性强、知识体系完善的人才，来帮助科学决策，高效运转。其次，从中国逐渐减小的人口红利来看，很多省市的人口增长已经进入拐点，面临人口结构变化、人力资本结构性短缺的问题。因此人才引进政策也发挥吸引人口、持续释放人口红利的作用。最后，人力资源的储备可以很好地招商引资，充足的人力资源储备可以更好地吸收产业投资，从而加速产业升级，提升国家竞争力。

法理依据

2010 年，《国家中长期人才发展规划纲要（2010—2020 年)》发布。《纲要》的内容包括人才发展指导方针、战略目标和总体部署，人才队伍建设主要任务，体制机制创新，重大政策以及重大人才工程等。人才发展指导方针是：服务发展、人才优先、以用为本、创新机制、高端引领、整体开发；战略目标提出，到 2020 年，人才发展的总体目标是：培养和造就规模宏大、结构合理、素质优良的人才队伍，确立国家人才竞争比较优势，进入世界人才强国行列，为在本世纪中叶基本实现社会主义现代化奠定基础；总体部署提出，推进人才发展，要统筹兼顾，分步实施。《中共中央关于制定国民经济和社会发展第十三个五年规划的建议》以及《中华人民共和国国民经济和社会发展第十三个五年规划纲要》提出，推进"加快建设人才强国"战略；《关于深化人才发展体制机制改革的意见》明确提出一系列改革措施，为我国实现"十三五"各项任务提供了重要的人力资源战略保障。2016年，中共中央印发《关于深化人才发展体制机制改革的意见》并发出通知，指出《意见》着眼于破除束缚人才发展的思想观念和体制机制障碍，解放和增强人才活力，形成具有国际竞争力的人才制度优势，聚天下英才而用之，明确深化改革的指导思想、基本原则和主要目标，从管理体制、工作机制和组织领导等方面提出改革措施，是当前和今后一个时期全国人才工作的重要指导性文件。除了国家层面的文件外，地方政府也会根据本地实际情况和发展需求，制定相应的人才政策文件，用于指导和推动地方人才工作的发展。例如，聚焦党的十九届五中全会人才工作主题，北京着力推动"国际人才社区"和脑科学与类脑中心、智源人工智能研究院等新型研发机构建设，打造"类海外"人才发展环境，出台支持"猎头"发展政策文件；深圳支持腾讯基金会等设立10亿元的"科学探索奖"，面向国家重大发展战略方向，每年支持50名一流青年人才开展基础前沿研究。

具体运用

人才是驱动创新的第一资源。从《2002—2005年全国人才队伍建设规划纲要》提出实施人才强国战略到新时代"加快建设世界重要人才中心和创新高地"的人才战略蓝图，人才计划始终是我国政府治理的重要工具。近年来，在供给侧结构性改革和人口红利逐渐消减的内外压力之下，吸引和留住人才成为提升城市核心竞争力的关键所在。在此背景下，各地纷纷出台人才引进政策，开展"人才抢夺战"。如：天津市"海河英才计划"、深圳市应届毕业生"秒批"落户、成都市"菁蓉·高新人才计划"、杭州市全球引才"521"计划等。各地人才政策普遍遵循"落户＋补贴"逻辑，优化条件主要分布在现金奖励、科研支持、税收优惠、购（租）房优惠、家庭子女保障等方面。

《2020年非上海生源应届普通高校毕业生进沪就业申请本市户籍评分办法》出台，引发社会广泛关注。根据《评分办法》，直接户籍落户范围扩大："世界一流大学建设高校""世界一流学科建设高校"建设学科应届硕士毕业生，符合基本申报条件即可落户。中科院在沪各研究所、上海科技大学、上海纽约大学应届硕士毕业生参照"世界一流大学建设高校"执行。除北京大学、清华大学外，增加在沪"世界一流大学建设高校"（即复旦大学、上海交大、同济大学、华东师大）本科毕业生为试点，探索其符合基本申报条件即可落户。

2020年新版《评分办法》进行了分项，标准分为72分，毕业生要素包括学历、毕业学校、学习成绩、外语水平、计算机水平等；导向要素包括荣誉称号、学术、文体竞赛获奖、科研创新、国家就业项目服务期满等；用人单位要素包括引进重点领域人才、承担重大项目、自主创业等。新版户籍申请评分办法的发布与实施也进一步加速了上海利用人才计划进行"抢人大战"的进程。

工具使用的注意事项

为更好发挥人才计划推动国家整体发展的积极作用，避免城市之间"人才抢夺"的无序博弈，应在后续政策制定与执行中关注如下方面：第一，厘清政府与市场在人才政策体系中的关系。在当下以政府唱"主角"的整体氛围之下，进一步调动企业吸纳人才的积极性，发挥企业作为人才培养的平台作用。第二，注重行动策略上的错位竞争和先发优势。避免因过分关注城市竞争而使人才政策趋同化，应根据城市自身特色和发展需要"精准施策"，保障"引才"

与"留才"的良好衔接，避免财政资源浪费。第三，构建人才吸引"一揽子"政策体系，健全完善住房、教育、医疗等配套制度体系。第四，建立有效的人才政策执行评估机制，基于政策效果动态调整政策内容。

5. 基本建设管理

基本建设是指国民经济各部门为发展生产而进行的固定资产的扩大再生产，即国民经济各部门为增加固定资产面进行的建筑、购置和安装工作的总称，例如公路、铁路、桥梁和各类工业及民用建筑等工程的新建、改建、扩建、恢复工程，以及机器设备、车辆船舶的购置安装及与之有关的工作。基本建设是一项特殊的物质生产活动，与一般的物质生产相比具有五大特点：一是建设过程的综合性；二是建设周期的长期性；三是建设产品的单件性；四是建设场地的流动性；五是建设物料的多耗性。

基本建设管理则是国家对固定资产扩大再生产经济活动进行决策指导、组织规划、监督指挥和调节控制等职能活动，包括基本建设计划管理、基本建设资金管理、基本建设物资供应管理、建筑业管理等，是为完成基本建设工作任务而在资金、规划、审批、设计、监管、运营、施工等全过程中所进行的工作管理，是国民经济管理的重要组成部分。

5.1　投资管理与PPP

概念界定

投资管理是为了实现预期的目标，对一定时间范围内的投资活动进行的计划、组织、核算和控制等工作。在我国一般指固定资产投资管理，其总体目标是正确执行管理职能，运用有效的管理手段和方法，使投资获取最佳效益。PPP 即公私合作的项目融资方式，政府优选具有投资运营管理能力的社会资本，双方平等协商订立合同，明确责权利关系，由社会资本提供公共服务，政府依据绩效评价支付对价，确保合理效益。广义的 PPP 代表公共部门与私人部门之间的协议与合作关系，而狭义的 PPP 则是指为提供公共基础设施与服务而采取的公私合作的融资模式。

原理与逻辑

PPP，即公私合作伙伴关系，是一种创新的合作模式，旨在通过公共部门与私营部门的深度合作，共同推进基础设施建设和公共服务提供。在 PPP 模式中，存在着两个层次的委托代理关系：一是公众作为委托人将全民所有资产交给代理人（政府）进行公共管理，其委托代理方向是由下到上；二是政府作为委托人，而私人部门则为代理人，其代理方向是由上至下的。政府部门追求的是满足社会公众需要，实现社会福利最大化，而私人部门追求的是企业经济利益最大化。由于委托人与代理人动机的不一致，容易造成利益冲突。同时，委托人与代理人之间存在的信息不对称。由于政府部门无法充分掌握私人部门的行为与动机，因此在缺少相关约束和激励机制的情况下，私人部门就有可能为了追求自身利益最大化而损害政府部门的利益。因此，PPP 项目通常涉及复杂的合同关系和权益保障问题。政府部门与私营部门需要通过合同明确各自的权利和义务，确保项目的顺利进行。合同管理包括合同订立、履行、变更和解除等各个环节，需要双方共同遵守和执行。同时，双方还需建立有效的争议解决机制，保障各自的合法权益。在 PPP 模式下，政府部门与私人部门之间通过相互制衡、相互监督，能够较好地解决委托代理问题。

法理依据

2015 年，《基础设施和公用事业特许经营管理办法》正式实施，确立了新的基础设施制度，社会资本可以参与特许经营，被默认为"PPP 基本法"。2016 年，国家发展改革委、中国证监会发布《关于推进传统基础设施领域政府和社会资本合作（PPP）项目资产证券化相关工作的通知》，进一步指出 PPP 项目资产证券化具有重要意义，并明确各省级发展改革部门应大力推动传统基础设施领域 PPP 项目资产证券化。2017 年，国家发改委发布了《关于鼓励民间资本参与政府和社会资本合作（PPP）项目的指导意见》，提出"创造民间资本参与 PPP 项目的良好环境、分类施策支持民间"。2019 年，为了贯彻落实党中央、国务院关于基础设施补短板、防范化解地方政府隐性债务风险的决策部署，加强 PPP 项目投资和建设管理、提高 PPP 项目投资决策科学性，国家发改委发布了《关于依法依规加强 PPP 项目投资和建设管理的通知》，其中指出："PPP 项目要严格执行《政府投资条例》、《企业投资项目核准和备案管理条例》，依法依规履行审批、核准、备案程序。采取政府资本金注入方式的 PPP 项目，按照《政府投资条例》规定，实行审批制。列入《政府核准的投资项目目录》的企业投资项目，按照《企业投资项目核准和备案管理条例》规定，实行核准制。对于实行备案制的企业投资项目，拟采用 PPP 模式的，要严格论证项目可行性和 PPP 模式必要性。"

具体运用

以社会资本参与程度由低到高进行划分，在完全公有化和完全私有化之间分布着转让—运营—移交（TOT）、建设—运营—移交（BOT）、改建—运营—移交（ROT）、建设—拥有—运营（BOO）等主要的 PPP 建设模式（如图 2.5.1 所示）。通常而言，以 PPP 模式进行公共项目建设需要经历政府前期调研与立项、咨询服务（包括实施方案的编制与采购方式的确定等）、项目移交执行 3 个关键环节（如图 2.5.2 所示）。

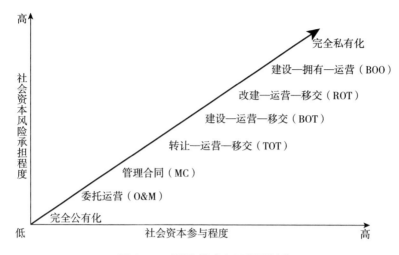

图 2.5.1　PPP 模式主要类型划分

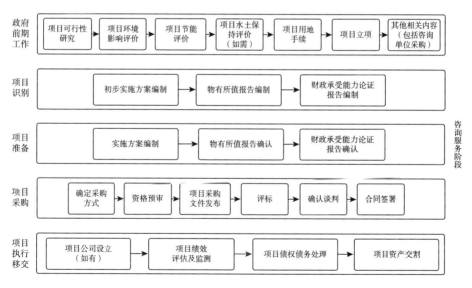

图 2.5.2　PPP 模式基本操作流程

PPP 模式在我国发展应用已经历起步探索、全面启动、规范发展三大阶段。早在 20 世纪 80 年代，基础设施、公共事业领域就已出现 PPP 项目。随着城市化、市场化进程的不断加快，越来越多的公共项目建设采用 PPP 模式进行，并取得了符合甚至超出预期的良好效果。如：泉州刺桐大桥、北京地铁 4 号线项目、上海莘奉金高速公路项目、南京地铁 1 号线南延线项目、南京长江三桥项目等。PPP 模式让社会资本更多地参与公共设施项目，既提高了项目的建设和运营效率，也降低了政府部门的负债和运营风险。相关统计数据显示，截至 2020 年 6 月底，全国 PPP 模式累计入库项目 9493 个，总投资额 14.5 万亿。目前，PPP 项目主要分布在能源、交通运输、水务和污水处理 3 个领域。已有项目建设的经验或教训为 PPP 模式的进一步发展完善提供了重要参考。2024 年，中央政府提出"PPP 新机制"，旨在进一步深化基础设施投融资体制改革，切实激发民间投资活力。

工具使用的注意事项

PPP 的投融资基于项目预期收益，受到政策约束较多。因此在编制 PPP 项目实施方案时，政策符合性和项目可融资性是需要考虑的重点问题。目前，中央政府层面已针对 PPP 的规范实施出台了大量文件，也建立了全国统一标准的 PPP 综合信息平台，遵照政策文件以及平台的要求执行，基本可以实现政策符合性。但是，对于项目可融资性，其本质为市场交易行为，在社会主义市场经济的大前提下，相关政策文件不应对投融资指标进行过多解释与约束。这些指标编制人员需要具备财务、经济、商业等相关方面的综合知识并结合市场进行设计。

5.2　基本建设规划

概念界定

　　基本建设规划是基本建设管理的组成部分，指国家根据发展国民经济的需要和客观条件的可能，确定规划期内基本建设的规模、方向、内容、进度、布局和效果，以及各部门、各地区的投资比例等重大问题的综合性文件。基本建设规划根据国民经济的长远规划对基本建设所提出的任务和要求而制定，服务于一定战略目标，是国家有效地组织和实现大规模建设任务的必要手段，也是国民经济的长远规划在一个项目上的具体化。

原理与逻辑

　　基本建设规划是政策制定与实施过程中的关键环节，旨在明确国家在一定时期内基础建设的目标、规模与路径。基本建设规划工作大致有两种情况：一是新的基建规划，即一切新建项目规划，把规划工作做好再进行建设。此类规划相对容易，也容易成功。二是在已有一定建设规模的基础上再做规划。例如项目的二次或三次基建规划，对于这些已有一定建设格局的项目，要再做规划，并在规划中突破旧的格局、创造新的格局。这不是一件容易的事情，必须充分考虑该项目的综合发展并结合当地的政治、经济发展条件以及人文社会因素，本着实事求是的态度，因势利导、因地制宜、分期发展，尊重并充分体现本地的自然环境，坚持整治与发展并重的方针，在完善老布局的同时，在新建设规划区内尽力建造一个功能布局合理、空间优美、环境清新的新项目。

　　基本建设规划是政府决策和实施过程中的重要环节，通过科学规划和有效实施，能够推动国家基础设施建设的持续健康发展，为经济社会发展提供有力支撑。具体而言，基本建设规划主要涵盖以下方面：一是信息整合与决策依据。通过深入研究国内外经济形势、社会需求和资源条件，全面整合各类信息，为制定科学合理的基建规划提供决策依据。同时，规划过程也是政府内部各部门之间信息沟通与共享的过程，有助于形成共识并推动决策的科学化。二是战略定位与目标设定。基建规划不仅是国家发展战略的重要组成部分，也是实现经济社会发展的重要手段。通过明确基建的战略定位，政府能够有针对性地设定发展目标，优化资源配置，推动经济社会协调发展。三是项目筛选与优先级排序。政府需要对各类项目进行科学筛选和优先级排序，确保有限资源能够用于最具战略价值和社会效益的项目。这一过程需要充分考虑项目的可行性、经济性以及社会效益等因素，确保基建投资的有效性和可持续性。四是实施策略与保障措施。基建规划不仅要明确建设目标和内容，还需要制定具体的实施策略和保障措施。这包括明确建设时序、资金筹措方式、技术支持等关键要素，以确保基建项目能够顺利推进并取得实效。

法理依据

早在 1981 年，国务院就发布了《关于加强基本建设计划管理、控制基本建设规模的若干规定》，提出："当前国民经济中的一个突出问题是基本建设规模过大，项目过多，重复建设、盲目建设的情况比较严重，建设资金的使用浪费很大，效果很差。为了改变这种状况，根据国民经济进一步调整的方针和量力而行、循序前进、讲求实效的原则，国家对全国的基本建设必须实行高度集中统一，加强自上而下的统筹、指导、协调和监督。"针对基本建设管理过程的计划环节，专门指出："各级计划部门要在综合财政、信贷计划以及物资供应和劳动计划的基础上编制综合基本建设计划，包括国家预算内中央财政安排的基本建设，地方财政包干范围内统筹安排的基本建设，银行贷款安排的基本建设，利用外资安排的基本建设，地方、部门和企业用自筹资金安排的基本建设，以及各种专项资金安排的基本建设。"

具体运用

基本建设规划是进行基本项目建设的前提与基础，在项目建设规划中起到纲领性和导向性的作用。例如，《陕西省"十四五"住房和城乡建设事业发展规划》的主要框架，对陕西省在"十四五"期间内推进全省住房和城乡建设工作的总体要求、发展目标和重点任务作出了明确说明。

→ 例 2.5.1

陕西省"十四五"住房和城乡建设事业发展规划 ①

第一章　规划背景

第二章　总体要求

第三章　发展目标

第四章　完善住房制度体系，推动实现住有所居

第五章　实施城市更新行动，推动城市品质提升

第六章　加强城市基础设施建设，推动城市发展提质增效

第七章　实施精细化管理，提高城市治理水平

第八章　加快推进镇村建设，助力乡村振兴

第九章　加快建筑业转型升级，推动建筑业高质量发展

第十章　加强住房领域科技创新，引领行业绿色低碳发展

第十一章　建立健全消防审验监管机制，提升建设工程消防管理水平

第十二章　统筹城乡建设发展与安全，构建平安住建

第十三章　坚持全面深化改革，推动全省住建事业高质量发展

第十四章　深入开展"共同缔造"活动，努力改善城乡人居环境

第十五章　保障措施

---

① 参见《陕西省住房和城乡建设厅　陕西省发展和改革委员会关于印发〈陕西省"十四五"住房和城乡建设事业发展规划〉的通知》，陕西省住房和城乡建设厅网站，2021 年 9 月 16 日，见 https://js.shanxi.gov.cn/zcfagui/2021/9/114204.shtml?t=2020。

💡➡ 工具使用的注意事项

　　基本建设规划必须有前瞻性，在兼顾大局的同时注意落实到细节。具体而言，要遵循如下原则：第一，当前利益和长远利益相结合；第二，因地制宜，合理利用资源；第三，实行综合管理，讲究经济效益。否则，一着失算或一个项目安排不当，会给国家和人民带来巨大损失。

5.3　审批

概念界定

　　基本建设项目审批权限是中央和地方就基本建设项目的责权所作的一种适当划分。基本建设项目实行两级审批，大中型建设项目（包括用自筹资金安排的项目）都要经过国家批准；小型项目按隶属关系，分别由国务院各主管部门和省、自治区、直辖市在国家确定的投资总额范围内审查批准。

原理与逻辑

　　审批是基本建设管理的起点，是管理过程的手段，也是促进基本建设合法与规范的关键环节。其出发点在于确保行政权力的规范行使，优化资源配置，提高建设管理效率，并保障公共利益。根据多源流理论模型，基本建设管理中遇到的问题会被提上政策议程、进入审批的条件是问题流、政策流和政治流的耦合。

　　在基本建设管理中会遇到一系列问题，涉及立项审批、财务管理、进度控制、质量控制以及风险管理等多个方面，这些问题形成了问题流。在审批的情境中，这些问题可能涉及市场准入、资源配置、环境保护等多个方面。然而，基本建设过程中并非所有问题都能进入政策议程，只有那些对项目进展影响较大、亟待解决的基本建设管理问题，才有可能被提上政策议程。政策流汇聚了各种政策思想、建议和构想，它们可能是针对特定审批问题的解决方案，也可能是对未来审批制度改革的设想。这些政策思想要想成功转化为实际的政策措施，必须符合一定的政策标准和要求，如科学性、可行性和公众接受度等。政治流对基本建设项目审批具有重要影响，例如政治决策可以决定项目的命运，政治意愿可以推动或阻碍项目的进展，政治压力可以影响审批结果。此外，政治流还可能影响审批过程中的利益分配和权力博弈，从而影响审批的公正性和效率。

三大源流彼此之间相互独立，任何一个源流的推进都与其他源流无关也不对其他源流产生影响，但都单独对政策议程起到促进或者约束的作用。在某一关键节点，即"政策之窗"开启的时刻，问题流、政策流和政治流三大源流实现了耦合。此时，社会对特定审批问题的关注度达到高峰，政策思想得以转化为具体的政策措施，政治形势也将为审批政策的出台提供有利条件。

法理依据

为适应经济体制改革的要求，我国自 1985 年起下放基本建设项目的审批权，放宽地方、部门对自筹投资的计划管理权限，简化基本建设项目的审批手续，实行分级管理、分级平衡。同时对全民所有制单位的基本建设投资和城乡集体所有制的基本建设投资，分别通过指令性计划和指导性计划进行管理。1987 年，国务院发布《关于放宽固定资产投资审批权限和简化审批手续的通知》，对简政放权、放宽审批权限、简化审批手续作出了新的规定。2004 年，国务院作出投资体制改革的决定，确立了"谁投资、谁决策"的原则。围绕基本建设设计任务书、设计文件的审批，国务院发布了《基本建设工程设计任务书审查批准暂行办法》《基本建设工程设计及预算文件审核批准暂行办法》。在 2018 年开展工程建设项目审批制度改革试点的基础上，2019 年，国务院办公厅发布《关于全面开展工程建设项目审批制度改革的实施意见》，明确指出："统一审批流程，统一信息数据平台，统一审批管理体系，统一监管方式"。上述管理办法的制定和组织实施，对于加强基本建设管理、建立和规范基本建设程序发挥了重要作用。

【具体运用】

　　基本建设项目审批过程的简化对下放审批权限、减少环节、提高管理效率具有积极意义，为项目单位咨询了解基本建设项目的有关法规政策和审批程序提供了顺畅的渠道和有力的帮助，减少了项目单位办事成本和因不熟悉法规政策而造成的无谓损失。近年来，在简政放权、精简审批的改革环境之下，各地政府积极探索基本建设项目审批的"再瘦身"。例如，2020年，成都市工程建设项目审批制度改革领导小组办公室印发《成都市工程建设项目审批事项、中介服务事项和市政公用服务事项清单（2020年版）》，涵盖了工程建设项目从立项到竣工验收需要办理的全部33个事项及所需申报材料。

表2.5.1　成都市工程建设项目审批事项清单（节选）①

序号	审批阶段	审批事项	审批部门	设立及实施依据	设立层级	备注
1	立项用地规划许可阶段	政府投资项目建议书审批	发改部门	《政府投资条例》（国令第712号）第九条	国家设立	一般政府投资项目
2	立项用地规划许可阶段	政府投资项目可行性研究报告审批	发改部门	《政府投资条例》（国令第712号）第九条	国家设立	一般政府投资项目
3	立项用地规划许可阶段	企业投资项目备案	发改部门	《企业投资项目核准和备案管理条例》（国令第673号）第三条	国家设立	网上办理

---

① 参见《成都市工程建设项目审批制度改革领导小组办公室关于印发〈成都市工程建设项目审批事项、中介服务事项和市政公用服务事项清单（2020版）〉和审批流程图的通知》，成都市住房和城乡建设局网站，2020年4月27日，见 http://cdzj.chengdu.gov.cn/cdzj/c132061/2020-04/28/content_ffd2f2cfb5034608a0e6e1dbfe182d22.shtml。

续表

序号	审批阶段	审批事项	审批部门	设立及实施依据	设立层级	备注
4	立项用地规划许可阶段	企业投资项目核准	发改部门	《企业投资项目核准和备案管理条例》（国令第 673 号）第三条	国家设立	—
5	项目开工前完成即可	固定资产投资项目节能审查（技术改造类除外）	发改部门	《固定资产投资项目节能审查办法》（国家发展改革委令第 44 号）第三条	国家设立	—
6	施工许可阶段前完成	政府投资项目概算审批	发改部门	《政府投资条例》（国令第 712 号）第九条	国家设立	—
			……			
13	项目开工前完成即可	建设项目环境影响评价文件审批	生态环境部门	1.《中华人民共和国环境保护法》第十九条；2.《中华人民共和国环境影响评价法》第二十五条、第六十一条；3. 国务院关于修订《建设项目环境保护管理条例》的决定（国令第 682 号）第四条	国家设立	—
14	竣工验收阶段	建设项目国家安全事项竣工验收	国安部门	1.《中华人民共和国国家安全法》第五十九条；2.《国务院对确需保留的行政审批事项设定行政许可的决定》（国令第 412 条）第 66 条；3.《四川省涉外建设项目国家安全事项管理条例》第八条、第九条	省级设立	并联验收事项
			……			

 工具使用的注意事项

　　审批制度作为行政管理制度的重要组成部分，是政府对基本建设进行监管的必要手段，在社会经济发展中发挥了重要作用。然而，在基本建设项目审批管理的实际工作中，存在着多次往返、重复报件等不良现象。因此，应进一步完善审批流程，精简审批手续，深入推进精准化、差异化分类改革，不断提高企业审批便利度和获得感，推动营商环境优化。

5.4   过程监管

概念界定

过程监管是对基本建设项目从立项、规划到建成投产的整个过程中所经历的各个环节进行的管理。基本建设过程包括：根据国民经济长远规划和布局要求，初步提出建设项目；对建设项目进行可行性研究；提出建设项目计划任务书；选定建设地点；待计划任务书批准后，勘察设计、购置设备、组织施工、生产准备直至竣工验收支付使用。过程监管就是对这些步骤和程序进行监督和管理。过程监管反映着项目建设各环节之间的内在联系，为从事建设工作的各有关部门和人员设置必须遵守的行为准则。

原理与逻辑

基本建设的过程监管体现于基本建设工作的全过程，即从项目的立项到工程的验收都要进行监督与管理，过程监管是每个基本建设工作者都应承担的责任和义务。新建大中型项目的过程监管实施项目法人责任制，建立项目组织机构对项目实施全过程负责，并承担对项目投资控制、工期、质量贷款偿还的责任，主管部门监督其各项制度的执行情况，防止建设资金被截留、挪用、挤占，保证资金有效使用。

基本建设的过程监管在具体实施过程中应对以下环节进行有效监督：一是对设计工作的监管。投资 500 万元以上的项目，必须进行公开的设计招标，招标文件必须符合上级主管部门批准的项目建设内容，防止扩大和有意压缩规模，根据招标结果择优选择设计单位。设计标准必须符合国家建设标准和规范的要求，建立项目审查制度对建设规模和建设标准负责。二是全面推行基本建设全过程的监理。聘请监理单位要选择有专业资质、资格的监理机构，建设单位应赋予监理工程师应有的权利，并负责设计、进度、质量、投资的监督控制。三是物资的供应应采取市场运作方式，从而降低采购成本，达到降低基本建设造价的目的。四是设计变更和施工签证的管理。设计变更和施工签证必须在当年的工程结算中详细反映，监督其审批权限，结算依据应符合有关规定，不得跨年度甚至在工程竣工决算中一并清算。五是预算、决算的监管。建设项目开工前编制完整的工程预算并不得突破概算总投资，否则应报原审批单位批准。决算要严格按照批准的规模、标准、预算进行审查，未按程序审批的项目一律不得纳入工程决算。六是合同管理的监督。建设项目的实施必须采取合同管理方式，合同的签订必须经过一定的审批程序和法律顾问的审查，应按照《合同法》的要求，建立科学合理的合同审批制度。

法理依据

日前我国总体性、纲领性针对基本建设过程管理的法律文件，主要是由国务院下设部门提出的一些具有针对性的法律法规。如：农业部于2013年发布《关于进一步加强直属单位基本建设工作的意见》，指出要"着力加强项目监督管理，健全项目全程跟踪监管机制，树立关口前移和管理服务理念，增强监管工作对项目决策、前期工作、建设进度、投资控制、质量安全等关键环节的保障作用。认真落实项目监管责任和监督检查有关规定，在立项阶段就明确我部相关司局、部属单位及其下属单位的项目监管职责，建立健全建设进度通报制度，及时组织开展专项督查、随机抽查和交叉检查，探索引入第三方机构参与项目检查工作"。食品药品监管总局办公厅于2016年印发

了《国家食品药品监督管理总局基本建设项目管理办法》，其中指出："实行
基本建设项目法人责任制，项目单位要加强管理，明确项目负责人，具体负
责项目建设期间各项工作的决策和管理工作。项目负责人应对项目建设过程
中的有关情况和需求比较了解，熟悉咨询、监理事务、合同管理、相关法律
等知识和技能。执行基本建设项目招投标制。项目单位应按照《中华人民共
和国招标投标法》《中华人民共和国政府采购法》等有关管理规定，以及总
局采购和招标管理有关规定对工程勘察、设计、监理、施工、材料设备采购
等进行招标。"

具体运用

基本建设的过程监管是为加强基本建设工作而提出的战略性措施，过程
监管应覆盖项目建设的全过程。例如，针对火力发电厂基建期的金属技术进
行过程监督的部分实施细则，针对如何加强基建期金属技术监督与技术管理
进行了分析与阐述。

 例 2.5.2

加强基建期火电厂金属技术监督全过程管理，
确保机组安全稳定运行 ①

（一）材料与设计技术监督：锅炉、压力容器及汽水管道等受
压元件金属材料、承重构件材料及其焊接材料的选择，应根据部件
的应力状态、服役温度、介质腐蚀特性等服役条件和预期的安全服
役寿命，综合考虑材料的力学性能、抗腐蚀性能、工艺性能、金属

---

① 参见《加强基建期火电厂金属技术监督全过程管理，确保机组安全稳定运行》，电气新科
技，2020 年 5 月 14 日，见 https://baijiahao.baidu.com/s?id=1666220421048688456。

组织及经济性确定。

（二）制造阶段技术监督：（1）锅炉制造单位应取得相应产品的特种设备制造许可证，并对出厂的锅炉产品性能和制造质量负责。（2）制造前，制造单位应当向国家质检总局核准的具有资质的检验机构申请监督检验；使用单位也可委派专业人员入厂对锅炉压力容器制造过程实施监造。（3）制造单位应向使用单位提供制造设备的产品质量证明书、监督检验报告等证明资料。

（三）安装阶段技术监督：（1）安装单位监督管理：针对火力发电厂基建期间安装工作量大、周期长、人员流动性大的情况，为保证工程质量可控在控，严禁以包代管的现象，安装单位应有安装工程管理制度，杜绝无证人员施工，并且要加强焊接、检验过程管理，严格执行装配工艺、焊接及检验工艺。（2）检验单位监督管理。（3）设备验收单位监督管理。

（四）使用单位技术监督管理：（1）使用单位应配备金属技术监督专责工程师，金属技术监督专责工程师应有从事金属监督的专业知识和经验，并熟悉相关金属监督规程，根据实际情况组织培训学习。（2）使用单位应积极开展对新标准规范的学习，编写基建期金属技术监督实施细则，明确监督范围、检验部件、检验项目及检验比例。（3）工程竣工后，收集基建期金属检验技术报告、设备质量证明文件及其他移交资料，归档整理，建立和完善金属技术监督部件档案，对基建期存在问题的金属部件加强日常监督巡查，在以后的定期检验中加强有缺陷部位的监督检验，避免由于材料原始缺陷而引发泄露、引发非停事故，造成经济损失。

💡➡ 工具使用的注意事项

　　基本建设的过程监管贯穿于基本建设工作的全过程，目前对基本建设过程的监管主要集中在对资金和财务的监管上，要实现全过程的管理意味着监管的范围逐步拓宽、监管的内容明显增多、监管的对象呈现出多元化。这就需要上级、本级和下级各职能部门之间通力合作，形成共识。同时，还需要推动基本建设监管工作深入、持久、健康地发展。

5.5　基本建设运营

概念界定

　　基本建设运营是指对基本建设项目的计划、组织、实施和控制，是与基本建设管理密切相关的各项管理工作的总称。

原理与逻辑

　　基本建设项目建成之后并不代表项目结束，建立有效的运营管理体系并配备训练有素的管理人员，才能使其安全、有效地运转起来。在基本建设项目运营过程中，确立运营目标是首要且基础的环节，其目的在于在进行具体的基本建设之前，对该项目的环境、对象、方法、过程以及所要求达到的效果进行分析研究，从而为具体的运营工作确定方向。

　　在运营模式上，主要存在以下几种类型：一是 BOT 模式。BOT 的意思为"建设—经营—转让"，这一模式就是基础设施建设的投资、建设、运作、经营的方式，是以政府和私人机构达成协议为前提，由政府向私人机构颁布特许，允许私人机构在一定时期内筹集建设某一基础设施并管理和经营该设施及其相应的产品与服务。政府可以对私人机构提供的公共设施产品、服务的数量和价格进行限定，但是需保证私人机构具有获取利润的空间和机会。整个过程中的风险由政府和私人机构共同来分担。当特许的期限结束时，私人机构按约定将该设施移交给政府部门，转由政府指定部门经营和管理。二是 PPP 模式。即公共部门与私人企业合作模式，是指政府、营利性企业和非营利性企业以某个项目为基础而形成的相互合作关系的模式。同时，合作各方参与某个项目时，政府也并不是把项目的责任全部转移给私人企业，而是由参与合作的各方共同承担责任和融资的风险。三是 TOT 模式。TOT 的意见为移交—经营—移交，即把已经建设好的公共工程项目移交给私人经营的企业进行一定期限的运营和管理，该私营企业利用获取经营权的方式，在政府给予的一定期限内获得盈利，在合约期满之后，再移交给政府部门或单位的一种融资方式。在移交给私营企业时，政府或其所设经济实体将取得一定的资金用来建设其他项目，有利于资金的有效利用。

法理依据

基本建设运营一般都要落实到具体项目上，我国相关政策和法规也是针对某些具体建设项目提出的。例如，2016 年，国家发展改革委农经司、水利部规划计划司在北京共同组织召开会议，进一步推进社会资本参与重大水利工程建设运营第一批试点。会议围绕黑龙江奋斗水库、浙江舟山大陆引水三期、安徽江巷水库等 12 个国家层面联系的第一批重大水利工程 PPP 试点项目进展情况、主要做法和工作成效进行了总结交流，讨论了试点工作存在的主要困难和问题，并对下一步试点工作进行了研究部署。2017 年，国家发展改革委办公厅、国家能源局综合司发布了《关于全面开展天然气储气调峰设施建设运营情况自查和整改的通知》，针对天然气设施建设运营情况提出了相关建议。

具体运用

项目的落实建成往往不是建设主体的最终目的，更为关键的是通过项目的运营来实现最终愿景，因此，基本建设运营方式方法显得尤为重要。运营管理是基本建设管理的核心环节，运营管理质量决定了基本建设项目的整体运行效率，项目的功能和效用必须通过运营管理环节才能得以体现。运营过程是基本建设管理的重要组成部分，运营环节本身也是一个独立、完整的过程。例如，《济南市新能源汽车充电基础设施建设运营管理办法（征求意见稿)》，对充电基础设施的建设运营安全等方面都作了相关规定。

 例 2.5.3

济南市新能源汽车充电基础设施建设运营
管理办法（征求意见稿）（节选）[①]

第一章　总则

第二章　建设原则

第三章　建设运营主体

第五条　充电基础设施建设投资主体主要包括个人、房地产开发企业、充电基础设施运营企业等。经营公用及专用充换电设施的企业实行动态库管理，须同时满足以下条件：

（一）在行政审批部门注册，且注册登记的经营范围含有新能源汽车充电基础设施建设运营；

（二）建立运营管理系统。管理系统应能对其运营充电设施进行有效的管理、监控和智能服务，并对运营数据进行安全监测、采集和存储（保存期限不低于 5 年）。管理系统应具备数据输出功能

---

① 参见《关于公开征求〈济南市新能源汽车充电基础设施建设运营管理办法（征求意见稿）〉意见的公告》，济南市人民政府网站，2020 年 7 月 3 日，https://www.jinan.gov.cn/dczj/dczj/idea/topic_2942.html。

及数据输出接口，并按要求将有关数据接入山东省充电基础设施信息公共服务平台及济南市静态交通云平台，实现数据实时上传；

（三）具备完善的充电设施运营管理制度，建立专职运营维护团队，保证设施运营安全；

（四）建立信息公开制度和服务投诉处理机制，自觉接受行业监管和用户监督。按要求定期向充电基础设施建设牵头部门报送充换电设施建设和运营数据；

第六条　从事充换电设施建设运营的企业须编制《新能源汽车充电基础设施建设运营企业申请报告书》，需包含以下材料：（1）企业营业执照；（2）运营管理系统功能介绍；（3）专职技术人员名单、资格证书及社保缴纳记录；（4）相关管理制度；（5）企业充换电设施建设运营发展规划。

第七条　各区县充电基础设施建设牵头部门对辖区内企业的申请材料进行初审后，报市发展改革委；市发展改革委会同市住房城乡建设局、市财政局对申报材料进行审核，通过审核的企业纳入济南市充电基础设施运营企业库。对纳入济南市充电基础设施运营企业库的建设运营企业优先予以政策支持。

第八条　充电基础设施建设运营企业有下列情形之一的，调整出库：

（一）充换电设施的建设、运营不符合国家、行业及地方关于充换电设施的建设、运营标准；

（二）将充换电设施私自转包给不具备运营资质的企业或个人；

（三）通过非法手段骗取新能源汽车充电基础设施建设运营补助资金；

（四）出现重大人员伤亡、财产损失或造成其他严重后果。

第四章　建设管理

第五章　运营管理

工具使用的注意事项

在基本建设项目运营过程中，确立运营目标是首要且基础的环节。基本建设项目建成之后并不代表项目结束，这些项目必须进行良好的匹配、整合，建立有效的运营管理体系并配备训练有素的管理人员，才能使系统安全、有效地运转起来。基本建设项目切忌出现"重投入、轻运营"的问题，这就需要从思想上认识到基本建设运营的重要性，组建专业化的运营团队，制定合理的战略目标与运营策略。

three

三

政府与社会关系工具

1. 政府与人民

2. 政府联系社会

3. 公共秩序保障

4. 公共服务

5. 社会保障

6. 应急管理

7. 公民权益保障

8. 互联网管理

9. 社区治理

10. 国家荣誉

11. 国家公平制度

12. 涉外管理

政府管理社会是指政府对社会公共事务所实施的管理，通过政府职能的发挥实现社会公共事务的处理、社会基本秩序的维护和社会公众需求的满足。政府与社会关系工具就是政府在管理社会过程中发挥作用所使用的工具。概言之，政府与社会关系工具是政府在社会管理中为解决社会公共问题、协调社会公共关系、实现社会治理目标，所采取的一系列的方式方法或手段。本部分从政府与人民、政府联系社会等方面对政府与社会关系工具进行分类和阐述。

1. 政府与人民

政府与社会关系工具的选择和应用，从微观层面来看，是通过"政府—人民"的联系来实现社会管理目标的，政府与人民层面的政府工具主要包括选举、宪法权益保障、守法义务、纳税遵从、公共服务权利等。通过上述工具，政府能够引导和约束独立个体进行有效的合作以完成共同的社会治理目标，而在这一过程中，每一种政府管理工具都各具特色，起着独特的作用。

1.1　选举

概念界定

广义上的选举是指特定范围的人群，按照既定的程序，通过投票等方式，选择特定的人代表自身表达意愿或是担任某一职位的行为；狭义上的选举则是指国家中具有特定资格的公民，通过投票等方式，选出国家公职人员的行为。选举在众多领域中已经屡见不鲜，大到国家领导人选举、机关单位选举，小到社会组织选举、农村社区选举和学校班级选举。

原理与逻辑

从狭义角度看，一方面，选举是一个国家民主制度的重要体现。维持国家正常运转的一个重要考量就是以保证人民的平等和自由为基础，通过选举制度赋权于公民，每个公民依法享有选举权和被选举权，且拥有平等参与国家政治生活、参与民主选举的权利。公民通过参加选举，可以保障民主政治参与权利的行使。保证选举过程的公平公正，可以提升公民对国家的政治效能感，有助于维持社会的和谐与稳定。另一方面，选举可以最大限度保证国家公职人员具有较高的能力素质水平。政治生活中的选举是选拔国家公职人员的重要手段，选举具有选拔代表的功能，其通过层层遴选和投票等方式，能够最大限度确保公职人员是由相对优秀的公民胜任。另外，选举制度可以保证国家公职人员的定期考核和更新，确保国家机器更新换代和有效运转。

从广义角度看，对于更广范围下众多社会群体的选举，则是选举代表，即在一定范围的成员按照一定的规则，推选少数人作为代表的过程。这些被推选的代表或者去代理完成组织的任务，或者去表达群体大多数人自身的意愿。总之，这些选举都是一种间接的让大多数人参与公共事务的体现，不仅实现了群体内公共利益的最大化，也维持了组织的正常运行，甚至对于整个社会公共秩序维护都具有关键性作用。

法理依据

我国在选举方面的法律十分丰富。《中华人民共和国宪法》（2018 年修正）第三十四条规定："中华人民共和国年满十八周岁的公民，不分民族、种族、性别、职业、家庭出身、宗教信仰、教育程度、财产状况、居住期限，都有选举权和被选举权；但是依照法律被剥夺政治权利的人除外"。此外，我国还有专门的选举法——《中华人民共和国全国人民代表大会和地方各级人民代表大会选举法》，其分为总则，选举机构，地方各级人民代表大会代表名额，全国人民代表大会代表名额，各少数民族的选举，选区划分，选民登记，代表候选人的提出，选举程序，对代表的监督和罢免、辞职、补选，对破坏选举的制裁，附则，共计 12 章 57 条细则。为了便于实施《中华人民共和国全国人民代表大会和地方各级人民代表大会选举法》，《全国人民代表大会常务委员会关于县级以下人民代表大会代表直接选举的若干规定》对县级以下人民代表大会代表直接选举中的选举委员会的职权、每一选民（三人以上附议）推荐的代表候选人的名额等若干问题作出详细的规定。而针对人民解放军现役军人和参加军队选举的其他人员，则需要依照《中国人民解放军选举全国人民代表大会和县级以上地方各级人民代表大会代表的办法》中对于代表名额的决定、选区和选举单位、选举程序等选举安排，对全国人民代表大会和县级以上地方各级人民代表大会代表进行选举。

【具体运用】

选举是现代民主政治的重要组成部分，对国家治理和政治建设具有重要的意义。《中华人民共和国宪法》规定，"公民依法享有选举权和被选举权"，全国各省市自治区也都有相应的规定。例如，2019 年，江苏省十三届人大常委会第十一次会议根据《中华人民共和国村民委员会组织法》，结合江苏省的实际通过了《江苏省村民委员会选举办法》，对选举流程中的节点和具体安排进行了规定。

表 3.1.1　《江苏省村民委员会选举办法》选举流程

选举节点	具体安排
产生选举工作机构	县（市、区）、乡镇人民政府成立村民委员会选举工作指导机构。
	村民委员会的选举。
	村具体选举办法的制定。
选民登记	对户籍在本村并且在本村居住的村民进行登记，列入参加选举的村民名单。
	村民选举委员会审核确认选民名单，并在选举日的二十日前公布。
候选人的产生	由登记参加选举的村民直接提名候选人。
	村民选举委员会应当在县（市、区）、乡镇村民委员会选举工作指导机构指导下，根据村具体选举办法的规定，对村民提名的候选人等资格进行审查。
	村民选举委员会应当组织候选人与村民见面，进行竞职演说等。
正式选举	由村民选举委员会召开选民大会进行差额选举产生村民委员会的成员。
	村民选举委员会在选举日前做好准备选票等准备工作。
	选举实行无记名投票、公开计票的方法，登记参加选举的村民过半数投票，且收回选票数等于或者少于发出选票数的，选举有效。
	候选人获得参加投票的村民过半数选票，始得当选。
	登记参加选举的村民过半数投票，且收回选票数等于或者少于发出选票数的，选举有效。
	村民选举委员会确认选举结果有效后当场公布，报乡镇村民委员会选举工作指导机构备案。

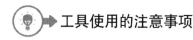 **工具使用的注意事项**

选举中需要注意如下事项：一是选举的规则制定，要在选举前制定明确且清晰的选举规则和流程等，以保证选举工作的正常开展；二是选民的确定，对于我国这样一个人口流动性较高的大国来说，如何进行选民的有效登记、防止"二次参选"至关重要；三是选举的公正性，确保选举的公开公正、配套有效的民主监督机制是选举工作的关键原则；四是选区的划分，合适的选区划分不仅有助于选民对候选人进行充分了解，而且关系到选举是否具有普遍的代表性。

1.2   宪法权益

概念界定

宪法权益、宪法权利和公民权利等概念之间几乎等同，宪法权益产生于国家，是指宪法中所确认的公民权益或权利。人民和国家之间的关系自古便有"水能载舟亦能覆舟"的形象说法，人民是国家治理体系中的主体，是参与公共事务管理环节中的微观基础。因此，公民权利的行使和维护直接影响着公民生活质量，同时也极大促进公民、社会、国家三者之间协同互动共治，提供了国家治理有效、社会秩序稳定的可靠根基。

原理与逻辑

宪法是国家的根本大法，具有最高的法律地位和效力。宪法权益发挥作用的核心在于制度赋权。具体而言，通过宪法进行制度嵌入和赋权，对权益进行规范，为保障公民基本权益提供法律基础，通过制度安排赋予其更强的行动力量，增强公民的发展能力，改善其权益受损的生存状态和环境。宪法权益制度赋权可以进一步拆解为赋权过程和赋权结果。其中，赋权过程在于政府构建以宪法为核心的权益保障法律体系，通过法治的方式对权益进行确定，通过制度的不断完善保障公民的合法权益，充分调动公民参与治理的积极性。赋权结果是宪法保驾护航下的公民权益的配置，因为公民的有效参与，使公共事务的处理、解决更加高效，进而推动国家治理现代化。宪法权益的本质是以人为本。宪法在确保每位公民的合法权益正常行使的同时，推动整个社会的合理、高效运行，并进一步反哺国家对公民权益的保障。

法理依据

我国是"人民当家作主"的社会主义国家，公民依法享有经济、政治、文化、人身等多方面的权益。《中华人民共和国宪法》明确规定："国家尊重和保障人权""任何公民享有宪法和法律规定的权利"。根据宪法规定，公民享有人身自由权、通信自由权、宗教信仰自由权、选举与被选举权、受教育权利、劳动权利、社会保障权利等。宪法第二章"公民的基本权利和义务"中明确指出了众多权益保障的具体规定，如对于监督权，在第四十一条中规定："中华人民共和国公民对于任何国家机关和国家工作人员，有提出批评和建议的权利；对于任何国家机关和国家工作人员的违法失职行为，有向有关国家机关提出申诉、控告或者检举的权利，但是不得捏造或者歪曲事实进行诬告陷害。"对于休息权，在第四十三条中规定："中华人民共和国劳动者有休息的权利。国家发展劳动者休息和休养的设施，规定职工的工作时间和休假制度。"对于女性的权益保障，在第四十八条规定："中华人民共和国妇女在政治的、经济的、文化的、社会的和家庭的生活等各方面享有同男子平等的权利。国家保护妇女的权利和利益，实行男女同工同酬，培养和选拔妇女干部。"

具体运用

当现实生活中出现公民权益得不到保障或者权益受到侵害等现象，则需要发挥宪法在权益保障中的作用，利用法律保护其在某领域中的合法权益。

例如，随着信息技术的发展和平台经济的崛起，新就业形态劳动者的群体规模日益庞大，包括外卖配送员、快递配送员、网约车司机等群体，他们为城市建设和发展作出了一定贡献。但是新业态劳动者的权益保障却出现了劳动关系认定困难、社会保障缺失、超时工作普遍等新问题。为了加强对新就业形态劳动者的权益保障，2021 年，人力资源和社会保障部等 8 部门联合印发《关于维护新就业形态劳动者劳动保障权益的指导意见》。2023 年，人力资源和社会保障部在国劳动法律法规和《指导意见》的基础上，出台了《新就业形态劳动者休息和劳动报酬权益保障指引》《新就业形态劳动者劳动规则公示指引》《新就业形态劳动者权益维护服务指南》。

💡➡ 工具使用的注意事项

我国在宪法中对公民的权利保障进行了明确规定，在实践过程中需要注意以下几点：第一，时代的适应性，随着时代的发展变迁，对于宪法中公民权利的保障应与时俱进；第二，弥合法条和现实之间的鸿沟，法律中权利保障的明确规定和现实中公民权利的实际保障存在着或大或小的出入，对公民宪法权益的保障应落在实处，做到行政程序的合理性和规范性；第三，避免过度"抽象化"，适当扩充解释与说明，从而提高宪法权益保障的可操作化和可实施性。

1.3　守法义务

概念界定

守法义务是指全体公民、企业事业单位、社会团体、国家机关等守法主体，严格在法律法规的框架约束下，行使合法权利和履行法律义务。依法行事既是宪法赋予我们的权利，也是每一个社会公民应该遵守的义务。在大量研究中，"政治义务"的说法时常闪现，有必要阐述政治义务和守法义务两者之间的异同：政治义务强调公民对国家政治体制、机构等的义务，守法义务则是针对法律的公民义务，不能将"政治义务"和"守法义务"混为一谈。

原理与逻辑

政府与人民之间的政治互动离不开公民的权利和义务，公民守法义务的履行是通过对宪法权利的保护和制衡，去实现以公民为社会主体的社会各方利益的平衡。公民权利的行使对应于其守法义务的履行。正所谓"没有无义务的权利"，只有义务和权利相平衡，才能实现治理有效与社会和谐。政府为了保障国家的安全与发展、实现社会公共利益的平衡、维护社会公共秩序的稳定，对公民守法进行要求和约束，强调公民在政治参与中享有权利和履行义务的对等性，遵守各种义务、遵从国家政治管理的重要性，提高治理的自治化程度。

随着政府在治理过程中"掌舵人"角色的愈加凸显，要达到社会各方利益平衡的有序状态，每个公民都是重要的参与主体。因此，在借由国家宪法的强制规定以保障公民权利行使的同时，也要与公民权利相制衡，促使公民接受并积极承担公民守法的义务。一般情况下，守法可以分为被动的消极守法和主动的积极守法两种，前者是指受制于法律的约束而不得不为之的守法，后者则是出于内心强烈意愿而进行自我约束的守法。对于公民而言，守法义务既是一种道德义务，也是具有强制力的法律义务，其以条条框框的法律条文固定下来，附加"未履行义务将会受到国家法律制裁"的约束条目。政府将遵守法律加入公民义务清单，并将守法置于公民义务的基础地位，进而达到维护社会正常秩序的目的。

法理依据

　　《中华人民共和国宪法》规定："中华人民共和国公民在法律面前一律平等。""任何公民享有宪法和法律规定的权利，同时必须履行宪法和法律规定的义务。"宪法第五十二条规定："中华人民共和国公民有维护国家统一和全国各民族团结的义务。"这是宪法对公民要求的首要义务。其他有关基本义务的规定还包括：必须遵守宪法和法律，保守国家秘密，爱护公共财产，遵守劳动纪律，遵守公共秩序，尊重社会公德；维护祖国的安全、荣誉和利益的义务；劳动的义务；受教育的义务；保卫祖国、抵抗侵略、依法服兵役和参加民兵组织；依法纳税；夫妻双方有义务实行计划生育，父母有义务抚养教育未成年子女，成年子女有义务赡养扶助父母。上述内容都从属于守法义务的范畴，是每个公民都应积极履行的基本义务。

具体运用

　　守法义务包括很多内容。如依法服兵役、保守国家秘密等宪法义务，是出于维护国家主权完整、安全稳定的大局观；接受教育的义务是为了提高公民受教育水平和国民文化素质，减少政府管理社会和与人民联系的障碍，确保治理的教育文化根基；公民依法纳税义务的履行，推进社会财富在国家和公民之间的二次分配，为公共服务、基础设施领域等公共建设、支出提供源源不断的财政支撑；而爱护环境、保护资源的义务则是为应对当前社会治理问题中愈演愈烈的突出的生态问题，进而协调人类、社会、自然三者之间的关系。总而言之，公民的守法义务不拘泥于法律规定，不限于单一的政府管理领域。

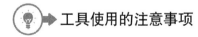 **工具使用的注意事项**

　　守法义务与宪法权益相对应，注意事项如下：第一，守法义务

有别于道德义务和一般的公民义务，若在宪法中无明确规定，公民守法义务便不复存在。守法义务以宪法法律规定为蓝本，但不应仅仅局限于宪法规定。在宪法中得到明确规定的义务只是守法义务的法律状态，守法义务还存在应然状态和实然状态，也就是应该遵守的法律和实际上遵守的法律。第二，守法义务是对我国公民的义务约束。但为实现政府主导下的社会有序，守法义务不应局限于公民，也应包括本国居民在内的所有群体，最终保证国家法律得以遵守、社会秩序得以维护的治理目标的实现。

1.4 纳税遵从

概念界定

纳税遵从，也称税收遵从。纳税遵从是指获得应税收入的个体按照税收法律法规和有关政策规定足额且及时申报税费金额的行为。一般来说，纳税遵从分为3种形式，分别是"防卫性纳税遵从""制度性纳税遵从""忠诚性纳税遵从"。

原理与逻辑

公民依法纳税义务的履行，有助于推进社会财富的二次分配，为国家社会保障、基础设施建设提供财政支撑。公民有义务对个人所得上缴个人所得税，是国家税务治理中涉及公民个人的最直接环节。政府通过税费征收，为国家运转提供财政资金，达到完善社会公共基础设施、缩小区域贫富差距、保证公共服务供给、促进社会发展的目的。

国家通过政治权力，从社会生产过程和国民收入中获得税收，以取得国家运行的财政基础，政府的税收虽然具有强制性和无偿性的特点，但是也在极大程度上依赖于较高的纳税遵从程度。从这种意义上来说，政府的税收是一种通过赋予公民纳税人的身份，借由纳税人定期上缴税收来奠定政府公共服务供给的方式。

为提高纳税遵从度，政府可以采取以下措施：一是信息传递和激励。政府及税务机关可以灵活地向纳税人强调，纳税遵从度高低将对自身利益产生不同的影响后果。可通过对纳税人进行正向激励来巩固税收稳定性，提高纳税人遵纪守法的积极性和自觉性。二是政府的正向引导。由于公民对自身的资金损失十分在意，其对政府基于税款所进行的二次分配效率、公共服务供给效果和社会整体治理水平就会尤其关注。一个不负责任、腐败无能的负面政府形象往往引起纳税人在税收缴纳上的抵触和反抗，一个动荡、贫困、发展不平衡国家的税收治理难度可想而知；相反，当一国政府形象带有公正负责、廉洁高效等特征时，公民就会具有较高的纳税遵从度。三是提高税收治理水平。通过完善税费征收模式、完备税务机构设置、提高纳税服务水平等举措，提高公民的纳税遵从度。

法理依据

《中华人民共和国宪法》中关于税收原则的规定只有一条，即第五十六条规定："中华人民共和国公民有依照法律纳税的义务"。1992年初次颁布、2015年最新修订的《中华人民共和国税收征收管理法》，分总则、税务管理、税款征收、税务检查、法律责任、附则六章共计94条对税收管理进行规定。1993年发布、2016年修订实施的《中华人民共和国税收征收管理法实施细则》则是建立在《中华人民共和国税收征收管理法》基础上的更为详细的细则规定，并随《税收征收管理法》的历次修订进行相应调整。此外，还针对不同条目的税收出台了不同的税收法律、条例及实施细则，如针对企业所得税出台的《中华人民共和国企业所得税法》（2018年修正），针对房产税出台的《中华人民共和国房产税暂行条例》（2011年修订），针对消费税出台的《中华人民共和国消费税暂行条例》（2008年修订）和《中华人民共和国消费税暂行条例实施细则》（2008 年修订），针对车辆购置出台的《中华人民共和国车辆购置税法》，等等。

具体运用

　　为进一步推进政府纳税治理现代化水平，我国创新引入纳税信用治理的税收监管方式，完善税费的征收模式和信用管理体系，提高公民纳税的自主性、自觉性，提高纳税遵从度。自 2003 年国家税务总局发布《纳税信用等级评定管理试行办法》起，纳税的信用治理走上历史舞台。该管理办法的颁布为纳税人纳税遵从的信用约束、国家纳税治理提供了制度化依据，其以绩效考核为形式、以纳税遵从度为依据，构建对纳税人纳税信用的评价体系，对"税务的登记—纳税申报—账簿凭证管理—税款缴纳—遵守税收法律、行政法规"的纳税管理系统进行年度公开公示、激励与惩罚等管理，使纳税信用治理由模糊走向明晰化、具体化，由征收人外部强制走向纳税人自我约束，极大提高了纳税人纳税遵从的自觉性，营造了纳税人和税务机关之间诚实信用的良好税务氛围，是对当前政府税务系统的税务资源有限性和社会税务管理的任务庞杂性之间冲突的有效缓解，大大提高了政府税务管理的效率。表 3.1.2 呈现了纳税信用治理的发展历程和纳税信用等级评定的具体内容。

表 3.1.2　纳税信用等级评定管理文本

时间	名称	纳税信用管理内容
2003 年 7 月 17 日	《纳税信用等级评定管理试行办法》	税务登记情况 15 分；纳税申报情况 25 分；账簿凭证管理情况 15 分；税款缴纳情况 25 分；违反税收法律、行政法规行为处理情况 20 分。
2014 年 10 月 1 日	《纳税信用管理办法（试行）》	纳税信用级别设 A、B、C、D 四级。A 级纳税信用为年度评价指标得分 90 分以上的；B 级纳税信用为年度评价指标得分 70 分以上不满 90 分的；C 级纳税信用为年度评价指标得分 40 分以上不满 70 分的；D 级纳税信用为年度评价指标得分不满 40 分或直接判级确定的。

续表

时间	名称	纳税信用管理内容
2018 年 4 月 19 日	《关于纳税信用评价有关事项的公告》	增设 M 级纳税信用级别，纳税信用级别由 A、B、C、D 四级变更为 A、B、M、C、D 五级。
2020 年 1 月 1 日	《关于纳税信用修复有关事项的公告》	对纳入纳税信用管理的企业纳税人通过作出信用承诺、纠正失信行为等方式开展纳税信用修复。

 工具使用的注意事项

为减少纳税不遵从行为，提高纳税人的纳税遵从度，应注意以下几点：第一，要从制度着手，推行税制改革，改进纳税流程，完善优惠政策；第二，要充分尊重纳税人，转变服务理念，促进纳税人和税务单位之间的良性互动关系；第三，要创新税收手段，利用大数据、"互联网+"等技术，推进信息化税收管理和服务，为纳税人提供高效便捷的服务，提高纳税人的满意度。

1.5　公共服务权利

概念界定

公共服务是公民享有的一项基本权利，每一个公民都有自由享用公共服务的机会和权利。公共服务的公平、公正、平等保障着公共利益最大化的实现。公共服务供给始终以政府等公共部门为主导，并通过立法方式予以法律保障。公共服务的多样性与民众的多元化需求相对应，为了保证公民基本的生存权和发展权，公共服务囊括了基础医疗、公共卫生、社会保障、义务教育、公共就业、公共文化与体育等多方面的服务保障。

原理与逻辑

政府提供公共服务这一认识已经成为公法的核心立场和基本观点。随着近百年来学术研究的推进，对于公共服务的认识更加清晰。国家发展的本质在于公民的发展，公民的生存以及基础的精神、文化等需求都依靠政府的公共服务取得，即公共服务的供给宗旨在于为公民基本的生存以及参与社会经济、文化、政治等活动和获得国家稳步发展的根基保驾护航。从经济学的角度看，公共物品的非排他性导致其供给价格在市场价格体系中严重缺失，政府成为公共物品、公共服务的操控者，来执行公共服务的供给和配置；从公共管理学的角度看，政府为保障公民基本的生存和发展需要而提供公共服务，进而实现国家和人的发展；从法学的角度看，公民赋权于政府，政府则有义务保证公民在自由、健康、教育等方面的基本权利得到应有满足，享受相应公共服务。

法理依据

我国宪法体现了国家在教育、医疗、环境保护等公共服务供给中的主体地位。《中华人民共和国义务教育法》（2018 年修正）、《中华人民共和国社会保险法》（2018 年修正）、《中华人民共和国基本医疗卫生与健康促进法》、《中华人民共和国公共文化服务保障法》等对保障教育、社会保障、医疗卫生、公共文化等公共服务的供给作出了规定。如《中华人民共和国公共文化服务保障法》中规定："基层综合性文化服务中心应当加强资源整合，建立完善公共文化服务网络，充分发挥统筹服务功能，为公众提供书报阅读、影视观赏、戏曲表演、普法教育、艺术普及、科学普及、广播播送、互联网上网和群众性文化体育活动等公共文化服务，并根据其功能特点，因地制宜提供其他公共服务。"

具体运用

随着国家发展的演进，公共服务的供给已经不拘泥于政府单一供给，为保障公民的公共服务权利、确保公共服务的高效实现，政府通常向社会组织购买一部分公共服务。2019 年，财政部审议通过了《政府购买服务管理办法》，从购买主体和承接主体、购买内容和目录、购买活动的实施、合同及履行、监督管理和法律责任等几个具体层面对政府购买公共服务的行为进行了细致的规范。我国各地方政府也在购买公共服务方面作出积极尝试。

表 3.1.3　我国部分地方政府购买公共服务情况

地区	时间	购买者	公共服务权利保障
广州	2007 年	荔湾区政府	老年人、青少年、残疾人、困难群体的家庭服务
北京	2018 年	海淀区四季青镇文化服务中心	基层公共文化服务
江西	2019 年	新余市渝水区政府	社会福利院中的老年人、残疾人的保障服务
河北	2020 年	沧州市文化广电和旅游局	公共文化服务
内蒙古	2020 年	达拉特旗卫生健康委员会	公共医疗卫生服务
浙江	2020 年	衢州市常山县交通运输局	公共交通服务
江苏	2020 年	常州市体育局	公共体育服务

工具使用的注意事项

保障公民合法的公共服务权利，需注意做到以下几点：第一，公共服务供给法制化。公共服务供给亟须在分领域内进行法制化建设，建立健全各领域的公共服务法律法规，提高公共服务供给的可操作性。第二，公共服务供给主体多元化。政府应合理调控在公共服务供给中与市场、社会组织等的"管理竞争"，避免政府部门在公共服务提供环节中的"大包大揽"。第三，公共服务供给高效化。加强对提供公共服务各环节的监督、检查和绩效考核等，提升公共服务的供给效率。

2. 政府联系社会

政府与社会关系工具在公共治理中所发挥的作用举足轻重。从宏观层面来看，政府与社会关系工具的应用是通过"政府—社会"这一过程来解决公共问题，实现有效的社会管理，从而达成公共目标。这一路径可总结为"政府联系社会"。从微观层面看，政府联系社会的工具主要包括民意收集工具、宣传动员工具、政治协商工具和司法工具。政府管理社会工具的合理选择和有效运用，能够为社会管理提供较强的推动力。

2.1 民意收集

概念界定

民意，即公共意见，是指人民群众对关乎自身利益和有关公共事务所持的观点、意见和态度，这种观点态度一般具有普遍性，是民主的体现。民意收集是指国家政府通过各种渠道去倾听和吸收民众观点、意见的行为，民意收集的方式有很多，包括网络、媒介、市长信箱、意见征集等。民意收集是民意运用和政府科学决策的前提，是国家重视民意的表现。

原理与逻辑

国家和政府部门的民意收集，一方面收集了人民对于国家建设、社会运行、政策出台等有关的意见和建议，吸纳人民的智慧和反馈，为政府出台法律政策、作出公共决策提供参考，提高了政府决策的合理性和提供公共服务的靶向性。民意收集过程中政府充分发挥职能，调动人民参与积极性，及时关注和尝试化解人民中存在的矛盾和冲突，与此同时，也在无形之中促进了政府和人民之间的相互沟通，有效增强了人民对国家和政府的认同感，以最终提升治理的现代化能力、效率和水平。另一方面，广泛的民意收集体现了人民的意愿，保证了公共利益最大化的实现。毛泽东曾说过"没有调查就没有发言权"。共产党深入农村基层，广泛收集农民的意见，倾听大众的呼声，解决最底层人民的衣食住行等方面的切身需求，这些都是党取得革命胜利、带领全国人民实现民族独立、国家富强的坚实基础。

历史经验告诉我们，民情与民意收集是政府联系社会、沟通人民的有效手段，是政府回应人民需求的前提基础，也是政府维持自身权威性与合法性的必要举措。

法理依据

我国民意与民情收集有着深厚的历史根基和制度渊源。党的十六大报告指出，"深入了解民情、充分反映民意、广泛集中民智、切实珍惜民力，建立社情民意反映制度"。早在 1995 年我国就发布了《信访条例》，将"保持各级人民政府同人民密切联系"的政府治理路径以行政法规的形式固定下来。在 2005 年修订的《信访条例》中，明确指出要"认真处理来信、接待来访，倾听人民群众的意见、建议和要求，接受人民群众的监督，努力为人民群众服务"。《信访条例》修订实施后，各职能部门陆续出台配套的信访工作办法或规则，如《民政信访工作办法》（2011 年）、《司法行政机关信访工作办法》（2018 年）、《教育信访工作办法》（2020 年）等；各地政府也制定了本行政区域范围内的信访法规，如《北京市信访条例》（2006 年修订）、《安徽省信访条例》（2019 年修订）、《重庆市信访条例》（2020 年修订）等，逐步构建起较为完整的信访工作法律规范体系。此外，港澳政府咨询委员会制度也是民意收集的充分体现。这一制度的重要性在香港、澳门地区回归后依然被全国人民代表大会承认并被保留下来。通过成立法定和非法定的咨询委员会，在政府推出政令前，组织民众讨论，广泛吸纳相关领域精英意见。通过咨询式的民意收集让民众充分参与国家政治生活，汇聚各方面的意见，民主化解各类矛盾，推动社会民主治理进程。

【具体运用】

民意收集的方式多种多样。我国各地政府在政府官方网页中设置的民意征集信箱，以及在每年两会前夕召开的新闻发布会等，都是为人民和相关利益群体的意见表达而架起的桥梁，多年以来引起了社会的广泛关注和好评。随着信息技术的普及和互联网媒介的发展，网络形式的民意征集越发在民意收集中发挥无可替代的重要作用。互联网使信息传递、互动交流在时间和空间上的高效性与便捷性进一步激发了人民和各民主党派参与政治的热情，微博、微信公众号等新媒体也日渐成为政府与人民之间有效沟通的重要工具。例如，2019 年是浙江省杭州建立"民情民意调查网络"的第 10 年，杭州市以构建"生活品质之城"为城市发展目标，多年来一直很重视民情民意的反馈机制、创新民情民意的收集方式。

表 3.2.1　杭州市民情民意收集方式部分梳理

民意收集方式	概述
面对面访谈	传统型民意收集方式，利用社区网格，通过各级人大代表、代表联络站等载体深入基层一线，倾听民声，征求民意。
民情热线	12340 是为了规范社情民意调查工作的全国统计系统的服务热线。
我们圆桌会	这是杭州电视台推出的一档新闻谈话节目，每一期节目事先征集一个有关城市发展的公共问题，邀请普通市民和政府官员、专家学者等群体共聚节目中，通过"圆桌"会谈进行不同群体和观点之间的充分交流。
杭网议事厅	这是一个线上有网络服务网站、线下有实体演播厅的政民互动平台，有效结合"议事"和"办事"。线上的"杭网议事厅"网站（hwyst.hangzhou.com.cn）开设有"网上服务""热点热议""问计于民""民生恳谈""记者出击""政策库"等模块。

基层立法联系点制度是近年来在民情民意收集方面的一项创新之举。基层立法联系点的设立有助于畅通民意表达渠道，推动政府与社会的双向良性互动。例如，上海市长宁区虹桥街道作为基层立法联系点典型代表的制度实施情况，揭示了民意收集在社会治理中的重要作用。

🔍 ▶ 例 3.2.1

上海：基层立法联系点探索"全过程民主"①

2015 年，在全国人大常委会指导支持下，上海诞生了全国首个设立在街道的基层立法联系点——上海长宁区虹桥街道基层立法点。基层立法联系点由试运行逐渐制度化，成为接地气、察民情、聚民智的"直通车"，是上海市坚持听需于民、听计于民、听政于民，贯彻"全过程民主"理念的生动实践。

一、实践"众人的事情由众人商量"

上海长宁区虹桥街道基层立法点自设立后积极组织各类立法建议征集活动。如：举行"老房加梯"的建议征集会，参会人员涵盖了居民代表、电梯公司员工、物业经理、业委会代表、居民区党总支书记等多方利益相关主体，有利于广泛收集民众意见：

"我们这里老龄居民多，上下楼不容易，因此电梯不光要装，还要加快装。"

"在居民缴纳费用的前提下，物业应该愿意承担起电梯的维修保洁工作。"

---

① 参见《"全过程人民民主"走到家门口：基层立法联系点里的那些细节》，中国人大网，2021 年 11 月 4 日，见 http://www.npc.gov.cn/c2/c30834/202403/t20240321_436090.html。

同时还举行了《中华人民共和国家庭教育法（草案）》《上海市生活垃圾管理条例》意见征询会等讨论活动。基层立法点不断延展至社区、工业园区、楼宇、学校、医院、商场、企业等城市经济社会生活的第一线，成为"家门口的立法点"。在上海长宁区虹桥街道基层立法点设立的五年时间里，一次次的热烈讨论打破了立法的神秘感，让人民群众的真实意愿得以渗透于法律的章节条款中。

二、形成民主决策全链条、全流程闭环

街道基层立法联系点已构建起"一体两翼"工作架构，在16个居民区和50家区域单位分设基层立法信息采集点，形成了以310余名信息员为主体，10家顾问单位和10家专业人才库为"两翼"的基本模式。在收集原汁原味民意的同时注重把"法言法语"转化为通俗易懂的语言，开展好法治教育。

与此同时，也逐步形成了"一二三四"工作法。接到征询任务后，街道会提前一周给信息员和联络员送上法律草案和情况说明，召开居民群众和业务相关人员两种类型座谈会。再以书面、走访调研及座谈会三种形式征集意见。"每部法律草案意见征询，至少开四场座谈会听取意见"。

三、揭牌成立"中国特色社会主义全过程民主基层实践基地"

2021年2月26日，上海虹桥街道"中国特色社会主义全过程民主基层实践基地"正式揭牌成立。虹桥街道既是全国基层立法联系点、上海市人大常委会基层立法联系点、上海市人民政府基层立法联系点，又是上海市委办公厅社情民意直报点、上海市政府办公厅社情民意直报点、长宁区委宣传部社情民意信息采集点、长宁区人民建议征集点。

2019年11月2日，习近平总书记在虹桥街道古北市民中心考

察时，就充分肯定虹桥街道基层立法联系点的成功经验和推进全过程民主的示范意义。截至 2020 年 11 月，虹桥街道基层立法联系点已完成 45 部法律的意见征集工作，归纳整理各类意见建议 800 余条，其中 51 条建议被采纳。目前，上海市基层立法联系点扩大至 25 家，覆盖 16 个区。基层立法联系点的设置，充分发挥了民意"直通车"作用，体现了"众人的事情由众人商量"的全过程民主，为全过程民主的基层实践提供了载体和根基。

🔅➡ 工具使用的注意事项

民意收集应确保收集途径的有效性和收集结果的真实性、代表性。第一，要体现真实性。反映社情民意要客观真实，坚持实事求是，要经过认真的调查、核实、研究，提炼出真实有据的信息上报。第二，要有时效性。高质量的信息必须要及时搜集，快速传递，否则就会失去价值。第三，应在此基础上参照专家学者等精英群体的价值判断，对收集到的民意进行合理吸纳与有效整合，最大限度规避"伪民意"的弊端。

2.2 宣传与动员

概念界定

宣传有广义宣传和狭义宣传之分，广义的宣传是指在社会生活中人与人之间思想、观念等的影响；狭义的宣传则是指特定的社会集团，通过某种特定的形式，向特定的群体传播特定的信息的行为，如各种经济宣传、军事宣传、政治宣传、文化宣传、宗教宣传等。而动员是指政党集团为了实现某个特定政治议程，达成政治目标，而寻求特定群体的支持和帮助，以帮助目标实现的社会行动，最常见的有政治动员和经济动员等。

原理与逻辑

宣传与动员密不可分，宣传往往被认为是动员的基础和前奏，而动员则被认为是对宣传的夯实。通常而言，宣传动员指的是组织或个人为实现特定的目标而开展的影响特定群体的行为。其中，宣传动员主体包括国家、政府机关、社会组织、企业、个人等，宣传动员的目标也囊括国家安全、社会保障、企业效益、个人利益等多种层面，因此，宣传动员的形式和目标群体也随之更为多样。在公共治理视角下，宣传与动员是国家、政府和政治集团的政治工具，是党和政府推进治理的有力抓手。宣传动员工作通过将政治目标转化为社会共同行动，提高治理水平；而这一目标的有效实现则取决于宣传动员的解释说明、舆论引导和教育激励功能的发挥。第一，对于一项法令或是党和政府的方针政策、理论路线，民众不可能自然知晓，通过宣传与动员主动出击，扩大方针政策在民众中的知晓覆盖率，可以获得民众的国家认同。第二，对于各种时事热点话题中涌现的思潮进行必要的引导和正面的宣传，可以有效巩固社会主义核心价值观的社会基础，为潜在政策议题奠定价值观基础。第三，在重点时期、重点任务上的宣传动员，尤其是在如战争前、政治选举前的宣传动员，能够在教育基础上发挥有效的激励作用，从而促进民众有效行动。

宣传动员的过程包括宣传动员的前期组织、宣传动员的方式、宣传动员的活动开展3个步骤。首先，在宣传动员前往往会提前出台有关的动员法、动员计划，或是在工作安排计划中对宣传动员环节进行具体的说明与阐述，并形成一套完备的组织体系。其次，宣传动员离不开信息的传播。宣传动员的传播方式多种多样，我国的宣传动员具有十分鲜明的中国特色，尤其体现为宣传动员中的一系列标语口号，每个时期的宣传动员都有极具时代特征的口号和标语。再次，随着时代的发展，宣传动员的开展落实也不断涌现出创新的形式和媒介。不同于传统的上街游行、报纸、贴画，如今的广播、电视宣传、组织宣讲、文艺展演，尤其是伴随着互联网时代的到来，微信、微博、抖音等互联网新媒体成为流行的宣传动员媒介。宣传动员是一门艺术，也是一门技术，有效的宣传动员应具有针对性，用民众容易理解、乐于接受、很接地气的语言或方式开展，"动之以情，晓之以理"，同时也常常伴随着给予被宣传动员者经济或物质上的利益，以调动参与积极性。

法理依据

在我国现行法律体系中，以"宣传动员"入法的仅有《中华人民共和国国防动员法》。为加强国家国防安全的动员建设，2010年，第十一届全国人民代表大会常务委员会第十三次会议通过《中华人民共和国国防动员法》，规定："国家的主权、统一、领土完整和安全遭受威胁时，全国人民代表大会常务委员会依照宪法和有关法律的规定，决定全国总动员或者局部动员。"这也体现出维护国家安全在我国的重要性。而在其他领域，尽管尚未形成固定化的法律或行政法规，但相关政府部门也会以发布意见、通知等政策性文件的方式予以某一宣传动员活动制度支持。如为广泛动员全社会力量共同参与扶贫开发，国务院办公厅于2014年发布《关于进一步动员社会各方面力量参与扶贫开发的意见》等。

具体运用

我国的宣传动员具有十分鲜明的中国特色，尤其体现为一系列极具时代特征的口号和标语，用民众容易理解、乐于接受、接地气的语言或方式开展，"动之以情，晓之以理"，例如土地改革中的宣传动员。新中国成立初期，我国通过了《中国土地法大纲》，进行了轰轰烈烈的土地改革运动，而土地改革之所以成功，离不开前期扎实的宣传动员工作。在土地改革过程中，共产党下派工作组进驻农村，以精英下沉的方式强化基层组织和农民之间的勾连。经过在加强阶级思想意识、破除封建宗族观念、弘扬民族爱国主义、树立群众观等方面的全方位宣传与动员，不仅让农民充分意识到封建土地所有制的不合理，有效调动其参与土地改革的积极性，极大推动了土地改革的进程和经济建设的恢复，而且也提高了党的政治威信，取得了广泛的爱国主义思想政治教育成效。

💡 工具使用的注意事项

宣传动员中需要注意如下几点：第一，强化以人民群众的需求为出发点，做到紧跟时代发展，善借互联网、新媒体等之力，不断丰富和扩展大众宣传动员的形式创新；第二，注重宣传动员口号的创新，应做到简洁明晰、朗朗上口；第三，保证时效性和分寸感，在最佳时机开展宣传动员往往能取得事半功倍的效果，在实际宣传动员中还要注意"度"的问题，划清宣传动员和舆论之间的界限。

2.3 协商民主

概念界定

协商民主是指一种存在于政治生活中的民主理性讨论与决策公共事务的治理机制或方式。而政治协商则是协商民主的重要的渠道之一，是具有中国社会主义特色的协商民主的实践形式。参加政协的各个主体（包括界别代表和党派社员等），针对国家、地方出台的政策、方针、举措和在经济、社会、政治、文化和生态建设中出现的问题，通过在决策时（或决策前）进行广泛而充分的讨论来履行政协参政议政的职能，最终尽最大可能达成一致的观点。

原理与逻辑

我国协商民主的逻辑主要有以下几点。首先，民主协商中参政议政均是着眼于国家发展形势的宏观研判，聚焦于解决涉及最广大人民根本利益的发展问题。2019 年，全国政协十三届二次会议共收到 5113 件提案，具体的讨论主题也与时俱进，主要有打好扶贫攻坚战、深化供给侧改革、保障和改善民生、推进政治体制改革、加大环境治理力度等。

其次，广泛的民主政治协商参与在最大程度上保证人民民主诉求的有效覆盖，人民政协由中国共产党、各民主党派、无党派民主人士、人民团体、各个少数民族和各界代表、香港特别行政区人士、澳门特别行政区人士、台湾同胞和归国侨胞的代表以及特别邀请的人士组成。每一名政协委员都是国家治理主体的代表，在相应的领域都具有较大的代表性，政协会议上的提案涉及经济建设、文化建设、政治建设、生态建设和社会建设等方方面面。

最后，协商民主需要每一位公民参与公共事务的管理、公共政策的制定等公共生活，在其中自由地发表自己的观点，平等、公开、理性地参与集体讨论，整合不同群体的利益诉求，并理性地协商出具有共识性的最优化的决策或结果。人民政协的民主政治协商强调在党的领导下，坚持以人民为中心，给予最广大人民政治参与、民主表达的权利。

法理依据

1982 年，全国人民政治协商会议第五届全国委员会第五次会议通过的《中国人民政治协商会议章程》中规定："中国人民政治协商会议全国委员会和地方委员会可根据中国共产党、人民代表大会常务委员会、人民政府、民主党派、人民团体的提议，举行有各党派、团体的负责人和各族各界人士的代表参加的会议，进行协商，亦可建议上列单位将有关重要问题提交协商。"2013 年，党的十八届三中全会首次系统勾勒了当代协商民主建设的制度蓝图。2015 年，又出台了《关于加强社会主义协商民主建设的意见》作为指导社会主义协商民主建设的纲领性文件。之后，关于加强人民政协协商民主建设、城乡社区协商以及政党协商的实施意见等具体规范相继出台，标志着顶层设计中程序合理、环节完整的基层协商民主制度框架已然成型。

【具体运用】

2005 年出台的《中共中央关于进一步加强中国共产党领导的多党合作和政治协商制度建设的意见》中指出，"完善中国共产党同各民主党派的政治协商。中国共产党同各民主党派政治协商，主要采取民主协商会、小范围谈心会、座谈会等形式。除会议协商外，民主党派中央可向中共中央提出书面建议。协商的内容包括：中共全国代表大会、中共中央委员会的重要文件；宪法和重要法律的修改建议；国家领导人的建议人选；关于推进改革开放的重要决定；国民经济和社会发展的中长期规划；关系国家全局的一些重大问题；通报重要文件和重要情况并听取意见，以及其他需要同民主党派协商的重要问题等"。2015 年，中共中央办公厅印发了《关于加强人民政协协商民主建设的实施意见》。

表 3.2.2　《关于加强人民政协协商民主建设的实施意见》内容摘要

一、	加强人民政协协商民主建设的重要意义、指导思想和重要原则	1. 重要意义。
		2. 指导思想。
		3. 重要原则。
二、	明确政协协商的内容	4. 政协协商的主要内容。
		5. 制定政协年度协商计划。
		6. 在实践中丰富协商内容。

续表

三、	规范政协协商的形式	7.完善政协全体会议协商制度。
		8.健全专题议政性常务委员会会议制度。
		9.规范专题协商会。
		10.完善双周协商座谈会制度。
		11.开展对口协商和界别协商。
		12.健全提案办理协商制度。
		13.拓展协商形式。
四、	加强政协协商与党委和政府工作的有效衔接	14.规范协商议题提出机制。
		15.健全知情明政制度。
		16.完善协商成果采纳、落实和反馈机制。
五、	加强人民政协制度建设	17.政协全国委员会研究制定规范政治协商、民主监督、参政议政的具体意见。
		18.研究制定规范委员履职工作的指导性意见。
		19.在政协建立健全委员联络机构，完善委员联络制度。
六、	提高政协协商能力	20.提高政治把握能力。
		21.提高调查研究能力。
		22.提高联系群众能力。
		23.提高合作共事能力。
七、	加强和完善党对人民政协协商民主建设的领导	24.高度重视人民政协商民主建设。
		25.建立健全党领导人民政协协商民主建设的工作制度。
		26.发挥政协党组领导核心作用。
		27.营造全党全社会重视和支持人民政协协商民主建设的良好氛围。

工具使用的注意事项

政治协商中需要充分注意以下事项：第一，确保政协委员的代表性，政协委员与所代表的群众之间联系紧密，才能保证政治协商民主利益表达的合理性；第二，充分听取来自基层群众的声音，确保基层代表的人数比例；第三，注重培育人民政治协商的社会"沃土"，激发人民进行利益诉求表达的积极性。

2.4　公诉与集体诉讼

概念界定

公诉又称刑事起诉，指检察官代表国家对刑事案件的被告向法院提起刑事诉讼，请求法院将其定罪的法律行动。集体诉讼又称代表人诉讼，是解决群体性案例纠纷的民事诉讼，代表人代表一群人或集体，向法院提起诉讼，解决类似的法律问题，确保多数人的权益得到保护。二者作为司法工具纳入国家治理框架中，化解刑事矛盾和民事纠纷，在维护社会秩序、保障公民权益和社会稳定方面发挥着不可替代的作用。

原理与逻辑

一方面，政府的司法工具是化解纠纷矛盾的基石。社会纠纷难以避免，社会纠纷若是得不到妥善的处理，往往会加剧纠纷涉及者之间的矛盾，不利于社会的整体稳定，所以国家层面都高度重视通过公诉与集体诉讼等司法工具来公平公正解决社会纠纷。人民法院作为国家的司法机关，掌握国家司法权，成为集中解决各种社会纠纷的合法机构。公安部门等侦查机关则是通过对于违法刑事案件和民事案件及有关人员的调查、抓捕等，破获纠纷案件。总而言之，公诉与集体诉讼作为主要的国家司法工具，能够化解社会纠纷各种矛盾，维护社会公平正义，进而达到社会和谐稳定的目的。另一方面，政府的司法工具还能维护社会秩序。通过法律的确立、严格执法，对犯罪事件、人员惩治，树立司法的威权，实现对社会秩序的维护。

法理依据

2018 年，全国人大常委会发布了《中华人民共和国刑事诉讼法》，对刑事诉讼的管辖、辩护与代理、证据、强制措施、期间、送达等进行规定。如第一百七十二条规定："人民检察院认为犯罪嫌疑人的犯罪事实已经查清，证据确实、充分，依法应当追究刑事责任的，应当作出起诉决定，按照审判管辖的规定，向人民法院提起公诉，并将案卷材料、证据移送人民法院。"为了制裁民事违法行为，保护民事中的合法权益，全国人大常委会在 2017 年发布的《中华人民共和国民事诉讼法》对各种民事纠纷的管辖、审判组织、诉讼参与人、回避要求、证据、调解以及对妨害民事诉讼的强制措施、审判程序、审判监督程序等方面与环节进行了具体的规定。第八章第九十三条针对"调解"指出，"人民法院审理民事案件，根据当事人自愿的原则，在事实清楚的基础上，分清是非，进行调解"。

具体运用

公诉的流程包括：（1）任何单位和个人发现有犯罪事实或者犯罪嫌疑人，有权利也有义务向公安机关、人民检察院或者人民法院报案或者举报。（2）人民检察院认为犯罪嫌疑人的犯罪事实已经查清，证据确实、充分，依法应当追究刑事责任的，应当作出起诉决定，按照审判管辖的规定，向人民法院提起公诉，并将案卷材料、证据移送人民法院。（3）在被告人最后陈述后，审判长宣布休庭，合议庭进行评议，根据已经查明的事实、证据和有关的法律规定，作出相应判决。

2023 年，四川省保护消费者权益委员会和重庆市消费者权益保护委员会联合举办"川渝消委组织 2022 年度优秀消费维权案例评选"活动，北碚区首例集体诉讼荣获"川渝优秀消费维权案例评选一等奖"，为集体诉讼提供了蓝本。该案例重点休现北碚区消费者权益保护委员会在办理重庆市首例限制消费类集体诉讼案件中，与北碚区人民法院出台《北碚区消费纠纷诉调对接工作实施方案》，搭建了集体诉讼的平台，建立起消费纠纷诉讼维权的集体诉讼的"快车道"。通过集体诉讼平台成功办理了重庆市首例美容美发类也是首例限制消费类的集体诉讼案件，维护了消费者的合法权益。

💡➤ 工具使用的注意事项

公诉与集体诉讼运用中需要注意如下方面：第一，要将互联网、大数据、人工智能等技术应用到公诉与集体诉讼的治理环境中，推动公诉与集体诉讼的数字化创新，方便群众诉讼，节约司法资源，提高公诉与集体诉讼的治理效能；第二，要注重完善司法队伍建设和提高工作人员素质水平，推进法官的去官僚化，确保司法治理的公正性和合理性；第三，要广泛宣传和普及公诉与集体诉讼的程序和规则，推进全社会司法工具治理的文化氛围培育；第四，要与时俱进，对公诉与集体诉讼的工具运用进行完善和革新，不断提高公诉与集体诉讼的科学性。

3. 公共秩序保障

一般来说，公共秩序是符合可识别模式的重复事件或行为，是引导个人的一套正式和非正式的规则，是维护社会公共生活所必需的秩序。公共秩序存在于经济和社会生活中，其主要功能是促进人与人之间的信赖与合作。公共秩序的重要性有两点：一是人的基本需要，公共秩序是为其他一切权利提供基础的一项神圣权利，是提高社会成员生活质量的基本保证；二是经济社会运行的保障，当社会失去秩序时，信赖和合作就会被瓦解，交易成本将迅速上升，劳动分工将难以为继，经济效率会下降。对当前而言，稳定的政治、经济与社会环境，既是国家发展的必要保障，也是国家治理的宏观目标，因而保障公共秩序具有十分重要的战略意义。但公共秩序并非稳定不变，它会受到内部和外部因素的冲击，外部因素是外部力量冲击，如自然灾害、事故灾难等，内部因素主要是经济和社会生活的改变对原有社会秩序和政治制度造成的冲击。因此，对于行政管理者而言，必须要有效使用一些政策工具，来保障公共秩序，以保持社会的稳定与和谐。这些工具包括司法、打击犯罪、突发事件处置、网络安全等。

3.1 司法

概念界定

司法又称法的适用，通常是指国家司法机关及其司法人员依照法定职权和法定程序，具体运用法律处理案件的专门活动。司法是实施法律的一种方式，对实现立法目的、发挥法律的功能具有重要的意义。可以说，司法是维护社会公平正义的最后一道防线，是解决纠纷最终最有效的途径，肩负着保障公共秩序、维持社会稳定的重要使命和责任。

原理与逻辑

司法是非常重要的公共秩序保障工具，其出发点在于通过维护法制的运行、严格依法办事、维护公平正义，确保公共秩序的稳定。通过司法保障公共秩序主要有以下三方面原理。第一，基于"以权制权"的原则，保障法制运行。司法独立于立法与行政，是"处罚犯罪或裁决私人争讼"的权力，性质上属于纯粹的法律作用，而非政治作用。司法独立是三权分立理论的重要基础，也是"以权制权"原则的重要支柱。法制对公共秩序进行规划，做到有法可依；而司法则是对法制的保障，通过严格依法办事、执法必严、违法必究，树立法治的权威。二者相互促进，共同维护公共秩序稳定。第二，通过司法解释完善法律体系。法律即使再完备，也难以避免"法律漏洞"现象。而司法解释则具有填补漏洞的作用。实际上，由于法律规则是对复杂的社会现象进行归纳、总结而作出的一般的、抽象的规定，人们对规则的含义常常有可能从不同的角度进行理解。而每一个法官在将抽象的规则运用于具体案件的时候，都要对法律规则的内涵及适用的范围根据自身的理解作出判断，而此种判断实际上就是一种对法律的解释。第三，通过司法保护正当合法权益，维护公共秩序底线，营造良好社会环境。坚决让破坏社会管理秩序的行为受到惩处，让正当防卫行为得到保护，坚决为维护社会公共秩序和公共利益者撑腰，让公众明晰行为的标准和尺度，营造良好的法治氛围，提供坚强的司法保障，促进社会的发展进步。

法理依据

1954 年《中华人民共和国宪法》草案第六十六条曾规定："中华人民共和国的司法权由最高人民法院、地方各级人民法院和依法设立的专门法院行使。最高人民法院和地方各级人民法院的组织由法律规定。"此处的"司法权"概念在当时引起了较大争议，于是在 1954 年宪法中，就没有了"司法"这个概念，留下的只是"审判权"和"审判"的提法。此后，历部宪法中都没有单独出现过"司法"的概念。1979 年，《刑法》中首次出现了"司法"，其第八十四条规定："本法所称司法工作人员，是指有侦讯、检察、审判、监管人犯职务的人员。"在 1982 年宪法（2018 年修正）中也出现了"司法"的字眼，但不是单独出现的，而是以"司法行政"的名义组合出现。

表 3.3.1　1982 年宪法（2018 年修正）关于司法行政的表述

第八十九条第八款	（国务院行使的职权之一）领导和管理民政、公安、司法行政和监察等工作。
第一百零七条	县级以上地方各级人民政府依照法律规定的权限，管理本行政区域内的经济、教育、科学、文化、卫生、体育事业、城乡建设事业和财政、民政、公安、民族事务、司法行政、监察、计划生育等行政工作，发布决定和命令，任免、培训、考核和奖惩行政工作人员。

此外，在一些政策文件中也有"司法"相关的表述。例如，党的十三大首次提出"司法机关"这个概念之后，"司法改革""司法公正""司法职权"等概念开始频繁出现在党代会的报告中。尤其是从党的十五大开始，即明确提出"从制度上保证司法机关依法独立公正地行使审判权和检察权"。在党的十八届四中全会通过的《中共中央关于全面推进依法治国若干重大问题的决定》中，其第四部分"保证公正司法，提高司法公信力"集中论述了"司法"问题，提到要"完善确保依法独立公正行使审判权和检察权的制度""任何党政机关和领导干部都不得让司法机关做违反法定职责、有碍司法公正的事情，任何司法机关都不得执行党政机关和领导干部违法干预司法活动的要求。"

具体运用

新中国成立后，司法部也随之设立。1954 年宪法颁布后，中央人民政府司法部改称中华人民共和国司法部。司法部是国务院组成部门，负责贯彻落实党中央关于全面依法治国的方针政策和决策部署，在履行职责过程中坚持和加强党对全面依法治国的集中统一领导。当前司法机关一般指人民法院和人民检察院，相应的，司法权包括审判权和检察权，审判权由人民法院行使，检察权由人民检察院行使。

表 3.3.2   1982 年宪法（2018 年修正）关于人民法院和人民检察院的表述

人民法院	第一百二十八条 中华人民共和国人民法院是国家的审判机关。
	第一百二十九条 中华人民共和国设立最高人民法院、地方各级人民法院和军事法院等专门人民法院。最高人民法院院长每届任期同全国人民代表大会每届任期相同，连续任职不得超过两届。人民法院的组织由法律规定。
	第一百三十条 人民法院审理案件，除法律规定的特别情况外，一律公开进行。被告人有权获得辩护。
	第一百三十一条 人民法院依照法律规定独立行使审判权，不受行政机关、社会团体和个人的干涉。
	第一百三十二条 最高人民法院是最高审判机关。最高人民法院监督地方各级人民法院和专门人民法院的审判工作，上级人民法院监督下级人民法院的审判工作。
	第一百三十三条 最高人民法院对全国人民代表大会和全国人民代表大会常务委员会负责。地方各级人民法院对产生它的国家权力机关负责。
人民检察院	第一百三十四条 中华人民共和国人民检察院是国家的法律监督机关。
	第一百三十五条 中华人民共和国设立最高人民检察院、地方各级人民检察院和军事检察院等专门人民检察院。最高人民检察院检察长每届任期同全国人民代表大会每届任期相同，连续任职不得超过两届。人民检察院的组织由法律规定。
	第一百三十六条 人民检察院依照法律规定独立行使检察权，不受行政机关、社会团体和个人的干涉。
	第一百三十七条 最高人民检察院是最高检察机关。最高人民检察院领导地方各级人民检察院和专门人民检察院的工作，上级人民检察院领导下级人民检察院的工作。
	第一百三十八条 最高人民检察院对全国人民代表大会和全国人民代表大会常务委员会负责。地方各级人民检察院对产生它的国家权力机关和上级人民检察院负责。
其他规定	第一百三十九条 各民族公民都有用本民族语言文字进行诉讼的权利。人民法院和人民检察院对于不通晓当地通用的语言文字的诉讼参与人，应当为他们翻译。在少数民族聚居或者多民族共同居住的地区，应当用当地通用的语言进行审理；起诉书、判决书、布告和其他文书应当根据实际需要使用当地通用的一种或者几种文字。
	第一百四十条 人民法院、人民检察院和公安机关办理刑事案件，应当分工负责，互相配合，互相制约，以保证准确有效地执行法律。

表 3.3.3　《中共中央关于全面推进依法治国若干重大
问题的决定》关于司法具体运用的规定

四、保证公正司法，提高司法公信力	
小标题	内容
（一）完善确保依法独立公正行使审判权和检察权的制度	任何党政机关和领导干部都不得让司法机关做违反法定职责、有碍司法公正的事情，任何司法机关都不得执行党政机关和领导干部违法干预司法活动的要求。
（二）优化司法职权配置	健全公安机关、检察机关、审判机关、司法行政机关各司其职，侦查权、检察权、审判权、执行权相互配合、相互制约的体制机制。
（三）推进严格司法	推进以审判为中心的诉讼制度改革，确保侦查、审查起诉的案件事实证据经得起法律的检验。
（四）保障人民群众参与司法	（1）在司法调解、司法听证、涉诉信访等司法活动中保障人民群众参与。 （2）推进审批公开、检务公开、警务公开、狱务公开。

 工具使用的注意事项

　　司法是有效保障公共秩序的工具，在实施过程中要注意以下事项：第一，防止过度干扰，实现司法机关的相对独立，确保司法机关能够依法独立公正行使司法权；第二，正确处理网络舆论和司法审判之间的关系，把握司法独立与舆论监督的二元价值平衡，最终达到促进司法公正的目的；第三，有效监督司法机关行使权力。

3.2　打击犯罪

概念界定

　　根据刑法第十三条规定，犯罪是指危害社会，并且依照法律应当受刑罚处罚的行为。打击犯罪是指公安机关及有关部门依法严厉打击犯罪活动，维护人民群众合法权益，以营造安全稳定的社会环境，维护良好的公共秩序。

原理与逻辑

打击犯罪是较为常见的公共秩序保障工具，其基本的出发点是让违法犯罪分子受到惩罚，维护法律的权威，保障人民合法权益不受侵害，守住公共秩序的底线，确保公共秩序的稳定。

打击犯罪的基本原理主要有两方面：一是个体的行为动机。个体普遍具有趋利避害、谋求自身利益最大化的行为动机，但当其行为违反法律规定，构成犯罪，则会损害社会的利益和其他公民的利益，破坏公共秩序。因此，为保障社会稳定和谐，需要严厉打击犯罪行为，以严肃的惩处措施让犯罪行为主体清楚地意识到，为自身谋利需要在法律允许的范围内，而不能危害社会、破坏公共秩序。二是维护法制权威与尊严。法律为公共秩序设置了底线，而打击犯罪则是维护法制运行的重要工具。对违法犯罪行为的严厉打击通过负向约束行为给人以警醒，让公民意识到行为的底线，保证私权行使不得越过法律边界，以维护公共秩序。

法理依据

我国出台了多项打击犯罪的法律法规。其中，1979 年第五届全国人民代表大会第二次会议通过、2023 年修订的《中华人民共和国刑法》，是规定犯罪、刑事责任和刑罚的专项法律，对各类犯罪行为及犯罪责任作了较全面的表述。如：第三条规定，"法律明文规定为犯罪行为的，依照法律定罪处刑；法律没有明文规定为犯罪行为的，不得定罪处刑"；第六条规定，"凡在中华人民共和国领域内犯罪的，除法律有特别规定的以外，都适用本法"。国务院于 2020 年发布《行政执法机关移送涉嫌犯罪案件的规定》，旨在保证行政执法机关能够及时向公安机关移送涉嫌犯罪案件，依法惩罚破坏社会主义市场经济秩序罪、妨害社会管理秩序罪以及其他罪。相关政府部门也制定了打击某类犯罪行为的专项法规，如劳动保障部会同有关部门制订了《关于开展整治非法用工打击违法犯罪专项行动方案》。同时，由最高人民法院作出的司法解释，也是打击犯罪的重要法律依据。如：《最高人民法院关于审理掩饰、隐瞒犯罪所得、犯罪所得收益刑事案件适用法律若干问题的解释》（2021 年修正）、《最高人民法院关于审理拐卖妇女儿童犯罪案件具体应用法律若干问题的解释》、《最高人民法院关于审理毒品犯罪案件适用法律若干问题的解释》等。

具体运用

《中华人民共和国刑法》（2023 年修正）第一编第四章是刑罚的具体运用，包括量刑、累犯、自首和立功、数罪并罚、缓刑、减刑、假释。第二编则对各类犯罪行为作了具体规定，类型包括危害国家安全罪、危害公共安全罪、破坏社会主义市场经济秩序罪、侵犯公民人身权利、民主权利罪、侵犯财产罪、妨害社会管理秩序罪、危害国防利益罪、贪污贿赂罪、渎职罪、军人违反职责罪。

表 3.3.4　《中华人民共和国刑法》（2023 年修正）（节选）

小标题	内容
第六章　妨害社会管理秩序罪 第一节　扰乱公共秩序罪	第二百七十七条　【妨害公务罪】以暴力、威胁方法阻碍国家机关工作人员依法执行职务的，处三年以下有期徒刑、拘役、管制或者罚金。 以暴力、威胁方法阻碍全国人民代表大会和地方各级人民代表大会代表依法执行代表职务的，依照前款的规定处罚。 在自然灾害和突发事件中，以暴力、威胁方法阻碍红十字会工作人员依法履行职责的，依照第一款的规定处罚。 故意阻碍国家安全机关、公安机关依法执行国家安全工作任务，未使用暴力、威胁方法，造成严重后果的，依照第一款的规定处罚。 【袭警罪】暴力袭击正在依法执行职务的人民警察的，处三年以下有期徒刑、拘役或者管制；使用枪支、管制刀具，或者以驾驶机动车撞击等手段，严重危及其人身安全的，处三年以上七年以下有期徒刑。

续表

小标题	内容
第六章　妨害社会管理秩序罪 第一节　扰乱公共秩序罪	第二百七十八条　【煽动暴力抗拒法律实施罪】煽动群众暴力抗拒国家法律、行政法规实施的，处三年以下有期徒刑、拘役、管制或者剥夺政治权利；造成严重后果的，处三年以上七年以下有期徒刑。 第二百七十九条　【招摇撞骗罪】冒充国家机关工作人员招摇撞骗的，处三年以下有期徒刑、拘役、管制或者剥夺政治权利；情节严重的，处三年以上十年以下有期徒刑。 冒充人民警察招摇撞骗的，依照前款的规定从重处罚。 第二百八十条　【伪造、变造、买卖国家机关公文、证件、印章罪；盗窃、抢夺、毁灭国家机关公文、证件、印章罪】【伪造公司、企业、事业单位、人民团体印章罪；伪造、变造、买卖身份证件罪】伪造、变造、买卖或者盗窃、抢夺、毁灭国家机关的公文、证件、印章的，处三年以下有期徒刑、拘役、管制或者剥夺政治权利，并处罚金；情节严重的，处三年以上十年以下有期徒刑，并处罚金。 【伪造公司、企业、事业单位、人民团体印章罪】伪造公司、企业、事业单位、人民团体的印章的，处三年以下有期徒刑、拘役、管制或者剥夺政治权利，并处罚金。 【伪造、变造、买卖身份证件罪】伪造、变造、买卖居民身份证、护照、社会保障卡、驾驶证等依法可以用于证明身份的证件的，处三年以下有期徒刑、拘役、管制或者剥夺政治权利，并处罚金；情节严重的，处三年以上七年以下有期徒刑，并处罚金。

工具使用的注意事项

打击犯罪是具有直接效果的公共秩序保障工具，在实际使用中应注意以下事项：第一，在打击犯罪的过程中要注意维护执法者的尊严，维护执法人员的人身安全和执法权威，党和政府要为执法者依法履职撑腰打气，让执法者敢于担当、严格执法。第二，既要"打早打小"，又要"打准打实"。既要提高工作的主动性和预见性，将犯罪行为消灭在萌芽状态，又要严格依法办案，坚持在法律

框架内办案，不能以任何理由突破法律规定。第三，在面对组织犯
罪时，要注意区分责任范围和责任程度，贯彻落实宽严相济的刑事
政策。

3.3 突发事件处置

概念界定

突发事件是指突然发生，造成或者可能造成严重社会危害，需要采取应
急处置措施予以应对的自然灾害、事故灾难、公共卫生事件和社会安全事
件。突发事件处置即政府及相关部门采取各种有力措施控制、减轻和消除突
发事件引起的严重社会危害，最大限度地减轻重大突发事件的影响，维护国
家安全、公共安全和社会秩序。

原理与逻辑

突发事件处置工具对保障良好的公共秩序具有重要的意义，其出发点在
于最大限度地减轻重大突发事件的影响，维护公民生命、财产安全，减轻社
会恐慌，维持社会稳定和经济发展。其原理主要有以下三方面：第一，从公
民角度看，突发事件的发生会造成人员伤亡，财产受损，可能会使某些人内
心深处的自私、自保等本性暴露，使社会陷入无序的危机。而有效使用突发
事件处置工具，能减少公众恐慌，稳定民心，维护公共秩序。第二，从突发
事件角度看，突发事件的影响会迅速蔓延，尤其是在网络信息时代，会造成
更大的不稳定。政府及相关部门采取措施控制事态发展，组织开展应急救援
和处置工作，防止事件影响继续蔓延，及时控制、减轻突发事件的影响，保
障正常的公共秩序。第三，从政府公信力角度看，有效处置突发事件，有利
于塑造"负责任、诚信、服务大众"的政府形象，便于各项政策贯彻执行，
更好地保障公共秩序。

法理依据

2005 年，国务院第 79 次常务会议通过了《国家突发公共事件总体应急预案》，预案明确了突发事件应对的组织体系和运作机制。其中运作机制包括预测与预警、应急处置、恢复与重建、信息发布。2007 年，第十届全国人民代表大会常务委员会第二十九次会议通过《中华人民共和国突发事件应对法》，明确规定"突发事件的预防与应急准备、监测与预警、应急处置与救援、事后恢复与重建等应对活动，都适用本法"。2017 年，国务院办公厅印发《国家突发事件应急体系建设"十三五"规划》的通知，明确突发事件应急体系建设的主要任务是加强应急管理基础能力建设、加强核心应急救援能力建设、加强综合应急保障能力建设、加强社会协同应对能力建设、进一步完善应急管理体系，推进应急管理工作法治化、规范化、精细化、信息化，最大程度减少突发事件及其造成的损失，为全面建成小康社会提供安全保障。在国家层面的整体性制度法规的引导下，各级地方政府也相应出台了适用于本行政区域的突发事件处置规定。如：2019 年，北京市突发事件应急委员会发布《北京市突发事件应急指挥与处置管理办法》，要求加快建立与首都地位相适应的超大城市突发事件应急指挥与处置工作机制。

具体运用

从新中国成立到"非典"前，影响我国范围最广泛、损失最大的突发事件仍然是洪涝、干旱、地震等自然灾害。各级政府坚持生产救灾，劝阻灾民逃荒，并积极安置灾民，改变过去灾民为逃荒远走他乡就食，缺乏生产自救的问题。政府机关、国营和集体企业成为救灾主体，民间力量、公众参与有组织地进行。2003 年的"非典"事件后，南方冰冻雨雪灾害、汶川特大地震、瓮安事件、玉树地震、舟曲泥石流、雅安地震等重特大突发事件接踵而至，推动了突发事件处置机制的改进和完善。在 2003 年的"非典"事件中，政府通过完善制度、改进管理、建立机构、回应公众，开始了"一案三制"应急管理体系的全面建构。

在具体运用上，《中华人民共和国突发事件应对法》第四条表明，"国家建立统一领导、综合协调、分类管理、分级负责、属地管理为主的应急管理体制"。同时，该法也表明，突发事件应对包括预防与应急准备、监测与预警、应急处置与救援、事后恢复与重建。

表 3.3.5　《中华人民共和国突发事件应对法》
关于突发事件处置职责的表述

第七条　县级人民政府对本行政区域内突发事件的应对工作负责；涉及两个以上行政区域的，由有关行政区域共同的上一级人民政府负责，或者由各有关行政区域的上一级人民政府共同负责。

突发事件发生后，发生地县级人民政府应当立即采取措施控制事态发展，组织开展应急救援和处置工作，并立即向上一级人民政府报告，必要时可以越级上报。

突发事件发生地县级人民政府不能消除或者不能有效控制突发事件引起的严重社会危害的，应当及时向上级人民政府报告。上级人民政府应当及时采取措施，统一领导应急处置工作。

法律、行政法规规定由国务院有关部门对突发事件的应对工作负责的，从其规定；地方人民政府应当积极配合并提供必要的支持。

第八条　国务院在总理领导下研究、决定和部署特别重大突发事件的应对工作；根据实际需要，设立国家突发事件应急指挥机构，负责突发事件应对工作；必要时，国务院可以派出工作组指导有关工作。

县级以上地方各级人民政府设立由本级人民政府主要负责人、相关部门负责人、驻当地中国人民解放军和中国人民武装警察部队有关负责人组成的突发事件应急指挥机构，统一领导、协调本级人民政府各有关部门和下级人民政府开展突发事件应对工作；根据实际需要，设立相关类别突发事件应急指挥机构，组织、协调、指挥突发事件应对工作。

上级人民政府主管部门应当在各自职责范围内，指导、协助下级人民政府及其相应部门做好有关突发事件的应对工作。

第九条　国务院和县级以上地方各级人民政府是突发事件应对工作的行政领导机关，其办事机构及具体职责由国务院规定。

表 3.3.6 《中华人民共和国突发事件应对法》
关于突发事件处置的表述

第四十九条 自然灾害、事故灾难或者公共卫生事件发生后，履行统一领导职责的人民政府可以采取下列一项或者多项应急处置措施：

（一）组织营救和救治受害人员，疏散、撤离并妥善安置受到威胁的人员以及采取其他救助措施；

（二）迅速控制危险源，标明危险区域，封锁危险场所，划定警戒区，实行交通管制以及其他控制措施；

（三）立即抢修被损坏的交通、通信、供水、排水、供电、供气、供热等公共设施，向受到危害的人员提供避难场所和生活必需品，实施医疗救护和卫生防疫以及其他保障措施；

（四）禁止或者限制使用有关设备、设施，关闭或者限制使用有关场所，中止人员密集的活动或者可能导致危害扩大的生产经营活动以及采取其他保护措施；

（五）启用本级人民政府设置的财政预备费和储备的应急救援物资，必要时调用其他急需物资、设备、设施、工具；

（六）组织公民参加应急救援和处置工作，要求具有特定专长的人员提供服务；

（七）保障食品、饮用水、燃料等基本生活必需品的供应；

（八）依法从严惩处囤积居奇、哄抬物价、制假售假等扰乱市场秩序的行为，稳定市场价格，维护市场秩序；

（九）依法从严惩处哄抢财物、干扰破坏应急处置工作等扰乱社会秩序的行为，维护社会治安；

（十）采取防止发生次生、衍生事件的必要措施。

第五十条 社会安全事件发生后，组织处置工作的人民政府应当立即组织有关部门并由公安机关针对事件的性质和特点，依照有关法律、行政法规和国家其他有关规定，采取下列一项或者多项应急处置措施：

（一）强制隔离使用器械相互对抗或者以暴力行为参与冲突的当事人，妥善解决现场纠纷和争端，控制事态发展；

（二）对特定区域内的建筑物、交通工具、设备、设施以及燃料、燃气、电力、水的供应进行控制；

（三）封锁有关场所、道路，查验现场人员的身份证件，限制有关公共场所内的活动；

（四）加强对易受冲击的核心机关和单位的警卫，在国家机关、军事机关、国家通讯社、广播电台、电视台、外国驻华使领馆等单位附近设置临时警戒线；

（五）法律、行政法规和国务院规定的其他必要措施。

严重危害社会治安秩序的事件发生时，公安机关应当立即依法出动警力，根据现场情况依法采取相应的强制性措施，尽快使社会秩序恢复正常。

续表

第五十一条　发生突发事件，严重影响国民经济正常运行时，国务院或者国务院授权的有关主管部门可以采取保障、控制等必要的应急措施，保障人民群众的基本生活需要，最大限度地减轻突发事件的影响。
第五十二条　履行统一领导职责或者组织处置突发事件的人民政府，必要时可以向单位和个人征用应急救援所需设备、设施、场地、交通工具和其他物资，请求其他地方人民政府提供人力、物力、财力或者技术支援，要求生产、供应生活必需品和应急救援物资的企业组织生产、保证供给，要求提供医疗、交通等公共服务的组织提供相应的服务。 　　履行统一领导职责或者组织处置突发事件的人民政府，应当组织协调运输经营单位，优先运送处置突发事件所需物资、设备、工具、应急救援人员和受到突发事件危害的人员。
第五十三条　履行统一领导职责或者组织处置突发事件的人民政府，应当按照有关规定统一、准确、及时发布有关突发事件事态发展和应急处置工作的信息。
第五十四条　任何单位和个人不得编造、传播有关突发事件事态发展或者应急处置工作的虚假信息。
第五十五条　突发事件发生地的居民委员会、村民委员会和其他组织应当按照当地人民政府的决定、命令，进行宣传动员，组织群众开展自救和互救，协助维护社会秩序。
第五十六条　受到自然灾害危害或者发生事故灾难、公共卫生事件的单位，应当立即组织本单位应急救援队伍和工作人员营救受害人员，疏散、撤离、安置受到威胁的人员，控制危险源，标明危险区域，封锁危险场所，并采取其他防止危害扩大的必要措施，同时向所在地县级人民政府报告；对因本单位的问题引发的或者主体是本单位人员的社会安全事件，有关单位应当按照规定上报情况，并迅速派出负责人赶赴现场开展劝解、疏导工作。 　　突发事件发生地的其他单位应当服从人民政府发布的决定、命令，配合人民政府采取的应急处置措施，做好本单位的应急救援工作，并积极组织人员参加所在地的应急救援和处置工作。
第五十七条　突发事件发生地的公民应当服从人民政府、居民委员会、村民委员会或者所属单位的指挥和安排，配合人民政府采取的应急处置措施，积极参加应急救援工作，协助维护社会秩序。

 工具使用的注意事项

　　突发事件处置工具的使用能在突发事件发生后快速、有效保障公共秩序，在使用过程中要注意以下事项：第一，在突发事件处置过程中，政府要注意充分、及时地公开突发事件相关信息，加强和完善信息公开制度，不要虚报、谎报信息；第二，要重视突发事件舆情应对，根据需要设立新闻应急办或临时舆情处置机构，精准发布消息，及时、有效应对舆情，杜绝谣言、流言，稳定公众情绪；第三，要重在预防，从制度上预防突发事件的发生，及时消除风险隐患；第四，要重视突发事件处置中的个人信息权保护，规范行政机关、公共机构对个人信息的收集、使用和处理行为。

3.4　网络安全

概念界定

网络安全是指通过采取必要措施，防范对网络的攻击、侵入、干扰、破坏和非法使用以及意外事故的发生，使网络处于稳定可靠运行的状态，保障网络数据的完整性、保密性、可用性。

原理与逻辑

随着信息化建设和网络技术应用的深入，网络安全成为各国关注的焦点，不仅关系到机构和个人的信息资源和资产风险，也关系到国家安全和社会稳定。因此，在网络信息时代，维护网络安全是保障公共秩序的重要工具。其基本原理主要包括以下几个方面：其一，网络安全涉及国家安全，没有网络安全就没有国家安全。传统上只有国家能够收集到涉及国家安全的数据，而现在任何一个大型网络企业的海量数据都可能会涉及国家安全问题。特别是企业所掌握的国民行为的信息越多，所具有的安全风险也就越大。通过网络安全工具使用，能够保障国家安全，进而维护国内稳定的公共秩序。其二，网络安全会影响到经济社会的稳定。例如突发事件发生后，个人或机构在网络上散布不实信息，在网络的高速传播之下，就会引起公众恐慌，破坏公共秩序。而通过网络安全管理，依法惩治网络犯罪行为，保护网络信息安全，能够保障良好网络公共秩序。其三，网络安全关乎国计民生。随着互联网技术的发展，网络进入日常生活的各个角落，与此同时网络中个人的信息安全时常受到威胁，给人民的人身财产安全造成严重威胁。因此，维护网络空间安全也是保障公共秩序的重要组成部分。其四，维护网络安全有助于塑造正确的公民价值观。通过网络安全管理，维护健康的网络空间，倡导诚实守信、健康文明的网络行为，推动传播社会主义核心价值观。同时依法惩治利用网络从事危害未成年人身心健康的活动，为未成年人提供安全、健康的网络环境。

法理依据

1994 年，公安部颁布《中华人民共和国计算机信息系统安全保护条例》，这是中国网络安全方面的第一部法规，较全面地阐述了关于计算机信息系统安全相关的概念、内涵、管理、监督、责任，并在 2011 年进行了补充完善。2016 年，《中华人民共和国网络安全法》通过，其规定了一系列网络安全管理制度，如关键信息基础设施保护、网络安全审查、个人信息和重要数据出境评估、关键网络设备和网络安全专用产品认证检测、个人信息保护等，并赋予国家网信部门负责统筹协调网络安全工作和相关监督管理工作的职能。2016 年，《国家网络空间安全战略》发布，作为首次发布的关于网络空间安全的战略性纲要文件，该战略不仅阐明了关于网络空间发展和安全的重大立场和主张，更明确了若干年内的战略方针和主要任务，可概括为"坚定捍卫网络空间主权，坚决维护国家安全，保护关键信息基础设施，加强网络文化建设，打击网络恐怖和违法犯罪，完善网络治理体系，夯实网络安全基础，提升网络空间防护能力，强化网络空间国际合作"9 个方面。"一法一战略"相辅相成，从法律层面保障中国网络空间安全。

具体运用

我国网络安全的起步最早可以追溯到 1987 年国家信息中心安全处的成

立，这是第一个负责网络安全管理的专门机构。1999 年，国务院成立国家信息化工作领导小组，负责组织协调国家计算机网络与信息安全管理方面的重大问题，组长由时任国务院副总理吴邦国担任，领导小组没有单设办事机构，具体工作由信息产业部承担。2001 年，中共中央、国务院决定重新组建国家信息化领导小组，组长由时任国务院总理朱镕基担任，副组长包括两位中央政治局常委和两位中央政治局委员。伴随着领导小组的成立，国务院信息化办公室也宣告成立。国信办设置了专门的小组负责网络与信息安全相关事宜的协调、管理与规划。2014 年，习近平总书记主持召开中央网络安全和信息化领导小组第一次会议，标志着中央层面成立了网络安全工作的最高统筹协调机构，其后各地和有关部门纷纷成立网络安全和信息化领导机构，并设立网信办。2018 年，党和国家机构改革中，中央网络安全和信息化领导小组改为中央网络安全和信息化委员会，负责网信领域重大工作的顶层设计、总体布局、统筹协调、整体推进、督促落实，网络安全管理职能进一步增强。

在具体运行中，网络安全管理主要依据《中华人民共和国网络安全法》开展。其中，第三章是网络运行安全，包括一般规定和关键信息基础设施的运行安全；第四章是网络信息安全，保护个人信息安全；第五章是监测预警与应急处置，采取有力措施，降低网络安全事件发生的风险；第六章则规定了破坏网络安全的法律责任。

表 3.3.7 《中华人民共和国网络安全法》
关于网络信息安全的表述

第四十条　网络运营者应当对其收集的用户信息严格保密，并建立健全用户信息保护制度。
第四十一条　网络运营者收集、使用个人信息，应当遵循合法、正当、必要的原则，公开收集、使用规则，明示收集、使用信息的目的、方式和范围，并经被收集者同意。 　　网络运营者不得收集与其提供的服务无关的个人信息，不得违反法律、行政法规的规定和双方的约定收集、使用个人信息，并应当依照法律、行政法规的规定和与用户的约定，处理其保存的个人信息。

续表

第四十二条　网络运营者不得泄露、篡改、毁损其收集的个人信息；未经被收集者同意，不得向他人提供个人信息。但是，经过处理无法识别特定个人且不能复原的除外。 网络运营者应当采取技术措施和其他必要措施，确保其收集的个人信息安全，防止信息泄露、毁损、丢失。在发生或者可能发生个人信息泄露、毁损、丢失的情况时，应当立即采取补救措施，按照规定及时告知用户并向有关主管部门报告。
第四十三条　个人发现网络运营者违反法律、行政法规的规定或者双方的约定收集、使用其个人信息的，有权要求网络运营者删除其个人信息；发现网络运营者收集、存储的其个人信息有错误的，有权要求网络运营者予以更正。网络运营者应当采取措施予以删除或者更正。
第四十四条　任何个人和组织不得窃取或者以其他非法方式获取个人信息，不得非法出售或者非法向他人提供个人信息。
第四十五条　依法负有网络安全监督管理职责的部门及其工作人员，必须对在履行职责中知悉的个人信息、隐私和商业秘密严格保密，不得泄露、出售或者非法向他人提供。
第四十六条　任何个人和组织应当对其使用网络的行为负责，不得设立用于实施诈骗，传授犯罪方法、制作或者销售违禁物品、管制物品等违法犯罪活动的网站、通讯群组，不得利用网络发布涉及实施诈骗，制作或者销售违禁物品、管制物品以及其他违法犯罪活动的信息。
第四十七条　网络运营者应当加强对其用户发布的信息的管理，发现法律、行政法规禁止发布或者传输的信息的，应当立即停止传输该信息，采取消除等处置措施，防止信息扩散，保存有关记录，并向有关主管部门报告。
第四十八条　任何个人和组织发送的电子信息、提供的应用软件，不得设置恶意程序，不得含有法律、行政法规禁止发布或者传输的信息。 电子信息发送服务提供者和应用软件下载服务提供者，应当履行安全管理义务，知道其用户有前款规定行为的，应当停止提供服务，采取消除等处置措施，保存有关记录，并向有关主管部门报告。
第四十九条　网络运营者应当建立网络信息安全投诉、举报制度，公布投诉、举报方式等信息，及时受理并处理有关网络信息安全的投诉和举报。 网络运营者对网信部门和有关部门依法实施的监督检查，应当予以配合。
第五十条　国家网信部门和有关部门依法履行网络信息安全监督管理职责，发现法律、行政法规禁止发布或者传输的信息的，应当要求网络运营者停止传输，采取消除等处置措施，保存有关记录；对来源于中华人民共和国境外的上述信息，应当通知有关机构采取技术措施和其他必要措施阻断传播。

💡 工具使用的注意事项

网络安全工具的使用能够有效保障良好的公共秩序，在实施过程中要注意以下事项：第一，兼顾保护言论自由与打击网络犯罪；第二，进一步加强网络个人信息安全保护；第三，注重网络安全人才培养，这是维护网络安全的重要基础性工作。

4.公共服务

保障人民享有公共服务是政府的重要职责。首先，各级政府要明确公共服务提供的内容。公共服务的内容非常丰富，广义上包括公共安全、消费安全和国防安全、交通、通信、公用设施、环境保护等，狭义上包括教育、就业、社会保障、医疗卫生、住房保障、文化体育等。政府具体提供哪些服务则是动态调适的，既要满足人民日益增长的美好生活需求，又不能超越经济社会发展水平。党的十八大和十九大均对基本公共服务均等化提出了战略部署，"十二五"和"十三五"规划分别确定了基本公共服务范围和清单。其次，各级政府还要明确公共服务的提供方式。政府直接承办是行使政府职能，落实以人民为中心的自然选择，但往往效率低下，水平和质量不高。而政府购买服务可以利用市场竞争，有助于提高效率、提升质量，但不能确保人人享有。政府和社会资本合作，可以充分利用社会资金减轻政府财政负担。政府如何提供公共服务要综合考虑服务内容、成本和收益，相机抉择，从法律规范、事业单位、国有企业、政府购买服务等工具中择优选择。

4.1 法律规范

概念界定

　　法律规范是指以法律法规的形式确定公共服务主体、内容、方式、水平与客体。虽然现代社会对政府提供公共服务已达成共识，但提供什么、向谁提供、如何提供等问题仍不够清晰，需要以法律法规的形式明确下来，确保政府履行公共服务责任，人民享受公共服务权益。

原理与逻辑

　　促进社会公平正义、增进人民福祉、增强全体人民获得感的政府治理目标均要求人民群众享有基本公共服务，而确保公民享有公共服务的基本权利离不开法律对政府履行公共服务职责的规范。制定公共服务相关法律规范，确保政府部门按需按质提供基本公共服务，不仅有助于促进社会公平，更有助于推动经济社会发展。教育公共服务直接提升广大国民的人力资本，不仅帮助个人提高收入，而且提升家庭和社群的受教育水平，进而推动企业创新、产业转型升级和国民经济可持续发展。就业公共服务帮助人力资源供需沟通，减弱信息不对称等不利影响，有助于提高人力资本配置效率。社会保障公共服务让人民群众在年老、生病失业等风险状态下有足够的收入维持生计，有助于人力资本的生产和再生产，宏观上也是应对经济下行的政策手段。住房公共服务保障人民群众基本居住需求。文体公共服务让城乡居民开展健身活动、了解更多外部信息，有助于推动机会均等。从实践经验看，公共服务法制化能显著推动经济社会发展。当然，公共服务法制化还需要服从我国社会主义初级阶段这一基本国情，以保基本、兜底线为基本原则，坚持尽力而为、量力而行，建立起与国情相匹配的公共服务体系。

法理依据

　　2012 年，国务院印发《国家基本公共服务体系"十二五"规划》，提出到 2020 年建成比较健全的基本公共服务体系。2017 年，国务院印发《"十三五"推进基本公共服务均等化规划》，指出享有基本公共服务是公民的基本权利，保障人人享有基本公共服务是政府的重要职责，同时明确了到 2020 年基本公共服务均等化基本实现的发展目标。2014 年，党的十八届四中全会通过了《中共中央关于全面推进依法治国若干重大问题的决定》，要求"依法加强和规范公共服务"。2019 年，党的十九届四中全会通过了《中共中央关于坚持和完善中国特色社会主义制度　推进国家治理体系和治理能力现代化若干重大问题的决定》，要求"完善公共服务体系，推进基本公共服务均等化、可及性"。2020 年，中共中央、国务院印发《关于新时代加快完善社会主义市场经济体制的意见》，进一步强调完善政府公共服务职能。2021 年，经国务院批复，国家发展改革委联合多部门共同印发了《国家基本公共服务标准（2021 年版）》，为各地区公共服务的提供明确了统一的执行标准。2022 年，国务院批复了《"十四五"公共服务规划》，提出了到 2025 年公共服务制度体系更加完善，政府保障基本、社会多元参与、全民共建共享的公共服务供给格局基本形成，民生福祉达到新水平的主要目标。围绕"七有两保障"，设计了 22 项指标。同时，就"十四五"时期推进基本公共服务均等化、扩大普惠性非基本公共服务供给提出发展方向、重点任务和政策举措；要求促进生活服务多层次多样化发展，作为公共服务体系的有益补充，拓展公共服务提档升级空间。

目前，我国在公共服务各个领域都有相关法律法规。教育领域有教育法、义务教育法、高等教育法等，就业领域有就业促进法、劳动法、劳动合同法等，社会保障领域有社会保险法、妇女权益保障法、残疾人保障法、职业病防治法等，医疗卫生领域有人口与计划生育法、传染病防治法、药品管理法、食品卫生法等，住房保障领域有住房公积金管理条例、防震减灾法等，文化体育领域有旅游法、体育法等。此外，政府购买公共服务还要遵循预算法、政府采购法等相关法律规定。

具体运用

医疗保障是公共服务的重要内容，《2019 年全国医疗保障事业发展统计公报》部分数据，显示了落实《社会保险法》《药品管理法》《人口和计划生育法》《政府采购法》《社会救助暂行办法》等法律法规的应用成效。

 例 3.4.1

2019 年全国医疗保障事业发展统计公报（摘录）①

（一）医疗保险

2019 年参加全国基本医疗保险 135407 万人，参保率稳定在 95% 以上。2019 年，全国基本医保基金（含生育保险）总收入 24421 亿元，比上年增长 10.2%，占当年 GDP 比重约为 2.5%；全国基本医保基金（含生育保险）总支出 20854 亿元，比上年增长 12.2%，占当年 GDP 比重约为 2.1%；全国基本医保基金（含生育保险）累计结存 27697 亿元，其中基本医保统筹基金（含生育保险）累计结存 19270 亿元，职工基本医疗保险个人账户累计结存 8426 亿元。

（二）医疗救助和医保扶贫

2019 年，全国医疗救助基金支出 502.2 亿元，资助参加基本医疗保险 8751 万人，实施门诊和住院救助 7050 万人次，全国平均次均住院救助、门诊救助分别为 1123 元、93 元。2019 年中央财政投入医疗救助补助资金 245 亿元，安排 40 亿元补助资金专项用于支

---

① 参见《2019 年全国医疗保障事业发展统计公报》，国家医疗保障局网站，2020 年 6 月 24 日，http://www.nhsa.gov.cn/art/2020/6/24/art_7_3268.html。

持深度贫困地区提高贫困人口医疗保障水平。

截至 2019 年底，农村建档立卡贫困人口参保率达到 99.9% 以上。医保扶贫综合保障政策惠及贫困人口近 2 亿人次，帮助 418 万因病致贫人口精准脱贫。

（三）医保药品目录

2019 年版国家医保药品目录中，西药和中成药共计 2709 个，其中西药 1370 个、中成药 1339 个。此外，还列入了有国家标准的中药饮片 892 个。2019 年医保准入谈判中，新增 70 个纳入医保乙类，平均降幅 60.7%，另有 27 个原谈判药品续约成功，平均降幅 26.4%。

（四）药品采购

截至 2019 年底，全国 31 个省（区、市）通过省级药品集中采购平台网采订单总金额初步统计为 9913 亿元。其中，西药（化学药品及生物制品）订单金额 8115 亿元，中成药订单金额 1798 亿元。网采药品中医保药品订单金额 8327 亿元，占比 84%。

截至 2019 年底，"4+7"药品集中带量采购试点地区 25 个中选药品平均完成约定采购量的 183%，中选药品采购量占同通用名药品采购量的 78%。试点全国扩围后，25 个通用名品种全部扩围采购成功，扩围价格平均降低 59%，在"4+7"试点基础上又降低 25%。

（五）医保支付改革

推进支付方式改革，全国 97.5% 的统筹区实行了医保付费总额控制，86.3% 的统筹区开展了按病种付费。30 个城市纳入了国家 CHS-DRG 付费试点范围。60% 以上的统筹区开展对长期、慢性病住院医疗服务按床日付费，并探索对基层医疗服务按人头付费与慢性病管理相结合。

（六）异地就医

2019 年，职工医保参保人员异地就医 4372 万人次，异地就医费用 1339 亿元。其中住院费用 1197 亿元，占职工医保参保人员住院费用的 16.7%；次均住院费用 18328 元。

2019 年，居民医保参保人员异地就医 5418 万人次，异地就医费用 3022 亿元。其中住院费用 2900 亿元，占居民医保参保人员住院费用的 24.1%；次均住院费用 14887 元。

截至 2019 年底，跨省异地就医直接结算定点医疗机构数量为 27608 家；国家平台有效备案人数 539 万人。基层医疗机构覆盖范围持续扩大，二级及以下定点医疗机构 24720 家。全年跨省异地就医直接结算 272 万人次，医疗费用 648.2 亿元，基金支付 383.2 亿元。日均直接结算 7452 人次。次均住院费用 2.4 万元，次均基金支付 1.4 万元。

推进门诊费用跨省结算试点工作。截至 2019 年底，长三角地区全部 41 个城市已经实现跨省异地就医门诊费用直接结算全覆盖，联网定点医疗机构 5173 家，其中上海市设有门诊的医疗机构已全部联网。长三角地区累计结算 64.6 万人次，涉及医疗总费用 14262.2 万元。京津冀、西南五省（云南、贵州、四川、重庆、西藏）启动跨省异地就医门诊费用直接结算服务。

（七）医疗保障基金监管

持续开展打击欺诈骗取医疗保障基金专项治理，全年各级医保部门共检查定点医药机构 81.5 万家，查处违法违规违约医药机构 26.4 万家，其中解除医保协议 6730 家、行政处罚 6638 家、移交司法机关 357 家；各地共处理违法违规参保人员 3.31 万人，暂停结算 6595 人、移交司法机关 1183 人；全年共追回资金 115.56 亿元。

国家医保局共组织 69 个飞行检查组赴 30 个省份，对 177 家定点医药机构进行检查，共查出涉嫌违法违规金额 22.32 亿元。

💡➡️ **工具使用的注意事项**

公共服务内容丰富，单独立法能够体现不同公共服务的特点，但也可能会出现交叉或者缝隙等问题；而综合立法则正好相反。因此，在通过法律规范保障公共服务供给的实际应用中，需平衡立法的专业性和综合性，以兼顾公共服务的差异化和全面性需求。

4.2 事业单位

概念界定

事业单位是指国家为了社会公益目的，由国家机关举办或者其他组织利用国有资产举办的，从事教育、科技、文化、卫生等活动的社会服务组织。国家借助两类事业单位提供公共服务，公益一类承担义务教育、基础性科研、公共文化、公共卫生及基层的基本医疗服务等基本公益服务，公益二类承担高等教育、非营利医疗等公益服务。

原理与逻辑

教育、医疗、公共卫生等服务是个人生存和社会发展的必需品，如果由市场提供，其可及性、质量、数量等无法保障。以公共卫生为例，政府应向每一个社会成员提供最基本的服务，但是市场无法在空间上向每一个偏远地区配置资源，也无法向每一个贫困社会成员配置资源，或者可以提供服务但价格高昂，导致社会成员无法享受最基本的公共服务。类似的还有义务教育、基础性科研、公共文化、基层的基本医疗服务等，此类公共服务不宜由市场配置资源。再如高等教育，虽然政府没有义务，也没有能力确保每一个社会成员都能接受高等教育，但高等教育既有助于改善个人生活，又有助于国家和社会总体进步。如果由市场来提供高等教育，可能没有足够资源建设更多高校，也没有足够资源提升高等教育质量，还可能有很多社会成员因为经济原因无力购买服务，从而导致机会不均等，扩大收入差距。类似的还有医疗服务等，此类公共服务可以引入市场机制，但市场不宜主导。由此，事业单位成为政府向全体社会成员提供公共服务的重要工具。政府出资设立，提供相应的场地、设施，给予资金和人力资源保障，制定质量标准，确保供给数量，免费或低价供应。

法理依据

《中华人民共和国民法典》规定，事业单位属于非营利法人性质。国务院2004年修订的《事业单位登记管理暂行条例》第二条规定，"本条例所称事业单位，是指国家为了社会公益目的，由国家机关举办或者其他组织利用国有资产举办的，从事教育、科技、文化、卫生等活动的社会服务组织"。由此可见，提供公共服务是事业单位的主要职责功能。第三条规定，"事业单位经县级以上各级人民政府及其有关主管部门（以下统称审批机关）批准成立后，应当依照本条例的规定登记或者备案"。该条款限定了事业单位的设立主体。2011年，中共中央、国务院发布《关于分类推进事业单位改革的指导意见》，再次明确事业单位的使命是不断满足人民群众日益增长的公益服务需求，并设定事业单位改革总体目标是"到2020年，建立起功能明确、治理完善、运行高效、监管有力的管理体制和运行机制，形成基本服务优先、供给水平适度、布局结构合理、服务公平公正的中国特色公益服务体系"。改革内容包括，将当时存在的事业单位划分为"承担行政职能、从事生产经营活动和从事公益服务三个类别"，第一类回归行政，第二类转制为企业，第三类保留事业单位属性，强化其公益性。进一步将从事公益服务的事业单位细分为两类：公益一类，承担义务教育、基础性科研、公共文化、公共卫生及基层的基本医疗服务等基本公益服务，不能或不宜由市场配置资源；公益二类，承担高等教育、非营利医疗等公益服务，可部分由市场配置资源。同时，改革和完善财政支持事业单位的方式，对公益一类，根据正常业务需要，财政给予经费保障；对公益二类，根据财务收支状况，财政给予经费补助，并通过政府购买服务等方式予以支持。2017 年，党的十九大报告再次强调，"深化事业单位改革，强化公益属性，推进政事分开、事企分开、管办分离"。

具体运用

政府通过设立各类事业单位，不断满足人民日益增长的公共服务需求。其中，教育是公共服务的重要内容，学前教育、义务教育、高中教育、高等教育、特殊教育等各级各类教育机构是事业单位的重要组成部分。例如，《2020 年全国教育事业发展统计公报》的部分数据，设立了各级各类学校 53.71 万所，专任教师 1792.97 万人，为 2.89 亿在校生提供各级各类学历教育。

 例 3.4.2

2020 年全国教育事业发展统计公报（节选）①

截止 2020 年底，全国共有各级各类学校 53.71 万所，比上年增加 0.70 万所，增长 1.33%；各级各类学历教育在校生 2.89 亿人，比上年增加 674.48 万人，增长 2.39%；专任教师 1792.97 万人，比

---

① 参见《2020 年全国教育事业发展统计公报》，中华人民共和国教育部网站，2021 年 8 月 27 日，见 http://www.moe.gov.cn/jyb_sjzl/sjzl_fztjgb/202108/t20210827_555004.html。

上年增加 60.94 万人，增长 3.52%。全国新增劳动力平均受教育年限 13.8 年，比上年提高 0.1 年，其中，受过高等教育比例达到 53.5%，比上年提高 2.6 个百分点。

（一）学前教育

全国共有幼儿园 29.17 万所，比上年增加 1.05 万所，增长 3.75%。其中，普惠性幼儿园 23.41 万所，比上年增加 3.12 万所，增长 15.40%，占全国幼儿园的比例 80.24%。

学前教育入园幼儿 1791.40 万人；在园幼儿 4818.26 万人，比上年增加 104.38 万人，增长 2.21%。其中，普惠性幼儿园在园幼儿 4082.83 万人，比上年增加 499.88 万人，增长 13.95%，占全国在园幼儿的比例 84.74%。

学前教育毛入园率达到 85.2%，比上年提高 1.8 个百分点。

（二）义务教育

全国共有义务教育阶段学校 21.08 万所，招生 3440.19 万人，在校生 1.56 亿人，专任教师 1029.49 万人，九年义务教育巩固率 95.2%。

（三）特殊教育

全国共有特殊教育学校 2244 所，比上年增加 52 所，增长 2.37%；特殊教育学校共有专任教师 6.62 万人，比上年增加 0.38 万人，增长 6.11%。

招收各种形式的特殊教育学生 14.90 万人，比上年增加 0.48 万人，增长 3.35%；在校生 88.08 万人，比上年增加 8.62 万人，增长 10.85%。其中，附设特教班在校生 4211 人，占特殊教育在校生的比例 0.48%；随班就读在校生 43.58 万人，占特殊教育在校生的比例 49.47%；送教上门在校生 20.26 万人，占特殊教育在校生 23.00%。

（四）高中阶段教育

全国共有高中阶段教育学校2.45万所，比上年增加82所，增长0.34%；招生1521.10万人，比上年增加81.24万人，增长5.64%；在校生4163.02万人，比上年增加168.12万人，增长4.21%。高中阶段毛入学率91.2%，比上年提高1.7个百分点。

（五）高等教育

全国共有普通高校2738所，比上年增加50所。其中，本科院校1270所(含本科层次职业学校21所)，比上年增加5所；高职(专科)院校1468所，比上年增加45所。成人高等学校265所，比上年减少3所；研究生培养机构827个，其中，普通高等学校594个，科研机构233个。

全国各类高等教育在学总规模4183万人，比上年增加181万人。高等教育毛入学率54.4%，比上年增加2.8个百分点。普通高等学校校均规模11982人，其中，本科院校15749人，高职(专科)院校8723人。

（六）民办教育

全国共有各级各类民办学校18.67万所，比上年减少4820所，占全国比重34.76%；招生1730.47万人，比上年减少43.87万人，下降2.47%；在校生5564.45万人，比上年减少52.16万人，下降0.93%。

工具使用的注意事项

虽然设立事业单位都是为了向社会成员提供公共服务，但社会经济发展的区域差异导致各地公共服务水平存在差异，且容易造成无法估计的公共财政负担，因此均衡发展是现实中要注意的问题。

4.3　国有企业

概念界定

国有企业是指国务院和地方人民政府分别代表国家履行出资人职责的国有独资企业、国有独资公司以及国有资本控股公司，包括中央和地方国有资产监督管理机构和其他部门所监管的企业本级及其逐级投资形成的企业。国家设立公益类国有企业和商业类国有企业，前者以保障民生、服务社会、提供公共产品和服务为主要目标，后者有部分企业如水、电、煤等中的自然垄断行业与公共服务密切相关。

原理与逻辑

政府设立国有企业直接向社会成员提供公共服务的主要优势有三方面：第一，防止公共服务碎片化。如果把政府的公共服务职能让渡给市场，则大量分散的、供给能力高度差异的私营部门为社会成员提供服务，国家的统筹协调能力减弱，不同人群、不同地区享受的公共服务在数量、质量和价格等方面均存在差异，公共服务呈现碎片化状态。第二，实现公共服务均等化。向社会成员均等提供公共服务是政府的职责，但是市场主体是利润最大化驱动的，有利可图的服务项目参与者众多，无利可图的服务项目则无人问津，有的服务供给过多，有的则供给不足。第三，克服市场失灵。国有企业提供公共服务有一些弊端，但是公共服务交给市场负责也会出现一些问题。首先，在选择市场主体时，可能出现政府部门腐败行为，私人企业向政府行贿以获得相应的经营权。其次，在运营过程中可能从行政垄断转向市场垄断，政府把某些项目的专营权转移给私营企业，后者获得垄断经营权，低质高价获得垄断利润，致使公共利益受损。

理论上，以外包、政府购买等方式也可以提供公共服务，但现实中有很多失败的案例，很多拿到政府合同的私人企业不能按照合同约定的数量、

质量、价格等提供公共服务，表明国有企业仍是一种有效的公共服务提供
方式。

法理依据

我国多项政策法规均明确了国有企业在公共服务供给主体中的重要地
位。如：2015年，中共中央、国务院在《关于深化国有企业改革的指导意
见》中指出，"国有企业属于全民所有，是推进国家现代化、保障人民共同
利益的重要力量"，"结合不同国有企业在经济社会发展中的作用、现状和发
展需要，将国有企业分为商业类和公益类"，分类推进国有企业改革。其中，
商业类国有企业中的自然垄断行业，如水、电、煤等与公共服务密切相关，
需"实行以政企分开、政资分开、特许经营、政府监管为主要内容的改革，
根据不同行业特点实行网运分开、放开竞争性业务，促进公共资源配置市场
化"。公益类国有企业"以保障民生、服务社会、提供公共产品和服务为主
要目标"，"重点考核成本控制、产品服务质量、营运效率和保障能力，考核
中要引入社会评价"。随后，国资委、财政部和发改委联合发布《关于国有
企业功能界定与分类的指导意见》，进一步指出，公益类国有企业"必要的
产品或服务价格可以由政府调控；要积极引入市场机制，不断提高公共服务
效率和能力"，"可以采取国有独资形式，具备条件的也可以推行投资主体多
元化，还可以通过购买服务、特许经营、委托代理等方式，鼓励非国有企业
参与经营"。为保障公益类国有企业在提供公共产品和服务方面作出更大贡
献，强调"加大国有资本投入，提高公共服务的质量和效率。严格限定主业
范围，加强主业管理"。"把提供公共产品、公共服务的质量和效率作为重要
监管内容，加大信息公开力度，接受社会监督"。

具体运用

国有企业不仅直接提供公共服务，还承担公共安全、重大事项保障等职
能。例如，上海燃气集团服务保障首届"进博会"的情况。申能（集团）有

限公司是上海市国资委出资监管的国有独资有限责任公司，业务涉及电力、燃气、金融、线缆、能源服务与贸易等领域。申能下属燃气集团负责上海市燃气服务供应，业务包括天然气管网投资、建设和运营，燃气采购、输配、销售、调度和服务等。为保障"进博会"顺利举办，申能集团采取多种手段，为"进博会"成功举办保驾护航。

例 3.4.3

申能集团全力做好进博会期间各项保障工作（节选）①

首届中国国际进口博览会的圆满成功举办是当前最重要、最核心的政治任务，在进博会进入倒计时 30 天的决战决胜阶段，申能集团承担着本市能源（电力、燃气）供应保障重任，责任重大、使命光荣，集团系统上下用最严的标准、最高的要求，全力以赴做好安全生产、供应和服务保障等各项工作。

一是全面部署落实、全力抓紧抓好。制订周密详细的《申能集团进博会安全生产专项保障工作实施方案》，明确工作目标，严格落实责任；及时召开集团安委会第三季度工作会议，再动员、再部署和再落实，做到组织领导坚强有力、重点区域强化管控、风险隐患全面可控、应急处置高效稳妥。1.上下游统筹协调，保障供应有力。2.制定完成燃气应急处置总预案和涉及进博会 22 家接待酒店的专项应急预案（"1+22"应急预案）。3.对国展中心等重点场所内部及周边区域燃气管线及附属设备排摸梳理，并以最高标准提升

---

① 参见《上海国资增刊第 16 期——申能集团全力做好进博会期间各项保障工作》，上海市国资委网站，2018 年 10 月 19 日，见 https://www.gzw.sh.gov.cn/shgzw_zxzx_xxjb/20181018/0054-88641.html。

核心区域保障能力。4.开展国展中心区域内 37 家燃气用户安检工作。5.参加 9 月 22 日和 10 月 9 日上海城市能源保障综合演练。6.安排 10 月 12 日继续开展进博会燃气应急专项演练。

二是强化安全风险管控、全面隐患排查治理。1.抓紧整治前期遗留的燃气管道占压。2.稳步推进老旧燃气管道改造项目。3.进一步规范液化气全配送用户端隐患排查治理。4.精心做好电厂发电机组隐患排查。5.保障洋山 LNG、东海平湖等油气海底管道运行安全。6.确保洋山 LNG 储罐扩建等重大工程项目全过程安全受控。同时，集团组织协同第三方专业机构组成检查组，按照"全覆盖、不间断、不遗漏"的要求，持续深入推进安全生产大检查。

三是认真做好进博会参展筹备、组织工作。申能集团作为进博会上海交易团国资分团的成员，认真做好有关进博会筹备、组织工作。1.深入开展采购需求摸底调查，要求系统各成员企业充分了解境外展商目录和信息，进一步梳理、排摸采购需求和金额，细化采购规划。2.组织开展系统各成员企业报名、注册及信息审核等基础工作，发布交易团采购商报名组织流程，组织各采购企业及人员登录进博会官方网站报名注册。3.建立信息报送和新闻宣传制度，通过各成员企业信息定期报送机制，集团汇总梳理后向国资分团报送通讯稿，及时汇报简讯信息以及能源保障工作开展情况。

四是全力做好虹桥商务区能源供应服务保障。1.认真开展安全检查。2.完成供能主设备维护保养工作，制定并落实特别保障措施，保证机组可靠运行，建立供能保障网络，充实应急抢修人员，安排抢修人员 24 小时值班。3.对商务区供能区块内每一用户进行排摸，进一步完善供能系统突发故障处置方案，与用户、设备供应商和检修维护单位建立应急响应联动机制。4.增加能源站安保力量，严格落实保安巡查制度和门禁出入管理，进一步完善技防措施，并与"110"报警系统联网。5.完成能源站外墙粉刷、绿化提升、景观照明加装、公共管廊进出风口改造美化、锅炉烟囱清洗等进博会整体环境提升配套工程，并通过验收。

💡➡ 工具使用的注意事项

在由国有企业提供公共服务时，需注意质量和效率的平衡。如果过分强调公共服务的高质量，在离开市场的约束后，国有企业则可能选择不计成本的供给方式而导致整体效率降低；如果过分强调效率，国有企业则可能降低服务质量、减弱保障能力，以换取表面的高效。

4.4　政府购买服务

概念界定

政府购买服务是指政府为了更好地服务人民，制定项目清单，按照一定程序选择符合条件的社会组织、机构、事业单位和企业等，向其支付费用，以购买清单所列公共服务项目的行为。政府购买公共服务的目的在于克服政府直接生产的局限性，增加数量、提高质量，以满足人民群众日益增长的美好生活需要。

原理与逻辑

政府选择购买而非直接生产公共服务主要有两方面理由。第一，克服政府失灵。虽然市场在配置公共产品方面存在缺陷，常常导致供给不足或价格过高，但政府直接生产也会出现问题，即由于市场压力缺失、政府监督不足，出现重复建设、成本过高、质量较低、设租寻租等形式的"政府失灵"。政府购买则可以在一定程度上缓解上述问题，例如政府向民办学校支付费用，后者接受进城务工人员随迁子女入学，前者负责质量监督，后者有激励节约成本，从而实现数量质量与成本的平衡。第二，避免政府角色冲突。如果政府直接生产公共服务，则政府既是监督者也是执行者，既不能严格高效地监督，也不能保证服务质量。如果交给政府以外的组织，则可以利用多个非政府组织间的竞争，提高公共服务质量且降低成本。并且，由多元化的公共服务供给主体提供多元化的服务，也有助于满足人民群众多元化的需求。政府购买公共服务有助于发挥市场在资源配置中起决定性作用，有助于转变政府职能和建设服务型政府，提高公共服务的质量和效益。引入更多非政府主体生产公共服务，打破政府垄断，通过竞争提高公共服务质量，降低公共服务成本，政府转向管理和监督，克服市场缺陷。

但并非所有的公共服务项目都适合政府购买，一般应满足 3 个条件：第一，供给者足够多。如果市场上供给太少，则质量、数量和价格都不宜保证。第二，竞争足够激烈。竞争机制是确保优质低价的必要条件，如果非政府的公共服务提供者形成事实垄断，则政府购买并不必然优于政府直接提供。第三，服务质量可测。政府作为公共服务的购买者，只有能够测量服务质量，才能确保事前遴选、事中监督和事后评价有效，才能保证公共服务质量、控制公共服务成本。

法理依据

2013 年，党的十八届三中全会通过的《中共中央关于全面深化改革若干重大问题的决定》指出，"加大政府购买公共服务力度，……推广政府购买公共服务，凡属事务性管理服务，原则上都要引入竞争机制，通过合同、委托等方式向社会购买"。2015 年，党的十八届五中全会明确指出，"创新公共服务供给方式，能由政府购买服务提供的，政府不再直接承办；能由政府和社会资本合作提供的，广泛吸引社会资本参与"。2017 年，国务院印发《"十三五"推进基本公共服务均等化规划》，明确提出将"充分发挥市场机制作用，支持各类主体平等参与并提供服务，形成扩大供给合力"作为指导原则之一，并采用"积极引导社会力量参与，推进政府购买服务，推广政府和社会资本合作（PPP）模式"的多元供给机制。《"十三五"推进基本公共服务均等化规划》明确了国家基本公共服务清单，包括公共教育、劳动就业创业、社会保险、医疗卫生、社会服务、住房保障、公共文化体育、残疾人服务 8 个领域的 81 个项目。其中，公共教育"保障符合条件的进城务工人员随迁子女在公办学校或通过政府购买服务在民办学校就学"，"通过政府购买服务等方式支持国家级优质教育资源平台建设"。公共文化体育"加大政府向社会力量购买公共文化服务力度"。创新服务供给提出"提升社会组织承接政府购买服务能力""推进政府购买公共服务。能由政府购买服务提供的，政府不再直接承办，交由具备条件、信誉良好的社会组织、机构、事业单位和企业等承担。"

政府购买公共服务的具体实施过程则需要遵循《中华人民共和国预算法》（2018 年修正）、《中华人民共和国合同法》（2012 年修正）、《中华人民共和国政府采购法》（2014 年修正）及其实施条例等国家法律法规规定，还要遵循《政府购买服务管理办法》《国务院办公厅关于政府向社会力量购买服务的指导意见》（2013 年）等部门规章、行政法规中的相关要求，以及地方政府的具体规定。其中，《政府购买服务管理办法》是"规范政府购买服务行为，促进转变政府职能，改善公共服务供给"的重要制度规范，为政府购买公共服务提供了核心的法理依据。

具体运用

政府购买公共服务必须明确谁来购买、购买什么、向谁购买、如何购买等一系列问题。例如，《甘肃省政府购买服务管理办法》规定了购买主体和承接主体、购买内容和目录、预算管理、承接主体确定方式、合同及履约管理、绩效管理、信息公开、监督管理和法律责任等内容，为政府购买服务提供了明确的法律依据。

案例 3.4.4

甘肃省政府购买服务管理办法（节选）①

第一章　总则

第三条　政府购买服务应当遵循预算约束、以事定费、公开择优、诚实信用、讲求绩效原则。

第二章　购买主体和承接主体

第五条　各级国家机关是政府购买服务的购买主体

党的机关、政协机关、民主党派机关、承担行政职能的事业单位和使用行政编制的群团组织机关，可以根据实际需要，按照本办法规定实施购买服务。

第六条　依法成立的企业、社会组织（不含由财政拨款保障的群团组织），公益二类和从事生产经营活动的事业单位，农村集体经济组织，基层群众性自治组织，以及具备条件的个人可以作为政府购买服务的承接主体。

第三章　购买内容和目录

第九条　政府购买服务的内容包括政府向社会公众提供的公共服务，以及政府履职所需辅助性服务。

第十条　以下各项不得纳入政府购买服务范围：

---

① 参见《甘肃省财政厅关于印发〈甘肃省政府购买服务管理办法〉的通知》，天水市人民政府网站，2021 年 2 月 4 日，https://www.tianshui.gov.cn/czj/info/1111/21432.htm。

（一）不属于政府职责范围的服务事项；

（二）应当由政府直接履职的事项；

（三）政府采购法律、行政法规规定的货物和工程，以及将工程和服务打包的项目；

（四）融资行为；

（五）购买主体的人员招、聘用，以劳务派遣方式用工，以及设置公益性岗位等事项；

（六）法律、行政法规以及国务院规定的其他不得作为政府购买服务内容的事项。

第十一条　政府购买服务的具体范围和内容实行指导性目录管理，指导性目录依法予以公开。

第四章　预算管理

第五章　承接主体确定方式

第六章　合同及履约管理

第七章　绩效管理

第八章　信息公开

第九章　监督管理和法律责任

第十章　附则

💡 工具使用的注意事项

政府购买服务必须加强各环节的监督工作，确保购买项目、提供服务主体、购买过程、服务质量数量等合规，以实现更好服务人民的目的。政府必须全过程监督管理才能确保真正实现政府购买服务的初衷。

5. 社会保障

　　社会保障是调节政府与社会关系的重要工具，是国家和社会依法对社会成员基本生活予以保障的社会安全制度。古今中外，总有一部分社会成员因为各种原因而面临生存危机。起初，人类社会采取一些临时性、非制度化手段来应对，例如民间、官方和宗教团体组织的救灾济贫活动，后来，政府开始介入，逐渐演化为制度化的政策体系。《中华人民共和国宪法》赋予每一个公民享受社会保障的权利，其中第二章"公民的基本权利和义务"第四十五条规定："中华人民共和国公民在年老、疾病或者丧失劳动能力的情况下，有从国家和社会获得物质帮助的权利。国家发展为公民享受这些权利提供所需要的社会保险、社会救济和医疗卫生事业。国家和社会保障残废军人的生活，抚恤烈士家属，优待军人家属。国家和社会帮助安排盲、聋、哑和其他有残疾的公民的劳动、生活和教育。"党的十八大以来，覆盖城乡居民的社会保障体系基本建立；党的十九大提出："按照兜底线、织密网、建机制的要求，全面建成覆盖全民、城乡统筹、权责清晰、保障适度、可持续的多层次社会保障体系。"党的十九届四中全会提出"完善覆盖全民的社会保障体系"，对社会救助、社会保险、社会福利、慈善事业和优抚安置等作出了战略部署。

5.1　社会救助

概念界定

　　社会救助是国家和社会对由于各种原因而陷入生存困境的社会成员，给予帮助以保障其最低生活需要的制度。社会救助是政府的责任和义务，目的在于帮助困难人群维持生存，维护社会稳定。社会救助内容多样，包括最低生活保障、特困人员供养、受灾人员救助、医疗救助、教育救助、住房救助、就业救助、临时救助、扶贫开发等。

原理与逻辑

任何社会都存在一些弱势群体，难以依靠自身力量维持生存，例如身体残疾劳动能力受限、受自然条件和社会条件影响收入过低、市场竞争失败、遭遇天灾人祸无力谋生等。弱势群体的生存危机不仅是自身的难题，也容易积累形成大规模社会问题。在此条件下，民间救助作用有限，既无力确保他们的生存，也无法保障社会稳定，现实呼唤政府介入，向弱势群体提供制度化、稳定且有力的帮助，从而使社会救助成为政府责任。再者，随着我国经济社会发展，政府有能力向社会救助体系配置更多资源，弱势群体分享国民经济发展的成果也具有合理性。社会救助具有如下特点。

其一，待遇水平相对较低。社会救助仅仅解决基本生活需要，是整个社会保障体系待遇水平最低的一个环节。这种制度安排体现了社会财富生产与分配之间的权衡。一方面，随着人类社会文明进步，普遍认为社会有帮助弱势群体的责任；另一方面，社会生产是分配的物质基础，要保持对社会成员参与劳动的激励，劳动者与被救助者的收入水平应保持适当差距。当然，基本生活需要的标准是动态变化的，随着社会成员平均消费水平的提高，这一标准也水涨船高。

其二，救助内容多元。弱势群体面临的困难多种多样，社会救助制度根据救助对象的具体需求来提供帮助。例如，有些救助对象收入低于某一标准，可以获得货币援助，有些救助对象遭受自然灾害，可以获得食物、衣被和住房援助，有些救助对象因收入较低无法就医或入学接受教育，可以获得医疗或教育救助。

其三，最直接的作用是纾解贫困。社会救助帮助贫困人口满足基本生活需要，让弱势群体接受医疗救治恢复健康，让弱势群体接受教育提升人力资本，帮助贫困群体自力更生摆脱贫困。社会救助制度是社会文明进步的体现。政府运用公共权力向弱势群体分配资源，保障其生存权利，体现了社会公平与正义，有助于协调社会各阶层关系，维护社会稳定，促进社会文明进步。社会救助还是一种宏观调控的工具。当经济增长乏力，社会总需求不足时，救助规模自动扩大，既有助于维持劳动力再生产，还有助于刺激总需求。当经济高速增长，救助规模自动减小，有助于稳定经济抑制过热。

法理依据

我国在 20 世纪 50 年代就形成了五保制度，用以解决农村困难群体的生活问题，由乡村两级组织负责。1994 年，《农村五保供养工作条例》颁布实施，五保制度正式成为法规；2006 年，新的《农村五保供养工作条例》颁布实施，五保经费纳入政府财政预算，社会救助的力度和稳定性有了质的飞跃。1999 年，国务院第 21 次常务会议通过《城市居民最低生活保障条例》，城市贫困人口的基本生活也有了制度化保障。2014 年颁布、2019 年修订的《社会救助暂行办法》则使得救助内容更加丰富，涵盖了最低生活保障、特困人员供养、受灾人员救助、医疗救助、教育救助、住房救助、就业救助、临时救助等八项制度。根据《社会救助暂行办法》，国务院民政部门统筹全国社会救助体系建设，民政、应急管理、卫生健康、教育、住房城乡建设、人力资源社会保障、医疗保障等部门，按照各自职责负责相应的社会救助管理工作。2020 年，中共中央办公厅、国务院办公厅印发《关于改革完善社会救助制度的意见》，提出用 2 年左右时间，健全分层分类、城乡统筹的中国特色社会救助体系，在制度更加成熟更加定型上取得明显成效。社会救助法制健全完备，体制机制高效顺畅，服务管理便民惠民，兜底保障功能有效发挥，城乡困难群众都能得到及时救助。到 2035 年，实现社会救助事业高质量发展，改革发展成果更多更公平惠及困难群众，民生兜底保障安全网密实牢靠，总体适应基本实现社会主义现代化的宏伟目标。同年，《中华人民共和国社会救助法（草案征求意见稿）》全文公布，征求社会各界意见。

具体运用

社会救助必须结合救助对象具体需求，综合运用多种手段帮扶。例如，青海省西宁市开展社会救助工作的经验。西宁市建立"六合一"协作机制和信息平台，有效整合民政、就业、房产、卫生、教育、文广等六部门相关职能任务，促进救助效果最大化。

 例 3.5.1

青海西宁织密社会救助网络（节选）①

2016 年以来，青海省西宁市针对民政救助"低保捆绑""悬崖效应"等问题对贫困边缘群体进行了精准帮扶。从"绝对贫困"到"相对贫困"的转变阶段，一系列"弱有所扶"的制度安排和机制建设，在西宁编织起更大、更密、更有温度的社会救助网络。

3 年来，西宁市拓展"边缘"的内涵，应保尽保，建立"六合一"协作机制和信息平台，有效整合民政、就业、房产、卫生、教育、文广 6 部门相关职能任务，从精准识别、精准救助、退出机制、配套政策、资金保障、部门合作等 6 方面出"实招"，促救助效果最大化。

---

① 参见《兜底线·织密网·建机制——西宁织密社会救助网络》，新华网，2020 年 6 月 10 日，见 http://www.xinhuanet.com/politics/2020-06/10/c_1126098340.htm。

　　精准是预防"悬崖效应"的前提。首先明确认定办法，重点帮扶人均收入低于低保标准 150% 的城镇低收入家庭，并按照低保家庭救助水平 60% 的标准给予各项现行政策救助。各区县、街道摸底排查，以收入、实际生活状况等为依据，充分发挥低收入核查中心、住房档案、医疗健康档案等信息汇总核查作用，及时将符合条件家庭纳入审批范围，实行动态管理。

　　健全救助体系实现"上游干预"。传统救助是单纯发救助金、减免相关费用的"下游干预"。随着城市发展，困难家庭诉求呈现多样化，住房、医疗、教育等服务型救助需求不断增长。西宁发挥基层组织作用，早干预、早帮扶，将优惠政策分梯次向不同困难群体延伸，再整合部门、多方参与，实现"弱有众扶、住有所居、病有所医、学有所教"。

　　搭建信息化平台助力"一门受理"。在西宁市民政综合服务窗口，2017 年开始运行的新系统对涉及行政审批的公共服务事项进行整合。相关科室集中办公，点开居民姓名，政策享受情况一目了然。尤其是残疾、年迈、独居人口，对一站办结、一网联办、一条龙服务的获得感明显。

工具使用的注意事项

　　社会救助工具的使用需要注意：第一，在政策的执行重点上，做到精准识别。精准识别救助对象是社会救助工作有效开展的前提。第二，提供一揽子救助。弱势群体遇到的困难多种多样，社会救助应该提供一揽子方案，并灵活运用多种机制。第三，在具体的实践策略上，要致力于救助对象能力的培养。

5.2   社会保险

概念界定

社会保险是国家对因年老、失业、患病、工伤、生育而减少或丧失劳动收入的社会成员，提供经济补偿和物质帮助的制度，我国的社会保险包括面向职工和居民的养老、医疗（含生育）保险，以及仅面向职工的失业和工伤保险。社会保险是现代社会保障体系的主体。

原理与逻辑

当人类进入工业社会，个体面临的风险发生变化。农业社会里，医疗、养老都是个人问题，但工业社会存在大批离开土地的产业工人，他们的医疗、养老问题逐渐演变成社会问题。工业社会里不仅存在失业风险，而且往往是群体性风险。此时，传统的慈善和救助措施无力化解大规模产业工人的风险，社会保险制度应运而生。

社会保险由政府、个人和用人单位事前共同出资，当参保人因年老、失业、患病、工伤、生育等原因丧失劳动收入时，可获得补偿。社会保险基金预先提取，当风险出现时使用。每一个个体并不必然会失业、生病或工伤，但都要预先提取资金以备不时之需，这意味着可能有人预先缴费却没有机会享受补偿，也意味着如果事前没有储备或者储备不足，当风险来临时就不足以补偿。当风险出现时，社会保险往往只能给予参保人部分经济补偿。社会保险基金通常由政府、个人和用人单位共同出资，体现责任共担。任何一方承担过多，都会削弱自身生存能力，不利于社会保险整体可持续发展，并诱发其他两方逃避责任。社会保险基金由参保人共同出资建立，未遭遇风险的参保人与遭遇风险的参保人共同分摊风险，体现了互助共济原则。当某个参保人失业时，其他未失业的参保人向他提供资助，和他一起承担失业风险。当某个参保人生病时，其他未生病的参保人向他提供资助，和他一起承担医疗风险。当某个参保人年老无法劳动时，其他年轻的参保人向他提供资助，和他一起承担长寿风险。社会成员遭遇风险丧失劳动收入，虽然可以通过事前购买商业保险来克服，但有些人可能无力购买，有些人可能购买不足，政府通常强制劳动者参保，以最大限度分散风险，降低保费。

法理依据

社会保险涉及政府、个人和企业多方利益，涵盖养老、医疗、生育、失业和工伤等多项内容，离不开法律法规的保障。我国《社会保险法》于 2011 年 7 月 1 日起施行、2018 年补充修订，是社会保障法律体系的核心。《社会保险法》第一章第二条规定："国家建立基本养老保险、基本医疗保险、工伤保险、失业保险、生育保险等社会保险制度，保障公民在年老、疾病、工伤、失业、生育等情况下依法从国家和社会获得物质帮助的权利。"保障公民享受社会保险的权利。第三条规定，"社会保险制度坚持广覆盖、保基本、多层次、可持续的方针，社会保险水平应当与经济社会发展水平相适应"。确定了我国社会保险制度建设的基本指导原则。第四条规定，"中华人民共和国境内的用人单位和个人依法缴纳社会保险费，有权查询缴费记录、个人权益记录，要求社会保险经办机构提供社会保险咨询等相关服务。个人依法享受社会保险待遇，有权监督本单位为其缴费情况"。明确用人单位和个人承担参保义务，享受社会保险待遇。此外，人力资源和社会保障部于 2011 年发布《实施〈中华人民共和国社会保险法〉若干规定》，对《社会保险法》中的内容进行更为细化的解释说明或其他补充，以确保《社会保险法》能够落实到位。党的二十大报告也对社会保险事业进行了全面部署："完善基本养老保险全国统筹制度，发展多层次、多支柱养老保险体系。实施渐进式延迟法定退休年龄。扩大社会保险覆盖面，健全基本养老、基本医疗保险筹资和待遇调整机制，推动基本医疗保险、失业保险、工伤保险省级统筹。促进多层次医疗保障有序衔接，完善大病保险和医疗救助制度，落实异地就医结算，建立长期护理保险制度，积极发展商业医疗保险。加快完善全国统一的社会保险公共服务平台。健全社保基金保值增值和安全监管体系。"

具体运用

　　社会保险涵盖了劳动者收入中断的主要风险源，是保障劳动者收入的重要手段。随着我国老龄化程度不断提高，保障参保人的养老金足额及时发放成为人民群众关注的焦点。例如，2020 年各地调整养老金的情况，主要有三个特点：其一，关注高风险人群，例如高龄老人储蓄不足，养老金调整向其倾斜；其二，完善养老金待遇确定机制，既要让人民群众分享社会经济发展成果，又要确保养老保险体系内部财务平衡；其三，化解外部风险冲击，2020 年新冠疫情对经济影响很大，但仍要保证退休人员的养老金发放和及时向上调整。

案例 3.5.2

2020 年各地养老金发放情况 ①

　　"养老金"一直都是人们关注的话题之一。今年的《政府工作报告》提出，全国近 3 亿人领取养老金，必须确保按时足额发放。同时，今年也是我国自 2005 年以来连续第 16 年调整企业退休人员基本养老金，也是继 2016 年以来连续第五年同步统一调整企业和机关事业单位退休人员基本养老金。

　　随着上海在全国率先发布养老金调整具体实施方案，明确从

---

① 参见《多地制定养老金调整实施方案　近 3 亿人可按时足额领取》，中国青年网站，2020 年 6 月 10 日，https://baijiahao.baidu.com/s?id=1669073912183145495&wfr=spider&for=pc。

2020 年 1 月起，对企业退休人员、城乡居保领取养老金人员增加养老金，并于 5 月 18 日发放到位，标志着新一轮养老金调整进入落地期，呈现向高龄退休人员等群体倾斜、完善老有所养制度保障和疫情不影响养老金发放特点。其中，围绕完善老有所养制度保障有以下做法。

待遇确定机制是社会保障制度的核心内容。《政府工作报告》提出，上调退休人员基本养老金，提高城乡居民基础养老金最低标准。经济日报—中国经济网记者梳理发现，多地明确提出建立基础养老金正常调整机制。

日前，江苏省人社厅、财政厅联合发布通知，明确从 2020 年 1 月 1 日起，江苏城乡居民基本养老保险基础养老金最低标准由每人每月 148 元提高到 160 元。广东、安徽等地提出，将统筹考虑城乡居民收入增长、物价变动和职工基本养老保险等其他社会保障标准调整，结合国家基础养老金标准调整情况，适时提出基础养老金最低标准调整方案。

为进一步提高制度激励性，多地还在待遇确定机制上作出调整。上海确定，从 2020 年 1 月起，每人每月增加 90 元城乡居保基础养老金；在鼓励多缴多得方面，广东对缴费年限超过 15 年的参保人，每超过 1 年每月加发不少于 3 元基础养老金；在对高龄参保人政策适当倾斜方面，安徽六安从 2020 年 1 月起，对年满 65 周岁、70 周岁、75 周岁、80 周岁、85 周岁的参保居民，每人每月分别加发高龄基础养老金 5 元、10 元、15 元、20 元、25 元。

调整后的养老金何时能够发放到参保人手中？从时间进度上，各地要结合本地区实际，制定具体实施方案，报送人力资源和社会保障部、财政部。

此前，上海市已明确，从 2020 年 1 月起，对企业退休人员、城乡居保领取养老金人员增加的养老金，于 5 月 18 日发放到位；对机关事业单位退休人员增加的养老金，将于 6 月 20 日发放到位。

山东省印发《山东省人民政府关于贯彻落实国务院若干措施的通知》，明确 2020 年 6 月底前，研究制定《山东省 2020 年调整退休人员基本养老金方案》；7 月底前，按照国家统一要求和方案安排，将企业、机关事业单位退休人员基本养老金提标补发资金发放到位。待国家明确政策后，第一时间制定山东省提高居民养老保险基础养老金最低标准方案，报省政府同意后组织落实。

工具使用的注意事项

企业缴费是社会保险的重要资金来源，体现了企业的责任。通常而言，企业经营是波动的，而缴费责任是固定的，当前者在一定限度内波动，企业可以确保足额及时缴费，而当受到较大冲击时企业可能就难以为继。因此，社会保险制度应当具备一定弹性，并与经济运行相适应。

5.3 社会福利

概念界定

社会福利是国家和社会为改善和提高全体社会成员的物质生活和精神生活所提供的货币、物质和服务的总称。社会福利涵盖内容广泛，既包括教育、卫生、文化、体育等面向全社会的设施和服务，也包括福利院、养老院等面向孤寡老人、残疾人、孤儿等特殊群体的设施和服务。

原理与逻辑

社会福利在整个社会保障体系中具有独特性。社会救助解决弱势群体的生存问题，社会保险化解参保者的劳动收入中断的各种风险。当社会成员希望提升生活质量，享有更好的基础设施、教育和医疗卫生服务等时，虽然可以向市场购买，但分散的市场主体或者提供不足，或者价格过高，社会福利则可以克服市场失灵，以满足全体社会成员对美好生活不断提高的要求。

教育可以提升国民人力资本，既有助于个人谋生，又有助于国家长远发展，是社会福利的重要组成部分。政府通常举办从幼儿园、小学、初中、高中到大学等各层次、各类教育机构，并以免费或低费的方式向国民提供教育服务，还要确保特殊人群接受特殊教育。住房是国民生活必需品，但很多社会成员在市场上无力购买或租赁，住房福利也是社会福利的重要部分。政府可以直接兴建住房，免费或低费出租或出售给特定人群，也可以向购房或租房者提供补贴、税收减免，或者建立住房金融制度向有需要者提供金融支持。

随着经济社会发展，老年人对美好生活的要求不再仅仅局限于养老金，还需要更多的照料、护理和关怀，社会福利体系需要提供更多便于老年人使用的设施、老年照料护理机构和老龄事业从业人员。残疾人是一个重要的弱势群体，他们通常收入较低，生活困难，需要社会福利体系保障其权益。残疾人福利通常包括预防、康复、教育、就业、文娱和无障碍环境等内容，不仅提供基本的物质帮助，还要让他们分享经济社会发展的成果。妇女具有区别于男性的生理和心理特点，更可能受到歧视和侵害，需要更多针对性政策设计。在劳动生产中，女性通常在经期、孕期、产期、哺乳期受特殊保护，社会还要为女性提供专门医疗保健机构、特殊产品、专用设施等。未成年人尚未发育成熟，无法有效保护自己，需要特别的关爱。社会福利制度通常为儿童提供活动场所、医疗保健机构、教育机会，并为孤残儿童提供额外保护。

法理依据

我国社会福利相关内容分散在各个具体领域的法律法规中。在教育福利领域，《中华人民共和国义务教育法》（2018 年修正）第二条规定："义务教育是国家统一实施的所有适龄儿童、少年必须接受的教育，是国家必须予以保障的公益性事业。实施义务教育，不收学费、杂费。国家建立义务教育经费保障机制，保证义务教育制度实施。"这表明中国的义务教育具有福利性质。《教育法》第二十六条规定，"国家制定教育发展规划，并举办学校及其他教育机构"。第五十四条规定，"国家建立以财政拨款为主、其他多种渠道筹措教育经费为辅的体制，逐步增加对教育的投入，保证国家举办的学校教育经费的稳定来源"。这表明中国政府承担兴办各类教育机构并保障经费的责任。2018 年修订的《中华人民共和国老年人权益保障法》第三条规定，"国家保障老年人依法享有的权益。老年人有从国家和社会获得物质帮助的权利，有享受社会服务和社会优待的权利，有参与社会发展和共享发展成果的权利。禁止歧视、侮辱、虐待或者遗弃老年人"。《中华人民共和国残疾人保障法》（2018 年修正）第四条规定，"国家采取辅助方法和扶持措施，对残疾人给予特别扶助，减轻或者消除残疾影响和外界障碍，保障残疾人权利的实现"。其他与社会福利相关的法理依据还有《中华人民共和国妇女权益保障法》（2018 年修正）、《中华人民共和国民法典》《中华人民共和国未成年人保护法》（2020 年修订）、《中华人民共和国劳动法》（2018 年修正）等。党的二十大报告在社会福利多个领域作出部署："坚持男女平等基本国策，保障妇女儿童合法权益。完善残疾人社会保障制度和关爱服务体系，促进残疾人事业全面发展。""实施积极应对人口老龄化国家战略，发展养老事业和养老产业，优化孤寡老人服务，推动实现全体老年人享有基本养老服务。"

具体运用

　　随着经济社会发展，社会成员对美好生活的需求也不断提升，对社会福利也提出了更高要求。例如，重庆渝北区对提升老年人生活质量进行了多方面探索。渝北区将养老事业发展纳入全区经济社会发展总体规划，整合多方面资源，为辖区内老年人提供更好的服务。

 例 3.5.3

重庆渝北探索多元化养老（节选）①

　　夏日的阳光暖暖地照在大地上，重庆渝北区龙山老年养护中心的院子里，几位刚刚吃过早饭的老人围坐在一起，呼吸新鲜空气、晒太阳，好不惬意。

　　"在这里，每天有人照顾起居生活，茶余饭后，大家一起打打牌、看看电视，日子过得幸福而快乐！"说起现在的生活，92 岁的老人陈德厚幸福之情溢于言表。目前，像陈大爷这样在龙山老年养护中心安度晚年的老人有 370 多名。

　　据统计，目前渝北区老龄化率达 19.6%，高于全国平均数 1.7 个百分点。如何让老年人能"老有所养，老有所乐"？近年来，渝北区将养老事业发展纳入全区经济社会发展总体规划，多措并举助推康养产业深度发展，走出一条新的健康养老之路。

　　（一）开启智慧养老

　　语音控制电器、房间自动开灯、卫生间溢水警报……走进位于渝北区回兴街道的椿萱茂老年公寓，你会发现，与传统养老机构

---

① 参见《重庆渝北探索多样化养老服务方式》，《经济日报》2020 年 6 月 15 日。

不同，这里的智能化配置随处可见，老人们的生活也更加便利和安全。

......

（二）探索"中心带站"

（三）暖心服务老人

不久前，渝北区兴隆敬老院里迎来了一辆"助浴快车"。车里，浴缸、淋浴、洗漱台、按摩床等设施一应俱全，所有的设施都有扶手。当天，工作人员为92名特困老人免费提供洗浴、保健、按摩及健康辅导等助浴服务。

"助浴车内是恒温的，洗澡的水温也合适，洗澡间里放有板凳可以坐着洗，防止滑倒。"洗完澡后，70多岁的残疾老人王爷爷脸上露出了满足的笑容。

......

养老服务不仅要为老人提供基本的生活起居照料，还要提供文化教育、精神慰藉等亲情化的养老服务，为长者创造健康、快乐、安心、有尊严的生活。

近日，一场温馨的生日会在青橄榄回兴街道社区养老服务中心举行。生日会的主角周阿姨和黄叔叔是一对相伴36年的老夫妻，儿女远在外地工作，平时只有老两口生活。2018年，周阿姨突发脑溢血留下后遗症，这给他们的生活带来许多困难。在养老服务中心的策划下，生日会上，黄叔叔为周阿姨献上鲜花和礼物，远在西安的儿子也为老两口发来视频祝福，周阿姨露出久违的笑容。现在，周阿姨还会定期来养老服务中心进行康复训练。

养老要暖心，才能走得更长久。渝北区全面构建"居家为基础、社区为依托、机构为补充、医养相结合"的多层次养老服务体系，让老年人的生活一如既往地精彩幸福。

⬤➤ 工具使用的注意事项

政府在社会福利事业中扮演重要角色，一方面需要更精准地识别群体需求，提高福利支出效益；另一方面还需要动员更多社会力量参与，以夯实社会福利所需的人力资源、物质资源、信息资源等。

5.4 优抚安置

概念界定

优抚安置是国家和社会对军人及家属提供的优待、抚恤和安置，内容主要包括优待军人及其家属，抚恤烈士家属及残疾军人，安置和管理退役军人等工作。军人优待包括发放优待金，以及在医疗、就业、子女教育、住房等方面给予优待。军人抚恤包括死亡抚恤和残疾抚恤。军人安置包括复员安置、退役安置、转业安置、退休安置等。

原理与逻辑

军人优抚安置制度主要是为了补偿军人职业劳动，保障军人及家属维持基本生活水平，并给予区别于其他社会群体的物质和精神上的优待和褒扬。军人是一种特殊职业，他们保家卫国，为全体社会成员提供不可或缺的国家安全，但这种职业风险高、强度大、成本高。军人不仅在战场上流血牺牲，即便在和平时期也可能受伤或牺牲。

补偿覆盖军人整个职业生涯。首先是在职期间的经济补偿。军人在前线流血流汗，必须打消他们的后顾之忧。因此，对军人家属的整个生活必须给予优待，包括医疗、就业、子女教育、住房等各个方面，家属生活安定，军人才能安心工作。其次是在职期间的风险补偿。军人残疾或牺牲风险较高，必须给予补偿。如果军人死亡被认定为烈士、因公牺牲或者病故的，应给予其遗属一次性或定期抚恤，保障遗属的生活水平不低于当地基本生活水平，如果军人残疾被认定为因战、因公或者因病致残的，应给予本人残疾抚恤，并给予家属优待，保障家庭基本生活。最后是军人离职后补偿。军人在职期间的工作大多与社会隔离，离开军队进入社会需要重新适应，如果不能顺利找到工作，不仅个人和家庭生活难以保障，还影响在职军人的工作状态，也不利于吸引优秀人才参军。因此，当军人离开军队，应有一套制度帮助他们适应社会，找到合适的工作。

法理依据

《中华人民共和国宪法》第四十五条第二款规定："国家和社会保障残废军人的生活，抚恤烈士家属，优待军人家属。"这是我国优抚安置制度的宪法基础。党的十八大以来，高度重视优抚安置工作。2013 年，党的十八届三中全会通过《中共中央关于全面深化改革若干重大问题的决定》，将"完善……退役军人安置制度改革配套措施"作为"深化国防和军队改革"的重要举措。2016 年，《民政事业发展第十三个五年规划》将"加强优待抚恤"作为"服务国防和军队现代化建设"5 个举措之一。2018 年，退役军人事务部组建，负责原民政部、人力资源和社会保障部、中央军委政治工作部以及后勤保障部的优抚安置工作。目前，我国优抚安置制度的主要法律依据是《中华人民共和国军人地位和权益保障法》《中华人民共和国退役军人保障法》等专项法律，《中国人民解放军现役士兵服役条例》（2010 年修订）、《烈士褒扬条例》（2019 年第二次修订）、《军人抚恤优待条例》（2019 年修订）、《退役士兵安置条例》等行政法规，《军人军属法律援助工作实施办法》《烈士纪念设施保护管理办法》等部门规章，以及以《军队转业干部安置暂行办法》为代表的党内法规等。其中,《中华人民共和国军人地位和权益保障法》是目前有关优抚安置的最新法律规定,该项法律以"保障军人地位和合法权益"为要义,为优抚安置提供了最为核心的法理依据。此外,优抚安置制度在《中华人民共和国国防法》(2020年修订)、《中华人民共和国军官法》(2000年修正)、《中华人民共和国兵役法》(2021年修订)、《中华人民共和国英雄烈士保护法》等法律中也多有涉及。除国家层面颁布的法律法规外,各级地方政府也出台相关政策,基本形成了从中央到地方的优抚安置制度体系,为保护军人权益提供了有力的法律保障。

具体运用

2020年,《关于加强军人军属、退役军人和其他优抚对象优待工作的意见》出台,设置了"军人军属、退役军人和其他优抚对象基本优待目录清单",对象包括现役军人、现役军人家属、残疾军人、退役军人、"三属"5类,共计116条,内容涉及荣誉、生活、养老、医疗、住房、教育、文化交通和其他优待8个方面。

 例 3.5.4

现役军人基本优待目录清单 [①]

1. 为其家庭悬挂光荣牌。

2. 发春节慰问信。

3. 入伍、退役时,地方举行迎送仪式。

4. 邀请优秀现役军人代表参加国家和地方重要庆典和纪念活动。

---

① 参见《退役军人事务部等20部门关于加强军人军属、退役军人和其他优抚对象优待工作的意见》,中国政府网,2020年1月9日,见 https://www.gov.cn/zhengce/zhengceku/2020-01/14/content_5469113.htm。

5. 荣获个人二等功以上奖励的现役军人，其名录载入地方志。

6. 个人立功、获得荣誉称号或勋章的现役军人，由当地人民政府给其家庭送喜报。

7. 优先聘请优秀现役军人担任编外辅导员、讲解员等。

8. 倡导利用大型集会、赛事播报，航班、车船及机场、车站、码头的广播视频等载体和形式，宣传现役军人中优秀典型的先进事迹。

9. 在审查是否符合购买当地保障性住房或租住公租房条件时，抚恤、补助和优待金、护理费不计入个人和家庭收入。

10. 符合当地住房保障条件的，在公租房保障中优先予以解决。

11. 博物馆、纪念馆、美术馆等公共文化设施和实行政府定价或指导价管理的公园、展览馆、名胜古迹、景区，按规定提供减免门票等优待。

12. 乘坐境内运行的火车（高铁）、轮船、客运班车以及民航班机时，优先购买车（船）票或值机、安检、乘车（船、机），可使用优先通道（窗口），随同出行的家属可一同享受优先服务。

13. 免费乘坐市内公共汽车、电车和轨道交通工具。

14. 法律服务机构优先提供法律服务，法律援助机构依法提供免费的法律服务。

15. 鼓励银行提供优先办理业务，免收卡工本费、卡年费、小额账户管理费、跨行转账费，以及其他个性化专属金融优惠服务。

16. 鼓励影（剧）院提供减免入场票价等优惠服务。

工具使用的注意事项

优抚安置具体内容要与时俱进，与个人需要和经济社会发展相适应。《关于加强军人军属、退役军人和其他优抚对象优待工作的意见》中的诸多举措均为优抚安置工作提供了新思路，如：将服现役期间荣获个人二等功以上奖励的现役军人、退役军人名录载入地方志；对个人立功、获得荣誉称号或勋章的现役军人，给其家庭送喜报；国家兴办的光荣院、优抚医院对荣获个人二等功以上奖励现役军人的父母等优抚对象，优先服务并减免相关费用等。同时，现役军人基本优待目录清单应保持开放，各地可在优待内容、范围、标准等方面开拓创新，随经济社会发展不断调整充实。

6.应急管理

应急管理是指政府及其他公共机构在突发事件的事前预防、事发应对、事中处置和善后恢复过程中，通过建立必要的应对机制，采取一系列必要措施，应用科学、技术、规划与管理等手段，保障公众生命、健康和财产安全，促进社会和谐健康发展的有关活动。20世纪60—80年代，西方突发事件应急管理从自然灾害领域向公共管理领域扩展，突发事件应急管理开始受到广泛关注。突发事件是指突然发生，造成或者可能造成严重社会危害，需要采取应急处置措施予以应对的自然灾害、事故灾难、公共卫生事件和社会安全事件。按照社会危害程度、影响范围等因素，自然灾害、事故灾难、公共卫生事件分为特别重大、重大、较大和一般四级。自"非典"事件以来，中国建立了"一案三制"的应急管理体系，"一案"是指应急预案，就是根据发生和可能发生的突发事件，事先研究制订的应对计划和方案。应急预案包括各级政府总体预案、专项预案和部门预案，以及基层单位的预案和大型活动的单项预案。"三制"是指应急工作的管理体制、运行机制和法制。其中，预案及其管理体系，在突发事件应对中发挥着基础性作用，相关应急准备、处置、恢复等环节的模拟和响应规定，对突发事件应对将产生重要影响。根据突发事件发生的不同阶段，事前的应急预防，事中的应急响应、动员、保障，事后的应急恢复等，是突发事件应对的重要工具。

6.1 应急预防

概念界定

应急预防，即应急管理的预防阶段，是指在突发事件发生之前，采取一系列措施避免突发事件的发生，当突发事件无法避免时，尽可能减少由突发事件造成的危害，避免其负面影响扩大化。通常情况下，由主观原因导致的如火灾、危险品泄漏、煤矿坍塌等安全事故类突发事件完全可以避免，而由客观原因诸如火山、地震、台风等自然灾害导致的突发事件往往无法避免，但可设法减轻其造成的损失并降低其他次生灾害发生的可能。

原理与逻辑

"凡事预则立，不预则废"。应急预防不仅是突发事件应急管理的第一步，更是最重要的一步，是其他应急管理阶段有序进行的基础。应急预防做得好，就能从源头上化解风险，极大地减轻甚至避免突发事件造成的损失。在现代政府管理理念中，应急管理的最佳状态是"无急可应"，即真正防患于未然，有效规避公共突发事件由于其突发性、紧急性、高度不确定性而可能带来严重的后果和不可估量的损失。这些后果和损失不仅包括财产破坏和人员伤亡，还有可能引发严重的社会问题，影响正常的社会秩序和经济稳定。而经验表明，大量突发事件所造成的破坏性后果都可以通过风险评估、预案建设、及时的风险预警等措施得以减轻。因此，如何用好应急预防这一突发事件应对工具，将风险扼杀在萌芽状态或者将公共危机的损失降到最低，是应急预防的根本目的。

法理依据

2003 年"非典"的暴发，推动了我国应急管理体系的建设。2003 年紧急颁布的《突发公共卫生事件应急管理条例》提出了"预防为主，常备不懈"的应急工作方针，并在 2011 年进一步修订完善，有了"有效预防、及时控制和消除突发公共卫生事件的危害，保障公众身体健康与生命安全，维护正常的社会秩序"的重要条例；2007 年颁布的《中华人民共和国突发事件应对法》，将应急管理全过程分为预防与应急准备、监测与预警、应急处置与救援、事后恢复与重建四个阶段。该法第二章详细规定了预防和应急准备的内容，主要包括编制应急预案、建立避难场所、危险源登记、应急救援队伍、应急培训、应急物资保障、应急人才培养等方面内容。

表 3.6.1　《中华人民共和国突发事件应对法》对预防措施的规定（节选）

条号	条文内容
第十七条	国家建立健全突发事件应急预案体系。国务院制定国家突发事件总体应急预案，组织制定国家突发事件专项应急预案；国务院有关部门根据各自的职责和国务院相关应急预案，制定国家突发事件部门应急预案。地方各级人民政府和县级以上地方各级人民政府有关部门根据有关法律、法规、规章、上级人民政府及其有关部门的应急预案以及本地区的实际情况，制定相应的突发事件应急预案。应急预案制定机关应当根据实际需要和情势变化，适时修订应急预案。应急预案的制定、修订程序由国务院规定。
第十八条	应急预案应当根据本法和其他有关法律、法规的规定，针对突发事件的性质、特点和可能造成的社会危害，具体规定突发事件应急管理工作的组织指挥体系与职责和突发事件的预防与预警机制、处置程序、应急保障措施以及事后恢复与重建措施等内容。
第十九条	城乡规划应当符合预防、处置突发事件的需要，统筹安排应对突发事件所必需的设备和基础设施建设，合理确定应急避难场所。

条号	条文内容
第二十条	县级人民政府应当对本行政区域内容易引发自然灾害、事故灾难和公共卫生事件的危险源、危险区域进行调查、登记、风险评估，定期进行检查、监控，并责令有关单位采取安全防范措施。省级和设区的市级人民政府应当对本行政区域内容易引发特别重大、重大突发事件的危险源、危险区域进行调查、登记、风险评估，组织进行检查、监控，并责令有关单位采取安全防范措施。县级以上地方各级人民政府按照本法规定登记的危险源、危险区域，应当按照国家规定及时向社会公布。
第二十一条	县级人民政府及其有关部门、乡级人民政府、街道办事处、居民委员会、村民委员会应当及时调解处理可能引发社会安全事件的矛盾纠纷。
第二十二条	所有单位应当建立健全安全管理制度，定期检查本单位各项安全防范措施的落实情况，及时消除事故隐患；掌握并及时处理本单位存在的可能引发社会安全事件的问题，防止矛盾激化和事态扩大；对本单位可能发生的突发事件和采取安全防范措施的情况，应当按照规定及时向所在地人民政府或者人民政府有关部门报告。
第二十三条	矿山、建筑施工单位和易燃易爆物品、危险化学品、放射性物品等危险物品的生产、经营、储运、使用单位，应当制定具体应急预案，并对生产经营场所、有危险物品的建筑物、构筑物及周边环境开展隐患排查，及时采取措施消除隐患，防止发生突发事件。
第二十四条	公共交通工具、公共场所和其他人员密集场所的经营单位或者管理单位应当制定具体应急预案，为交通工具和有关场所配备报警装置和必要的应急救援设备、设施，注明其使用方法，并显著标明安全撤离的通道、路线，保证安全通道、出口的畅通。有关单位应当定期检测、维护其报警装置和应急救援设备、设施，使其处于良好状态，确保正常使用。
第二十五条	县级以上人民政府应当建立健全突发事件应急管理培训制度，对人民政府及其有关部门负有处置突发事件职责的工作人员定期进行培训。
第二十六条	县级以上人民政府应当整合应急资源，建立或者确定综合性应急救援队伍。人民政府有关部门可以根据实际需要设立专业应急救援队伍。县级以上人民政府及其有关部门可以建立由成年志愿者组成的应急救援队伍。单位应当建立由本单位职工组成的专职或者兼职应急救援队伍。县级以上人民政府应当加强专业应急救援队伍与非专业应急救援队伍的合作，联合培训、联合演练，提高合成应急、协同应急的能力。

续表

条号	条文内容
第二十八条	中国人民解放军、中国人民武装警察部队和民兵组织应当有计划地组织开展应急救援的专门训练。
第二十九条	县级人民政府及其有关部门、乡级人民政府、街道办事处应当组织开展应急知识的宣传普及活动和必要的应急演练。居民委员会、村民委员会、企业事业单位应当根据所在地人民政府的要求，结合各自的实际情况，开展有关突发事件应急知识的宣传普及活动和必要的应急演练。新闻媒体应当无偿开展突发事件预防与应急、自救与互救知识的公益宣传。
第三十条	各级各类学校应当把应急知识教育纳入教学内容，对学生进行应急知识教育，培养学生的安全意识和自救与互救能力。教育主管部门应当对学校开展应急知识教育进行指导和监督。
第三十六条	国家鼓励、扶持具备相应条件的教学科研机构培养应急管理专门人才，鼓励、扶持教学科研机构和有关企业研究开发用于突发事件预防、监测、预警、应急处置与救援的新技术、新设备和新工具。

具体运用

应急预防将突发事件应对的关口前移，并就可能出现的危机状态作出系统规划，储备充足的应急资源与应急能力。根据《突发事件应对法》，预案编制及其管理、常态化应急演练等，均是应急预防的重要内容。围绕预案建设与管理，我国形成了以《突发事件应急预案管理办法》为主的预案管理法律准则，并就突发事件类型或灾种类型形成了相应的应急预案管理办法（如《突发环境事件应急预案管理暂行办法》）。根据《突发事件应对法》的规定，我国随后又颁布和修订了《国家重大食品安全事故应急预案》（2011年修订）、《国家突发重大动物疫情应急预案》、《国家地震应急预案》（2012年修订）、《国家森林火灾应急预案》等，以预防和应对各类突发事件。

在具体灾难事故的应急预防中，以洪灾事故应对为例，据水利部相关统计显示，自2010年至2015年，水利部、财政部、国土资源部、中国气象局联合启动全国山洪灾害防治县级非工程措施项目建设，全国 2058 个山洪灾害防治县累计新建自动监测站 5.2 万个、简易监测站 20 多万个，配备报警设施设备 100 多万台套，编制县、乡、村山洪灾害防御预案 26 万件，制作警示牌、宣传栏 60 多万块，发放明白卡 5100 多万张，组织培训和演练 530 多万人次，建成 2058 个山洪灾害监测预警平台，初步建立了适合国情的山洪灾害监测预警系统和群测群防体系。

🔆 工具使用的注意事项

在应急管理实务领域，经常出现预案规定与实际响应存在较大偏差的现象。原因主要有：差异化的应急管理场景未能有效进入预案设计，培训和宣传教育工作的有效性不足，预案演练的针对性、科学性缺乏等。这些因素容易导致预案虚设，出现形式主义，从而不能使预案体系在突发事件应对中发挥积极作用。因此，预案编制尤其需要重视预案对真实应急场景的反映，切实破除形式主义，保障应急预案得到科学执行。充分做好培训、宣传、演练与修订等各项管理工作。

6.2　应急响应

概念界定

应急响应通常是指为了应对各种自然的或非自然的突发事件，个人、组织或系统在突发事件发生前所作的准备以及在突发事件发生后所采取的措施，其目的在于尽可能地缩小该事件发生的范围和产生的影响。应急响应在各级各类突发事件应急预案中，具体体现为不同等级的响应措施。根据突发事件的严重程度和发展态势，应急响应等级被分为特别重大、重大、较大、一般 4 个级别（Ⅰ级、Ⅱ级、Ⅲ级和Ⅳ级）。

原理与逻辑

随着多灾种灾害的频发，复合型风险的生成与演化对公共治理构成了严峻挑战。当应急管理超越事前预防阶段而不得不面临已然发生的公共危机时，政府需要迅速作出回应，以期迅速控制局面、恢复正常的公共秩序。因此，政府需要深入了解不同种类突发事件的发生规律，迅速且准确地就不同程度的危机情境匹配相应的组织、技术、物资等资源。同时，公共生活的系统效应决定了应急响应必然涉及复杂的多部门关系，关系到众多政府职能的响应流程和内容。因此，应急响应需要界定清晰的响应主体，并就触发不同应对级别的条件及响应流程予以明确规定，形成规范的操作手册。

法理依据

我国应急响应的主要法理依据为《中华人民共和国突发事件应对法》。其中，第七条规定，县级人民政府对本行政区域内突发事件的应对工作负责；涉及两个以上行政区域的，由有关行政区域共同的上一级人民政府负责，或者由各有关行政区域的上一级人民政府共同负责。第八条规定，国务院在总理领导下研究、决定和部署特别重大突发事件的应对工作；根据实际需要，设立国家突发事件应急指挥机构，负责突发事件应对工作；必要时，国务院可以派出工作组指导有关工作。第四十八条规定，突发事件发生后，履行统一领导职责或者组织处置突发事件的人民政府应当针对其性质、特点和危害程度，立即组织有关部门，调动应急救援队伍和社会力量，依照本章的规定和有关法律、法规、规章的规定采取应急处置措施。此外，中央政府也从顶层设计的角度制定了有关应急管理的整体规划，如 2017 年，国务院办公厅印发《国家突发事件应急体系建设"十三五"规划》。各政府部门则在所属职能领域对应急管理制度进行了相应细化，如《银行保险机构应对突发事件金融服务管理办法》《民用运输机场突发事件应急救援管理规则》《交通运输突发事件应急管理规定》等。

具体运用

以《关于印发水利部水旱灾害防御应急响应工作规程（试行）的通知》为例，当发生或预计发生水旱灾害事件时，水利部根据规程规定启动相应级别的应急响应。在响应主体和内容方面，水利部相关单位、流域管理机构和各级水行政主管部门根据工作职责及相关规程开展监测预报预警、水工程调度及抢险技术支撑等水旱灾害防御相关工作。根据水旱灾害发生的性质、严重程度、可控性和影响范围等因素，水利部水旱灾害防御应急响应从低到高分为四级：Ⅳ级、Ⅲ级、Ⅱ级和Ⅰ级。

当发生或预计发生符合下列条件之一的事件时，水利部启动Ⅳ级应急响应：

（1）一个流域发生小洪水

（2）大江大河多条支流发生超警洪水

（3）大江大河干流堤防出现险情

（4）大中型水库出现险情

（5）发生较大山洪灾害

（6）多座大型以上城市同时因旱影响正常供水

（7）其他需要启动Ⅳ级响应的情况

当发生或预计发生符合下列条件之一的事件时，水利部启动Ⅲ级应急响应：

（1）一个流域发生中洪水

（2）多个流域发生小洪水

（3）大江大河干流发生超警洪水

（4）大江大河干流堤防出现重大险情

（5）大中型水库出现严重险情或小型水库发生垮坝

（6）河流发生Ⅱ级风险堰塞湖

（7）发生重大山洪灾害

（8）多座大型以上城市同时发生中度干旱

（9）一座大型城市发生严重干旱

（10）其他需要启动Ⅲ级响应的情况

当发生或预计发生符合下列条件之一的事件时，水利部启动Ⅱ级应急响应：

（1）一个流域发生大洪水

（2）多个流域同时发生中洪水

（3）大江大河干流一般河段及主要支流堤防发生决口

（4）一般大中型水库发生垮坝

（5）河流发生Ⅰ级风险堰塞湖，或发生跨省且Ⅱ级风险堰塞湖

（6）发生特大山洪灾害

（7）数省（自治区、直辖市）多个地市发生严重干旱或一省（自治区、直辖市）发生特大干旱

（8）多个大城市发生严重干旱，或大中城市发生极度干旱

（9）其他需要启动Ⅱ级响应的情况

当发生或预计发生符合下列条件之一的事件时，水利部启动Ⅰ级应急响应：

（1）一个流域发生特大洪水

（2）多个流域同时发生大洪水

（3）大江大河干流重要河段堤防发生决口

（4）重点大型水库发生垮坝

（5）多个省（自治区、直辖市）发生特大干旱

（6）多座大型以上城市发生极度干旱

（7）其他需要启动Ⅰ级响应的情况

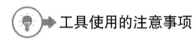 **工具使用的注意事项**

突发事件在不同时期、不同阶段呈现出不同特点，不同阶段的应对措施不能"一刀切"，而应根据各个阶段的特点制定相应的应对策略。平衡好应急状态下维护稳定与经济社会发展的关系，才是面对突发事件应急响应的主题与使命。同时，突发事件的跨域特征愈发突出。同一事件常常分属不同的行政属地。应急响应不能囿于责任规避和地域壁垒，应当实事求是根据事件性质、特征以及破坏程度等，科学明确和公布响应等级。

6.3 应急动员

概念界定

应急动员是指在面对突然发生、造成或者可能造成严重社会危害的突发事件（包括自然灾害、事故灾害、公共卫生灾害、社会安全事件）时，由政府发起的广泛社会动员，旨在最大限度减轻突发事件造成的灾难性后果（应对战争引起的紧急状态应归类于国防动员，在《国防动员法》中已经界定）。广义的应急动员和国防动员类似，以国家安全和社会利益为宗旨，并通过有效动员多元社会力量有序参与应对，实现应急管理效能的最大化。

原理与逻辑

"动员"本义是"集合、准备及准备出师作战"，随着人类社会的进步，和平与发展成为当今世界的主题，"动员"概念的外延也从军事领域扩展到非军事领域，现在广义上的"动员"是指发动人们参与某项活动。本质上来说，应急动员是在应对突发事件全过程中，通过调度政府资源和社会资源并将它们有效整合，从而提高危机管理的效率，降低应急管理成本，实现公共安全效益最大化。我国主要以各级政府自上而下发动社会各界力量广泛参与为主。应急动员按动员规模可分为整体动员和局部动员，前者如应对新冠疫情的全民战"疫"，彰显了超强的动员能力；后者如社区等基层组织小范围采取应急措施。按动员方式可分为硬动员与软动员，前者一般指灾害发生后的非常态动员，指政府采用公权力强制调度社会资源以应对危机；后者多指日常的常态动员，包括对公众进行危机应对宣传教育，提高他们在灾害发生时自救互救的技能等。按动员时间分为前期动员、中期动员和后期动员，分别对应危机应急管理的减缓准备阶段、响应阶段和恢复阶段。

法理依据

我国 2007 年颁布的《中华人民共和国突发事件应对法》对应急动员的相关内容进行了专门规定。其中第六条规定，"国家建立有效的社会动员机制，增强全民的公共安全和防范风险的意识，提高全社会的避险救助能力"，第四十五条规定，"发布一级、二级警报，宣布进入预警期后，县级以上地方各级人民政府……可采取下列一项或者多项措施：（一）责令应急救援队伍、负有特定职责的人员进入待命状态，并动员后备人员做好参加应急救援和处置工作的准备"，第五十五条规定，"突发事件发生地的居民委员会、村民委员会和其他组织应当按照当地人民政府的决定、命令，进行宣传动员，组织群众开展自救和互救，协助维护社会秩序"。除整体性应急动员制度外，在微观领域内，我国政府也出台了具有针对性的政策法规，以规范、引导各类应急动员实践。以突发性公共卫生事件为例，在全球性风险时代，重大公共卫生风险是社会治理过程中难以规避的风险。对此，《传染病防治法》第九条规定，"国家支持和鼓励单位和个人参与传染病防治工作。各级人民政府应当完善有关制度，方便单位和个人参与防治传染病的宣传教育、疫情报告、志愿服务和捐赠活动。居民委员会、村民委员会应当组织居民、村民参与社区、农村的传染病预防与控制活动"。《突发公共卫生事件应急条例》第三十三条规定，"根据突发事件应急处理的需要，突发事件应急处理指挥部有权紧急调集人员、储备的物资、交通工具以及相关设施、设备……"，第四十条规定，"传染病暴发、流行时，街道、乡镇以及居民委员会、村民委员会应当组织力量，团结协作，群防群治……"。上述法律文本从宏观和微观两个层面为应急动员的主体、部门间关系、流程与技术方案提供了准则。

具体运用

应急动员的具体形式十分丰富。在高风险时代，将应急动员的关口前移，利用新技术手段广泛、深入开展包括宣传、培训、演练等活动，是提升应急动员能力和效能的重要途径。

 例 3.6.1

安全宣传咨询日 ①

根据国务院安委会办公室、应急管理部统一部署，全国各地紧密结合常态化疫情防控实际，紧紧围绕安全生产专项整治三年行动计划，突出安全生产月"消除事故隐患，筑牢安全防线"主题，开展了形式多样、内容丰富、线上线下相结合的宣传咨询活动。2020 年 6 月 16 日，全国"安全宣传咨询日"活动在央视新闻客户端、人民网、科普中国网、中国应急信息网、支付宝、新浪微博、抖音等网络和新媒体平台开展了"安全生产大家谈"云

---

① 参见《今年"6·16"安全宣传咨询日 "主播走现场""云直播""云体验"精彩纷呈》，中国网，2020 年 6 月 16 日，见 http://aj.china.com.cn/html/yjjw/20200616/3683.html。

课堂、校园安全公开课、安全知识有奖答题、全民安全大作战、安全体验场馆 360 全景示范展示、抖音和微博话题等线上宣传教育活动，邀请知名专家、行业代表、人气主播等线上交流互动、答疑解惑。

💡➤ 工具使用的注意事项

　　与战争状态引发的国防动员相区别，狭义应急动员主要针对国家应对社会生活中的突发事件。我国的应急动员和国防动员应该互为支撑、互相融合，提高应急能力，促进安全发展。由于重大公共危机的系统效应，党、政、军、民等主体均需有序协同参与应急管理。因此，有必要在组织领导、对接机制、政策法规、保障资源等方面，将国防动员与应急管理体系相融合，在总体国家安全观的指导下健全应急动员机制。

6.4　应急保障

【概念界定】

　　应急保障是指在应对紧急事态时，国家与政府调动全社会的人力、物力、财力用于保障国家安全和社会稳定的活动。广义的应急保障存在于突发公共事件应对的整个过程，是指在应急管理的预警、准备、响应及恢复各个阶段，针对每一阶段的特征，国家和各级政府对应急管理所需的各种物资、资金、人力、信息和制度等资源，有针对性地实行全方位动态管理，为应急管理提供基础保障。狭义的应急保障是指在突发公共事件的应急响应阶段，对所需的物资、资金、人力、信息技术和制度等保障资源进行的非常态管理活动，其目的是在面对突发公共事件时，保障国家安全和社会稳定不受侵犯和破坏。概括而言，应急保障可以被看作一种应急资源管理活动，既包括物资、财力等硬性资源保障，也包括法律法规、政策制度等软性资源保障，是一种综合性的应急资源管理。

原理与逻辑

应急保障是应急管理的重要组成部分，是应急管理的物质基础和力量源泉，为应急管理活动的全过程提供支撑。国家及各级政府引导建立应急保障体系、开展应急保障活动的逻辑主要有以下几点。第一，公共危机是经济社会发展到一定阶段的产物，永远不可能被消除，任何试图打造一个没有危机的社会的想法与行动都是不现实的，因此只能通过一系列活动降低其对生命、财产等造成的危害。第二，公共危机具有典型的不确定性、紧急性、扩散性等特点，并不存在"放之四海而皆准"的模式和规律。此时危机一旦爆发，如果没有充足的资源和准备，会对常规状态下的系统造成致命的打击，造成人员的伤亡、财产的损失乃至一个系统的瘫痪。如果控制不力，危机事件进一步蔓延，可能会对国家安全和社会稳定造成威胁。第三，政府是社会公共事务的管理者，应该履行保护人民生命财产安全、减少危机给人民带来的损害，维护社会和谐稳定的职能。如果没有完善的应急保障体制提供支持，应急管理活动将难以顺利开展且无法取得良好成效，进而严重损害国家和政府的公信力。综上，政府积极开展应急保障活动是实现有效应急管理的必然选择。

法理依据

《中华人民共和国突发事件应对法》对突发事件应急保障的相关规定散见于不同章节之中，其围绕应急管理所涉及不同阶段中各种物资、人力、信息、技术等保障资源如何实现高效管理、优化配置作出了原则性规定。除此之外，一些一事一立的单项法也针对某一具体突发事件类型规定了相关的应急保障措施，例如《防震减灾法》《防洪法》《消防法》《安全生产法》等，这将有利于进一步丰富和细化因突发事件类型不同而产生的特殊问题所需采取的相关措施。

表 3.6.2　《中华人民共和国突发事件应对法》
对应急保障措施的规定（节选）

条号	条文内容
第二十七条	国务院有关部门、县级以上地方各级人民政府及其有关部门、有关单位应当为专业应急救援人员购买人身意外伤害保险，配备必要的防护装备和器材，减少应急救援人员的人身风险。
第三十一条	国务院和县级以上地方各级人民政府应当采取财政措施，保障突发事件应对工作所需经费。
第三十二条	国家建立健全应急物资储备保障制度，完善重要应急物资的监管、生产、储备、调拨和紧急配送体系。设区的市级以上人民政府和突发事件易发、多发地区的县级人民政府应当建立应急救援物资、生活必需品和应急处置装备的储备制度。县级以上地方各级人民政府应当根据本地区的实际情况，与有关企业签订协议，保障应急救援物资、生活必需品和应急处置装备的生产、供给。
第三十三条	国家建立健全应急通信保障体系，完善公用通信网，建立有线与无线相结合、基础电信网络与机动通信系统相配套的应急通信系统，确保突发事件应对工作的通信畅通。
第三十四条	国家鼓励公民、法人和其他组织为人民政府应对突发事件工作提供物资、资金、技术支持和捐赠。
第四十五条	发布一级、二级警报，宣布进入预警期后，县级以上地方各级人民政府除采取本法第四十四条规定的措施外，还应当针对即将发生的突发事件的特点和可能造成的危害，采取下列一项或者多项措施：（一）责令应急救援队伍、负有特定职责的人员进入待命状态，并动员后备人员做好参加应急救援和处置工作的准备；（二）调集应急救援所需物资、设备、工具，准备应急设施和避难场所，并确保其处于良好状态、随时可以投入正常使用；（三）加强对重点单位、重要部位和重要基础设施的安全保卫，维护社会治安秩序；（四）采取必要措施，确保交通、通信、供水、排水、供电、供气、供热等公共设施的安全和正常运行；（五）及时向社会发布有关采取特定措施避免或者减轻危害的建议、劝告；

续表

条号	条文内容
第四十五条	（六）转移、疏散或者撤离易受突发事件危害的人员并予以妥善安置，转移重要财产；（七）关闭或者限制使用易受突发事件危害的场所，控制或者限制容易导致危害扩大的公共场所的活动；（八）法律、法规、规章规定的其他必要的防范性、保护性措施。
第四十九条	自然灾害、事故灾难或者公共卫生事件发生后，履行统一领导职责的人民政府可以采取下列一项或者多项应急处置措施：（一）组织营救和救治受害人员，疏散、撤离并妥善安置受到威胁的人员以及采取其他救助措施；（二）迅速控制危险源，标明危险区域，封锁危险场所，划定警戒区，实行交通管制以及其他控制措施；（三）立即抢修被损坏的交通、通信、供水、排水、供电、供气、供热等公共设施，向受到危害的人员提供避难场所和生活必需品，实施医疗救护和卫生防疫以及其他保障措施；（四）禁止或者限制使用有关设备、设施，关闭或者限制使用有关场所，中止人员密集的活动或者可能导致危害扩大的生产经营活动以及采取其他保护措施；（五）启用本级人民政府设置的财政预备费和储备的应急救援物资，必要时调用其他急需物资、设备、设施、工具；（六）组织公民参加应急救援和处置工作，要求具有特定专长的人员提供服务；（七）保障食品、饮用水、燃料等基本生活必需品的供应；（八）依法从严惩处囤积居奇、哄抬物价、制假售假等扰乱市场秩序的行为，稳定市场价格，维护市场秩序；（九）依法从严惩处哄抢财物、干扰破坏应急处置工作等扰乱社会秩序的行为，维护社会治安；（十）采取防止发生次生、衍生事件的必要措施。

具体运用

应急保障作为应急管理的重要组成部分，是应急管理的物质基础和力量源泉。根据《国家突发公共事件总体应急预案》，在突发公共事件的应对中，各有关部门要根据总体预案切实做好应对突发公共事件的人力、物力、财力、交通运输、医疗卫生、通信及科技保障等工作。

 **例 3.6.2**

甘肃舟曲暴洪泥石流灾害中的应急保障 ①

2020 年 8 月，甘肃舟曲发生暴洪泥石流灾害，在灾情告急第一时间，县政府迅速成立了救灾物资采购储备组、应急物资调运组和后勤保障组，全面负责应急救灾过程中的保障工作。在物资方面，工作组及时向上级粮食和物资储备管理部门申请调拨物资，积极做好兄弟县市援助物资对接工作，同时安排专门工作人员协同粮食和物资储备库工作人员连夜开展应急物资协调和生活必需品采购、入库、清点、装配、调运。在全局人员的昼夜奋战下，紧急调运了各类救灾物资 40 余车次，包括各类救灾车辆近百辆、应急照明灯等工具、帐篷和衣物、大批食物等，确保了全县帐篷、棉被等应急物资和米、面、油等生活用品的及时供应、调拨和配送，有效保障了抢险救援人员和群众的基本生活供给。

工具使用的注意事项

我国应急保障体系在应对汶川地震、南方冰雪灾害等重大突发事件中不断累积经验，取得了重大进步。但目前，应急保障工作还需要注意从以下方面加以提升：第一，各部门的有效协同，这是前提；第二，精准配置有限的应急资源，这是基础；第三，及时根据危机事件的变化调整方案。

---

① 参见《灾情就是命令　险情就是责任——舟曲县发展和改革局勇担使命，全力以赴开展暴洪泥石流灾害抢险救灾物资保障工作》，舟曲县人民政府官网，2020 年 8 月 25 日，见 http://www.zqx.gov.cn/info/1040/37784.htm。

6.5　应急恢复

概念界定

　　应急恢复，即应急管理的恢复阶段，是应急管理周期的最后一环。它是指突发事件发生过后，政府及社会各方采取各种措施使受灾区域的经济社会及受灾主体的生产生活秩序回归灾前状态及更好地发展的过程。一般而言，应急恢复分为短期恢复与长期恢复。前者往往开始于突发事件发生之后的较短时间内，通常与突发事件的响应、动员、救援等工作交叉融合。后者可能涉及与短期恢复相同的行动，但包含的空间范围与时间跨度更广，其时间跨越长度通常取决于突发事件严重性、破坏程度、灾害对象的特点，以及应对灾害的能力。总而言之，应急恢复就是以保障安全与改善民生为核心，以实现人口、产业与资源环境协调发展为目标，积极开展社会、经济、政治、文化、生态环境的复原和重建过程。

原理与逻辑

　　应急管理不仅仅是预防及解决突发危机事件，还包含消除突发事件带来的负面影响，使人与环境恢复秩序的过程。预防、准备、响应、救援等事前、事中阶段仅仅是对突发事件的暂时解决，并不意味着应急管理工作的完成与结束。应急恢复虽处于应急管理周期的末端，但其面向未来的发展性与持久性特征对应急管理具有至关重要的作用。应急恢复不仅关注当前危机的解决，更重要的是以此为特殊契机面向未来的发展。同时，恢复阶段是承接已发生灾害的解决阶段与未发生灾害的预防阶段的梯子，应急恢复在对现受灾区域进行重建的过程中蕴含着对未来灾害的预防措施。

　　短期恢复阶段，是指在灾害发生后的短时间内，使灾害影响恢复到相对安全的状态，避免新的突发事件出现，并暂时满足受灾主体基本生活需求的阶段。这一阶段的恢复对象主要为能够满足应急需要以及基本生活需求的设施,具体而言可分为 4 个层次:生命安全保障系统、基本生活需要系统、心理精神依托系统、组织交流活动系统。这 4 个层次通常依次进行恢复,但也存在几个层次同时恢复的情况。这一阶段应急恢复的主要特点是及时性,对恢复的时间与速度有较高要求,工作的核心在于灾后的快速响应,主要包含现场警戒与持续监测、人员救助、损失评估、调查处理与报告等。

长期恢复阶段,是指在突发事件已进入相对安全状态后,关注灾害预防与生产生活重新规划与发展工作,使灾害影响恢复到原有或更高的状态的灾后重建阶段。这一阶段工作的主要特点是全面性,恢复对象几乎涉及受灾害影响的方方面面,恢复工作需要考虑的核心因素转变为恢复的成本和质量,而对时间的要求较上一阶段有所降低。长期恢复阶段包含成立恢复工作小组、开展灾害评估、制订恢复计划、总结整改与监督落实、恢复后评价五个步骤,这一阶段最终取得的效果取决于受灾主体对受损对象的需求水平。

法理依据

《中华人民共和国突发事件应对法》第五章中对应急恢复相关工作作出如下规定:

表 3.6.3 《中华人民共和国突发事件应对法》对应急恢复的规定

条号	条文内容
第五十八条	突发事件的威胁和危害得到控制或者消除后,履行统一领导职责或者组织处置突发事件的人民政府应当停止执行依照本法规定采取的应急处置措施,同时采取或者继续实施必要措施,防止发生自然灾害、事故灾难、公共卫生事件的次生、衍生事件或者重新引发社会安全事件。
第五十九条	突发事件应急处置工作结束后,履行统一领导职责的人民政府应当立即组织对突发事件造成的损失进行评估,组织受影响地区尽快恢复生产、生活、工作和社会秩序,制定恢复重建计划,并向上一级人民政府报告。 受突发事件影响地区的人民政府应当及时组织和协调公安、交通、铁路、民航、邮电、建设等有关部门恢复社会治安秩序,尽快修复被损坏的交通、通信、供水、排水、供电、供气、供热等公共设施。

续表

条号	条文内容
第六十条	受突发事件影响地区的人民政府开展恢复重建工作需要上一级人民政府支持的，可以向上一级人民政府提出请求。上一级人民政府应当根据受影响地区遭受的损失和实际情况，提供资金、物资支持和技术指导，组织其他地区提供资金、物资和人力支援。
第六十一条	国务院根据受突发事件影响地区遭受损失的情况，制定扶持该地区有关行业发展的优惠政策。 受突发事件影响地区的人民政府应当根据本地区遭受损失的情况，制定救助、补偿、抚慰、抚恤、安置等善后工作计划并组织实施，妥善解决因处置突发事件引发的矛盾和纠纷。 公民参加应急救援工作或者协助维护社会秩序期间，其在本单位的工资待遇和福利不变；表现突出、成绩显著的，由县级以上人民政府给予表彰或者奖励。 县级以上人民政府对在应急救援工作中伤亡的人员依法给予抚恤。
第六十二条	履行统一领导职责的人民政府应当及时查明突发事件的发生经过和原因，总结突发事件应急处置工作的经验教训，制定改进措施，并向上一级人民政府提出报告。

此外，在《中华人民共和国突发事件应对法》的指导下，自然灾害恢复、事故灾害恢复、公共卫生事件恢复等多种突发事件类型的政策条例中都对应急恢复工作进行了规定。例如，《中华人民共和国防震减灾法》(2008 年修订)第六章规定了地震灾后过渡性安置与和恢复重建相关内容。该法第五十八条规定，"国务院或者地震灾区的省、自治区、直辖市人民政府应当及时组织对地震灾害损失进行调查评估，为地震应急救援、灾后过渡性安置和恢复重建提供依据。地震灾害损失调查评估的具体工作，由国务院地震工作主管部门或者地震灾区的省、自治区、直辖市人民政府负责管理地震工作的部门或者机构和财政、建设、民政等有关部门按照国务院的规定承担"。

具体应用

我国是世界上受自然灾害影响最严重的国家之一，重大自然灾害是突发事件的重要组成部分。灾后恢复与重建是突发事件应急管理的重要内容，对消除突发事件对经济社会民生带来的负面影响具有重要意义。

 **例 3.6.3**

《国家汶川地震灾后重建规划工作方案》出台 ①

为有力有序有效地组织各方面力量做好灾后重建规划编制工作，国务院抗震救灾总指挥部灾后重建规划组制定了《国家汶川地震灾后重建规划工作方案》（以下简称《工作方案》）。

《工作方案》指出，灾后重建规划的编制要全面贯彻落实科学发展观，坚持以人为本，优先恢复重建受灾群众基本生活和公共服务设施；坚持尊重科学、尊重自然，充分考虑资源环境承载能力，科学民主决策；坚持统筹兼顾，与推进工业化城镇化和新农村建设及扶贫开发相结合，与主体功能区建设和产业结构优化升级相结合，与保护弘扬中华民族的人文精神相结合；坚持以地方为主体，充分发挥灾区干部群众自力更生、艰苦奋斗精神，在国家和兄弟省（区、市）的支持下实现灾后重建和发展目标。

灾后重建规划的编制要坚持统一部署、分工负责，区分缓急、突出重点，相互衔接、上下协调，规范有序、依法推进的原则。在深入论证、科学规划的同时，尽可能加快工作进度；在重建生活家园的同时，注重精神家园建设；在重建生产设施的同时，注重制度建设；在抓好近期重建的同时，注重中长期发展提高，实现可持续发展。

---

① 参见《〈国家汶川地震灾后重建规划工作方案〉现已确定》，中国政府网，2008 年 6 月 13 日，见 https://www.gov.cn/gzdt/2008-06/13/content_1015567.htm。

《工作方案》明确了规划编制的工作任务包括专项评估、规划编制和政策研究，已经分解落实到有关部门和地区，明确了责任主体和时间要求。

💡 工具使用的注意事项

应急恢复实质上是通过提供各类资源与服务使个人、家庭、企业、社区最大限度恢复到灾害前水平的运行过程，这一过程涉及灾害的处理、救助、重建、防控等全方面工作，具有复杂性、整体性、动态性、持久性特征。灾害发生后，应尽快成立恢复协调工作小组，制定恢复重建规划，准备并开展应急恢复工作。需要注意的是，应急恢复是在灾害环境相对安全与突发事件暂时解决的状态下开展的应急管理工作，并不代表着突发事件已经结束，应急恢复的及时性、复杂性和持久性特征同时也衍生了它的风险性。因此，恢复过程必须加强风险防控与管理，防止次生灾害并发，尽可能降低恢复各个阶段中可能遭遇的风险。此外，在当前复合型灾害特征明显的背景下，突发事件应对已经不再是单一的政府职能形式，它涉及经济社会运行的方方面面。可以说，应急恢复不仅仅是灾后重建工作，而是将恢复重建与规划、系统防范相结合的综合性过程。

7. 公民权益保障

中国特色社会主义进入新时代，社会主要矛盾已经转化为人民日益增长的美好生活需要和不平衡不充分的发展之间的矛盾。就此而言，在社会经济发展与人民需求转变的复杂情境中，亟须构建现代化治理体系来化解各类社会矛盾，而落实公民权益保障措施有助于营造一系列公平正义的制度环境，这也是社会主义社会的核心要求。总体而言，在保障公民利益诉求与表达权力的同时，持续拓宽并完善其发声渠道是公民权益保障的前提。鉴于此，从公共治理的角度出发，树立公民权利至上理念，熟悉并妥善运用法制、信访、舆情反映、社会监督以及建议与提案等治理工具，积极协调各方利益，畅通公民利益诉求表达渠道，对健全和完善社会利益表达机制，切实保障公民权益至关重要。

7.1　法　制

概念界定

法制是指静态的法律、法规、规章等制度体系，以法律和制度为基础来维护社会的公平正义，是人民权益保障的制度化依据。

原理与逻辑

法制在公民寻求权益保障的路径中多指具象的法律制度，强调法律在制度体系层面的完整性与规范化。法制是公民寻求公正的制度化途径，让公民在寻求权益保障的道路中"有法可依"，让国家公职人员在工作中"有法可依、有法必依、执法必严、违法必究"。"依法治国"是基本治国方略，其要义即依据法律制度来治理国家，各项法律作为制度约束与制度载体是"法治"得以开展的前提条件。2018 年，第十三届全国人民代表大会第一次会议通过的《中华人民共和国宪法修正案》将"健全社会主义法制"修改为"健全社会主义法治"，强调将静态的法制以实际行动付诸到国家治理体系与治理能力现代化建设的过程中。一方面以法制驱动国家治理良性运转，保障人民群众的权益，使其以动态的法治形式呈现；另一方面，考量了时代赋予社会新兴事务以发展契机，特别是互联网经济对人民权益保障带来的冲击，倒逼新兴领域的法律制度建设走向完善，以善法行善治。

法理依据

　　我国以宪法为根本法构建了法律制度体系，它是其他法律制度制定的依据。我国法制化建设主要经过了 5 个阶段，以几个典型的历史事件为标志：（1）1978 年，党的十一届三中全会提出了"有法可依、有法必依、执法必严、违法必究"的法制化建设方针；（2）1982 年，全国人大通过了修订的《中华人民共和国宪法》；（3）1997 年，党的十五大明确了到 2010 年形成中国特色社会主义法律体系的立法任务；（4）2007 年，党的十七大提出完善中国特色社会主义法律体系；（5）2011 年，十一届全国人大四次会议第二次全体会议工作报告提出，中国特色社会主义法律体系已经形成。截至 2020 年 8 月，现行有效的法律共 279 部。其中，宪法 1 部，宪法相关法 46 部，民法商法 32 部，行政法 91 部，经济法 73 部，社会法 24 部，刑法 1 部，诉讼与非诉讼程序法 11 部。

具体运用

　　法制作为公民权益保障的制度化依据，随着时代的进步与公民需求变化不断发展。2014 年，党的十八届四中全会作出了编纂《民法典》的决定；2020 年出台了《中华人民共和国民法典》，这部被喻为"社会生活大百科全书"的《民法典》是公民权利保障的新起点，为国家治理现代化提供了制度保障，展示了法制工具在现实中的具体运用。

 例 3.7.1

民法典：公民社会权利保护的新起点（节选）①

　　民法典以 7 编加附则，共计 1260 条的庞大立法体系和完备的

---

① 参见《民法典：公民社会权利保护的新起点》，《人民法院报》2020 年 7 月 12 日。

法律制度体系，与众多法律条文，开启了我国法典编纂立法的先河，是社会主义法治建设的重要里程碑。

民法典全方位回应人民群众的法治需求。随着经济社会的发展，人们对美好生活的期待值不断增高，对通过法治维护、保障其权利实现的呼声高涨。民法典高度聚焦公民的基本权利，进一步明确了多种新型权利，力争为人民群众提供全方位的法律保障。民法典最备受关注、广为人知，且彰显中国法治进步的主要内容在于人格权独立成编，首次将人格权纳入法律保护框架，充分体现了我国对公民人格权的高度重视与严格保护。除了"创新"，民法典还积极丰富、完善原有的民事法律法规的内容，如拓宽隐私权的外延，将"生活安宁"纳入隐私权范畴，明确禁止通过骚扰电话、短信、传单、强制弹窗广告等方式骚扰他人的私人生活安宁；重视个人信息保护，将"电子邮箱""行踪信息"等纳入个人信息，使个人信息的内容具体化，并进一步规范个人信息的收集、处理原则和信息控制者的特定义务，符合我国现阶段发展人民群众权利保护的需求，为维护最广大人民群众的合法利益提供明确、具体、多样化的保证。

民法典有力地满足社会发展的法治需求。民法典作为社会生活的百科全书，直面当下中国社会的普遍难题，高度关注民心之所向。在物权编中对土地经营权的内容作了较为详细的规定，同时删除耕地使用权不得抵押的规定，并明确规定土地承包经营权人依照法律规定，有权将土地承包经营权互换、转让，以适应"三权分置"后土地经营权入市的需要，积极回应三农问题。明确居住权是按照合同约定，对他人的住宅享有占有、使用的用益物权，有助于推动完善我国的住房保障体系，使"房住不炒"的政策落到实处，提升房屋利用效率。对社会普遍关注的高空抛物坠物，明确相关侵权责任追究的有关规定，对确定侵权人、合理分配责任均提供了详细的规范。关注与物业服务相关的民生问题，增加物业服务合同，明确物业服务人的义务，对于未履行安全保障义务的物业服务企业等建筑物管理人，规定相应的侵权责任。民法典洞察入微，力争填补和全面围堵社会发展中的法律空白与漏洞，推进国家治理体系与治理能力现代化、法治化。

民法典在传承与开拓中展示中国智慧。民法典汲取了优良的中华文化，注重家国关系，将传统美德与时代发展相结合。以离婚冷静期善意提示夫妻双方更为冷静、理性地处理婚姻关系。关注未成年人被收养及父母离婚时的合法权益；关注老年人的赡养问题。修改完善继承制度，尊重遗嘱自由。关注当下，面向未来，民法典积极破解科技与时代融合的难题。将姓名权和名称权扩展到了网名等，增加合同成立的电子方式、变更制度、解除权等；完善格式条款规则、合同解除制度、合同保全规则等，对数据遗产、数据确权、虚拟财产等予以一般性规定。此外，对基因编辑、人体胚胎等关乎技术与伦理的前沿性问题也作了相应规定。这种既延续了五千年中华文明，又对接现代科学技术的包容与开放，充分展示了文化、制度和法治的自信。

民法典将为司法机关提供全面、权威、系统的裁判依据。民法典的体系性、协调性，消除了此前适用的单行法律和庞大的司法解释规定之间存在着不协调、不统一的地方，摒除了原有单行条例各自为政的司法现象，有学者提出，民法典的诞生，昭示着"立法主导型的法律规范发展模式的结束，民事领域治理开始走向经由司法判例日积月累的发展规范模式"，人民法院应当将重点放在民法典在司法层面如何恰当运用的问题上，继续完善相应的立法配套，对于此前数量庞大的民事商事司法解释进行适时的清理、修改和废止；及时制定与民法典相配套的司法解释，明确法律规定含义和适用法律依据；积极完善指导性案例、公报案例，加强审判业务指导，从而为民事实务提供了统一的适用依据，搭建起中国民事法律法规的体系化，规范引导司法工作者的自由裁量权，为同案同判提供坚定有力的引导与规制，使民法典在实施中焕发活力，发挥出民法典应有的价值，努力让人民群众在每一个司法案件中感受到公平正义，助推社会治理现代体系的建设。

工具使用的注意事项

法制工具使用的关键点在于系列法律制度的完善与普及化，因此，运用该政策工具时要注意：第一，以实践案例反哺法律制度，使其不断修订完善；第二，充分运用网络社交媒体等方式创新普法宣传手段，以人民喜闻乐见的方式进行普法宣传，让公民知法、懂法、守法、用法，使法制工具在公民权益保障道路上切实运转起来。

7.2 信访

概念界定

公民因自身权益受到损害，对执法者的行为产生质疑，进而通过申请等方式行使监督权的过程即信访。2022年，中共中央、国务院发布的《信访工作条例》第十七条规定，"公民、法人或者其他组织可以采用信息网络、书信、电话、传真、走访等形式，向各级机关、单位反映情况，提出建议、意见或者投诉请求，有关机关、单位应当依规依法处理"。

原理与逻辑

　　1949 年，为处理人民群众的来信来访，中央书记处政治秘书室成立。1950 年，此机构撤销，其任务由新设的中共中央办公厅秘书室接替。新中国成立初期的群众来信来访工作和控告检举制度等奠定了当前信访制度的基础。1951 年，毛泽东对"必须重视人民的通信"进行了"五一六"批示，同年政务院出台的《关于处理人民来信和接见人民工作的决定》从工作原则、内容、方式、性质等层面对人民来信来访制度进行了界定，这两大标志性事件使新中国信访制度初具规模。1952 年之后，信访职能开始集中，中央人民政府的信访工作基本上由政务院秘书厅负责。"文化大革命"期间信访工作停滞，一直到 1978 年，第二届全国信访工作会议召开后，各地信访机构开始恢复。

　　信访是党开展群众工作的重要环节，是政府倾听人民心声的窗口，是中国独有的权利救济制度和民意表达制度，其意义是"密切党和政府同人民群众的联系"，群众有权通过信访部门进行申诉、控告和检举以行使自下而上的公民监督权。信访事项主要涉及的是社会转型过程中的利益纠葛。就信访内容而言，它涉及民事、刑事以及行政等多种案件。信访中公民提出意愿和表达诉求的过程也是参与政治生活的过程，彰显了社会主义民主价值。

法理依据

　　我国宪法赋予人民广泛的监督权，这成为信访制度发展完善的法律制度基石。《中华人民共和国宪法》第四十一条规定，"中华人民共和国公民对于任何国家机关和国家工作人员，有提出批判和建议的权利，对于任何国家机关和国家工作人员的违法失职行为，有向国家机关提出申诉、控告或者检举的权利，但是不得捏造或者歪曲事实进行诬告陷害"。在宪法的基础上，1963 年出台了《信访条例草案》，1982 年颁布了《党政机关信访工作暂行条例（草案）》，1995 年颁发了新中国第一部信访行政法规《信访条例》，自此信访工作逐步迈入法制化轨道。《信访条例》于 2005 年进行了再修正，2022 年 5 月 1 日起废止，取而代之的是 2022 年颁发的《信访工作条例》。2001 年，第五次全国信访工作会议将信访纳入了社会综合治理体系，继而党的十八大报告明确将"完善信访制度"列入加强和创新社会管理体制的范畴。2013 年，党的十八届三中全会通过的《中共中央关于全面深化改革若干重大问题的决定》明确提出，"把涉法涉诉信访纳入法治轨道解决，建立涉法涉诉信访依法终结制度"。2014 年，中共中央办公厅、国务院办公厅印发了《关于依法处理涉法涉诉信访问题的意见》，对如何建立涉法涉诉信访依法终结制度、依法处理涉法涉诉信访问题的主要内容以及配套措施和工作要求等方面进行了概括。2014 年，党的十八届四中全会通过的《中共中央关于全面推进依法治国若干重大问题的决定》提出，"把信访纳入法制化轨道，保障合理合法诉求依照法律规定和程序就能得到合理合法的结果"的目标，推动信访程序走向制度化、规范化。2016 年，中共中央办公厅、国务院办公厅联合发布《信访工作责任制实施办法》。2017 年，中共中央办公厅、国务院办公厅印发了《关于进一步加强信访法治化建设的意见》，对新时代信访制度的发展从法治化、信息化以及专业化等方面进行了规划。总体来看，目前信访不仅有着配套的法律作为工作基础，而且随着时代的进步，国家在顶层设计层面也不断赋予其更为宽广的价值与使命。

具体运用

信访是党和政府密切联系群众的"桥梁"，也是对公职人员工作进行监督的窗口，同时又是党和政府洞察社情民意的重要渠道。信访工作涉及面广、内容丰富、与政策联系紧密，是维护安定团结的必要工具。例如，攀枝花市公安局对本单位年度信访工作的总结，展示了信访工具推动建设和谐、稳定、有序的社会环境的良好作用。

例 3.7.2

攀枝花市公安局交警支队多措并举扎实开展信访工作①

今年以来，交警支队以集中排查化解信访突出问题和不稳定因素为中心，以强化领导、落实责任为保障，以"问题零遗漏、苗头零放过、处置零积压"为目标，多措并举强化信访工作，不断提高信访工作水平和能力，努力营造和谐、稳定、有序的社会环境。

（一）畅通信访渠道"有为"。支队不断完善电、信、网、访、舆论等"多位一体"的信访举报监督网络，确保来信有人看、来访有人接、电话有人听、网络举报有人办、发现舆情有人查。同时，常态化开展接访活动，与上访群众面对面沟通，倾听群众心声，解决群众诉求。今年以来，共收到并受理的市民热线 394 件，市长信箱 25 件，市局信访信息 2 件，国家信访局 1 件，市信访局 2 件，省委巡视组 2 件，电话投诉 27 起，目前已办结 448 件，到期办结案率为 100%。

（二）引导依法上访"有方"。支队纪检部门坚决落实分级负责归口办理原则，对合理合法的诉求，尽快给予解决；对无理诉求，耐心解释说明；对自身存在工作偏差的，及时纠正消除影响。对不属于受理范围的信访反映，热情接待，仔细倾听群众诉求，耐心解释，讲清解决问题的正确途径，引导群众依法依规逐级反映问题，赢得群众理解和支持。对群众反映的重要线索或紧急事项，及时联

---

① 参见《交警支队多措并举扎实开展信访工作》，攀枝花市公安局网站，2020 年 8 月 25 日，见 http://gaj.panzhihua.gov.cn/zwgk/gzdt/1673333.shtml。

系受理部门，并按规定时限给予答复。今年以来，支队共接到 24 起非支队职责范围的信访件，支队纪检部门按程序和规定，引导群众到相关单位反映或是帮助群众直接联系相关单位处理，得到相关单位以及人民群众一致好评。

（三）强化考核机制"有力"。支队结合自身队伍实际，不断完善绩效考核办法，建立健全民警个人档案，及时掌握民警思想动态，全面落实预警机制，规避内部管理盲区。通过案件办理的全程跟踪，全面了解和掌握民警的执法情况，及时发现民警工作过程薄弱环节，并适时提示提醒及整改，同时也为民警创先争优评比、奖惩提供依据，进一步促进规范执法，减少不必要的信访和投诉。

（四）健全研判机制"到位"。首先，将群众通过各类渠道反映的问题作为信访工作的"风向标"，每周梳理汇总，从中找准群众的"呼声"，检视工作不足，并根据不同情况研究对策、制定措施；其次，坚持每月信访工作"定期分析研判"，对未结案、可能引起上访、重点和难点信访事项进行全面梳理，分析信访处理工作中存在的问题，及时提出整改建议，督促相关部门及时完善提高。

（五）强化监督检查"到人"。支队纪检部门坚持以群众投诉问题为导向，强化信访问题解决、矛盾化解等工作，先后化解了姜 A、郭 A、李 A 等信访案件。同时，支队纪检部门紧盯风险岗位、重点人员及热点问题，对执勤执法、交通事故处理、车驾管等岗位开展了各类督导检查，明察暗访 140 余次，下发各类督察通报 13 期，对存在相关问题的 2 名民警进行了提醒谈话，1 名民警（已调离外单位）进行了批评教育，努力实现监督全方位、无死角、全覆盖。

💡→ **工具使用的注意事项**

在信访制度逐渐走向法制化、信息化与专业化的过程中，应合理有效地运用该政策工具，具体而言：第一，要注重结合互联网、云计算、大数据等现代化信息技术手段，学会网络信访信息系统的实操与运用，以更方便快捷的方式服务群众，及时了解他们的利益诉求；第二，信访工作人员在拓展线上线下沟通渠道的同时，要注重自身业务技能的提升，学会运用公共政策等政治法律手段以及经济调节、听证、民意测评等多元工作手段；第三，相关领导应强化该项工作的全局意识，定期开展信访工作的横向省际，纵向省、市、县和斜向省、市、县之间的常态化业务交流工作并依据需求建立交流平台。

7.3 网络舆情反映

概念界定

舆情反映指公众对各类社会事件的发展演化持有的价值分析与政治社会态度，是以事件为中介向政府、企业、社会组织及个人反映自身内在需求与利益偏好的自发性活动。随着新媒体的普及，网络舆情成为民众舆情反映的主流方式，它以各类互联网新兴媒体为媒介，以大众关注的社会热点事件为话题，借此传达自身诉求及价值取向。

原理与逻辑

舆情反映是公民权益表达的重要方式，而舆情疏导则是行政管理者对舆情处理的行动，其重点在于将不良舆情影响限制于最小范围或将其转化为良性因素。舆情反映不仅仅是单向度的人民诉求表达方式，更是引导人民关注社会公共事务、参与社会治理的有效互动工具。它有助于培育人民的公共精神与公民素养，最终实现社会的公平正义。随着互联网技术的快速发展，微博、微信、快手、抖音、头条等多样互动参与型新兴媒体的涌现使网络舆情地位凸显，网络舆情打破了传统舆情反映的时空限制，使人民以"网络参政"的方式在互联网社群中就各领域的国家事务与社会事务随时随地发表意见，展开各类诉求表达。互联网作为新型的舆情活跃平台，赋予了舆情反映多元性、瞬时性、突发性等新的时代特征，也对政府的执政能力提出了新的挑战。

法理依据

我国主要从国家安全与信息传播层面对网络舆情进行立法规制。《中华人民共和国宪法》(2018 年修正)、《中华人民共和国刑法》(2020 年修正)、《中华人民共和国保守国家秘密法》（2010 年修订）对舆情反映涉及的国家安全信息等进行了广义立法规定。2000 年实施、2011 年修订的《互联网信息服务管理办法》第十五条明确指出，舆情反映涉及"有害信息"会被依法追究责任，即"互联网信息服务提供者不得制作、复制、发布、传播含有下列内容的信息：（一）反对宪法所确定的基本原则的；（二）危害国家安全，泄露国家秘密，颠覆国家政权，破坏国家统一的；（三）损害国家荣誉和利益的；（四）煽动民族仇恨、民族歧视，破坏民族团结的；（五）破坏国家宗教政策，宣扬邪教和封建迷信的；（六）散布谣言，扰乱社会秩序，破坏社会稳定的；（七）散布淫秽、色情、赌博、暴力、凶杀、恐怖或者教唆犯罪的；（八）侮辱或者诽谤他人，侵害他人合法权益的；（九）含有法律、行政法规禁止的其他内容的"。自 2017 年 6 月 1 日起实施的《中华人民共和国网络安全法》则从网络运行安全、网络信息安全、法律责任等方面对保障网络安全进行了规定，第一条便申明该法制定的目的，即"为了保障网络安全，维护网络空间主权和国家安全、社会公共利益，保护公民、法人和其他组织的合法权益，促进经济社会信息化健康发展，制定本法"。此外，《互联网电子公告服务管理规定》《信息网络传播权保护指导意见》《计算机信息系统安全保护条例》《互联网新闻信息服务管理规定》等也均对互联网空间中网民依法进行舆情反映作了广义规定。

具体运用

互联网的普及使得网民可以积极参政议政，但这也对政府如何有效应对互联网参政提出了挑战。近年来，网络舆情与政府治理展开了频繁的互动。及时进行政务公开与规范舆情反映渠道，有助于政府与群众相互了解，共同构建社会主义和谐社会。例如，广州市城市管理与综合执法局公开的一起网络舆情处理结果政务报告，体现了舆情反映与政府治理之间的良性互动。

例 3.7.3

广州市城市管理和综合执法局关于舆情反映"市中心部分沙井盖因维管不力贻害行人"的处理情况 [1]

近日，有舆情反映"市中心部分沙井盖因维管不力贻害行人"。针对舆情反映的市内部分区域井盖设施因维管不力、施工管理不到位等出现破损、缺失，引发行人摔伤事故、威胁市民出行等安全问题，市城市管理综合执法局相关业务部门高度重视，立即通知区有关职能部门进行现场核查，督促井盖设施权属单位及时进行整改。

---

[1] 参见《广州市城市管理和综合执法局关于舆情反映"市中心部分沙井盖因维管不力贻害行人"的处理情况》，广州市城市管理和综合执法局网站，2019 年 9 月 23 日，https://www.3haojob.com/ac/16491205906081.html。

（一）舆情反映的事项

（1）海珠区后滘西大街三十八巷部分沙井盖因车辆长期碾压破损后，长期无人修理，近期有儿童路过时被卡住扎伤。

（2）海珠区新滘中路广骏汽车城路段近期实施电线铺设工程，工程完工后施工单位未将沙井盖及时复原，致行人路过时摔伤。

（3）黄埔区永和大道岭南雅筑路段下水道井盖缺失未及时补充，有市民骑车路过摔伤骨折住院。

（二）调查及处理情况

（1）经海珠区城市管理和综合执法局现场检查，海珠区后滘西大街三十八巷部分井盖破损后长期无人维修问题属实，该局立即通知井盖权属单位（中国电信）进行整改，破损的井盖设施已经完成修补。

（2）海珠区新滘中路广骏汽车城附近道路近期进行重新铺装施工未将沙井盖及时复原问题，海珠区城市管理综合执法局现场检查发现道路施工造成部分井盖破损、沉降，该局立即通知、督促井盖设施权属单位（区水务公司）加快施工进度及时整改，破损、沉降的井盖已完成修复处理。

（3）黄埔区永和大道岭南雅筑路段下水道井盖伤人问题。经了解，事件发生于今年6月18日，有群众反映，永和大道岭南雅筑路段038号路灯杆处污水井盖因重型车辆扎起抛拖，导致骑车途人绊倒摔伤致骨折。事件发生后，黄埔区水务局及时组织该井盖设施养护单位（广州科学城排水管理有限公司）赶赴现场做好围蔽防护工作，并立即对井盖设施进行了维修，同时安排工作人员赶往医院对伤者进行了慰问。伤者治疗期间，黄埔区水务局责成养护单位与伤者保持密切联系，做好关怀慰问工作并主动与伤者协商相关补偿事宜，7月6日伤者已康复出院。目前养护单位与伤者已就经济补偿事宜协商达成一致并签订了和解协议。

（三）下一步工作

各井盖设施权属单位、相关部门要严格按照我市井盖设施管理工作的有关规定，切实履行好井盖设施维护管理职责，举一反三开展全市井盖设施安全隐患排查，及时解决因井盖设施破损、缺失引发的安全隐患。对舆情和群众反映的井盖设施安全问题，市城市管理综合执法局将继续督促各井盖设施权属单位、相关部门做好开展应急处置工作，确保行人、行车和人民群众的生命财产安全。

🔆➡ 工具使用的注意事项

在运用网络舆情工具时，第一，工作人员要及时对非实名诱导性言论进行辨别与疏导，防止因其蔓延造成民众的恐慌；第二，工作人员应通过电子政务手段对网络舆情进行及时反馈与公开，消除政府与民众的信息鸿沟，同时筛选出有价值的舆情信息，以供公共决策人员高效、科学、合理决策，切实保障人民权益；第三，网络舆情的反映群体是互联网用户，在此过程中拥有多数话语权的网民会占据舆情信息高地，相关政府工作人员应注意公民话语权的公平性问题，对少数网民的舆情反馈以及非网民的舆情传递渠道予以重视。

7.4　社会监督

概念界定

社会监督指公民和社会组织等社会主体，在宪法和法律的框架内，对国家机关及其工作人员等权力主体行使与运用职权的行为进行的监督。

原理与逻辑

社会监督是社会主义民主政治的本质要求。"以人民为中心""执政为民""为人民服务"是党和政府的执政理念和追求，这些也构成了社会监督的基本出发点。人是实施监督的能动主体，就人本身所具有的社会化、政治化、经济化属性而言，"监督"这一概念本身便具有社会属性，因此，从广义的社会监督概念出发，所有的监督均可归纳为社会监督。从监督主体角度，社会监督可以分为公民监督、社会团体监督以及舆论监督；从监督的主要内容和客体角度，社会监督可分为社会主体对行政权进行的监督、舆论监督和信访监督，其中舆论监督主要以网络监督的方式体现。"将权力关进制度的笼子里"是保障公民权益、制约和监督权力运行的生动比喻，也体现了完善监督制度，建立法制化国家的必要性，但制度真正发挥作用需要有良好的监督氛围，这个氛围就是社会监督。与政党和政府内部监督相比，社会监督更直接、更积极，为公众参与国家事务提供了机会，实现了人民更广泛的权利，制约了政党和国家权力。但是，社会监督应以公共利益和社会公德为边界。

法理依据

我国在一系列顶层设计和具体法条中指明了社会监督的价值。就顶层设计而言，党的十六大提出了"加强对权力的制约和监督"；党的十七大提出了"完善制约和监督机制"；党的十八大明确了"健全权力运行制约和监督体系"，并特别强调要"健全权力运行制约和监督体系，加强党内监督、民主监督、法律监督、舆论监督，让人民监督权力，让权力在阳光下运行"；党的十八届四中全会出台的《中共中央关于全面推进依法治国若干重大问题的决定》进一步提出，要"加强党内监督、人大监督、民主监督、行政监督、司法监督、审计监督、社会监督、舆论监督制度建设，努力形成科学有效的权力运行制约和监督体系，增强监督合力和实效"；党的十九大从更高的站位明确，要"健全党和国家监督体系，构建党统一指挥、全面覆盖、权威高效的监督体系"。

我国在各项法律中明确赋予人民广泛的监督权。《中华人民共和国宪法》（2018 年修正）第二十七条规定，"一切国家机关和国家工作人员必须依靠人民的支持，经常保持同人民的密切联系，倾听人民的意见和建议，接受人民的监督，努力为人民服务"，第四十一条规定，"中华人民共和国公民对于任何国家机关和国家工作人员，有提出批评和建议的权利。对于任何国家机关和国家工作人员的违法失职行为，有向有关国家机关提出申诉、控告或者检举的权利，但是不得捏造或者歪曲事实进行诬告陷害"。1993 年通过、2013 年修订的《中华人民共和国消费者权益保障法》第六条规定，"国家鼓励、支持一切组织和个人对损害消费者合法权益的行为进行社会监督"。1995 年颁布、2019 年修订的《中华人民共和国法官法》第十条第六款规定，"法官依法接受法律监督和人民群众监督"。1995 年通过、2019 年修订的《中华人民共和国检察官法》第八条第六款规定，"检察官应当接受法律监督和人民群众监督"。1997 年通过、2010 年修订的《中华人民共和国行政监察法》第六条规定，"监察工作应当依靠群众。监察机关建立举报制度，公民、法人或者其他组织对于任何国家行政机关及其公务员和国家行政机关任命的其他人员的违反行政纪律行为，有权向监察机关提出控告或者检举。监察机关应当受理举报并依法调查处理；对实名举报的，应当将处理结果等情况予以回复"。2005 年通过、2018 年修订的《中华人民共和国公务员法》第十四条第三款规定，"公务员应当忠于人民，全心全意为人民服务，接受人民监督"。2012 年修订的《中华人民共和国人民警察法》第三条规定，"人民警察必须依靠人民的支持，保持同人民的密切联系，倾听人民的意见和建议，接受人民的监督，维护人民的利益，全心全意为人民服务"。2016 年党的第十八届中央委员会第六次全体会议通过了《中国共产党党内监督条例》，第三十四条规定，"各级纪律检查机关必须加强自身建设，健全内控机制，自觉接受党内监督、社会监督、群众监督，确保权力受到严格约束"。

具体运用

社会监督的广泛性、灵活性和多样性使其成为法律监督体系不可或缺的一部分，它也是推动法治不断走向完善的民主化渠道。例如，新华社关于网友运用社会监督协助国家开展反腐倡廉工作的报道，体现了社会监督工具对构建透明、廉洁、高效政府的良性作用。

 例 3.7.4

加拿大网友变身"朝阳群众"
检举中国外逃人员藏身地（节选）①

中央反腐败协调小组国际追逃追赃工作办公室 4 月 27 日发布《关于部分外逃人员藏匿线索的公告》，曝光了 22 名外逃人员目前在海外可能藏匿的地址。其中程慕阳、肖斌、李文革、王清伟和贺俭 5 名嫌疑人都可能藏身在大温哥华地区的某个角落。

虽然公告只披露了犯罪嫌疑人可能所在的城市和街道，但有温哥华媒体很快就得到了上述 5 名嫌疑人的确切居住地址。当地媒体有关人员告诉记者，有网友主动检举，把 5 人的材料发给他们。

---

① 参见《加拿大网友变身"朝阳群众" 检举红通人员藏身地》，央视网，2017 年 5 月 18 日，https://news.cctv.com/2017/05/18/ARTIf3TJBjD6GmV6wxczuY4j170518.shtml。

记者按图索骥探访了 5 名嫌疑人在当地购置的房产。其中程慕阳、贺俭、肖斌 3 人拥有的房产不止一处，既有繁华街区闹中取静的别墅和公寓，也有庄园、农场和学区房，都是环境优美、交通方便、配套齐全的高档社区。

5 人中最受舆论关注的是前河北省委书记程维高之子程慕阳，2000 年出逃至今已有 17 年，也是 2015 年 4 月国际刑警组织中国国家中心局公布的"百名红通人员"之一。程慕阳在加拿大申请难民身份遭拒后又提出上诉，妄图以拖待变。目前案件正在难民法庭重审。

2005 年出逃的王清伟涉嫌信用证诈骗罪，现在奇利瓦克市有一处农场。记者赶到时农场没人，邻居们说王清伟在农场里种蘑菇卖。提及王清伟，其中一个邻居一脸不屑。奇利瓦克市英文报纸《奇利瓦克前进报》5 月 3 日以《中国通缉的要犯公然生活在奇利瓦克》为题，长篇报道了王清伟的案子。

加拿大政府一再表示，加拿大绝不是犯罪分子的天堂。中加虽尚未缔结引渡条约，但双方建立了司法与执法合作机制。近些年来，加方对中国法律和司法程序已有较深认识，双方合作密切。双方司法高层每年都会举行会谈，讨论涉及双边的重大案件。在加拿大执法机关的配合下，中方还派人到加拿大与锁定目标的犯罪嫌疑人面谈，劝说其主动回国投案自首，取得了很好的效果。

工具使用的注意事项

在使用社会监督工具的过程中需注意如下方面：第一，应畅通社会监督渠道，减少群众诉求的传达层级，对其进行及时回复与妥善处理，提高社会监督的反映受理效率；第二，将解决方案以政府信息公开的形式开诚布公，推动社会监督的良性循环；第三，明晰社会监督的公域与私域边界，把握好社会监督与个人隐私权之间的张力；第四，以信用评级和第三方评估等方式逐渐将社会监督规范化，使社会监督更加理性、可靠。

7.5 议案、提案与建议

概念界定

人大代表提议案，政协委员提提案，两者均是针对人民群众关心的热点、难点、重点问题，在本级人民代表大会或者人大常委会、人民政协职权范围内进行的反馈。此外，代表个人或者多人联名可对政府工作的方方面面提出建议、批评与意见，代表人民落实监督权。

原理与逻辑

人民代表大会制度是我国的根本政治制度，共产党领导的多党合作与政治协商制度是我国的一项基本政治制度。各级人大代表由人民选举产生，对人民负责，各级政协委员由社会各行各业的代表组成，他们与人民群众休戚与共。宪法和法律赋予人大代表对政府工作提出建议、批评与意见的权利，规定政协委员通过提案履行政治协商、民主监督与参政议政的职责。人大议案与政协提案拥有广泛的群众基础，依据社会各个领域群众的意见和要求提炼成"案"文，这集结了群众的智慧。各类"案"文一方面对政府工作进行监督，另一方面将人民的诉求集中呈现，推动政府更好地为人民服务，促进经济社会持续平稳健康发展。人大代表议案一经通过便具有法律效应，但政协委员提案仅仅是民主监督的一种方式，不具有法律约束力，其与人大代表的建议相似。

法理依据

我国宪法和法律赋予了人大代表与政协委员的议案、提案与建议权利。《中华人民共和国宪法》在第三章"国家机构"中，从第五十七条至第一〇四条对人民代表大会及其常务委员会的职权进行了界定，其中第七十二条对人大代表的提议案权利进行了明确界定，即"全国人民代表大会和全国人民代表大会常务委员会组成人员，有权依照法律规定的程序分别提出属于全国人民代表大会和全国人民代表大会常务委员会职权范围内的议案"。1982年第五届全国人民代表大会第五次会议通过的《中华人民共和国全国人民代表大会组织法》和1984年第七届全国人民代表大会第二次会议通过的《全国人民代表大会议事规则》，均规定了全国人民代表大会主席团、常委会、专门委员会、国务院、中央军委、最高人民法院、最高人民检察院，以及一个代表团或者30名以上代表联名可向全国人大提出属于全国人大职权范围内的议案，由主席团决定是否列入会议议程，或者先交给相关的专门委员会审议，提出是否列入会议议程的意见，再决定是否列入会议议程。

具体运用

提交议案、提案与建议是拓展公民有序参与政治的重要渠道，有助于党和政府从不同角度倾听群众的呼声，以群众需求为导向进行政策的制定与实施，更好地服务人民。例如，全国政协成立70年来100件有影响力重要提案中反映妇女儿童权益提案的总结，体现出了提案对妇女儿童权益保障的推动力。

 例 3.7.5

全国政协表彰成立 70 年来 100 件
有影响力重要提案 ①

日前，中国妇女报·中国妇女网记者从全国政协获悉，政协第十三届全国委员会常务委员会第九次会议表彰全国政协成立 70 年来 100 件有影响力重要提案。

记者注意到，1988 年康克清等 22 人提交的 1554 号《建议国务院法制局研究儿童少年保护法案》，2009 年全国妇联提交的 1321 号《关于将性别平等和妇女发展纳入社会发展综合评价指标体系的提案》等反映妇女儿童内容的提案入选。

《政协第十三届全国委员会关于表彰全国政协成立 70 年来有影响力重要提案的决定》指出，人民政协成立 70 年来，在建立新中国和社会主义革命、建设、改革各个历史时期发挥了十分重要的作用，为充分展示人民政协成立 70 年来提案发挥的独特作用和产生的重要影响，在各民主党派中央和全国工商联、有关人民团体、全国政协各专门委员会以及各省（自治区、直辖市）政协和副省级市政协广泛推荐的基础上，政协第十三届全国委员会开展了评选工作。经全国政协主席会议审议，决定对《请政府明定 10 月 1 日为中华人民共和国国庆日以代替 10 月 10 日的旧国庆日的建议案》等 100 件全国政协成立以来有影响力重要提案予以表彰。

---

① 参见《全国政协表彰成立 70 年来 100 件有影响力重要提案　反映妇女儿童内容提案入选》，中华全国妇女联合会网站，2019 年 11 月 11 日，见 https://www.women.org.cn/art/2019/11/11/art_19_163250.html。

💡➤ **工具使用的注意事项**

在使用议案、提案与建议工具的过程中需注意如下方面：第一，人大代表和政协委员应将关注点多放在议案与提案的质量提升上，切实为人民发声；第二，议案、提案以及建议的提出者应注重目标主体，针对不同国家机关以及政府层级的议案、提案以及建议，要与其职能相挂钩；第三，相关主体在提出或者采纳议案、提案以及建议时，要充分考虑可操作落实性以及民生优先性。

8.互联网管理

互联网的出现给整个国家和社会都带来了巨大改变。就政府而言，其利用互联网等信息技术手段为社会公众提供更为优质的公共服务，并通过微博、微信等新媒体渠道与公众进行"零距离"交流，让政务更加公开透明；就市场而言，互联网企业正在深刻改变中国的经济结构，影响人们的生活；就社会而言，个人的信息获取、沟通联系、消费娱乐等都与互联网密不可分。然而，互联网在给日常生活带来巨大便利的同时，也带来了许多社会问题，使国家治理面临诸多全新挑战。首先，互联网对政府舆论引导力的消解作用较为明显。互联网时代的到来使信息的发布和流转更为自由开放，每个人都可以表达自己的观点，这对政府的舆论引导力提出了巨大挑战。其次，互联网成为意识形态斗争主战场。以美国为代表的一些西方势力不遗余力地输出意识形态，包括从技术上进行特定内容的推送、从内容上进行特定的思潮灌输、从方式上培植西方意识形态输入的本土"代言人"。最后，网络空间安全面临新威胁。网络空间已经被各国公认为是一个主权国家领土、领海、领空和太空之外的"第五战略空间"。维护网络空间安全，就是维护国家的主权。互联网无处不在而又无迹可寻的特点，也使其容易沦为国与国之间的角力场。因此，对于行政管理者而言，必须要有效地使用一些政策工具，来优化互联网管理，这些工具包括信息监测工具、舆情处置工具和政企合作工具。

8.1　信息监测

概念界定

信息监测是指整合互联网信息采集技术及信息智能处理技术，通过对互联网海量信息自动抓取、自动分类聚类、主题检测、专题聚焦，实时监测网络传播信息，加强网络信息传播的管理和控制，对负面信息进行跟踪、处理与引导，并对违反法律相关规定的信息发布和传播者予以追究法律责任。

原理与逻辑

网络信息对社会生活的影响，早已超越技术范围而具有政治意义和社会治理功能。网络问政议政趋向的日益明显、网络反腐行动如火如荼、网络热点事件更加密集以及网络群体性事件的频繁发生等，都显示出网络信息正在作为一种力量改变着我们的政治、文化和社会生活。但是不良网络信息的传播，如网络谣言的肆虐、虚拟的社会政治动员、网络公关肆意操纵舆论等行为对国家公共安全的影响也越来越大。因而，信息监测是互联网治理的一个重要工具，是充分利用好、管理好互联网的根本保障。

信息监测的出发点是通过监测海量信息，跟踪、处理负面网络信息，最大限度降低其风险。原理主要有以下 3 个方面：一是从互联网自身特点看，互联网具有匿名性、异域性、虚假性等特点，导致网络犯罪成本低廉，大量不法分子凭借互联网在网络上实施诈骗、偷窃、传播色情淫秽信息等犯罪行为，全然不顾人民利益。一些境内外敌对势力鼓吹网络自由主义，无视网络空间的国家主权特性，通过网络大肆散布危害国家安全的信息内容，鼓噪反对社会主义核心价值观，严重危害国家网络安全。虽然网络为公众提供了便捷、自由的信息交流平台，但任何信息的获取和交流都要有一定之规，任何行为人权利的行使，都不得侵害国家、社会和他人的合法权益，否则就要追究其法律责任。在此背景下，通过信息监测预警，打击网络信息违法行为，为管理好互联网提供保障势在必行。二是从个体角度出发，每个人都具有自己独立的信息渠道、个体利益和价值判断，并通过网络渠道发声。表达门槛低、参与主体复杂等因素叠加，导致网络信息良莠不齐，负面虚假、违法有害等不良信息充斥网络。为净化网络环境、培育先进网络文化、构建诚信文明社会，有必要加强网络信息监测，对海量信息加以管控，过滤不良信息，进而维护网络秩序。三是从政府角度出发，互联网在信息时代已然成为民意表达最主要和最方便的途径，各类社会信息暴增。加强信息监测成为政府了解社情民意、快速回应突发事件不可或缺的手段。同时，网络危机事件频发不利于公民建立对政府的信任，甚至危害社会秩序稳定。综上，政府的信息监测工具是应对互联网治理挑战、发挥互联网治理优势的创新工具，是维护国家网络空间主权、维持网络秩序、回应网络民意的必要之举。

法理依据

我国互联网建设起步晚、发展快，为了加强网络信息规范监测，政府出台了一系列有关法律法规和政策文件。2011年，《中华人民共和国国民经济和社会发展第十二个五年规划纲要》明确提出，要"加快推进安全可控关键软硬件应用试点示范和推广，加强信息网络监测、管控能力建设，确保基础信息网络和重点信息系统安全"。2016年，全国人大常委会通过《中华人民共和国网络安全法》，其中第五条规定，"国家采取措施，监测、防御、处置来源于中华人民共和国境内外的网络安全风险和威胁，保护关键信息基础设施免受攻击、侵入、干扰和破坏，依法惩治网络违法犯罪活动，维护网络空间安全和秩序"。2019 年，《国务院办公厅关于促进平台经济规范健康发展的指导意见》明确表明，依托国家"互联网＋监管"等系统，推动监管平台与企业平台联通，加强交易、支付、物流、出行等第三方数据分析比对，开展信息监测、在线证据保全、在线识别、源头追溯，增强对行业风险和违法违规线索的发现识别能力，实现以网管网、线上线下一体化监管。

具体运用

我国于 1994 年正式接入国际互联网，但早期并没有设立专门机构对网络信息进行监测，而是由多个部门共同管理。其中，由国务院新闻办及国家新闻出版总署、国家广播电影电视总局、国家食品药品监督管理局等部门对提供互联网信息服务的网站实行前置审批；并由教育部、文化部等负责互联网专项内容的主管。自 2013 年以来，连续部署并开展了一系列旨在规范互联网信息传播秩序的专项活动。2014 年，中央网络安全和信息化领导小组成立，随后围绕网络安全工作频出新政，中央网信办亦开展了多项针对网络安全的专项行动，中国网络安全和信息化迈入全新时代。

在具体运用上，根据《中华人民共和国网络安全法》的规定，国家层面建立网络安全监测预警及信息通报制度，该制度的建立由国家网信部门协同各相关部门负责。通过构建联通全网的监测预警机制，及时对全网各个地方的安全隐患进行排查，并对存在的安全问题及时进行通报，以使包括网络运营者在内的各方主体能够及时发现问题所在，及时查漏补缺。为确保网络安全监测预警信息发布的权威性和统一性，由国家网信部门统一负责监测预警信息的发布，更好地确保网络安全信息的真实性和公信力。

表 3.8.1 《中华人民共和国网络安全法》关于信息监测的表述

信息监测 部门职责	第五十一条　国家建立网络安全监测预警和信息通报制度。国家网信部门应当统筹协调有关部门加强网络安全信息收集、分析和通报工作，按照规定统一发布网络安全监测预警信息。
	第五十二条　负责关键信息基础设施安全保护工作的部门，应当建立健全本行业、本领域的网络安全监测预警和信息通报制度，并按照规定报送网络安全监测预警信息。
	第五十三条　国家网信部门协调有关部门建立健全网络安全风险评估和应急工作机制，制定网络安全事件应急预案，并定期组织演练。 　　负责关键信息基础设施安全保护工作的部门应当制定本行业、本领域的网络安全事件应急预案，并定期组织演练。 　　网络安全事件应急预案应当按照事件发生后的危害程度、影响范围等因素对网络安全事件进行分级，并规定相应的应急处置措施。
信息监测 具体运用	第五十四条　网络安全事件发生的风险增大时，省级以上人民政府有关部门应当按照规定的权限和程序，并根据网络安全风险的特点和可能造成的危害，采取下列措施： 　　（一）要求有关部门、机构和人员及时收集、报告有关信息，加强对网络安全风险的监测； 　　（二）组织有关部门、机构和专业人员，对网络安全风险信息进行分析评估，预测事件发生的可能性、影响范围和危害程度； 　　（三）向社会发布网络安全风险预警，发布避免、减轻危害的措施。
	第五十五条　发生网络安全事件，应当立即启动网络安全事件应急预案，对网络安全事件进行调查和评估，要求网络运营者采取技术措施和其他必要措施，消除安全隐患，防止危害扩大，并及时向社会发布与公众有关的警示信息。 　　第五十六条　省级以上人民政府有关部门在履行网络安全监督管理职责中，发现网络存在较大安全风险或者发生安全事件的，可以按照规定的权限和程序对该网络的运营者的法定代表人或者主要负责人进行约谈。网络运营者应当按照要求采取措施，进行整改，消除隐患。
	第五十七条　因网络安全事件，发生突发事件或者生产安全事故的，应当依照《中华人民共和国突发事件应对法》《中华人民共和国安全生产法》等有关法律、行政法规的规定处置。
	第五十八条　因维护国家安全和社会公共秩序，处置重大突发社会安全事件的需要，经国务院决定或者批准，可以在特定区域对网络通信采取限制等临时措施。

💡➡ **工具使用的注意事项**

　　信息监测工具的使用能够有效跟踪、处理、引导负面信息，保障良好的网络秩序，在实施过程中要注意以下事项：第一，要解决好信息监测过程中的信息保护问题；第二，要注意信息监测结果的公开透明；第三，要明确信息监测的标准，解决好信息监测标准不一的问题。

8.2　舆情处置

概念界定

　　舆情是社会舆论的一种，是指在互联网各类平台上流行的各类对社会问题不同看法的网络舆论。舆情处置则是指政府相关职能部门运用一定的方法和手段对网络空间公众表达的情绪、倾向性态度和持有的观点进行干预、引导和管理的过程。

原理与逻辑

　　互联网时代的信息传播主体由单一的新闻媒体机构及其新闻工作者转向包括社会组织、个人等在内的多元化主体，舆情传播平台日益多样化。高速发达的信息网络在使舆论传播更加自由、民众生活更加便捷的同时，也滋生了无数负面舆情，扰乱网络秩序，甚至威胁到国家安全和社会稳定。

　　舆情处置工具的基本原理在于以下两点：一是网民个体的言论自由。每个人都有独立的个体利益和价值判断，并且由于网络舆情具有开放性、自由性和隐匿性等特点，来自不同文化和背景的网络主体可以使用虚拟网名在网络上畅所欲言，自由地发表自己的想法；但这些多元化的想法与声音，可能被利用，用以实现不正当利益，使得网络得不到健康的发展，扰乱民心，甚至危害社会稳定。并且网络舆情的传播自由应该是相对的自由，而不能无事生非，人为恶意地传播反人类、反社会的观点，扰乱国家正常秩序。因此，政府既要充分保障网民网络舆论自由的权利，又要适度干预网络突发舆情，以规范网络秩序。换言之，网络舆情传播自由需要在政府信息监管之下才能真正得以实现。

二是政府的职责功能。政府的基本功能就是保障公共秩序和提供公共服务。一方面，政府在处置舆情的过程中可以通过网络倾听人民的意见，集合人民的智慧，有利于优化政府决策的制定和执行。同时，借助互联网等接受广大网民的监督，有利于政府及时发现并化解社会矛盾，创新社会管理，提高政府的治理能力，建设服务型政府，促进社会的和谐发展。另一方面，舆情处置有利于控制突发事情的恶性传播和失实舆论的社会影响。由于网络舆情的即时便捷性的特点，网络传播没有时间和空间的限制，一个突发性事件可以立即在网上传播，通过转载、共享等方式将信息迅速扩散，网民可以公开对网络舆情发表看法。然而，当大量的信息和态度相互交织碰撞时，若不加以正确引导，可能导致偏离事实真相，破坏社会秩序的问题发生。因此，政府必须及时采取有效措施，对网络舆情进行有效处置，消除互联网上具有恶意破坏性的杂音，清除网络污染，规范互联网的秩序，化解舆情危机，营造健康的网络舆论环境，充分实现政府在网络舆情中的权威主导地位。

法理依据

我国出台了舆情处置相关的法律法规及政策文件。例如，2009年，党的十七届四中全会通过《关于加强和改进新形势下党的建设若干重大问题的决定》，首次提出建立党委新闻发言人制度，推进党务公开。2013年，国务院办公厅发布《关于进一步加强政府信息公开回应社会关切提升政府公信力的意见》，规定与宏观经济和民生关系密切以及社会关注事项较多的政府部门原则上每季度至少举办一次新闻发布会，妥善回应公众质疑，并积极探索利用政务微博、微信等新媒体。而对违反法律、侵犯他人权利的舆论，则大力打击。《中华人民共和国侵权责任法》对因网络舆情而引起的侵犯著作权、肖像权、名誉权、隐私权、荣誉权、专利权、商标权等侵权行为作出了比较详细的规定，要求网络用户、网络服务提供者承担连带责任。2013 年，最高人民法院、最高人民检察院发布《关于办理利用信息网络实施诽谤等刑事案件适用法律若干问题的解释》，其中对利用信息网络实施诽谤、寻衅滋事、非法经营等犯罪行为都作出了具体规定。《刑法修正案（九）》针对网络犯罪作出了进一步细化。《网络安全法》明确了网络安全监测预警和信息通报制度，确保网络舆情第一时间得到控制。

具体运用

　　我国舆情处置起步较晚，在具体运用上包括网络舆情的预警、监测、分析、引导、控制和管理等。首先在网络舆情监测上，《中华人民共和国网络安全法》作了相关规定。国家网信部门应当统筹协调有关部门加强网络安全信息收集、分析和通报工作，按照规定统一发布网络安全监测预警信息。网络舆情出现后，特别是危机事件爆发后，第一时间要及时上报请示，抓住舆情事件的核心问题，在掌握"时度效"的基础上，对网民关注的问题作出积极而权威的回应；其次在网络舆情引导上，政府建立信息公开制度，完善发言人制度，通过多种渠道回应公众质疑，加强网络舆情的引导机制。2010 年，中央 11 个部门新闻发言人集体亮相，接受中外媒体采访。此后各地方政府部门也纷纷行动，主动加大信息公开力度，政府的新闻公关意识显著提升。除此之外，各级政府部门领导日益频繁现身于各大网站论坛，开通博客，深度"触网"，对网民和媒体提出的疑问主动作出回应，以更好地引导舆论。为了能够更加有效地监控和引导舆情，从中央机关到地方政府机关都建立专门的政府网站，及时发布权威信息，进一步完善了网络舆情管理体系，形成了从中央到地方舆情监测和引导系统。最后在舆情处置上，包括事前处置和事后处置。事前处置体现在政府主动搭建舆情信息汇集平台。目前，政府已形成了由政府门户网站、留言板、论坛、政务微博、博客多种媒介载体构成的网络问政平台。而事后处置包括对责任官员问责和对恶意煽动舆论者的惩罚。对于招惹民怨、严重背离民意的行为，政府加大了问责的力度。而利用网络实施犯罪行为打击则可参考《刑法修正案(九)》规定的关于利用信息网络实施犯罪行为的细则；规定编造、传播虚假信息的行为构成犯罪；关于网络信息犯罪举证难的，法院可以要求公安机关提供协助。

💡▶ 工具使用的注意事项

舆情处置工具的使用能够有效疏导负面舆情，维护网络秩序，在实施过程中要注意以下事项：第一，要兼顾舆情监管与言论自由，不能让舆情监管成为言论自由的枷锁；第二，要提高政府对舆情处置重要性的认知，不能存侥幸心理；第三，要在舆情处置中减少管制色彩，找到舆论走向中的关键节点并进行有效疏导。

8.3 政企合作

概念界定

政企合作即政府与企业为实现各自利益而建立合作关系。互联网背景下的政企合作则是指政府与互联网平台企业合作，双方发挥各自优势，维护社会秩序与稳定，使互联网在国家治理、社会治理中发挥更大作用。

原理与逻辑

政企合作是非常有效的互联网管理工具，其出发点在于发挥政府和互联网企业各自的优势，打击网络违法犯罪行为，维护网络秩序。政企合作的基本原理主要有以下两个方面。其一，尽管政府已经制定了相关制度管理互联网，在维护网络秩序和社会稳定中发挥了极大的作用，但在实践中也有力不能及之处。由于互联网技术的复杂性、传播的迅捷性及受众的广泛性，法律与政策工具不足以全面覆盖互联网管理，单一地依靠政府难以解决所有问题，须动员各方面力量，形成多元主体协同参与的综合治网格局。尤其是在应对重大突发事件时，互联网平台企业的有效参与，能够最大限度地使资源优化配置，在帮助政府搜集、发布相关信息等方面发挥较大作用。其二，互联网平台企业具有技术先进、数据丰富与用户多等多重优势。借助互联网平台企业的数据和技术优势，能够帮助政府更好地感知社会态势、预测社会风险，并实现其决策模式从经验决策向数据驱动决策的转变，以适应复杂、动态、多元的社会发展态势。

法理依据

我国出台了相关的法律法规以保证和推进政府与互联网平台企业之间的合作。国务院在 2000 年颁布、2011 年修订的《互联网信息服务管理办法》中明确规定，互联网信息服务提供者发现其网站传输的信息明显属于本办法第十五条所列内容之一的，应当立即停止传输，保存有关记录，并向国家有关机关报告。2012 年，全国人大常委会出台《关于加强网络信息保护的决定》，其中第六条规定，"网络服务提供者为用户办理网站接入服务，办理固定电话、移动电话等入网手续，或者为用户提供信息发布服务，应当在与用户签订协议或者确认提供服务时，要求用户提供真实身份信息"。《中华人民共和国网络安全法》是我国目前为数不多的以互联网治理为核心内容的法律。其中第十条规定，建设、运营网络或者通过网络提供服务，应当依照法律、行政法规的规定和国家标准的强制性要求，采取技术措施和其他必要措施，保障网络安全、稳定运行，有效应对网络安全事件，防范网络违法犯罪活动，维护网络数据的完整性、保密性和可用性。2019 年，国家互联网信息办公室出台的《网络信息内容生态治理规定》明确规定，"网络信息内容服务平台应当履行信息内容管理主体责任，加强本平台网络信息内容生态治理，培育积极健康、向上向善的网络文化"，这意味着平台运营主体应对平台中用户发布的内容进行主动管理。此外，《网络表演经营活动管理办法》《互联网直播服务管理规定》《互联网新闻信息服务管理规定》等部门规章均提出，互联网平台应建立健全信息审核、信息安全管理、信息实时巡查等管理制度，平台应具备与其服务相适应的内容管控技术条件。

具体运用

在具体运用中，主要依照《中华人民共和国网络安全法》。该法的相关规定对分析网络运营者和政府在治理分工上的关系，具有重要的指导作用。网络运营者在侦查犯罪、排除网络产品或服务缺陷、排除网络安全事件、排除非法信息传输、个人信息保护等方面对有关行政部门承担协助义务。从协助方式来看，主要分为技术支持和信息通知两个方面。其主要作用是利用自身的技术或渠道优势，帮助国家有关部门了解网络信息安全的状况。

在强化不良网络信息治理的技术手段方面，应发挥企业在技术上的优势，提升对不良网络信息的分析能力和防止能力。例如，互联网企业通过商业模式创新、管理创新、产品创新，形成了较强的防范钓鱼网站、电信骚扰、网络诈骗的技术能力，并开发出手机卫士等安全软件，帮助用户识别拦截不良网络信息。互联网企业作为互联网流量的入口，能够及时发现不良网络信息，在处理谣言散布、接受举报等方面具有一定优势。

表 3.8.2 《中华人民共和国网络安全法》关于网络运营者的角色定位

第二十二条　网络产品、服务应当符合相关国家标准的强制性要求。网络产品、服务的提供者不得设置恶意程序；发现其网络产品、服务存在安全缺陷、漏洞等风险时，应当立即采取补救措施，按照规定及时告知用户并向有关主管部门报告。

网络产品、服务的提供者应当为其产品、服务持续提供安全维护；在规定或者当事人约定的期限内，不得终止提供安全维护。

网络产品、服务具有收集用户信息功能的，其提供者应当向用户明示并取得同意；涉及用户个人信息的，还应当遵守本法和有关法律、行政法规关于个人信息保护的规定。

第二十三条　网络关键设备和网络安全专用产品应当按照相关国家标准的强制性要求，由具备资格的机构安全认证合格或者安全检测符合要求后，方可销售或者提供。国家网信部门会同国务院有关部门制定、公布网络关键设备和网络安全专用产品目录，并推动安全认证和安全检测结果互认，避免重复认证、检测。

第二十四条　网络运营者为用户办理网络接入、域名注册服务，办理固定电话、移动电话等入网手续，或者为用户提供信息发布、即时通讯等服务，在与用户签订协议或者确认提供服务时，应当要求用户提供真实身份信息。用户不提供真实身份信息的，网络运营者不得为其提供相关服务。

国家实施网络可信身份战略，支持研究开发安全、方便的电子身份认证技术，推动不同电子身份认证之间的互认。

第二十五条　网络运营者应当制定网络安全事件应急预案，及时处置系统漏洞、计算机病毒、网络攻击、网络侵入等安全风险；在发生危害网络安全的事件时，立即启动应急预案，采取相应的补救措施，并按照规定向有关主管部门报告。

第二十六条　开展网络安全认证、检测、风险评估等活动，向社会发布系统漏洞、计算机病毒、网络攻击、网络侵入等网络安全信息，应当遵守国家有关规定。

第二十八条　网络运营者应当为公安机关、国家安全机关依法维护国家安全和侦查犯罪的活动提供技术支持和协助。

第四十七条　网络运营者应当加强对其用户发布的信息的管理，发现法律、行政法规禁止发布或者传输的信息的，应当立即停止传输该信息，采取消除等处置措施，防止信息扩散，保存有关记录，并向有关主管部门报告。

工具使用的注意事项

政企合作是一个有效的制度工具，在实施过程中要注意以下事项：第一，加强政府对政企合作的管控能力，完善互联网平台在发现违法违规内容后的处置规则，防止平台权力滥用或责任难落实；第二，采取有力措施激励互联网企业加入互联网管理中，避免企业利益受损；第三，政府在与企业进行合作的过程中应加强个人信息保护。

9. 社区治理

国家的繁荣稳定，离不开基层社会的和谐稳定。社区是社会治理的基本单元，是社会有机体的细胞，是人们休养生息的家园，是各种民生政策的落脚点，也是公共服务"最后一公里"的前沿阵地。社区治理繁杂琐碎，直接面对居民群众，与群众利益密切相关，包含了管理和服务等多方面的事项。鸡毛蒜皮的琐碎小事是居民群众的"急难愁盼"，更是社区治理中的"头等大事"。这些关系民生的"关键小事"往往是引发社区邻里矛盾的导火索，影响着人民的获得感和幸福感，也关系到社会的安全和稳定。社区是党委和政府联系群众、服务群众的神经末梢，要及时感知社区居民的操心事、烦心事、揪心事，应用多种多样的管理工具，一件一件加以解决，也要建立良好的群众协商议事体系，让广大居民积极参与社区治理，形成多元主体良性共治的格局。

9.1　社区动员

概念界定

社区动员是指党和政府或社会组织等通过各种方式和手段，引导、组织和动员社区居民参与社区治理活动，激发其参与社区建设等公共事务的过程。社区动员的对象涉及范围广泛，既可以是社区属地内的多元主体，包括社区工作者、志愿者、企业、业委会、社会组织、居民等，也可以是附属在治理主体上的社区内外部权威、组织、政策、物力、财力、文化、情感、能力等各类资源。

原理与逻辑

社区是现代人安身立命的生活空间，其中存在大量需要解决的公共问题，具体包括物业管理、车辆停放和邻里纠纷等。这些问题牵涉社区居民的切身利益，具有很强的情感关联性和利益敏感性。其不可能自行消亡，也无法依靠居民个人力量得以解决。因此，为妥善处理上述问题，须系统整合各方面的资源和力量，发挥社区居民的主观能动性，广泛动员社区居民，共同参与到社区治理中来。

社区动员的本质是党和政府以及社区居委会等以特定的方式，将分散的社区居民组织起来，以在社区治理中创造公共价值，满足居民对社区整洁有序等有形的物质需求，或是满足居民对信任和归属等无形的精神需求。社区动员的核心是以各方都认可或接受的方式，解决困扰社区及其居民的集体行动的问题，比如民主参与、社区治理和公共服务等问题。

社区动员是社会动员的具体表现形式，是社区空间中的社会动员，是中国共产党群众路线的重要实践形式，传承了革命战争时期政治动员的优良传统，也发扬了国家建设中群众参与的宝贵经验。民主治理的根在基层，基层群众自治是实现民主政治的重要基础，而社区动员则是实现基层自治的重要手段，组织和发动社区民众，对实现社区的和谐和稳定具有重要的支持作用。

发动人民群众的力量是提升基层治理效能的根基所在。社区动员面向社区居民，以组织丰富多彩的活动形式为基础，积极调动居民参与社区事务的积极性和主动性，通过协商对话来协调各方面的利益；既能够推动解决社区治理中的现实问题，也能够培育居民的公共精神和政治参与能力，改善社区内的人际交往和信任关系，积累社会资本，促进社会自治。

社区动员的形式多种多样，依据不同的动员方式，可以将社区动员分为自上而下的行政性动员和自下而上的社会化动员。从动员策略来看，可以分为"讲法律规章"的正式动员和"讲人情面子"的非正式动员。从动员路径来看，可以分为直接动员和间接动员。从动员频率来看，则可以分为日常动员和应急动员。

法理依据

在推动公众参与、加强社会动员方面，我国形成了较为完整的法律体系。首先，《中华人民共和国宪法》为社会动员提供了最为根本的合法性支持，其中第二条规定"中华人民共和国的一切权力属于人民"，"人民按照法律规定，通过各种途径和形式，管理国家事务、管理经济和文化事业、管理社会事务"。其次，根据《中华人民共和国城市居民委员会组织法》（2018年修正）和《中华人民共和国村民委员会组织法》（2018年修正），居（村）民委员会是居（村）民自我管理、自我教育、自我服务的基层群众性自治组织，应坚持"群众（村民）依法办理群众（村民）自己的事情"。参与社区治理是居民拥有的基本权利。此外，2015年，中共中央办公厅、国务院办公厅印发《关于加强城乡社区协商的意见》，指出应"以扩大有序参与、推进信息公开、加强议事协商、强化权力监督为重点"，保障人民群众享有切实的民主权利。2017年，中共中央、国务院发布《关于加强和完善城乡社区治理的意见》，提出社区治理要"坚持依靠居民、依法有序组织居民群众参与社区治理，实现人人参与、人人尽力、人人共享"；其中"增强社区居民参与能力"是不断提升城乡社区治理水平的重要途径，"凡涉及城乡社区公共利益的重大决策事项、关乎居民群众切身利益的实际困难问题和矛盾纠纷，原则上由社区党组织、基层群众性自治组织牵头，组织居民群众协商解决"。

在各类党和国家的重大会议上，有关公众参与的要求与规定也逐步深入：党的十七大提出了"要健全党委领导、政府负责、社会协同、公众参与的社会管理格局"。党的十八届五中全会提出"构建全民共建共享的社会治理格局"，强调了全民参与对创新社会治理的重要作用。党的十九大报告进一步明确了"共建共治共享社会治理格局"的发展方向。党的十九届四中全会决定，对"坚持和完善共建共治共享的社会治理制度"作出了全面部署，加强和创新社会治理必须"完善党委领导、政府负责、民主协商、社会协同、公众参与、法制保障、科技支撑的社会治理体系，建设人人有责、人人尽责、人人共享的社会治理共同体"。

具体运用

社区动员是街镇政府、居委会和业委会的常规性工作，目的是发挥社区居民的积极性、主动性和能动性，围绕特定的目标而开展集体行动。社区治理和服务都离不开社区动员，尤其是在与社区居民利益相关的问题上，更是需要将社区居民充分纳入治理过程中来。传统的社区动员主要是通过走访入户等人工方式来展开，情感交流的效果比较好，目前则更多通过网络信息技术来进行，信息交流和沟通的效率更高。随着社区治理创新的发展，社区动员的制度化程度和信息化水平也越来越高。

工具使用的注意事项

社区动员牵涉方方面面，需要注意如下事项：第一，坚持发挥党组织的领导核心作用，全面整合各方面的资源和力量，保证社区治理的权威性；第二，以问题为导向，积极解决困扰社区及其居民的难题，通过解决问题来彰显社区动员的治理效果，获取居民的支持和信任；第三，充分发挥社会组织的中介桥梁作用，调动社区居民参与的积极性，推动社区公共事务的平等协商；第四，避免"运动式"的社区动员，建立常规化和制度化的动员机制，完善社区参与的基础平台，实现社区动员的规范化和有序化。

9.2 社区建设

概念界定

社区建设是指在党和政府领导下，通过社会力量的参与和社会资源的利用，提升社区的功能和服务，解决社区面临的实际问题，促进社区内政治、经济、文化和环境协调发展的过程。社区建设的主要目标是提高社区成员的生活水平和生活质量，建设管理有序、服务完善、环境优美、治安良好、生活便利、人际关系和谐的新型社区。社区建设具体包括社区管理、社区服务、社区经济、社区文化、社区教育、社区卫生、社区治安等诸多方面。

原理与逻辑

社区是聚居在一定区域范围内的人们所构成的生活共同体，是治理的基本单元。社区建设与社区治理和社会发展密切相关，随着城市化进程的加速，社区已成为人们生活的重要载体。社区建设是适应这一发展趋势的必然要求，旨在提高社区居民的生活质量，增强社区的凝聚力和稳定性。通过社区建设，可以满足居民在教育、医疗、文化、体育、娱乐等方面的多元化需求，提供更多的公共服务设施，提供均等、优质、便捷的公共服务，提升社区的整体环境，提高居民的生活品质。

社区建设的核心是民主自治，要以社区共建共治共享为依托，让广大社区居民积极参与社区建设。其中党和政府扮演领导者和指导者的角色，负责确定社会建设的目标、方向和路径，进行价值资源的分配，协调社会主体的关系，其他社会主体则平等参与，各尽其责，各展其能，发挥各自的作用。

　　良好的社区建设所关注的不只是居民栖身场所的优化升级，更涵括了对社区居民价值观的形塑。社区建设内容多种多样，虽然城市社区建设和农村社区建设不尽相同，但是总体而言都包括健全社区组织体系，加强社区工作者队伍建设，拓展社区服务领域，加强社区基础设施建设，繁荣社区文化、教育、体育事业，加强社区治安，美化社区环境等。具体如下：一是政治层面，支持多元主体共同参与社区公共生活，凝聚社会力量，构建合理的社区治理结构，从而提升社区的公共服务能力，满足社区居民多样和差异的权益诉求；二是文化层面，创造一个和谐亲善的社区环境，强化居民的社区归属感，培育居民的共同体精神，加强社区居民之间的横向联系，塑造温馨的邻里情感；三是经济层面，根据街道和社区的特点，引进社会资源或市场力量，提供更好的经济发展环境，为居民就业、生产和生活给予基础性的支持，为社区中的弱势群体提供帮扶；四是环境层面，社区环境建设包括社区生态的改善和公共设施的升级等，良好的环境和设施可以提升安全保障，提供开放的和全天候的公共活动场所，也为不同居民之间的广泛对话与交流提供可能。

法理依据

　　我国社区建设包含了广泛多样的规划、政策和文件。1998 年，国务院的行政体制改革方案确定，民政部在原基层政权建设司的基础上设立基层政权和社区建设司，推动了社区建设在全国的发展，将社区建设上升到了改革、发展和稳定的高度。2000 年，出台了《民政部关于在全国推进城市社区建设的意见的通知》，明确了社区建设的概念，指出社区建设是一项新的工作，大力推进社区建设是我国城市经济和社会发展到一定阶段的必然要求，是 21 世纪城市现代化建设的重要途径。2007 年，民政部出台了《全国农村社区建设实验县（市、区）工作实施方案》，对社区建设的管理体制与运行机制作出了新的尝试，开展了农村社区建设的实验活动，以模范和典型开辟了社区建设的新思路。2009 年，发布《民政部关于进一步推进和谐社区建设工作的意见》，对和谐社区建设的总体思路、目标要求与主要任务进行了解释，进一步健全了党委领导、政府负责、民政牵头、有关部门配合、社会协同、居民参与的社区建设领导体制和工作机制。2014 年，发布《国务院关于同意建立全国社区建设部际联席会议制度的批复》，同意建立全国社区建设部际联席会议，具体规定了该会议的主要职能、成员单位、工作规则以及工作要求等，以此加强对全国社区建设工作的组织领导，强化部门间的协调配合，切实做好社区建设工作。2015 年，发布《关于推进农村社区建设试点工作的指导意见》，将村民自治确定为发动农村居民参与、推进农村社区建设的根本途径，鼓励各社区完善政社互动的有效运作机制，明确基层政府与村民委员会在农村社区公共事务和公益事业上的权责关系等。2017年，《中共中央　国务院关于加强和完善城乡社区治理的意见》指出，"完善城乡社区治理体制，努力把城乡社区建设成为和谐有序、绿色文明、创新包容、共建共享的幸福家园"。党的十九大报告提出，"加强社区治理体系建设，推动社会治理重心向基层下移，发挥社会组织作用，实现政府治理和社会调节、居民自治良性互动"。上述制度法规在不同程度上为社区建设提供了法理依据。

具体运用

社区建设是社区发展的路径和方法。社区建设内容庞杂，具体可以概括为两个方面：一方面是加大城乡社区基础设施建设，推动社区基础设施的更新换代，扩大社区建设的覆盖面和受益面；另一方面是要以制度机制建设为重点，构建社区多元主体的良性关系，提高社区治理和服务能力。社区建设要立足实际，系统规划，统筹协调各方面的资源，循序渐进，分清主次重点，不断积累成果，推动社区建设取得实效。

 例 3.9.1

党建引领共治共享新样本 ①
——上海静安区临汾路街道的社区新基建

上海市静安区临汾路街道积极落实市委工作要求,在推进社区新基建的进程中,创新运用"社区心愿码"平台,探索运用科技手段将全过程人民民主贯穿社区新基建的始终,确保社区智能设施建设和运营更加精准,更加科学,更显民意。

主要做法如下:

(一)量身定制心愿码,居民群众在线"许愿"

"社区心愿码"是市民政局开发的社区新基建心愿征集小程序,面向广大社区居民,在线汇集社区新基建需求,引导政府、企业优质建设资源精准对接、快速落地。临汾路街道是"心愿码"的首个试点街道。试点以来,街道通过"心愿码",常态化收集居民群众对社区新基建的实际需求。街道在"心愿码"原有功能的基础上,创造性地根据小区类型、人口结构、存量设施、投资建设渠道等实际情况,量身定制社区新基建菜单,并在"心愿码"小程序上进行展示和介绍,从而最大程度提升供需匹配的精准性和居民心愿的实现率。

辖区居民可以在小程序上查看各种设施的详细介绍和用户的评论打分,对自己需要的设施进行"许愿"。临汾路街道针对辖区居民反映的普遍需求和问题,如加装电梯、停车困难、垃圾清运、消

---

① 参见《党建引领共治共享新样本——上海静安区临汾路街道将全过程人民民主贯穿社区新基建的始终》,上海市静安区人民政府网,2022 年 12 月 7 日,见 https://www.jingan.gov.cn/rmtzx/003008/003008007/20221207/703cd005-4a39-4770-8fa9-6e72c5f8214f.html?type=2。

防安全、康养服务等，汇集居民建议后，在"心愿码"平台上线了数十种应用场景和解决方案，涵盖了社区生活的方方面面。例如，由于辖区健身设施资源较为匮乏，临汾路380弄、375弄等多个居民区通过"心愿码"引进了乒乓球发球机器人和"魔镜"智能锻炼设备。居民在进行体育锻炼的同时，也充分体验到了高科技带来的魅力和乐趣。

（二）建设方案居民议，项目进展实时呈现

对于心愿的处理，临汾路街道依托自身在数字化方面的优势建立了一套创新机制，将人工与智能有机融合起来。首先，街道在后台收到居民许的心愿之后，会根据"许愿"次数、相关小区建设条件对需求进行初步筛选，同时结合"数字驾驶舱"作出的需求测算以及居委开展的需求调研情况，将需求度偏低或目前明显不具备建设条件的需求进行暂时搁置，从而减少协商议事成本。

其次，对于通过筛选的需求，街道会将其纳入社区协商议题，根据项目涉及范围、政策规范和建设资金来源，合理选择召开"三会"（听证会、协调会、评议会），通过业主大会、业主委员会会议等协商议事和决策平台，对项目的必要性、建设时间、点位布局等重要内容开展议题征询和民主协商，让社区居民的想法得到充分的表达，最终让决策充分吸收居民的意见。

最后，在确定建设项目后，居委会、业委会和居民可在"心愿码"平台上的"建设资源包"板块查询"白名单"企业介绍、建设案例、合作模式及"好差评"等情况。例如，街道根据星城花苑小区多位居民在"心愿码"平台提出的智能药柜、自助打印机等心愿，经过充分的民主协商后，将小区内--处15平方左右的闲置空间改造成24小时不打烊的"数字小屋"，将"一网通办"自助机、AI诊所、数字图书馆等智慧便民设施集中起来，使居民真切感受到了数字家园带来的"小确幸"。

此外，从许下愿望到项目建成的每个环节，都会在"心愿码"小程序上及时呈现。而且每当有新的进展，平台还会向"许愿"的居民推送提示。通过上述举措，居民的参与感和获得感得到了巨大提升，不少居民都表示自己的愿望得到了重视的感觉真好。

（三）项目成效居民评，准入退出闭环管理

针对社区新基建的效能，临汾路街道建立了完善的居民评议机制。一方面，街道除了在功能发挥、社区服务、安全保障等方面制定相应的硬性评价指标外，还十分关注居民对智能化设施的认知、体验和感受等软性指标，将居民群众的满意度、获得感和安全感作为衡量社区新基建效能的核心标准。

另一方面，居委会定期召开民主评议会，邀请居民代表对各类智能设施进行评议，评议内容包括：使用顺畅度、设备便捷性、收费合理性、系统稳定性等。群众评议不合格的，则可启动退出机制。

此外，设施所在小区的居民还可以在"心愿码"平台直接发声，对设施进行打分和评价。因此，有居委形象地将"心愿码"形容为社区新基建领域的"大众点评"。

实践成效：

（一）社区新基建的成果惠及更多居民群众

临汾路街道依托数字治理的优势，积极运用"心愿码"的平台功能，在社区新基建过程中引导居民在线"许愿"，全程参与，充分发挥社区协商优势，积极探索实践"需求居民提、项目居民议、点位居民选、成效居民评"的全过程人民民主工作机制。居民群众

拥有了更实在的参与感、更便利的生活设施、更美好的服务体验以及更通畅的参与路径。

（二）临汾路街道实践提供了宝贵的试点经验

在"心愿码"试点的基础上，临汾路街道进行了诸多创造性探索，为"心愿码"平台的完善提出了诸多接地气的建议。目前"心愿码"中的很多功能就是源自临汾路街道的需求和建议，例如定制化设施菜单、愿望进度查询等。临汾路街道在数字化建设方面的良好基础，为社区新基建提供了良好的试点条件，也积累形成了社区民主治理的宝贵经验。

（三）通过社区新基建有力撬动社区自治

数字化赋能社区治理不仅是新兴信息技术的运用，更需要服务思维和治理模式的转变。在推进社区新基建的过程中，临汾路街道始终坚持有事好商量，众人的事情众人商量，让群众说了算。在"心愿码"的助力下，社区居民从社区建设的"旁观者"变为"参与者"和"实践者"，居民自治积极性和社区治理水平有了显著提升，初步形成了"人人与共"的数字治理新家园。

（四）技术赋能公共服务的供需精准决策

技术赋能也推动了管理和服务机制的优化，提升了精准决策、施策和评策的水平。临汾路街道"心愿码"所提倡的"需求居民提、项目居民议、点位居民选、成效居民评"实践，可以及时推动基层政府利用该平台数据精准掌握广大居民的"急难愁盼"问题，根据居民的高频需求或迫切需求来提供更有针对性的服务，从而实现了公共服务的供需对接，提升公共服务的品质。

（五）探索了人民城市建设的基层治理经验

"心愿码"以方兴未艾的社区新基建为抓手，广泛动员社区居民积极参与，围绕居民的意愿和诉求来推进治理，实现了数字技术与民主治理的深度融合，充分体现了以人民为中心的发展思想，也是全过程人民民主实践的典型案例。基层治理现代化必须要贯彻和落实人民城市的理念，既要充分发掘技术治理的先进价值，更要不断总结失败的教训和成功的经验。

🔆 工具使用的注意事项

社区建设是系统工程，各项任务非常繁重，需要注意以下事项：第一，从社区的实际出发，审时度势，扬长避短，利用各方面的资源和力量，因地制宜探索适应城乡社区现实的建设方案；第二，面对社区中大量存在的人口及其多样化和差异化的需求，需要把脉社区现实问题，精准对接治理需求，提供适宜的公共服务，提高社区建设的成效；第三，坚持群众路线，从群众中来，到群众出去，在社区建设中广泛联系群众、引导群众和依靠群众，发挥广大群众的主力军的作用；第四，要综合发挥政府、市场和社会多方面的力量，实现三者之间的良性互动。

9.3 社会组织

概念界定

社会组织是指自然人、法人和其他社会组织为实现特定社会目的而设立的非营利组织，具体包括各种基金会、社会团体、志愿者组织、慈善组织、民办非企业单位等。在不同的社会历史时期，社会组织还有其他不同的称谓，比如"社会团体""民间组织""自治组织""中介组织"等。与政府和企业相区别，社会组织具有非营利性、非政府性、公益性等基本特征，是社会公共生活的重要载体，也在公共管理过程中发挥着重要的作用。

原理与逻辑

　　实现社区治理共同体的良性运行，离不开多元主体的协同合作。社会组织作为人类相互合作的组织形态，有着源远流长的历史，是个人参与社会生活的重要途径。社会组织将分散的个人组织起来，不仅可以实现对个人的规范和管理，达到自我管理和自我服务的目的，也能够参与到公共治理过程中来，协调复杂的利益关系，解决具体的社会问题，提供专业的公共服务，提高管理效能。

　　作为重要的社会主体，社会组织的类型多种多样，规模大小不一，遍布社会生活的各个领域，在促进参与、服务民生、社会治理、慈善救济、环境治理等具体领域发挥着独特的作用，尤其是可以广泛承接政府部门转移的管理职能和服务事项，比如养老保障和文化服务等，填补市场主体不愿意进入的治理领域，比如慈善救济和城乡扶贫等。社会组织的发展重构了社区治理网络，也有助于社区治理的绩效。

　　从全球各国的情况来看，政府、市场与第三部门，构成了现代社会的基本框架，是社会资源配置的重要途径，也是社会治理的重要机制。由于政府失灵和市场失灵的存在，社会组织及其自愿机制已经成为弥补政府与市场机制缺陷的重要选择，发挥着不可替代的作用。各国都在积极推动社会组织的建设，为社会组织的发展提供资金支持、政策空间和技术指导等，社会组织参与社区治理也成为重要潮流。

　　从发展历史及经验来看，社会组织参与公共治理的路径很多，首先是直接承接政府外包的公共服务，以项目运作的方式来提供专业化和多样化的服务；其次是发挥其紧密联系社会民众的作用，识别、汇聚和提出社会诉求，成为政府与民众沟通互动的重要中介；再次是通过运用社会组织的资源、力量及其规范性功能，可及时有效地缓冲和化解社会矛盾，促进社会和谐；最后是在社会的各个领域和不同层面开展活动，不仅可以发挥拾遗补缺的管理和服务作用，也可以推动公共治理和服务创新。

法理依据

长期以来，我国社会组织的监督与管理主要遵循"三个条例"，即《社会团体登记管理条例》（1989 年发布，1998 年、2016 年两次修订）、《基金会管理条例》和《民办非企业单位登记管理条例》。2010 年，民政部发布的《社会组织评估管理办法》则通过科学的评估进一步加强了"三个条例"的约束作用，直接回答了为什么评估、谁来评估、怎么评估的关键问题，让社会组织进入了发展壮大的有序轨道。各地省级政府也陆续出台了社会组织评估管理办法。2012 年，财政部、民政部制定《中央财政支持社会组织参与社会服务项目资金使用管理办法》，对能够获得中央财政支持的社会服务项目进行了明确规定，具体包括发展示范项目、承接社会服务试点项目、社会工作服务示范项目、人员培训示范项目。2014 年，发布《财政部、民政部关于支持和规范社会组织承接政府购买服务的通知》，进一步强调社会组织在政府购买服务中的重要作用的同时，也加大了对社会组织承接政府购买服务的支持力度。

党的十八届三中全会通过的《中共中央关于全面深化改革若干重大问题的决定》，强调要激发社会组织活力，适合由社会组织提供的公共服务和解决的事项，交由社会组织承担，并从 8 个方面对社会组织承担的职责、提供的服务进行了明确。2016 年，民政部发布《关于通过政府购买服务支持社会组织培育发展的指导意见》，阐明了通过政府采购服务支持社会组织发展的一般要求、主要政策和保障措施，深入指导政府购买服务事宜。

中共中央办公厅、国务院办公厅《关于改革社会组织管理制度促进社会组织健康有序发展的意见》也明确指出，"以社会团体、基金会和社会服务机构为主体组成的社会组织，是我国社会主义现代化建设的重要力量"。党的十九大报告提出，要加强社区治理体系建设，把社会治理重点推进基层，发挥社会组织的作用，实现政府治理与社会调节、居民自治的良性互动，肯定了社会组织在基层治理中的重要性。2018 年，民政部印发《"互联网＋社会组织（社会工作、志愿服务）行动方案"（2018—2020 年)》，着力在未来三年推进"互联网＋社会组织（社会工作、志愿服务)"，积极运用互联网技术和信息化手段推动社会组织、专业社会工作、志愿服务健康有序发展。党的二十大报告也指出，要加强新经济组织、新社会组织、新就业群体党的建设。

具体运用

社会组织在社区治理和服务过程中发挥着独特的作用。推动社会组织参与社区治理和服务，发挥社会组织的活力，主要工作包括孵化和培育社区社会组织，为社会组织提供资金、场地和政策等方面的支持，打造品牌性社会组织；搭建社会组织综合服务平台，全方位提高社会组织的能力，鼓励社会组织承接公益服务项目，促进社区公众参与；通过社区服务外包、设立项目资金等方式，加大对社会组织参与社区治理和服务的扶持力度，引进专业社会组织提供服务，提升社区治理的专业化水平等。

⊕➤ 例 3.9.2

宁波北仑新碶：激活社区治理"一池春水"（节选）①

宁波市北仑区新碶街道银杏社区"爱的阶梯"关爱宣教中心热闹非凡，外来务工人员将孩子送到这里，参加由银杏和谐共建理事会等社会组织承办的免费作业辅导课、兴趣班和社会实践活动，既

---

① 参见《北仑新碶：激活社区治理"一池春水"》，《浙江日报》2021 年 8 月 16 日。

解决了外来职工没时间照看孩子的问题，又让"小候鸟"有了多姿多彩、安全健康的假期生活。

近年来，新碶街道坚持以党建为引领，挖掘社会组织潜力，围绕"治理体系有高度、治理能力有强度、社会服务有韧度、公共安全有力度、社会心态有温度、文化传承有亮度"目标，多途径拓展社会组织参与城乡社区治理和服务的路径，提升社会组织的服务效能，真真切切地提高了群众的获得感、幸福感和安全感，营造共建共治共享的社区治理新格局。

社区治理是维护社会稳定、实现共同富裕的重要基石。地处大港之畔的新碶街道，是北仑经济社会发展和城市品质提升的主战场，拥有20个不同类型的城乡社区，户籍人口和流动人口总数超过35万人。加强和创新社区治理体系建设，服务好庞大复杂的人群，成了街道的重要议题。

"事实上，随着经济社会发展转型需求和人民群众美好生活需要的日益增长，仅靠行政力量协调利益、化解矛盾、服务群众，效果有限，且成本巨大。"新碶街道党工委负责人深有感触地说，必须将活跃在基层社会方方面面的社会组织作为社区治理和服务的重要协作力量，解决党委和政府服务覆盖不及、经济组织难以承接的治理难题。

为全方位支持社会组织参与社区治理和服务，新碶街道专门成立社会组织服务中心和社会组织综合党委，以党建引领、党建覆盖为核心，鼓励基层党组织和党员积极培育、组建各类社会组织，担当"主心骨、定海针"，带动辖区社会组织快速走上了转型提升、健康发展的轨道。同时，街道大力推进社会组织登记管理体制改革，对行业协会商会类、科技类、公益慈善类、城乡社区服务类4类社会组织全面实行直接申请登记，对暂不具备登记条件的社会组织实行备案管理，降低了社会组织资金、人员等准入门槛，管理也更加规范。

紫荆社区"邻里互助社"结对服务高龄老人。为解决社会组织的经费问题，新碶街道出台了"1+2"社会组织创新发展新政，多渠道加大资金投入。一方面，通过评选优秀公益创投项目，增加社会组织发展专项资金、社会化优抚资金等扶持力度，至今，各社区及入驻中心的社会组织已累计申报项目200余个，争取到扶持资金约200万元。另一方面，通过意向征集和政购服务洽谈、认购，把部分公共服务事务委托给社会组织承接，优化社会组织发展环境，推动政府购买服务规范化发展。3年间，全街道共落实资金300余万元，专项用于扶持社会组织发展和参与矛盾纠纷化解。

一系列"赋制、赋能、赋权"举措，帮助社会组织厘清了"谁主导、谁参与、为了谁、怎么做、做什么、为什么"的核心问题，激发出蓬勃活力。截至目前，新碶街道已培育发展各类社会组织1600余家，培育出老兵优抚的"百灵鸟"模式、第三方社会组织参与信访代办"红领之家"模式、拥抱青年职工的"工享惠客厅"模式、介入企业风险防范的"法管家"模式等一批社会组织品牌。

工具使用的注意事项

我国社会组织及其管理体制机制尚不健全，社会组织参与社区治理还需要注意如下事项：第一，充分认识社会组织的积极作用，为社会组织的发展创造良好的条件，大力扶持、发展和培育社会组织；第二，顺应社会组织快速增长的态势，加强对社会组织的规范、管理和监督，促进社会组织的健康发展；第三，加大社会组织专业人才的队伍培养力度，提高社会组织的专业服务能力；第四，加强社会组织中的党建工作，通过党建工作引领和把握社会组织的发展方向。

10. 国家荣誉

荣誉是一种古老的社会现象。国家荣誉是以国家的名义对具有优良品行、作出巨大贡献或取得卓越成就的个人或集体所给予的表彰和奖励，是国家对个人或集体的肯定和褒扬。国家荣誉制度是国家政治制度的重要组成部分，也是重要的人才激励和奖励制度。古今中外，各个国家都建有与其历史传统、主流价值和社会特色相匹配的国家荣誉制度，有些国家荣誉绵延数百年，获得广泛的社会尊崇和认可，甚至具有世界性的影响。权威性的国家荣誉制度有利于维护政治的合法性、稳定性和延续性，调动社会民众的积极性、主动性和创造性，传播社会主流的正面价值观，形成具有广泛和持久影响的文化符号。

10.1　劳动模范

概念界定

劳动模范，简称"劳模"，是指在建设事业中能力突出、表现卓著和贡献巨大的劳动者。根据授予主体的不同，劳动模范分为全国级、省部级、市县级等不同的级别。有些企业也不定期评选劳动模范。其中全国劳动模范是党中央、国务院授予在社会主义建设事业中作出重大贡献者的荣誉称号，是最高级别的荣誉称号之一。

一般意义上的劳模包括劳动模范和先进工作者两种称号，劳动模范通常是农业或企业领域中的优秀人物，先进工作者是机关或事业单位的优秀人物，两者都是给予劳动者的最高荣誉。虽然来自不同的领域，但一代一代的劳模前赴后继，生动诠释了"爱岗敬业、争创一流；艰苦奋斗、勇于创新，淡泊名利、甘于奉献"的劳模精神。

原理与逻辑

当代中国劳模最早诞生于土地革命战争时期中央苏区的公营企业和革命竞赛，然后发展成为党领导革命和建设事业的重要手段。在不同的历史时期，对劳动模范的评选和表彰，很大程度上体现了特定历史阶段国家对特定领域建设任务的迫切需要。劳模都是经济和社会发展的中坚力量，是社会主流价值的领跑者。

劳模是国家进行的价值资源分配的结果，是对个人或组织及其价值品性的权威性认证，是给人的品行"打分"或"赋值"。定义荣誉称号的规则以及标准，为国家干预道德生活提供了工具。国家将社会民众纳入权力主导的评估体系，对个人（以及组织）的品性进行鉴定和评判。但与应用法律制度进行的强制性管理途径不同，这主要是通过激励和奖赏来进行管理，因而是一种高度柔性化的治理工具。

法理依据

《中华人民共和国宪法》第四十二条规定，公民有劳动的权利和义务，劳动是一切有劳动能力的公民的光荣职责。"国家提倡社会主义劳动竞赛，奖励劳动模范和先进工作者"，这是劳模评选的宪法依据。《中华人民共和国工会法》第三十二条规定，"根据政府委托，工会与有关部门共同做好劳动模范和先进生产（工作）者"的评选、表彰、培养和管理工作，这是劳动模范及其评选的主要法律依据。

时代需要劳模，劳模引领时代。2010 年，人力资源和社会保障部等 7

个部委联合下发了《关于进一步解决劳动模范社会保障和生活困难等问题的通知》，在社保、住房、收入以及户籍等方面强化对劳模的尊重。2018 年，中办、国办印发《功勋荣誉表彰奖励获得者待遇规定（试行）》和《生活困难表彰奖励获得者帮扶办法（试行）》，从顶层设计上对劳模等各类功勋荣誉和表彰奖励获得者应享有的待遇进行了系统性安排。党的十九大报告提出，要在全社会"弘扬劳模精神和工匠精神，营造劳动光荣的社会风尚和精益求精的敬业风气"。这是党的历史上第一次把"弘扬劳模精神"写进党的报告。

具体运用

劳模评选是一项复杂而严肃的工作，自 20 世纪 90 年代开始，全国劳模表彰大会每五年召开一次。工作的基本流程是：中共中央办公厅和国务院办公厅印发通知，作出安排部署；成立表彰全国劳动模范和先进工作者大会筹备委员会，筹备委员会办公厅负责统筹；各相关部门和成员单位协同配合，指导各单位做好人选推荐工作；评选严格执行"两审三公示"程序，分别是"初审"和"复审"两次审查，所在单位、省级和全国三级公示，以确保最终人选经得起历史的检验。

2019 年，人力资源社会保障部联合国家邮政局发布《关于开展全国邮政行业先进集体、劳动模范和先进工作者评选表彰的通知》，对评选范围和表彰名额、评选条件、评选程序和进度安排等都作出了明确规定。其中评选范围规定如下：（1）全国邮政行业先进集体评选范围：全国邮政企业、快递企业中的从业单位和临时集体，全国邮政管理部门及其所属单位中的处级及以下单位、内设机构和临时集体。（2）全国邮政行业劳动模范和先进工作者评选范围：全国邮政企业、快递企业、邮政管理部门及所属单位在职干部职工。已经获得省部级以上先进集体、劳动模范和先进工作者等称号的集体或个人，一般不再参加评选。如在近 5 年内作出新的突出贡献，可推荐评选。

工具使用的注意事项

在劳模评选过程中需要注意如下方面：第一，明确参选范围，确保向基层和一线倾斜，严格控制领导干部等的数量和比例；第二，严格遵守评选程序，认真落实"两审三公示"机制，切实做到公开、公正和公平；第三，要根据国家和社会需求，不断丰富劳模精神的内涵，以引领和发扬时代精神。此外，也要分析劳模工作的新情况，加强服务劳模工作的力度，做好劳模的再教育、培训以及服务工作，努力形成全社会尊重劳模、关心劳模、学习劳模和争当劳模的良好氛围。

10.2　荣誉称号与奖章

概念界定

荣誉称号是指由权威性的组织授予的具有光荣名誉性质的名称，包含了正式的肯定、认可或鼓励。奖章是指授予成就卓越、忠于职守等有功人员的徽章。通常而言，获得荣誉称号的个人同时会被授予相应的奖章，以认可和褒奖其行为所带来的社会价值。

荣誉称号与奖章是国家荣誉制度的重要组成部分，是由执政党、政府以及各类组织，对为国家和社会作出突出贡献的杰出人士给予的正式认同和嘉奖，授予其权威性的荣誉称号，颁发不同层级的勋章、奖章。其中，国家荣誉称号是国家的最高荣誉，授予在经济、社会、科技、文化等各领域各行业作出重大贡献、享有崇高声誉的杰出人士。

原理与逻辑

荣誉称号与奖章古已有之，起初多出现于军事领域，与特定的时代背景、社会管理和政治使命等密切相关。比如在革命战争时期，荣誉称号与奖章主要是授予奋勇杀敌和英勇牺牲的战士，而在和平时期，国家的主要任务是推动经济和社会发展，调动全社会的力量投入现代化建设事业中，因此荣誉称号与奖章主要是授予教育、科技、文化、经济、意识形态等各个领域的杰出人物。

荣誉称号与奖章是各种"树典型"活动的结果。"树典型"是指国家根据特定的标准，比如爱国奉献、孝亲爱老、爱岗敬业和无私奉献等，将荣誉称号与奖章授予个人，是对个人品行和能力的权威性认证，肯定了个人的品行及其贡献，不仅是给予获得荣誉称号与奖章的个人的补偿或奖励，而且也可以公开地影响和激励更多人，弘扬和传播特定的品行和精神等。历史上很多著名的"劳动模范"，如时传祥、王进喜等，就持续地影响了社会中很多的人。

法理依据

建立健全党和国家功勋荣誉表彰制度，是完善和发展中国特色社会主义制度、推进国家治理体系和治理能力现代化的必然要求。2015 年，中共中央印发《关于建立健全党和国家功勋荣誉表彰制度的意见》，作为党和国家功勋荣誉表彰工作的总纲。在这一总纲的指导下，逐步建立起了"1+1+3"的国家荣誉表彰体系，即党中央制定一个指导性文件，全国人大常委会制定一部法律，有关方面分别制定党内、国家、军队 3 个功勋荣誉表彰条例。

2016 年开始施行的《中华人民共和国国家勋章和国家荣誉称号法》第四条对国家荣誉称号进行了明确规定，国家设立国家荣誉称号，授予在经济、社会、国防、外交、教育、科技、文化、卫生、体育等各领域各行业作出重大贡献、享有崇高声誉的杰出人士。国家荣誉称号的具体名称由全国人民代表大会常务委员会在决定授予时确定。这是荣誉称号与奖章的核心法律依据。第四条规定了国家荣誉称号应授予各领域各行业的杰出人士，并设置了人民艺术家、人民教育家、人民科学家、人民英雄、人民楷模等荣誉称号。

2017 年中共中央印发的《中国共产党党内功勋荣誉表彰条例》，中共中央、国务院印发的《国家功勋荣誉表彰条例》和 2022 年中共中央、国务院、中央军委印发的《军队功勋荣誉表彰条例》，用法律法规的形式明确了我国功勋荣誉制度的表彰主体、授予标准、授予等级、奖励形式等内容。此外，还有"五章一簿"的荣誉表彰法律制度，如《"共和国勋章"和国家荣誉称号授予办法》《"七一勋章"授予办法》《"八一勋章"授予办法》《"友谊勋章"授予办法》《国家功勋荣誉表彰条例》，以及党和国家、军队荣誉簿，如《军队功勋荣誉表彰条例》《中华人民共和国国家勋章和国家荣誉称号法》。

具体运用

党和国家高度重视对英模人物的评选和表彰。评选和表彰工作通常选择在具有重要纪念意义的时间节点进行，需要建立专门的工作委员会负责统筹协调，在充分考虑归口评审单位意见基础上，坚持功绩或贡献标准，根据立场正确、功勋卓著和群众公认等要求，经过全面比选、综合平衡、人选考察、全国公示等环节，最后确定社会各领域各行业作出重大贡献和享有崇高声誉的杰出人士。

2019 年，党中央首次开展国家勋章和国家荣誉称号评选颁授，表彰了一批为中华人民共和国建设和发展作出杰出贡献的功勋模范人物。中共中央办公厅印发的《关于做好国家勋章和国家荣誉称号提名评选工作的通知》，对荣誉称号与奖章的评选标准作出规定。《通知》明确了提名人选范围和条件。提名人选范围为新中国成立以来，各地区各行业各领域为中华人民共和国建设和发展作出杰出贡献的个人，包括港澳台侨人员和外国人。符合条件的已故人员可以提名。提名条件根据功勋荣誉种类的不同存在差别。"共和国勋章"提名人选，应当是在中华人民共和国建设和发展中作出巨大贡献、建立卓越功勋，道德品质高尚、群众公认的杰出人士。"友谊勋章"提名人选，应当是在我国社会主义现代化建设和促进中外交流合作、维护世界和平中作出杰出贡献，对华坚定长期友好，具有良好社会声誉的外国人。国家荣誉称号提名人选，应当是在经济、社会、国防、外交、教育、科技、文化、卫生、体育等各领域各行业作出重大贡献、享有崇高声誉，道德品质高尚、群众公认的杰出人士。

💡 工具使用的注意事项

荣誉称号的授予非常严肃，在评选中需注意以下方面：第一，明确评选范围和标准，优先考虑重大标志性历史事件中的代表人物，注重人选蕴含的民族精神和时代精神；第二，坚持实事求是，适当考虑各方面情况，合理确定人选；第三，建立健全退出机制，保证荣誉称号与奖章的纯洁性。荣誉称号与奖章的授予要有权威性、合法性、连续性和稳定性，真正将那些为国家和社会作出重要贡献的人评选出来，从而能更好地彰显荣誉的重要性和价值。

10.3 英烈

概念界定

英烈主要是指近代以来，为了争取民族独立和人民解放，实现国家富强和人民幸福，促进世界和平和人类进步而毕生奋斗、英勇献身的英雄烈士，功勋彪炳史册，精神永垂不朽。

原理与逻辑

人类有崇拜英雄的基因，也有缅怀烈士的传统。古往今来，风云变幻，每个国家和民族都有自己认定的英雄和烈士，每个时代都产生了许多人们敬仰和崇拜的英雄和烈士。在不同的历史时期，在不同的国家或民族中，由于不同的历史文化传统，英雄烈士的认定标准很不一样，范围也有所不同。

英烈是民族历史长河中的重要丰碑，具有弘扬高尚精神、凝聚人心和规范社会等重要作用。国家通过正式的方式来认定、评选、纪念和传播英烈及其行为，目的是为了认可、明确和传播特定的价值标准，往往具有强烈的政治色彩。在革命战争年代，英烈主要是为了革命事业壮烈牺牲的战士或军人。在和平时代，英烈主要是指为正义的事业而不幸牺牲的个人，英烈认定的范围更加宽泛了，革命或战争的色彩更加弱化了。为了纪念和褒奖英烈作出的牺牲和贡献，国家建立专门的制度规范，确立英烈评选的标准，也建立了一系列褒扬英烈的举措，包括英烈褒扬金和遗属的抚恤优待等制度。英烈优待对象包括烈士的父母或扶养人，以及无生活来源的配偶或子女等，涵盖医疗、教育、住房、就业、养老等多个领域。

2014 年，十二届全国人大常委会第十次会议表决通过关于设立烈士纪念日的决定，将 9 月 30 日设立为烈士纪念日，确立了纪念烈士的载体和形式，对弘扬烈士精神、缅怀烈士功绩以及培养爱国精神、集体精神和奋斗精神等，都具有重要意义。

法理依据

2018 年通过的《中华人民共和国英雄烈士保护法》从法律上肯定了英烈的贡献和时代价值，第三条规定："各级人民政府应当加强对英雄烈士的保护，将宣传、弘扬英雄烈士事迹和精神作为社会主义精神文明建设的重要内容。"2020 年，《中华人民共和国民法典》颁布，第八章第一百十五条规定："侵害英雄烈士等的姓名、肖像、名誉、荣誉，损害社会公共利益的，应当承担民事责任。"中共中央办公厅、国务院办公厅、中央军委办公厅先后印发《烈士纪念设施规划建设修缮管理维护总体工作方案》《关于加强新时代烈士褒扬工作的意见》。国务院及时完善衔接配套的英雄烈士保护法规，修定《烈士褒扬条例》《军人抚恤优待条例》等法规。民法典、刑法修正案等从民事和刑事责任两方面，也加强了对英烈权益的保护。退役军人事务部启用新版《烈士光荣证》，制定出台或修订《烈士安葬办法》《烈士公祭办法》《烈士纪念设施保护管理办法》《境外烈士纪念设施保护管理办法》等行政规章。此外，山西、山东、湖南、江苏、江西、广东、陕西、河北、四川等地还以地方立法的形式，对英烈纪念设施保护、举办国家公祭纪念活动等作出规范，进一步推动英烈保护法的落地实施。

具体运用

每个时代都有属于自己的英雄烈士。无论是和平时期，还是特殊时期，英雄烈士都是人民群众敬仰和崇拜的对象，发挥着重要的标杆作用、引领作用和激励作用。国家设定英雄烈士的评选标准，评选和表彰英雄烈士，对凝聚人心、弘扬正气、伸张正义等都具有独特的意义。

 例 3.10.1

最高法发布十件涉英烈权益保护典型案例（节选）①

最高人民法院近日发布涉英烈权益保护十大典型案例，包括维护英烈人格利益、烈属合法权益、烈士纪念设施等案件，旨在深入学习宣传贯彻党的二十大精神，维护宪法权威，弘扬社会主义核心价值观，加强新时代烈士褒扬工作，促进社会公平正义。

一、大力保护英雄烈士人格利益

近年来，社会上有人以"还原历史""探究细节"为名，通过网络媒体等歪曲历史，诋毁、贬损英雄烈士，造成恶劣影响，引起

---

① 参见《最高法发布十件涉英烈权益保护典型案例》，光明网，2022 年 12 月 12 日，https://m.gmw.cn/baijia/2022-12/12/36228830.html。

社会各界强烈愤慨。此次发布的涉英烈权益保护典型案例中，8起案件涉及侵害英雄烈士姓名、名誉、荣誉等人格利益，既有刑事案件也有民事案件，集中体现人民法院严厉打击和制裁抹黑英雄烈士形象行为的坚定立场和鲜明态度。

二、推动落实烈属抚恤优待政策

在推动落实烈属抚恤优待政策方面，人民法院注重人文关怀和精神抚慰，突出解决烈属家庭后续生活保障、救助帮扶援助等实际问题。以司法之力推动保障烈属按照国家规定享受烈士褒扬金、抚恤金，以及在教育、就业、养老、住房、医疗等方面的优待，树立关爱尊崇烈属的良好社会风尚，褒扬烈士家庭甘于牺牲奉献的精神风范。

三、培育践行社会主义核心价值观

对于侵害英雄烈士名誉、荣誉等行为，行为人应当如何承担法律责任？最高法民一庭负责人表示，由于英雄烈士的事迹和精神已经成为社会公共利益的重要组成部分，这些行为不仅构成对英雄烈士人格利益的侵害，也对社会公共利益造成损害。行为人应当承担民事责任、刑事责任和行政处罚等3种法律责任。

民法典第185条、第1000条规定，侵害英雄烈士等的姓名、肖像、名誉、荣誉，损害社会公共利益，应当承担消除影响、恢复名誉、赔礼道歉等民事责任，且应当与行为的具体方式和造成的影响范围相当。对侵害英雄烈士姓名、肖像、名誉、荣誉行为提起民事诉讼的主体，可以是英雄烈士的近亲属；英雄烈士没有近亲属或者近亲属不提起诉讼的，检察机关可以依法向人民法院提起诉。

"人民法院通过司法裁判，不断传承和弘扬爱国主义精神，推动在全社会培育和践行社会主义核心价值观。"最高法民一庭负责人说，发布这些典型案例，目的是推动全社会永远铭记英烈的英雄事迹，世代发扬英烈的英雄精神，坚定信心、勇毅前行，为实现党的第二个百年奋斗目标而不懈努力。

工具使用的注意事项

英烈是为了正义事业而壮烈牺牲的人，应该受到全社会的尊重和缅怀。大力宣传英烈的先进事迹和牺牲精神需注意如下方面：第一，要忠于事实，避免虚构和夸大，引发负面效应；第二，要拓展宣传形式，积极运用互联网等手段来宣传和缅怀英烈，但要注意防止流于形式；第三，要避免历史虚无主义的错误，依法坚决打击各种丑化、亵渎和否定英烈的行为；第四，要充分落实英烈的权益，提高英烈抚恤优抚标准，健全管理和服务工作，避免"英雄流血又流泪"的结果。

11.国家公平制度

公平是社会主义的核心要义，同时也是近现代人类文明的核心要义。维护国家内部的公平，对维护社会稳定，促进社会和谐，实现每一个公民发展和幸福，都具有重要的意义。不公平会导致社会矛盾冲突，社会竞争活力下降，压制个体和社会主体成长，造成资本和人才浪费或流失以及对国家公权机构的严重不信任。因此，国家需要建立系统的公平制度。公平分为两种：一种是机会和权利公平，一种是结果公平。社会主义的公平制度的原则，首先是保障机会和权利公平，其次是促进结果公平。

11.1 性别公平制度

概念界定

性别公平制度是指确保不同性别的社会个体，在社会中拥有相同的权利和被相同对待的制度。两性划分是最大的社会群体划分。由于受先天性的生理和身体条件以及社会历史制度的影响，两性在社会上的发展存在不公现象。因此，国家和社会需要建立有效的性别公平制度，以保证两性群体具有平等的权利和机会参与社会生活。

原理与逻辑

性别公平是现代社会发展的基本原则之一，其目标是确保所有人都能享有平等的权利和机会。这一目标的实现需要充分考虑生理差异、社会结构和文化传统等多种因素，以制定和实施有效的政策和措施。性别公平制度指的是通过法律、政策、社会规范和实践，确保不同性别的人在社会、经济、文化和政治领域中享有相同的权利、机会和待遇的体系。这样的制度旨在消除性别歧视，促进男性和女性在各个层面的平等参与，并确保他们能够平等地受益于社会发展的成果。

从现实情况来看，受生理差异、社会导向以及历史制度等多重因素的影响，女性在现代社会中仍遭遇不公正待遇。联合国调查显示，全球范围内女性所面临的性别不平等问题依然严峻且普遍。在众多国家中，女性在成长过程中就在关爱和教育资源方面受到显著歧视。性别不平等渗透于各个层面，不仅体现在教育机会的不均和劳动市场的性别偏见上，还贯穿于法律、政策制定以及家庭和社会角色的期望中。成年后，女性在职业选择、家务分配、薪酬平等、子女抚养、职位晋升及财产继承等诸多方面也面临不公。鉴于现代文明社会的基本原则是保障每位守法公民享有平等的基本权利，因此，性别公平不仅成为社会文明进步的必然要求，也是制度建设的关键方向。为实现性别公平，需要构建和完善相应的制度体系。

在性别公平制度中，应遵循的基本原则首先是承认两性的生理差异，确保两性机会公平并平等对待，同时适当给予女性一些合理的关爱。其次在生理差异方面，女性在成长过程中需要更多的保护。如某些危重工作和身体上需要极高体力的工作，应考虑到女性的生理条件和个人意愿，确保工作安排既公平又安全，而不是简单地基于性别进行排除。在确保性别机会公平方面，应保证在求学、就业等方面在同等条件下公平录用。在适度照顾方面，如生育关爱，应给予女性更多的支持，例如带薪产假等。性别公平政策的制定应基于对性别差异的科学理解，同时确保在机会和待遇上的公平。这种政策不仅是对女性的保护，而且体现了全面系统的社会发展理念，目的是实现性别间的实质平等。

法理依据

联合国大会于 1979 年通过了《消除对妇女一切形式歧视公约》，包括中国在内的世界绝大多数国家都已经加入公约中。这一公约成为世界范围内消除性别歧视的最高和最广泛的法理基础。中国是该公约的最早缔约国之一，也是世界范围内消除性别歧视工作做得最为努力和最具成就的国家。自新中国成立以来，就通过各种法律法规手段来确保消除对女性的歧视和保障妇女权利。1954 年通过的宪法第九十六条明确规定："中华人民共和国妇女在政治的、经济的、文化的、社会的和家庭的生活各方面享有同男子平等的权利。婚姻、家庭、母亲和儿童受国家的保护。"第八十八条规定："妇女有同男子平等的选举权和被选举权。"改革开放后的 1982 年宪法，同样对两性平等有着明确的规定，除 1954 年宪法规定的内容外，又补充了"国家保护妇女的权利和利益，实行男女同工同酬，培养和选拔妇女干部"的内容。

在此基础上，1992 年，《中华人民共和国妇女权益保障法》通过，成为系统的女性权益保障的法理基础。其中对女性的政治权利、文化教育权益、劳动和社会保障权益、财产权益、人身权利、婚姻家庭权益、法律责任等进行了详细的规定，此后，该法又经过2005年和2018年两次修订进一步完善。其中大量的内容在新修订的《民法典》中亦被收入。

此外，婚姻是两性生活和权利的重要领域，新中国成立伊始，第一部通过的法律就是于1950年初次颁布的《中华人民共和国婚姻法》，此后各修订版本（1980年修订、2001年修订）亦对婚姻关系中的两性平等问题作出大量具体规定。2020年，全国人民代表大会审议通过《中华人民共和国民法典》，婚姻法在原有基础上经补充修改整体编入"第五编　婚姻家庭"，明确规定"实行婚姻自由、一夫一妻、男女平等的婚姻制度"，"禁止包办、买卖婚姻和其他干涉婚姻自由的行为。禁止借婚姻索取财物"。其他各项条款也充分体现了保障男女平等的基本原则，如第一千零五十五条规定"夫妻在婚姻家庭中地位平等"；第一千零五十七条规定"夫妻双方都有参加生产、工作、学习和社会活动的自由，一方不得对另一方加以限制或者干涉"；第一千零六十二条规定"夫妻对共同财产，有平等的处理权"；等等。

除以上法律外，《中华人民共和国母婴保健法》《女职工劳动保护规定》《女职工禁忌劳动范围规定》《全国人大常务委员会关于严惩拐卖、绑架妇女儿童的犯罪分子的决定》《中华人民共和国人口与计划生育法》等法律法规中也包含了女性权利保护的相关内容。

具体运用

我国从法律法规到国家和各地层面的相关机构以及在各个领域的政策，都体现了对女性权利的保护。例如，国家层面成立了中华全国妇女联合会，简称"全国妇联"，是为争取妇女解放而联合起来的各族各界妇女的群众组织，是中国共产党领导下的人民团体，其具体的任务包括9项。

表 3.11.1 全国妇联的任务

（1）组织引导妇女学习贯彻习近平新时代中国特色社会主义思想和党的路线方针政策，用中国特色社会主义共同理想凝聚妇女。

（2）团结动员妇女投身改革开放和社会主义经济建设、政治建设、文化建设、社会建设和生态文明建设，注重发挥妇女在社会生活和家庭生活中的独特作用，为中国特色社会主义伟大实践作贡献。

（3）代表妇女参与管理国家事务、管理经济和文化事业、管理社会事务，参与民主决策、民主管理、民主监督，参与有关法律、法规、规章和政策的制定，参与社会治理和公共服务，推动保障妇女权益法律政策和妇女、儿童发展纲要的实施。

（4）维护妇女儿童合法权益，倾听妇女意见，反映妇女诉求，向各级国家机关提出有关建议，要求并协助有关部门或单位查处侵害妇女儿童权益的行为，为受侵害的妇女儿童提供帮助。

（5）教育引导妇女树立自尊、自信、自立、自强的精神，提高综合素质，实现全面发展。宣传马克思主义妇女观，推动落实男女平等基本国策，营造有利于妇女全面发展的社会环境。宣传表彰优秀妇女典型，培养、推荐女性人才。

（6）教育引导妇女践行社会主义核心价值观，弘扬中华优秀文化，组织开展家庭文明创建，支持服务家庭教育，传承中华民族家庭美德，树立良好家风，推动形成家庭文明新风尚。

（7）关心妇女工作生活，拓宽服务渠道，创新服务方式，建设服务阵地，发展公益事业，壮大巾帼志愿者队伍，加强妇女之家建设。联系和引导女性社会组织，加强与社会各界的协作，推动全社会为妇女儿童和家庭服务。

（8）巩固和扩大各族各界妇女的大团结。加强同香港特别行政区、澳门特别行政区、台湾地区和海外华侨华人妇女、妇女组织的交流合作，推进现代化建设和祖国和平统一。

（9）积极发展同各国妇女和妇女组织的友好交往，加深了解、增进友谊、促进合作，积极参与"一带一路"建设，推动构建人类命运共同体，为维护世界和平、促进共同发展作贡献。

全国妇联在各个地方还设有分支机构，在省、自治区、直辖市，设区的市、自治州，县（旗）、自治县、不设区的市和市辖区等建立地方组织，在乡镇、街道、行政村、社区，机关和事业单位、社会组织等建立基层组织。企业基层工会女职工委员会及其以上各级工会女职工委员会是妇女联合会的团体会员。凡在民政部门注册登记的以女性为主体会员的各类为社会、为妇女服务的社会团体，自愿申请，承认全国妇联章程，经中华全国妇女联合会或当地妇女联合会同意，可成为妇女联合会的团体会员。

除全国妇联外，其他机构例如负责生育保健的政府卫生健康部门，亦负有保护女性健康等职责，负责教育公平的教育部门负有保护女性教育权的职责。

为了更加促进女性权利的保护和发展，我国的干部任用与选拔系统也很重视各级女性干部的选拔，《中华人民共和国宪法》第四十八条，明确"培养和选拔妇女干部"。在实际操作中，中央及地方各级政府也出台了各类加强对女性干部培养的工作计划、指导意见等，充分体现出对维护女性权利、保障两性平等的贯彻落实。

💡➤ 工具使用的注意事项

在推动性别平等的过程中，要避免过于激进和极端化。第一，倾听民情民意，作出重要决策时应保障两性的知情权与参与权，了解顾虑与矛盾所在，尽量促成共识的达成；第二，在具体工作中也应具有同理心，倾听不同群体的声音，尽量理性客观并具有人文关怀地收集真实、有代表性的声音；第三，具体工作的落实中应小心谨慎，避免自身工作引发或者激化两性矛盾，做好正确引导，以防两性群体的人为对立和造成社会冲突的加剧。

11.2　民族公平制度

概念界定

民族公平制度是指为了保障国家内部不同民族的公民拥有同等的社会权利和生存与发展机遇的制度。民族公平制度同样也遵循机会和权利公平与结果公平两项基本公平原则。

原理与逻辑

　　民族是根据血缘、区域、信仰、历史、生活习惯等因素形成的具有高度内部认同的族群。由于世界范围内经济文化社会的交流和历史上形成的民族迁徙，导致在一个国家内往往存在多种民族。一类是国家存在着主体民族和少数民族。另一类则是存在着多个大体数量相当的民族。无论对哪一类国家，处理好国家内部的民族公平，都是一个国家稳定和发展的基石。历史和现实中众多反面经验都告诉我们，国家内部民族冲突往往造成严重社会混乱、对抗乃至国家分裂和内战。因此，维护民族团结对国家而言至关重要。维护民族团结的基础则是民族公平制度。

法理依据

　　在世界范围内，联合国一直推动世界范围内民族公平制度的完善，1965年，联合国大会通过了《消除一切形式种族歧视国际公约》，该公约主旨在于消除存在的各种种族不平等现象和制度。其中规定："禁止并消除一切形式种族歧视，保证人人有不分种族、肤色、民族或人种在法律上一律平等的权利，尤其得享有：在法庭上及其他一切司法裁判机关中平等待遇的权利；人身安全及国家保护的权利；政治权利；公民权利；经济、社会及文化权利；以及进入或利用任何供公众使用的地方或服务的权利。此外，应保证人人均能经由国内主管法庭及其他国家机关对违反公约侵害其人权及基本自由的任何种族歧视行为，获得有效保护与救济，并有权就因这种歧视而遭受的任何损失向国内主管法庭请求公允充分的赔偿或补偿。"

　　我国于1981年加入联合国《消除一切形式种族歧视国际公约》。《中华人民共和国宪法》规定了各民族平等的基本原则，其中第四条规定："中华人民共和国各民族一律平等。国家保障各少数民族的合法的权利和利益，维护和发展各民族的平等团结互助和谐关系。禁止对任何民族的歧视和压迫，禁止破坏民族团结和制造民族分裂的行为。国家根据各少数民族的特点和需要，帮助各少数民族地区加速经济和文化的发展。"这实际上同时体现出了权利公平和适度照顾的两个原则。此外，宪法其他条目亦明确了不同领域内的民族平等原则，例如第三十四条，"中华人民共和国年满十八周岁的公民，不分民族、种族、性别、职业、家庭出身、宗教信仰、教育程度、财产状况、居住期限，都有选举权和被选举权；但是依照法律被剥夺政治权利的人除外"，民族被列为首要公平条件。第六十五条，"全国人民代表大会常务委员会组成人员中，应当有适当名额的少数民族代表"。第七十条，"全国人民代表大会设立民族委员会、宪法和法律委员会、财政经济委员会、教育科学文化卫生委员会、外事委员会、华侨委员会和其他需要设立的专门委员会……各专门委员会在全国人民代表大会和全国人民代表大会常务委员会领导下，研究、审议和拟订有关议案"，即在立法层面设计了专门保障民族权利的组织机构。而在国务院职能方面，《中华人民共和国宪法》第八十九条亦规定了国务院要"领导和管理民族事务，保障少数民族的平等权利和民族自治地方的自治权利"。

具体运用

在保障民族平等权方面，在现实中主要有 3 种手段：第一种是法律手段，即民族平等是由宪法和法律所保障的基本权利，一旦遇到民族歧视的问题，可以通过诉讼的形式在法律框架内进行；第二种是行政手段，例如在教育权、就业权等方面遇到歧视，可以通过行政仲裁等方式；第三种是政策手段，根据宪法，国家和各级政府有责任对民族区域和少数民族实行特殊倾斜政策，从而保障其能够得到公平的发展机遇。

从行政机构的设置来看，我国通过多种多层面的机构设置来确保民族平等的实现：一是在国家立法层面成立全国人民代表大会民族委员会；二是在国家和地方各级行政层面设置国家和地方民族事务委员会；三是在少数民族聚集区建立民族区域自治地方；四是通过社会力量实现对民族区域的扶贫、教育、社会发展的支持。

表3.11.2　国家民委工作职责

（一）贯彻执行党中央、国务院关于民族工作的方针、政策，组织开展民族理论、民族政策和民族工作重大问题的调查研究，提出有关民族工作的政策建议。

（二）负责协调推动有关部门履行民族工作相关职责，促进民族政策在经济发展和社会事业有关领域的实施、衔接，对政府系统民族工作进行业务指导。

（三）起草民族法律法规和政策规定，负责督促检查落实情况，保障少数民族的合法权益，联系民族自治地方，协调、指导民族区域自治法的贯彻落实。

（四）研究提出协调民族关系的工作建议，协调处理民族关系中的重大事项，参与协调民族地区社会稳定工作，促进各民族共同团结奋斗、共同繁荣发展，维护国家统一。

（五）负责拟订少数民族事业等专项规划，监督检查规划实施情况，参与拟订少数民族和民族地区经济社会相关领域的发展规划，促进建立和完善少数民族事业发展综合评价监测体系，推进实施民族事务服务体系和民族事务管理信息化建设。

（六）研究分析少数民族和民族地区经济发展、社会事业方面的问题并提出特殊政策建议，协调或配合有关部门处理相关事宜，参与协调民族地区科技发展、对口支援和经济技术合作等有关工作。

（七）负责组织指导民族政策、民族法律法规和民族基本知识的宣传教育工作，承办国务院民族团结进步表彰活动，组织协调民族自治地方重大庆典活动。

（八）管理少数民族语言文字工作，指导少数民族语言文字的翻译、出版和民族古籍的搜集、整理、出版工作。

（九）负责组织协调民族工作领域有关对外和对港澳台的交流与合作，参与涉及民族事务的对外宣传工作。

（十）参与拟订少数民族人才队伍建设规划，联系少数民族干部，协助有关部门做好少数民族干部的培养、教育和使用工作。

（十一）承办国务院交办的其他事项。

🔧 工具使用的注意事项

在民族公平制度的贯彻落实中需注意如下方面：第一，在制度的制定上，要坚持党的领导，注重顶层设计，及时补充、完善相关内容，并注意保持制度连续性；第二，在制度的执行上，要始终坚持依法依规，不盲目将一般性质的社会矛盾纠纷上升为民族矛盾，避免普通问题的扩大化；第三，要严格依据法律规定处理问题，不"特殊对待"任何一方，实现真正意义上的公平与平等。

11.3 国籍公平制度

概念界定

国籍公平制度，又称为国民待遇，指的是一个国家对主权范围内的其他国家的合法入境者和经允许开办的企业和社会组织提供与本国公民和组织同样的若干权利。对于入境者个体而言，这些权利往往体现为经济权利——如经过允许后的合法工作者与本国公民的同工同酬，以及社会权利——如包括子女的受教育权，接受医疗服务的权利等。国籍公平一般不包括政治权利如选举权和被选举权。对于企业而言，则主要体现在具有与本国企业相同的参与和竞争机会。国籍公平制度，是促进全人类经济、社会、文化交流和全球共同繁荣的重要手段，也是确保国家内部稳定和谐，繁荣发展的重要支撑。

原理与逻辑

近代以来不断推进的全球化浪潮，使得跨国家交流日益密集。跨国交流已从最早的经贸往来渗透至社会文化等各个领域。各国公民由于经济活动、教育留学、文化旅游等因素而在其他国家生活的现象越来越普遍。在这种趋势下，如何对待其他国家的企业、组织和公民，就成为每一个国家所面临的重要问题。在早期的世界资本主义殖民浪潮下，全球化是充满着被动和暴力的，早期的外来殖民者在进入落后国家后，往往会形成不受当地法律和行政机关约束的超国民待遇。而在第二次世界大战后，新的全球治理格局得以建立，外国企业、个人等与本国国民享有同样的待遇并接受东道国行政司法机关的管辖，成为一种普遍的现象。究其原因，第一，如果对他国国民加以歧视和限制，那么，来自他国的投资和旅游等就会大幅度减少，同时，本国国民也会因为对等原则而在他国受到歧视；第二，如果对他国国民以更大的优厚待遇，显然也会引起本国国民的不满和社会冲突，同时也引发对政府的不信任。因此，从国内外等多个角度考虑，本国国民与他国国民的平等对待，显然是一种既符合正当性，又符合现实治理需求的政策。

法理依据

《中华人民共和国宪法》第三十二条规定："中华人民共和国保护在中国境内的外国人的合法权利和利益，在中国境内的外国人必须遵守中华人民共和国的法律。"必须遵守东道国法律，就意味着一种平等权。再如《中华人民共和国刑法》第六条规定："凡在中华人民共和国领域内犯罪的，除法律有特别规定的以外，都适用本法。"这也是确认了对于法定罪行不分国籍的原则。此外，《中华人民共和国宪法》第十八条亦规定："中华人民共和国允许外国的企业和其他经济组织或者个人依照中华人民共和国法律的规定在中国投资，同中国的企业或者其他经济组织进行各种形式的经济合作。在中国境内的外国企业和其他外国经济组织以及中外合资经营的企业，都必须遵守中华人民共和国的法律。它们的合法的权利和利益受中华人民共和国法律的保护。"2019 年颁布的《中华人民共和国外商投资法》第四条规定："国家对外商投资实行准入前国民待遇加负面清单管理制度。前款所称准入前国民待遇，是指在投资准入阶段给予外国投资者及其投资不低于本国投资者及其投资的待遇；所称负面清单，是指国家规定在特定领域对外商投资实施的准入特别管理措施。国家对负面清单之外的外商投资，给予国民待遇。负面清单由国务院发布或者批准发布。中华人民共和国缔结或者参加的国际条约、协定对外国投资者准入待遇有更优惠规定的，可以按照相关规定执行。"

具体运用

为了确保国民待遇的实施，我国制定了多项法律法规并设置了相应的行政机构进行专门管理。例如在出入境管理方面，制定《中华人民共和国境外非政府组织境内活动管理法》（2017年修正）、《中华人民共和国出入境管理法》、《中华人民共和国外国人入境出境管理条例》、《外国人在中国就业管理规定》以及外国人永久居留制度。在组织机构方面，则设置国家出入境管理部门和国家移民管理部门。在公平投资和贸易方面，则出台了《中华人民共和国外商投资法》等专项法律，具体促进外商投资工作则由各级政府商务部门负责。在具体地方实践中，往往为外商投资提供更大便利。

💡➡ 工具使用的注意事项

在国籍公平制度的贯彻落实中需注意如下方面：第一，在制度的制定上，要坚持党的领导，坚持依法治国，完善国籍平等制度各项内容，始终坚持依法依规；第二，在对外国人和外资给予公正对待的同时，也要防止形成超国民待遇的特权；第三，须引导外国人和外资培养入乡随俗、有法必依的责任意识，互相尊重，促进公平；第四，以法治思维处理外国人涉法事件，不特殊对待任何一方，实现真正意义上的公平与平等。

11.4　市场公平制度

概念界定

健康的市场制度是现代经济有效运转的核心。其中确保市场主体的基本权利和竞争机会公平，是市场有效的关键。因此，健康的市场经济需要公平的市场竞争作为保障；也意味着需要建立配套的市场公平制度。市场公平制度的范围很广，涵盖市场准入、市场竞争和市场监管全过程，由于市场准入和监管在前述章节已经系统阐述，这里重点介绍市场竞争公平制度。

原理与逻辑

尽管市场具有众多优点，但它并非天然有效。市场机制有效运作的一部分前提条件有：市场主体能够自由地进入和退出市场，市场信息具有透明性和充分性，市场中无垄断行为扭曲价格机制，以及市场价格由真实的供需关系决定。这些条件共同构成了一个健康市场的基础，一旦受到破坏，市场便难以发挥其应有的作用，进而影响整体经济的可持续发展。市场主体的自由进入和退出是市场竞争的基石。如果市场准入受限或退出成本异常高昂，那么新的创业者和小企业就难以进入市场，市场的创新动力和竞争活力将因此受到抑制。自由进出机制的缺失，不仅阻碍了市场的自我调节能力，还可能导致资源在低效产业中的固化，减缓经济结构的优化和升级。信息透明性和充分性则是确保市场主体能够作出理性决策的前提。在信息不对称的情况下，消费者无法有效判断产品的真实价值，而企业则可能因缺乏足够信息而作出错误的投资决策。垄断行为包括监管机构的独家授权、企业间的价格与供需联盟等导致的不公平竞争会对市场造成极大的破坏。这些行为扭曲了市场价格信号，干扰了资源的优化配置。垄断企业可能会高价销售商品，阻碍其他企业进入市场；而优势企业则可能通过操控价格来打击竞争对手或提高利润。为确保市场的有效运作，必须构建公平竞争的市场机制。政府在这一过程中扮演着关键角色。一是通过立法，如反垄断法和反不正当竞争法，来明确市场竞争规则并惩治不公平竞争行为；二是设立监管机构来监督市场活动，确保公平竞争；三是提高市场信息透明度，例如强制企业披露关键信息等。市场经济的有效运作依赖于公平竞争和良好的制度支撑。只有通过政府的监管和引导，才能确保市场经济在公平竞争的基础上发挥其最大潜力，从而推动经济的持续健康发展。

法理依据

在国际贸易领域，WTO 规则在大量条款中均规定了公平交易原则，例如禁止成员采用倾销或补贴等不公平贸易手段扰乱正常贸易的行为，并允许采取反倾销和反补贴的贸易补救措施，保证国际贸易在公平的基础上进行。我国高度重视反不正当竞争法律的制定。1993 年制定了《中华人民共和国反不正当竞争法》，并在 2017 年、2019 年进行两次修改完善，明确指出："各级人民政府应当采取措施，制止不正当竞争行为，为公平竞争创造良好的环境和条件。"在反垄断领域，2007 年，《中华人民共和国反垄断法》正式通过，其目的是"为了预防和制止垄断行为，保护市场公平竞争，提高经济运行效率，维护消费者利益和社会公共利益，促进社会主义市场经济健康发展"，该法律的范围是"中华人民共和国境内经济活动中的垄断行为"和"中华人民共和国境外的垄断行为，对境内市场竞争产生排除、限制影响的"，并将垄断行为划分为三类："经营者达成垄断协议；经营者滥用市场支配地位；具有或者可能具有排除、限制竞争效果的经营者集中。"

具体运用

我国在反垄断方面进行了长期探索，从 20 世纪 90 年代就开始对大型垄断国企进行拆分。例如，为打破电信业的垄断，1994 年成立了中国联通，并在 1997 年将移动通信业务与固话业务拆分为中国移动和中国电信两家。此后于 2002 年从中国电信中拆分出中国网通。通过多年来不断的分化整合与相互竞争，基本打破了电信业的垄断局面。在能源化工领域，1998 年将中石油和中石化从石油工业部拆分出来，进而在石油领域上形成有效竞争。在行政监管领域，国家和各级政府层面都成立了专门的反垄断机构，国务院成立了反垄断委员会，并在国家市场监管总局下成立了反垄断局，统筹负责国内外的反垄断具体工作。在省级层面，由省级市场监管机构从事反垄断执法。

例 3.11.1

市场监管总局关于反垄断执法授权的通知（节选）①

为了加强和优化政府反垄断职能，充实反垄断执法力量，有效维护市场公平竞争，促进全国统一开放、竞争有序市场体系建设，根据工作需要，按照《中华人民共和国反垄断法》有关规定，现授权各省、自治区、直辖市人民政府市场监督管理部门（以下统称省级市场监管部门），负责本行政区域内有关反垄断执法工作，并就有关事宜通知如下：

（一）建立科学高效反垄断执法机制

（1）市场监管总局负责反垄断统一执法，直接管辖或者授权有关省级市场监管部门管辖下列案件：

1）跨省、自治区、直辖市的垄断协议、滥用市场支配地位和滥用行政权力排除限制竞争案件，以及省级人民政府实施的滥用行政权力排除限制竞争行为。

2）案情较为复杂或者在全国有重大影响的垄断协议、滥用市场支配地位和滥用行政权力排除限制竞争案件。

3）总局认为有必要直接管辖的垄断协议、滥用市场支配地位和滥用行政权力排除限制竞争案件。

（2）省级市场监管部门负责本行政区域内垄断协议、滥用市场支配地位、滥用行政权力排除限制竞争案件反垄断执法工作，以本机关名义依法作出处理。省级市场监管部门发现案件属于总

---

① 参见《市场监管总局关于反垄断执法授权的通知》，中国政府网，2019 年 1 月 4 日，见 https://www.gov.cn/xinwen/2019-01/04/content_5354782.htm。

局管辖范围的，要及时将案件移交总局。省级市场监管部门对属于本机关管辖范围的案件，认为有必要由总局管辖的，可以报请总局决定。

（3）总局在案件审查和调查过程中，可以委托省级市场监管部门开展相应的调查。省级市场监管部门应当积极配合总局做好反垄断执法工作。省级市场监管部门在反垄断执法过程中，可以委托其他省级市场监管部门或者下级市场监管部门开展调查。受委托的市场监管部门在委托范围内，以委托机关的名义实施调查，不得再委托其他行政机关、组织或者个人实施调查。

（4）省级市场监管部门对案件管辖产生异议的，报请总局决定。

（二）严格依法履行法定职责

（1）积极开展反垄断执法。总局和省级市场监管部门要将执法作为推进反垄断工作的主要内容，切实加强反垄断案件查办，着力预防和制止垄断行为。省级市场监管部门要严格依法做好管辖范围内反垄断有关举报受理、线索核查、立案调查和案件处理等工作，做到有案必查、违法必究，坚决防止和克服地方保护主义和市场分割。对不依法行政、违反法律规定执法办案的，总局将视情况改变授权方式或者撤销授权。工作人员滥用职权、玩忽职守、徇私舞弊或者泄露执法过程中知悉的商业秘密的，要严肃追究法律责任。

（2）统一执法尺度和标准。总局要加强对全国反垄断工作的指导和协调。省级市场监管部门要严格依照法律规定和总局统一要求，按照事实清楚、证据确凿、定性准确、处理恰当、手续完备、程序合法的原则，开展反垄断执法工作。省级市场监管部门要在立案后 10 个工作日内，将立案情况向总局备案；立案前可以就相关事宜与总局沟通。在拟作出销案决定、行政处罚事先告知、行政处罚决定、中止调查、恢复调查和终止调查决定，以及拟对滥用行政权力排除限制竞争行为提出依法处理建议前，要将案件有关情况和文书草稿向总局报告，接受总局的指导和监督。案件调查和处理中的其他重大或者疑难事项，要及时向总局报告。

（3）加强案件信息公开。总局和省级市场监管部门要按照有关规定要求，通过国家企业信用信息公示系统，做好相关涉企信息的公示工作。总局建设和进一步完善反垄断执法信息发布平台。省级市场监管部门要在作出行政处罚决定、中止和终止调查决定以及对滥用行政权力排除限制竞争行为提出依法处理建议后 5 个工作日内，将有关文书报送总局。总局与省级市场监管部门同步向社会公布反垄断执法信息。

🔍➤ 工具使用的注意事项

建立公平有序的市场竞争环境是维护政府与社会之间良好关系的有效手段。经过 40 余年的发展，我国市场竞争机制基本形成，但仍然存在准入限制、行政性垄断和不正当竞争等问题。因此，应注意：第一，广泛传播反垄断工作的意义和价值，使竞争意识内化于政府监管部门和市场执行主体之中；第二，完善制度供给，维护市场公平竞争的各项制度应紧密结合经济形态的演化和发展，进行与时俱进地修改完善；第三，加强制度执行力度，赋予反垄断执法机构足够的权威和执法力量，保障市场公平竞争有效推进的现实性。

12. 涉外管理

在全球一体化的发展格局之下，政府与社会之间的关系，不仅是指政府与国内社会的关系，同时涵盖了政府与国外社会之间的关系。现代政府治理，不仅要有效解决国内社会中的公共问题、协调好社会公共关系，更要统筹好国内和国际两个大局。在政府的涉外管理工作中，对外合作、涉外司法、海关与出入境管理、涉外劳务以及海外权益保障等均是重要的治理工具。

12.1　对外合作

概念界定

对外合作就是把"引进来"和"走出去"更好地结合起来，扩大开放领域，优化开放结构，提高开放质量，完善内外联动，互利共赢、多元平衡，形成安全高效的开放型经济体系，形成经济全球化条件下参与国际经济合作和竞争的新优势。发展对外合作是发展开放型经济、全面提高对外开放水平的重大举措，是实现我国经济与社会长远发展、促进与各国共同发展的有效途径。

原理与逻辑

对外合作符合全球化的特征，符合世界经济技术发展规律，是在当前形势下，实现"双循环"发展的重要保障。首先，在政治上，发展对外合作，促进对外开放是基本国策，要在对外开放中使中国融入世界，与各国相互取长补短，在竞争与合作中加快自己的发展步伐；其次，在经济上，在更加市场化、更加开放、更加相互依存的世界，国家必须考虑，通过具有宏观影响力和国家长远发展战略意义的对外投资，提高国家在全球经济中的地位，在国际资源分配中争取一个更加有利的形势并改善与相关国家和地区的关系；再次，在文化建设上，对外合作促进科教文卫的交流与发展，提供更好的合作与交流平台；复次，在生态保护上，通过对外合作，致力于推动世界各国打造生态共同体促进生态互益，携手共筑清洁美丽的世界；最后，在安全上，发展对外合作，基于"共同、综合、合作、可持续"的新安全观，中国向世界各国倡议携手打造人类卫生健康共同体，并以身作则、率先垂范。

法理依据

《中华人民共和国对外关系法》是首部集中阐述中国对外大政方针、原则立场和制度体系，对我国发展对外关系作出总体规定的基础性法律。该法在涉外法律法规体系中具有基础地位，发挥指导作用，重在明确我国对外工作具有普遍指导意义的方针原则，就对外关系各领域工作作出根本性原则性的规定。总则第一条指出："为了发展对外关系，维护国家主权、安全、发展利益，维护和发展人民利益，建设社会主义现代化强国，实现中华民族伟大复兴，促进世界和平与发展，推动构建人类命运共同体，根据宪法，制定本法。"第二条指出："中华人民共和国发展同各国的外交关系和经济、文化等各领域的交流与合作，发展同联合国等国际组织的关系，适用本法。"第十九条指出："中华人民共和国维护以联合国为核心的国际体系，维护以国际法为基础的国际秩序，维护以联合国宪章宗旨和原则为基础的国际关系基本准则。中华人民共和国坚持共商共建共享的全球治理观，参与国际规则制定，推动国际关系民主化，推动经济全球化朝着开放、包容、普惠、平衡、共赢方向发展。"第二十条指出："中华人民共和国坚持共同、综合、合作、可持续的全球安全观，加强国际安全合作，完善参与全球安全治理机制。"第二十三条指出："中华人民共和国主张世界各国超越国家、民族、文化差异，弘扬和平、发展、公平、正义、民主、自由的全人类共同价值。"这些都彰显了我国推动构建人类命运共同体、推动构建新型国际关系、弘扬全人类共同价值的坚定信念，同时也充分展现了坚决维护国家主权安全和发展利益、维护国际公平正义的决心和担当。

具体运用

自 1978 年改革开放以来，对外合作就是公共治理过程中最重要的政策工具之一。近年来，比如在"一带一路"推进过程中，更是典型地体现了中国对外合作的思路和特质。

 例 3.12.1

推进"一带一路"，建设人类命运共同体（节选）①

"一带一路"是"丝绸之路经济带"和"21 世纪海上丝绸之路"的简称，2013 年 9 月和 10 月由中国国家主席习近平分别提出建设"新丝绸之路经济带"和"21 世纪海上丝绸之路"的合作倡议。依靠中国与有关国家既有的双多边机制，借助既有的、行之有效的区域合作平台，一带一路旨在借用古代丝绸之路的历史符号，高举和平发展的旗帜，积极发展与沿线国家的经济合作伙伴关系，共同打造政治互信、经济融合、文化包容的利益共同体、命运共同体和责任共同体。

"一带一路"贯穿亚欧非大陆，一头是活跃的东亚经济圈，一头是发达的欧洲经济圈，中间广大腹地国家经济发展潜力巨大。丝绸之路经济带重点畅通中国经中亚、俄罗斯至欧洲（波罗的海）；

---

① 参见《推动共建丝绸之路经济带和 21 世纪海上丝绸之路的愿景与行动》，国家发展和改革委员会网站，2015 年 3 月 28 日，见 https://www.ndrc.gov.cn/xwdt/xwfb/201503/t20150328_956036_ext.html。

中国经中亚、西亚至波斯湾、地中海；中国至东南亚、南亚、印度洋。21 世纪海上丝绸之路重点方向是从中国沿海港口过南海到印度洋，延伸至欧洲；从中国沿海港口过南海到南太平洋。

根据"一带一路"走向，陆上依托国际大通道，以沿线中心城市为支撑，以重点经贸产业园区为合作平台，共同打造新亚欧大陆桥、中蒙俄、中国—中亚—西亚、中国—中南半岛等国际经济合作走廊；海上以重点港口为节点，共同建设通畅安全高效的运输大通道。中巴、孟中印缅两个经济走廊与推进"一带一路"建设关联紧密，要进一步推动合作，取得更大进展。"一带一路"建设是沿线各国开放合作的宏大经济愿景，需各国携手努力，朝着互利互惠、共同安全的目标相向而行。努力实现区域基础设施更加完善，安全高效的陆海空通道网络基本形成，互联互通达到新水平；投资贸易便利化水平进一步提升，高标准自由贸易区网络基本形成，经济联系更加紧密，政治互信更加深入；人文交流更加广泛深入，不同文明互鉴共荣，各国人民相知相交、和平友好。

工具使用的注意事项

在对外合作中需注意综合国内外因素：第一，要积极倡导各国增强人类命运共同体意识，提高对外合作机制的议程设置能力；第二，要推动对外合作倡议得到其他国家的回应，将其与其他国家的发展规划进行对接，考虑多方的利益发展空间，促进各国政策的联动；第三，要树立负责任的大国形象，充分发挥中国特色大国的引领作用，不断扩展对外合作的朋友圈、交往圈。

12.2　涉外司法

概念界定

　　凡民事关系的一方或者双方当事人是外国人、无国籍人、外国法人的；民事关系的标的物在外国领域内的；产生、变更或者消灭民事权利义务关系的法律事实发生在外国的，均为涉外民事关系。从民事法律关系的主体、客体、法律事实三要素考查，只要其中一个要素涉外，即属"涉外民事关系"或"涉外民事案件"。涉外司法则是处理这类"关系"或"案件"的活动。

原理与逻辑

　　司法现代化需要坚持开放胸怀和全球视野，统筹推进国内司法和涉外司法，提升涉外司法公信力和国际司法影响力，推动世界司法文明进步。从国际竞争看，涉外司法能力是国家法治软实力和竞争力的重要组成部分。一个法治强国的国际实力象征，不只是司法和纠纷解决的业务链、产品链、价值链拓展到全球空间，更重要的是在全球司法公共话语供给和机制建构上的主导权、塑造力、变革力。可以说，提升涉外司法能力是中国式司法现代化的战略性任务。

　　涉外司法是社会主义法治建设的重要组成部分，是顺利推进对外开放事业的重要保障。全方位的开放格局需要加强涉外司法工作。近年来，外国人员、企业和组织来华快速增长，"三非"（非法居留、非法入境、非法就业）问题也日益突出。与此同时，在海外的中国公民数量大、增速快、分布广，涉及的各类利益纠纷、权益保护事件急剧上升，因此需要重视涉外司法工作。

　　应对维护国家安全稳定的新挑战，需要加强涉外司法工作。随着对外开放程度的加深，国家安全的内涵比任何时候都丰富，时空领域比任何时候都宽广，内外因素比任何时候都复杂。一方面，走私、贩毒、洋垃圾、疫病疫情、跨国犯罪等呈现严峻态势，反恐、海外追赃追逃、打击洗钱等任务也日益艰巨，跨境执法合作、国际司法协助案件数量大幅增加。另一方面，国际形势复杂多变，我国公民和企业在海外的人身和财产安全面临威胁。近10年，我国政府组织实施境外撤离行动10余次，处理公民在境外遭绑架、袭击案件数百起。但目前维护国家安全的法律法规不健全，领事保护工作主要依赖外交交涉，手段较单一。应进一步加强涉外司法保护，为公民提供强大的安全保护网。

法理依据

2012年审议通过、2020年最新修改的《最高人民法院关于适用〈中华人民共和国涉外民事关系法律适用法〉若干问题的解释（一）》主要围绕涉外民事关系法律实施过程中存在的主要问题进行了规定。具体包括：如何界定"涉外民事关系"；涉外民事关系法律适用法的溯及力；涉外民事关系法律适用法与其他法律中冲突规范的关系的处理；当事人选择适用法律的时间节点、方式、范围；如何界定法律中的"强制性规定"；法律规避行为的后果；先决问题的法律适用；不同涉外民事关系区分适用法律；涉外仲裁协议准据法的确定；等等。对于司法实践中如何确定外国法的内容、如何正确理解该外国法，司法解释规定，人民法院应当听取各方当事人对应当适用的外国法律的内容及其理解与适用的意见，当事人对该外国法律的内容及其理解与适用均无异议的，人民法院可以予以确认；当事人有异议的，由人民法院审查认定。

《最高人民法院关于审理涉外民商事案件适用国际条约和国际惯例若干问题的解释》共9条，体现了涉外民商事审判中适用国际条约和国际惯例遵循的3项原则，即善意履行条约义务原则，尊重国际惯例原则，维护国家主权、安全和社会公共利益原则。《中华人民共和国对外关系法》第三十条明确规定："国家依照宪法和法律缔结或者参加条约和协定，善意履行有关条约和协定规定的义务。"根据民商事领域国际条约调整平等主体之间的人身关系和财产关系这一特点，依据对外关系法规定的善意履约原则，《解释》第一条第二款明确海商法、票据法、民用航空法、海上交通安全法等单行法调整范围以外的涉外民商事案件以"参照单行法规定"的方式适用国际条约，有效破解了涉外民商事领域适用国际条约裁判依据不足的问题。同时承继原民法通则精神，明确我国缔结或参加的国际条约与中华人民共和国法律有不同规定的，适用国际条约的规定（声明保留的条款除外）。

具体运用

在实践中涉外司法工作比较复杂，需要处理和协调各种不同层次的关系。具体来说，涉外司法主要包括以下几个方面：（1）法律关系的涉外性：涉外司法涉及的法律关系，其主体、客体或法律事实至少有一个因素与国外有联系。例如，一方当事人是外国人、无国籍人或者外国组织，或者法律事实发生在国外等。（2）司法活动的国际性：由于涉外司法涉及不同国家之间的法律关系，因此往往需要遵循国际条约、国际惯例和外国法律的相关规定，同时也可能涉及国际司法协助和国际司法合作。（3）司法管辖的复杂性：涉外司法案件可能涉及多个国家的司法管辖问题，需要确定适当的司法管辖权和法律适用问题。这通常需要根据相关的国际法和国内法规定进行。（4）司法程序的特殊性：由于涉外司法案件的特殊性质，可能需要采取一些特殊的司法程序，如外交途径送达、外国证据的认证和审查等。（5）司法目的的多元性：涉外司法的目的不仅在于解决具体的法律纠纷，还涉及维护国家主权和利益、促进国际交往和合作等方面。由此，这一工具的具体运用需要更专业的人才和更细致的司法过程。

💡➡ **工具使用的注意事项**

为更好发挥涉外司法工具的应有效能，需进一步加快涉外法治工作战略布局：第一，全面完善涉外法律体系，不断推进涉外法治建设。加快完善双边或多边条约、协议，积极参与国际规则制定，从而不断完善涉外法律体系。第二，大力加强涉外法治实施，积极推进涉外法治建设。通过涉外执法法治化规范化、提升涉外司法工作效能、强化涉外事务国际合作等方式，保障涉外司法工作的良好落实。第三，同步推动涉外法治研究和涉外司法人才培养，为高效的涉外司法工作提供人才支持。

12.3 海关与出入境管理

【概念界定】

海关是国家行政机关、国家进出境监督管理机关。海关的任务是监管进出境的运输工具、货物、行李物品、邮递物品和其他物品，征收关税和其他税费，查缉走私，编制海关统计和其他海关业务。出入境管理是对人的管理，是指一国公民经本国政府主管机关批准和前往国家或地区以及途经国家或地区的许可，持规定有效的证件和签证，通过对外开放或指定的口岸从本国出境进入其他国家或地区，或者从其他国家或地区返回本国境内。这两类管理都是对外管理的重要组成部分。

【原理与逻辑】

从海关的性质来看，海关履行国家行政制度的监督功能，是国家宏观管理的一个重要组成部分。海关的监督管理是国家行政执法活动，这些管理活动保证社会经济活动按照国家法律规范进行，因此海关管理具有必要性。

海关有4项基本任务：监管出境的运输工具、货物、行李物品、邮递物品和其他物品；征收关税和其他税费；查缉走私；编制海关统计。海关监管是指海关运用国家赋予的权力，通过一系列的管理制度，依法对进出境运输工具、货物、物品及相关人员的进出境活动所实施的行政管理。其一，海关监管是一项国家职能，目的在于保证一切出入境活动符合国家政策和法律规范。其二，代表国家征收关税和其他税费是海关的另一项重要任务。这些税费是国家财政收入的重要来源，是国家宏观调控的重要工具。其三，稽查走私是海关为保证顺利完成监管和征税等任务而采取的保障措施，是海关依照法律要求进行的调查和惩处活动。其四，海关统计是以实际进出口货物作为统计和分析对象，对海关项目进行统计和综合分析，反映对外贸易的运行态势，及时提供统计信息和咨询，进行有效监督，促进对法贸易发展。因此，海关工作覆盖面广，是国家对外交往的重要防线。

出入境管理是国家另一项重要的行政职能，是国家主权的重要体现。进行出入境管理有以下必要性。首先，更好地维护国家主权、安全和利益。在出入境管理中，维护国家主权、安全和利益主要体现在对出入境人员的管理上，出入境的国内外公民，流动于国内国外，不可避免地会对国家主权、安全、利益和社会秩序产生影响，甚至构成威胁。因此，出于对国家主权、安全、利益和社会秩序的考虑，国家在维护公民出入境权利的同时，必须对某些出入境人员作出某种程度的限制，这一原则亦为国际法所承认。其次，保障出入境者的正当权益。中国出入境管理法律法规对保障中外公民合法权益都有明文规定。这既是指保障中国公民出入境的正当权利和利益，又是指保护在中国境内的外国人的合法权利和利益。最后，在各国之间相互往来越来越频繁。为了适应国际关系需要，需要进行出入境管理。近年来，随着出入境的中国公民逐渐增多，我国改革了过去烦琐的审批手续，实行按需申领护照，大大方便了公民的出入境活动，这都是进行出入境管理的必要性的体现。

法理依据

对于物的对外管理：《中华人民共和国海关法》是管理海关事务的基本管理规范，对海关的性质、任务、基本监管制度、法律责任等进行了规定。此外，我国还出台了专门适用于海关执法活动及海关监督管理的行政法规，如《中华人民共和国进出口商品检验法》（2021年修正）、《中华人民共和国固体废物污染环境防治法》（2020年修订）等。其他与海关管理相关的法律规范还包括：2018年海关总署审议通过的《中华人民共和国海关企业信用管理办法》。该办法是先后继承了《中华人民共和国海关企业分类管理办法》（2010年）和《中华人民共和国海关企业信用管理暂行办法》而形成的部门规章，为企业进出口建立起信用管理制度；2021年由海关总署发布的《中华人民共和国海关注册登记和备案企业信用管理办法》，是适用于"海关注册登记和备案企业（以下简称企业）以及企业相关人员信用信息的采集、公示，企业信用状况的认证、认定及管理"的法律规范。《办法》于2021年11月1日起施行。海关事务属于中央立法事权，立法者为全国人大及其常委会以及国务院。除此之外，海关总署可以根据法律和国务院的法规制定规章，对执法依据进行补充。

对于人的对外管理：出入境管理是在现代国家体系逐渐完善的基础上建立起来的一种法律制度，它实际上也是现代国际关系的一种体现。出入境管理就是国家行政机关根据国际法、国内法的有关规定，对出入本国国境的本国公民或外国人行使主权的行政行为。中国的出入境管理是指国家主管机关依据法律法规，对中国公民和外国人出入境活动及与之相关的事务行使管辖权的一种法律行为，是国家涉外管辖的一个重要组成部分。出入境管理作为公安机关一项重要的行政职能，在保障中外公民合法权益、维护国家利益等方面发挥重要作用。2013 年,《中华人民共和国出境入境管理法》开始施行;2018 年, 国务院组建国家移民管理局, 统筹负责出入境管理、口岸证件查验和边民往来管理, 进一步形成移民管理工作合力, 更好地服务经济社会发展和对外开放新格局。

具体运用

　　海关与出入境管理必须遵守非常明确和严格的法律规定。近年来, 各地也在进行各种创新, 提高通关效率, 助力高水平开放。例如, 上海洋山特殊综保区的制度创新与管理变革。

➡ 例 3.12.2

上海洋山特殊综保区的制度创新与管理变革(节选)①

　　洋山特殊综保区是上海自贸试验区新片区的核心区。海关推进新片区和特殊综保区建设, 是通过海关制度创新和管理变革, 为上海高水平开放、高质量发展提供重要制度供给、政策供给的一次具体实践。

　　突破与重构

　　洋山特殊综保区是海关支持新片区建设的主战场。较现有的综合保税区海关监管制度, 海关对洋山特殊综保区的监管制度更为灵活、开放、便利。

　　第一, 取消不必要的贸易监管、许可和程序要求。

　　严守安全底线, 在把守国门安全面前无例外、无豁免。对禁止

---

① 参见《释放制度创新与管理变革红利》, 中华人民共和国海关总署, 2020 年 5 月 19 日, 见 http://www.customs.gov.cn/customs/xwfb34/mtjj35/3062763/index.html。

类货物，特殊综保区内任何企业不得进出口；对限制类货物，取消或最大程度简化贸易管制。

对依法实施检疫的货物，原则上在口岸完成。对入境检验的货物，原则上在"二线"实施。对涉证、涉检货物在"一线"或"二线"只验核一次，不重复验核，从而实现最大程度的简化。

第二，实施特殊的税收政策和制度安排。

目前，新片区和特殊综保区已享有一系列税收优惠政策。为更好地促进围网外区域政策联动、协同发展，应重点研究如何充分利用洋山特殊综保区"唯一"和"特殊"的地位，推进税收、监管制度创新。

第三，重构全新监管程序。

在新片区构建全新的海关监管制度框架，聚焦关键政策，聚焦整体突破，聚焦市场主体需求，聚焦重点产业发展，进一步从特殊综保区海关监管政策制度方面加快形成差别化的创新成果。

路径与方法

在新片区和洋山特殊综保区的海关管理变革中，大数据应用是核心驱动力。

一是让数据从"无形"到"有形"。海关管理变革的第一步，是通过构建海关监管大数据池，让散落于企业日常经营方方面面的数据从"无形"到"有形"。该大数据池以海关跨境贸易管理大数据平台为核心，以新片区一体化信息管理服务平台为桥梁，实时对接区内企业相关系统，实现海关系统不设账、企业底账有据可查的基本目标，构建串联起全球贸易链、供应链、物流链的监管大数据池。

二是让围网从"有形"到"无形"。物理围网、进出卡口是传统海关特殊监管区域的典型标志。在特殊综保区内，海关将在围网周界、进出卡口设置电子围网，通过智能识别、物联网感知和后端监控软件相结合，实现货物、人员流向的实时追踪、自动管控，海关监管变得更加智能、高效。

三是让红利从"区内"释放到"区外"。在特殊综保区内大数据应用相对成熟的基础上，海关将探索将新片区规划范围内、特殊综保区外的战略性新兴企业或集群纳入海关大数据管理视野，同步享受特殊综保区内的税收政策和制度安排，最大限度释放制度创新与管理变革红利。

工具使用的注意事项

海关与出入境管理工作是涉外管理中的重要防线，但仍存在进一步优化提升的空间：第一，强化多方共管机制建设。引入社会自我管理理念，充分发挥行政相对方作为责任主体在海关管理工作中的积极作用，同边检机关一道形成维护海关安全的整体合力。第二，加强风险管理，构建"风险预判—风险管理—风险处置"的全过程管理机制。按风险管理对象设置分类管理评估机制，有效预判风险；构建风险处置应对机制，制定处置原则和措施，明确责任权限和组织载体，综合防控海关与出入境管控风险。第三，数字赋能海关与出入境管理。一方面，充分利用信息技术手段，整合边防边检数据资源，统筹建设海关出入境管理"大数据"平台，提高信息共享服务水平；另一方面，提高大数据视野下数据应用水平，实现系统内数据智能比对筛查，自动提示可疑出入境数据，提高管理效率，优化服务供给。

12.4　涉外劳务

概念界定

涉外劳务是指为其他国家雇主提供以劳动为形式的服务的劳工，出口的劳动力以得到外汇收入为主要目的。涉外劳务的输出国提供人力，输入国接受劳工的劳务，并对其支付工资的过程中，通常情况下需要取得移民局或出入境管理局的入境签证，并且与公司签订合同。

原理与逻辑

当涉外劳务被视作国际劳动力市场的一种形式时，其体现了深刻的经济学内涵：（1）比较优势。每个国家或地区都拥有其独特的比较优势，包括资源、技能和成本等方面。涉外劳务能够让各国在这些优势上进行合作和互补，实现资源的最优配置和生产的最大化效益。举例来说，一些国家可能在农业或制造业方面具有成本优势，而其他国家则在服务业或高技术产业方面更具竞争力。通过涉外劳务，这些国家可以相互交换劳动力，提高整体生产效率和国际竞争力。（2）国际分工。涉外劳务促进了国际间的分工合作，使得各国能够专注于自己的优势产业和领域，从而实现更高效的生产和更广泛的市场覆盖。这种分工不仅能够提升全球生产力水平，还有助于降低生产成本，提高产品和服务的质量和竞争力。（3）市场需求。某些国家或地区可能面临着劳动力短缺的情况，尤其是在高技能、高薪酬行业或特定季节性工作领域。通过涉外劳务，这些国家可以填补劳动力供需缺口，满足市场需求，维持经济的正常运转和发展。（4）改善就业。涉外劳务为劳动力提供了更多的就业机会，尤其是那些来自经济欠发达地区或劳动力供应过剩地区的人们。这种形式的国际劳动力流动不仅可以减少失业率，还可以提高劳动力参与度和社会稳定性，促进全球经济的可持续发展。

伴随着"一带一路"建设的持续深入，我国海外劳工的数量日益攀升，相伴随的各类劳务纠纷等问题也逐渐显现。由于沿线部分北非、西亚国家经济发展落后，法律制度体系建设不健全；加之部分国家正在经历社会转型，国内矛盾形势严峻。这些因素为海外劳工的权益保护带来了诸多挑战。为妥善解决"一带一路"建设推进以来频发的各类涉外劳务纠纷，更好地维护企业与海外劳工的诸多合法权益，我国相继出台了一系列与海外劳工权益保护密切相关的涉外法律法规。随着改革开放的深入发展，我国劳务出口以及中外合资、合作企业大量增加，涉外劳动合同的纠纷也越来越多，需要引起高度重视。

法理依据

我国宪法规定中华人民共和国公民有劳动的权利和义务，国家通过各种途径，创造就业条件，加强劳动保护，改善劳动条件，并在发展生产的基础上，提高劳动报酬和福利待遇。根据《中华人民共和国劳动法》（2018 年修正）的规定，劳动关系中的劳动者雇主单位都需符合法律规定；其次在《中华人民共和国劳动合同法》（2012 年修正）第七条中规定："用人单位自劳动者就业之日起与劳动者建立劳动关系。"并在第十条中说明："建立劳动关系，应当订立书面劳动合同。已建立劳动关系，未同时订立书面劳动合同的，应当自用工之日起一个月内订立书面劳动合同。用人单位与劳动者在用工前订立劳动合同的，劳动关系自用工之日起建立。"可以看出，识别劳动关系的关键有两个因素，也是区别于劳务关系等其他非劳动关系的特征：一是符合条件的劳动者实际上向雇主提供劳动，二是签订了有效的书面劳动合同。

而对于境外劳动者而言，为避免对外劳务劳动关系的管理不当，除满足上述两个条件外，还要通过国家进一步设置的更为严格的条件。劳动部、公安部等部委颁布的《外国人在中国就业管理规定》（2017 年修正）规定外国劳工在中国就业需要获得相应的就业许可证，即根据《规定》第五条，"在中国工作的外国工人入境后须拥有就业证方才能就业"。2017 年由中华人民共和国人力资源和社会保障部修订的《外国人在中国就业管理规定》第五条规定:"用人单位聘用外国人须为该外国人申请就业许可,经获准并取得《中华人民共和国外国人就业许可证书》后方可聘用。"综上可以得知,外国劳工未合法取得就业许可,即便与单位签订劳动合同,其劳动关系也不被我国法律所认可。

具体运用

伴随着我国劳务输出的不断发展扩大,涉外劳务纠纷也日益增多。如何防范、减少和解决这种涉外劳务纠纷,已经成为输出入国所共同关注的问题。涉外劳务纠纷与国内劳动争议的性质有所不同,此类问题的解决也不同于劳动争议。涉外劳务派遣合同存在内外不同的合同关系。对于国内双方的合同纠纷,应依照合同法的相关规定认定处理。而对于中外双方的合同纠纷,当事人可以在合同中约定劳务纠纷发生后应采取何种方式解决,如约定仲裁或者诉讼,也可以约定纠纷解决所适用的法律,如约定适用中国法律、某外国法律或者国际公约、国际惯例。如果适用外国法律违反中国法律的基本原则和社会公共利益的,则不能适用,而应适用中国法律。如果当事人选择了中国法律,但中国法律对此类争议的解决未作规定的,就要适用国际惯例。根据法律规定,中华人民共和国缔结或者参加的有关国际条约同中国法律有不同规定的,适用该国际条约的规定。

 例 3.12.3

上海海事法院审理涉外船员劳务案 ①

2016 年 9 月份,巴拿马籍"AMBABHKATI"轮上的 5 名印度

---

① 参见《上海海事法院审理涉外船员劳务案获国际好评》,中国法院网,2017 年 3 月 8 日,见 https://www.chinacourt.org/article/detail/2017/03/id/2574494.shtml。

和孟加拉国籍船员因遭印度船东瓦伦亚洲私人有限公司拖欠工资数月，向上海海事法院提起诉前扣船申请。据了解，这些船员因失去收入来源，生活难以为继，此前曾向路透社、国际劳工组织等多个组织求助，但均未有满意结果。为保障外籍船员的合法权益，上海海事法院在收到扣船申请并审查相关材料后，迅速作出准予扣船裁定并赴长兴岛码头对"AMBABHKATI"轮进行司法扣押。随后，五名船员向上海海事法院提起船员劳务合同纠纷诉讼，上海海事法院当即予以登记立案。

立案后，因船员未能提供船东准确的联系方式，船东一直未前来应诉。承办法官另寻突破点，在另一起涉及同一船东的案件中，找到该船东曾委托的中国律师。通过该律师，法官借助电邮、电话等各种形式要求船东应诉解决问题。法官还指导船员们通过新加坡的船员管理公司向船东表达诉求。在法官的不懈努力下，船东在审理过程中主动向船员支付了拖欠的工资，并允诺另行支付共计5000美元的补偿款。随后，5名船员向上海海事法院申请撤诉，并申请解除对"AMBABHKATI"轮的扣押。

全球海事与航运新闻网站（Global Maritime and Shipping News）评论称，"上海海事法院对滞留船员案件作出了具有里程碑意义的裁定"。

工具使用的注意事项

实践中，公司外派职工的劳动权益保护相对较为充分，但针对劳务派遣劳工群体的法律保护较为缺失。此外，在社会权利方面，海外劳工地位较低，缺乏完善的社会保障，政治上不享有接受国国民的政治权利，特别是不能成立自己的工会；在人身权利上也缺乏有效保障，护照被强制"保管"、人身自由被限制、对抗议者强制遣返，甚至伤害人身事情也时有发生。因此，应当从以上几个方面加强涉外劳务保护。

12.5 海外权益保障

概念界定

海外权益可理解为包括国家（政府）、企业、社会组织、公民等多种行为体在政治、经济、安全等领域的境外权益。海外权益保障则是指一个国家或组织为了保护以上权益而采取的各种措施和政策，旨在确保海外人员和资产的安全，维护其在国外的合法权益，以及促进国家与其他国家之间的友好合作关系。

原理与逻辑

海外公民的权益主要由人身权益、财产权益、劳动权益构成。海外公民的人身权益，是指海外公民所享有的，基于其人格和身份而产生的，以其人格和身份关系上所体现的利益作为支配对象的权益。人身权益乃是最为基本的权益，是海外公民获取其他权益的基础。与民法理论类似，海外公民的人身权益包括人格权益和身份权益。人格权益是公民的基本权利，当公民身处国外时，该国应当对该公民给予其与本国公民平等的人格权益保护。海外公民的财产权益是依附于其人身权益的附属权益，在其受到侵害时以财产方式得到救济的权益，也是海外公民最为重要的权益之一，其保护程度直接影响到海外公民的生活乃至人身权益。还有很重要的一个是劳动权益，许多公民出境是出于工作目的，因此还需要为其提供劳动纠纷时的法律保护，保障其劳动休息权、劳动保障权、劳动培训权等。

当公民合法权利和利益在其他国家受到违反国际法的不法行为损害时，可以申请领事保护。领事官员可以同领区当局交涉以制止此种不法行为，恢复受害人应享有的权利和利益，要求对已受到的损害予以赔偿。广义的领事保护还包括领馆和领事官员向派遣国国民提供必要的帮助和协助。当派遣国国民在领区内遇到困难、麻烦，以及被逮捕、被拘留或被监禁等情况时，领事官员可会见该国民，视情况需要向其提供一切可能的帮助和协助，或请求领区当局给予必要的协助。

随着经济全球化的加速，"开放发展，互利共赢"成为大多数国家对外合作的理念。随着"一带一路"建设的持续推进，海外劳工的数量亦日益攀升，遭遇风险与危机的可能性不断加大，其人身、财产甚至生命等权益保障问题日益突出。海外安全风险日益多元化，海外中国公民和企业的生存环境更加复杂，面临的安全形势更趋严峻。一方面，政治冲突、民族、宗教纷争导致的武装冲突、局势动荡等传统安全威胁依然长期存在；另一方面，恐怖主义、海盗、公共卫生事件、自然灾害等非传统安全威胁的影响日益加剧。加之中国企业和公民由于自身素质、观念和意识等原因等造成的受袭和伤害，海外领事保护案件持续增加，并呈现出从传统向非传统领域，从偶发、单发向频发、群发发展的态势，且重大突发性领保案件频发，规模和复杂性超过以往。基于此，海外主体亟待强化安全风险意识，形成科学的海外安全和权益保护机制，切实保障其生命财产安全与合法权益。

法理依据

2015年，《中华人民共和国国家安全法》经第十二届全国人民代表大会常务委员会审议通过，其中规定：国家依法采取必要措施，保护海外中国公民、组织和机构的安全和正当权益。该法第三十三条指出："国家依法采取必要措施，保护海外中国公民、组织和机构的安全和正当权益，保护国家的海外利益不受威胁和侵害。"国家安全法作为我国正在完善中的国家安全法律体系的统领性法律，其中提出的具有高度概括性的内容还需要经具体的单行法律予以落实和实现。遵守国际法的基本规则和国际惯例，尽快制定海外劳工合法权益保护管理规定、领事保护实施办法等，尽快建立中国公民海外安全保护的综合法律体系和实施细则。

为了更好地保护居民在海外的公民权益，我国出台了《中国领事保护和协助指南》。总的来说，目前可以参考的关于保护公民海外权益的法律依据有：（1）公认的国际法原则。例如国家主权原则，不得干涉他国内政原则，平等互利原则等。（2）《维也纳外交关系公约》。该公约的许多规定体现了国际习惯法的性质，应该由包括中国在内的各缔约国加以遵守。该公约在领事保护方面有一些原则性的规定，比如于国际法许可之限度内，在接受国中保护派遣国及其国民之利益。（3）《维也纳领事关系公约》。该公约有许多规定是直接关于领事保护与领事协助的，可以作为中国制定《领事保护法》的基本法律依据。（4）中国与外国签订的双边领事条约。双边领事条约，为我国制定领事保护法提供了直接的法律依据。（5）中国相关的国内法规定。比如《中华人民共和国国籍法》《中华人民共和国领事特权与豁免条例》等。（6）外国与领事保护相关的国内法规定。

具体运用

近年来，中国公民出境人数和驻境外机构数量呈几何递增，对外投资体量显著增加，海外权益的内涵与外延亟须进一步拓展。从保障途径来看，风险预防机制、法律保障机制、资金保障机制及应急协调机制构成了海外权益保护机制的主要内容。法律保障机制方面主要有多边投资担保机构框架下的政治风险保险机制、世界贸易组织协定框架下的贸易争端解决机制、国际投资纠纷解决公约框架下的投资争端解决机制及双边投资协定等。海外权益保障的运用既涉及诸多国内、国际法律，也涉及国家动员和国家能力，需要在坚持中国特色保护原则的基础上，对保护手段和途径进行完善和创新。

 例 3.12.4

2011 年利比亚撤侨事件 ①

　　受突尼斯和埃及乱局的影响，2011 年 2 月 15 日，利比亚民众在班加西举行大规模抗议示威活动。利比亚东北部的艾季达比亚市是早期反政府抗议活动的发源地。截至 2 月 23 日，27 家中资企业的工地和营地遭袭击和抢劫，工程承包业务遭受损失高达 198 亿至 199 亿元，包括设备和资产损失、利方拖欠的工程款等。中国在利公民人身和财产安全面临严重威胁。在利比亚的中国公民和企业的安全状况的急剧恶化引起中国政府的高度重视。

　　2011 年 2 月 22 日，国务院成立应急指挥部，立即启动国家涉外突发事件一级应急预案，中央军委、外交部、商务部、国资委、民航局、公安部等相关部门和有关地市、驻外使领馆以及中资企业等广泛参与，制定了海、陆、空多国多点立体协同撤离方案，全面展开撤离在利比亚的中国公民行动。此次撤侨行动涉及中国公民人数众多，且人员分散，中国政府首次采用"海陆空联动"和"东西南北四线"同时撤离的方式。此次撤侨行动是中国海军首次在非洲和地中海执行军事行动，也是迄今中国军队参与的最大规模非战斗人员撤侨行动，首次使用护卫舰和远程军用运输机协助撤侨，代表着中国海军远程执行任务能力不断增强，开启了中国海军执行多样化任务的新篇章。这次撤侨也是中国"军事力量软运用"和"以军促民""齐头并进"整体思想的重要实践。维护中国海外公民和法

---

① 参见《2011 年利比亚撤侨，中国海军、空军集体出动，275 小时雷霆行动》，网易新闻，2021 年 12 月 13 日，见 http://www.163.com/dy/article/GR3LT1JL0516FI5I.html。

人的合法权益，是中国对外领事关系的核心问题。

🔆➤ 工具使用的注意事项

　　要为公民更好地提供海外权益保护，应当注意建立更加完善的应对危机的管理体系。第一，危机前的预警教育。积极总结各类海外公共危机事件经验，有针对性地加强预防性领事保护工作，划分风险级别，做好公民学习和使用《海外安全提醒》的工作。第二，危机中的协调联动机制。不仅涉及外交部内部系统的密切配合，也需要与国内其他部门及地方政府等有效协调。第三，危机中的信息发布机制。建立信息发布机制的目标是通过主流媒体及时发布权威信息，消除突发事件引起的负面情绪，形成舆论正能量。第四，危机后的善后处理机制。主要包括救济补偿机制和调查评估机制。

结　语
更好的工具　更好的治理　更好的未来

当下社会复杂性与不确定性并存。我国作为后发大国的发展，一方面体现为市场化、城市化和全球化的"三化共时态"，另一方面也体现为传统社会、现代社会和数字社会的"三社共时态"。"三化共时态"和"三社共时态"不仅导致了社会的复杂性，也可能带来更多的社会风险，这种风险的本质是不确定性。各类不同性质的风险还会发生叠加。与此同时，社会分化也出现了结构性深化，全球化和互联网化过程中的阶层分化与价值观分化相互交织，线上社会和线下社会相互交织。社会风险和社会分化的出现，使得在全球化和互联网化进程中，一个地方、一个区域、一个国家的冲突往往具有跨域性并发生蔓延。

以"良治中国"为导向的公共治理要求实践者与研究者紧密关联，发挥高质量的公共治理工具的最大效用，推动强国建设和民族复兴伟业，让从实践中总结出来的经验知识与理论反哺实践，加快实现国家治理体系和治理能力现代化。这就要求政府工作人员提高辩证分析、协作治理、数据赋能、持续创新等能力。基于错综复杂的社会现实，我们呼吁更加有效的治理工具，呼吁每一位政府工作人员熟练掌握相关治理知识以及相关治理工具的使用。只有了解、掌握、创制更好的公共治理工具，提高治理水平，才能创造更好的未来。

　　传统政府基于职能划分为不同部门，而当前要解决的问题往往是综合性的，这呼唤项目制等中国本土场景下创制出的特色公共治理工具实现部门间协作治理；以前需要收集材料的能力，现在需要洞察数据、解读数据、利用数据的能力，数据思维、数据思想将更灵活且有力地推动体制和模式的改变。面对更高的能力要求，基于新时代场景的治理工具的调试与运用实践也需要进行经验的归纳与总结；辩证分析意味着既需要看到问题的两面，又需要厘定问题的不同层次，还需要运用合适的工具形成合适的解决方案；需要建立在普遍性知识之上的基础性制度设计，需要大能力与大创新以提高治理水平。创新的本质并非简单地以旧换新，而是用更合适的工具解决两难问题。

　　希望本手册的出版能够助力政府工作人员建构更加系统的公共治理知识体系，助其灵活、合理运用各种公共治理工具解决实践问题。愿本手册涉及的公共治理工具能够逐渐成为每一位政府工作人员的常识，助力国家治理水平的提高，创造更好的未来。

后　记

在高度复杂且充满不确定性的时代背景下，基于常识、共识和普遍规律基础之上的治理能力的提升显得尤为重要。然而我们注意到，在公共治理领域，关于中国政府治理工具的专门书籍却相对匮乏。现有的英文工具书虽然在一定程度上提供了参考，但由于其理论框架和实践背景与中国的实际情况存在较大差异，因此在实际运用中往往难以发挥有效作用。这导致许多实践者在解决问题时常常缺乏系统的知识体系作为支撑。与此同时，我国在多年的改革实践中已经创制出了一系列具有特色的公共治理工具，这些工具在推动公共治理多个领域中都发挥了重要作用。因此，编撰一本专门介绍中国公共治理工具的书籍，对于当前和未来的治理实践都具有重要的意义。

有鉴于此，我们召集了学界有影响力的一批中青年学者，共同致力于《公共治理工具手册》的编写工作。2019 年末，中央党校何哲教授提出动议，并与我和中国农业大学臧雷振教授共同商议，我们都认为此事值得去做。之后，又得到了重庆大学刘炳胜教授的大力支持，由其团队提供经费资助。同时，我们相继邀请了厦门大学于文轩教授、中国科技大学尚虎平教授、暨南大学颜昌武教授、上海交通大学韩志明教授、同济大学郭磊教授加入主编团队，他们都第一时间基于学科情怀和高度责任感积极投入这项工作。此后，中央党校吴佳副教授、重庆大学汪涛教授和王辉副教授、中国海洋大学李丹副教授（同时负责出版联系工作）陆续加入编委团队，并于 2020 年在重庆大学召开了第一次编委会议，后续又召集了多次会议。一些教授的团队其他成员也参与了部分词条的材料收集和整理修订工作，包括中国人民大学王铮和井奕辰、南开大学陈婧、上海交通大学刘子扬、重庆大学刘怡伽和王盟迪、中国农业大学刘超、厦门大学孙宇、广东财经大学郑文强、暨南大学张田田。在此意义上，本手册是学术共同体努力的结晶。

手册编写涉及事宜非常复杂，所幸得到了人民出版社和责任编辑的大力支持与帮助，其专业和高效保证了顺利出版。特别令人感动的是，当我向夏书章教授提出请他写一简序的时候，我们可敬的夏老也第一时间亲自提笔，洋洋洒洒手写了一页多纸稿交给我。这位百岁老人，再次用极致的专业精神极大鼓舞了我们，向他致敬！

本手册在编写过程中，尤为注重操作性与学理性的结合，聚焦中国场景，对已有的公共治理工具进行了梳理、归纳和呈现。针对每一个工具，都详细介绍了其概念界定、原理与逻辑、法理依据以及具体运用方法，并融入鲜活的实例以帮助读者更好地理解。希望这本手册能够成为实践者的公共治理工具指南，帮助他们全面了解并熟练运用这些工具来回应和解决实际问题。

新时代以来，习近平总书记和党中央提出了一系列关于提升治理能力和治理水平的新政策及新要求，这些政策和要求更加注重运用科学、系统、有效的治理工具来推动国家治理体系和治理能力现代化。因此，《公共治理工具手册》的出版恰逢其时，希望通过其推广和应用，为实践者提供工具保障，提升他们熟练运用各种公共治理工具指导和开展治理实践的能力。同时，本手册也可以作为研究者挖掘现实选题的参考书，为他们提供丰富的实践案例和研究线索；还可以作为公共管理、政治学、法学等相关专业学生的入门书籍，为他们提供较完善的公共治理工具知识体系。最后，特别希望本手册所介绍的各种治理工具及其内在逻辑，能够为当下和未来治理的规范性、科学性、确定性提供可能的路径。

何艳玲

2024 年 1 月

责任编辑：刘海静

封面设计：石笑梦

图书在版编目（CIP）数据

公共治理工具手册／何艳玲 主编；刘炳胜 等 副主编 . —北京：
　人民出版社，2024.6
ISBN 978－7－01－026088－4

I.①公…　　II.①何…②刘…　　III.①国家行政机关－行政管理－中国－
手册　　IV.① D630.1－62

中国国家版本馆 CIP 数据核字（2023）第 215985 号

公共治理工具手册

GONGGONG ZHILI GONGJU SHOUCE

何艳玲　主编

刘炳胜　等　副主编

人民出版社 出版发行

（100706　北京市东城区隆福寺街 99 号）

北京汇林印务有限公司印刷　新华书店经销

2024 年 6 月第 1 版　2024 年 6 月北京第 1 次印刷
开本：710 毫米 ×1000 毫米 1/16　印张：28
字数：410 千字

ISBN 978－7－01－026088－4　定价：99.00 元

邮购地址 100706　北京市东城区隆福寺街 99 号
人民东方图书销售中心　电话（010）65250042　65289539